OS GRANDES MAGOS DO MERCADO FINANCEIRO

OS GRANDES MAGOS DO MERCADO FINANCEIRO

O QUE AS MAIORES LENDAS DO TRADE
PODEM ENSINAR AO INVESTIDOR COMUM

Jack D. Schwager

Título original: *Market Wizards*

Copyright © 2012 por Jack D. Schwager
Copyright da tradução © 2024 por GMT Editores Ltda.

Todos os direitos reservados. Nenhuma parte deste livro pode ser utilizada ou reproduzida sob quaisquer meios existentes sem autorização por escrito dos editores.

coordenação editorial: Sibelle Pedral
produção editorial: Guilherme Bernardo
tradução: André Fontenelle
preparo de originais: Ana Tereza Clemente
revisão: Luis Américo Costa e Luíza Côrtes
revisão técnica: Felipe Corleta
diagramação: Valéria Teixeira
capa: Duat Design
impressão e acabamento: Lis Gráfica e Editora Ltda.

CIP-BRASIL. CATALOGAÇÃO NA PUBLICAÇÃO
SINDICATO NACIONAL DOS EDITORES DE LIVROS, RJ

S424g

Schwager, Jack D., 1948-
   Os grandes magos do mercado financeiro / Jack D. Schwager ; tradução André Fontenelle. – 1. ed. – Rio de Janeiro : Sextante, 2024.
   448 p. ; 23 cm.

   Tradução de: Market wizards
   ISBN 978-65-5564-834-8

   1. Corretores da bolsa - Estados Unidos – Entrevistas. 2. Investimentos – Análise. 3. Bolsa de valores. 4. Consultores de investimentos – Entrevistas. 5. Mercado de ações – Previsão. 6. Previsão econômica. I. Fontenelle, André. II. Título.

24-88756

CDD: 332.60973
CDU: 330.322(73)

Meri Gleice Rodrigues de Souza - Bibliotecária - CRB-7/6439

Todos os direitos reservados, no Brasil, por
GMT Editores Ltda.
Rua Voluntários da Pátria, 45 – 14º andar – Botafogo
22270-000 – Rio de Janeiro – RJ
Tel.: (21) 2538-4100
E-mail: atendimento@sextante.com.br
www.sextante.com.br

*Para minha esposa, Jo Ann, e meus filhos,
Daniel, Zachary e Samantha, pelo amor que dão e,
o mais importante, pelo amor que recebem.*

"Você precisa aprender a cair antes de aprender a voar."
PAUL SIMON

"O teto de um homem é o piso de outro."
PAUL SIMON

"Se eu quisesse vir a ser um mendigo, buscaria informações e conselhos dos mendigos mais bem-sucedidos que pudesse encontrar. Se eu quisesse vir a ser um fracassado, buscaria conselhos de homens que nunca deram certo. Se eu quisesse dar certo em tudo, buscaria à minha volta aqueles que estão dando certo e faria o que eles fizeram."
JOSEPH MARSHALL WADE,
citado em *Treasury of Wall Street Wisdom*,
editado por Harry D. Schultz e Samson Coslow

SUMÁRIO

Prefácio da nova edição   9
Prefácio   15
Prólogo   17
Minha história pessoal   19

PARTE 1: MERCADOS DE FUTUROS E DE DIVISAS

Os futuros sem mistério   27
A definição do mercado interbancário de divisas   31
Michael Marcus: Um raio nunca cai duas vezes no mesmo lugar   32
Bruce Kovner: O trader global   68
Richard Dennis: Uma lenda se aposenta   97
Paul Tudor Jones: A arte do trading agressivo   125
Gary Bielfeldt: Sim, em Peoria se negociam T-bonds   146
Ed Seykota: Todo mundo consegue o que deseja   155
Larry Hite: Respeito ao risco   176

PARTE 2: AÇÕES, ESSENCIALMENTE

Michael Steinhardt: O conceito de percepção variável   195
William O'Neil: A arte da seleção de ações   218
David Ryan: O investimento na Bolsa como caça ao tesouro   235
Marty Schwartz: Um trader campeão   251

PARTE 3: UM POUQUINHO DE TUDO

James B. Rogers, Jr.: Compre valor, venda histeria   275
Mark Weinstein: O trader das porcentagens altas   308

PARTE 4: A VISÃO DO PREGÃO

Brian Gelber: O corretor que se tornou trader — 329
Tom Baldwin: O destemido trader do pregão — 348
Tony Saliba: Os triunfos de "um lote só" — 364

PARTE 5: A PSICOLOGIA DO TRADING

Dr. Van K. Tharp: A psicologia do trading — 385
O trade: Uma experiência pessoal — 404
Pós-escrito: Os sonhos e o trading — 409

Palavra final — 411
Aquilo em que acredito, 22 anos depois — 413
Apêndice 1: Trading automatizado e seguro de portfólio — 425
Apêndice 2: Opções – um guia básico — 427
Glossário — 431
Agradecimentos — 443

PREFÁCIO DA NOVA EDIÇÃO

A pergunta mais básica sobre investimentos é: É possível bater os mercados? A hipótese do mercado eficiente responde sem ambiguidade: Não, a menos que você se refira aos sortudos.

A hipótese do mercado eficiente, teoria que explica como os preços do mercado são determinados e o que esse processo implica, embasou grande parte das pesquisas acadêmicas sobre mercados e investimentos no último meio século. É a tese por trás de quase todos os aspectos importantes dos investimentos, entre eles a gestão de riscos, a otimização de portfólios, os investimentos indexados e a precificação de opções. A hipótese do mercado eficiente pode ser resumida assim:

- Os preços dos ativos negociados já refletem toda a informação conhecida sobre aqueles ativos.
- Os preços dos ativos mudam instantaneamente para refletir informações novas.
- Logo,
  - A precificação dos ativos é perfeita.
  - É impossível superar de maneira consistente o mercado usando qualquer informação de que o mercado já tenha conhecimento.

A hipótese do mercado eficiente pode ser encontrada em três variações básicas:

1. *Eficiência baixa.* Essa versão considera que os dados de preços passados não podem ser usados para bater o mercado. Tradução: a análise técnica é uma perda de tempo.

2. *Eficiência semiforte* (nome provavelmente dado por algum político). Essa versão da hipótese do mercado eficiente considera que não se pode bater o mercado usando qualquer informação que já seja de domínio público. Tradução: a análise de fundamentos também é uma perda de tempo.
3. *Eficiência forte*. Essa versão da hipótese considera que não é possível usar nem mesmo informações privadas para bater o mercado. Tradução: impor regras contra o *insider trading* é perda de tempo.

Corolário: Os leitores deste livro estão se iludindo.

A hipótese do mercado eficiente supõe que não se pode bater os mercados porque todos dispõem das mesmas informações. Esse raciocínio tem uma falha conceitual. Mesmo que todos dispusessem das mesmas informações, não existe motivo para supor que todos chegariam à mesma decisão em relação ao preço adequado de um mercado ou de um título. Em um torneio de xadrez, por exemplo, todos os jogadores conhecem as mesmas regras e têm acesso aos mesmos livros e registros de partidas de xadrez dos campeões mundiais, e ainda assim apenas uma diminuta minoria se sai bem. Não há razão para supor que todos os jogadores usarão as mesmas informações com a mesma eficiência. Por que deveriam os mercados, que de certa forma representam um jogo ainda mais complexo que o xadrez (existem mais variáveis e as regras estão em permanente mutação), ser diferentes?

Em um torneio de xadrez, poucos jogadores altamente talentosos ganharão a maioria das partidas explorando os erros dos oponentes mais fracos. De modo semelhante ao xadrez, seria bastante razoável esperar que poucos participantes do mercado, altamente talentosos, interpretem as mesmas informações – a posição atual do tabuleiro do mercado, por assim dizer – de um jeito diferente do da maioria e cheguem a conclusões diversas sobre a direção provável do mercado. Nesse enquadramento conceitual, os erros da maioria de participantes menos talentosos do mercado podem conduzir os preços a níveis incorretos (isto é, desalinhados em relação ao suposto nível de equilíbrio), criando oportunidades para traders mais talentosos.

Os proponentes da hipótese do mercado eficiente têm toda a razão em argumentar que os mercados são muito difíceis de bater, mas estão certos pela razão errada. A dificuldade de obter uma vantagem nos mercados não se deve ao fato de os preços refletirem instantaneamente toda a informação conhecida (embora *às vezes* isso aconteça), e sim à enorme variabilidade do impacto da emoção sobre os preços, quase impossível de medir. Às vezes as emoções fazem os preços ultrapassarem muito qualquer definição razoável de valor justo – são os períodos que chamamos de "bolhas" do mercado. Em outros momentos, elas fazem os preços despencarem muito abaixo de qualquer definição razoável de valor justo – são os períodos que chamamos de "pânicos" do mercado. Por fim, e talvez na maior parte do tempo, as emoções criam distorções limitadas sobre os preços – ambientes de mercado em que a hipótese do mercado eficiente propicia uma aproximação razoável. Portanto, ou os preços do mercado não estão em descompasso significativo com as estimativas razoáveis (influência nula das emoções sobre o preço), ou estamos diante da difícil tarefa de determinar até onde o desvio dos preços pode chegar.

Embora seja possível identificar *quando* o mercado está em estado de euforia ou de pânico, avaliar *até que ponto* as bolhas e os momentos de pânico continuarão é o que torna tão difícil bater o mercado. Podemos estar absolutamente corretos na estimativa de um valor justo e mesmo assim sofrer pesadas perdas assumindo uma posição cedo demais. Pense no caso de um trader que no final de 1999 tenha concluído que a valorização das ações de tecnologia havia chegado ao fim e ficou vendido quando o índice Nasdaq atingiu a marca dos 3.000 pontos. Embora essa avaliação fosse absolutamente correta em termos da situação do mercado na década iniciada no ano seguinte ao estouro da bolha (a faixa entre 1.100 e 2.900 pontos), nosso operador astuto poderia ter quebrado, pois o mercado decolou mais 68% antes de atingir um pico de 5.048 pontos em março de 2000. A decisão do trader estaria fundamentalmente correta e apenas quatro meses distante do topo de um mercado altista de mais de dez anos; mesmo assim, o trade teria sido um desastre. Não há necessidade de recorrer à premissa da perfeição do mercado para explicar por que é difícil triunfar nele.

Reconhecer que as emoções podem exercer uma influência poderosa, e até dominante, sobre os preços tem consequências cruciais. Segundo essa forma de ver o comportamento dos mercados, continuará sendo difícil batê-los (por causa da variabilidade e da imprevisibilidade das emoções como fator de mercado), mas, o que é importante, não impossível. Na verdade, o impacto das emoções propriamente dito, fazendo os preços se desalinharem fortemente do valor real, cria oportunidades de investimento e trading.

Os adeptos da hipótese do mercado eficiente relutam em abandonar a teoria, apesar das crescentes evidências em contrário, porque ela representa a base de um amplo leque de aplicações financeiras cruciais, entre elas a avaliação de riscos, a alocação otimizada de portfólios e a precificação de opções. O fato lamentável, porém, é que essas aplicações podem levar a conclusões errôneas, por se basearem em premissas incorretas. Além disso, esses erros serão mais extremos nos momentos em que forem mais custosos (por exemplo, pânicos e bolhas de mercado). Em certo sentido, os defensores da hipótese do mercado eficiente são como aquele homem da piada que só procura a chave do carro no estacionamento embaixo do poste de luz, porque é onde dá para enxergar.

Os problemas da hipótese do mercado eficiente são sérios e ao mesmo tempo numerosos:

- Se ela for verdadeira, o impossível aconteceu – e várias vezes. Para citar apenas um exemplo, em 19 de outubro de 1987 os futuros do índice S&P caíram espantosos 29%. Se a hipótese do mercado eficiente estivesse correta, a probabilidade de ocorrência de tal evento seria de $1/10^{160}$ – tão remota que equivaleria mais ou menos a sortear duas vezes seguidas um mesmo átomo no universo aleatoriamente (cálculo baseado na estimativa de 10^{80} átomos no universo; fonte: wolframalpha.com).
- Alguns participantes do mercado (inclusive entrevistados neste livro) obtiveram históricos que seriam uma impossibilidade estatística caso a hipótese do mercado eficiente fosse verdadeira.
- O suposto mecanismo que leva os preços a se ajustarem aos níveis corretos se baseia em uma premissa equivocada, uma vez que o impacto dos traders informados sobre os preços pode ser suplantado temporariamente pelas atitudes de traders menos informados ou pela atividade de hedgers ou de governos, motivados por outros fatores além do lucro.
- Preços de mercado desalinhados de qualquer avaliação plausível são uma ocorrência comum.
- Mudanças de cotações ocorrem com frequência depois que se tem conhecimento de informações fundamentais.
- O fato de todos disporem das mesmas informações não implica que todos usarão essas informações com a mesma eficiência.

- A hipótese do mercado eficiente não incorpora o impacto das emoções humanas sobre os preços, deixando de fora uma influência crucial sobre as cotações, que ao longo da história, em diversos momentos (crashes e bolhas de mercado, por exemplo), sobrepujaram a influência dos fundamentos.

A má notícia é: a hipótese do mercado eficiente impediria qualquer possibilidade de bater o mercado, exceto por sorte. A boa notícia é: a hipótese do mercado eficiente parece ser equivocada, tanto em termos teóricos quanto empíricos. Portanto, respondendo à pergunta inicial deste prefácio, sim, é possível bater os mercados, embora seja muito difícil.

O tempo todo me perguntam se tornar-se um mago do mercado é uma questão de talento inato ou trabalho duro. Minha resposta padrão é usar uma analogia atlética. Por mais intimidador que seja para quem está sem condicionamento físico, a maioria das pessoas é capaz de correr uma maratona caso se dedique e treine o suficiente. Mas apenas uma diminuta minoria nascida com as características físicas exatas será capaz de corrê-la em 2h15 (homens) ou 2h30 (mulheres), por mais que se esforce. A analogia com o trading é que, assim como correr uma maratona, com trabalho árduo adquire-se a competência, mas o desempenho em um nível de elite exige algum grau de talento inato. O nível de êxito no trading obtido por muitos dos magos do mercado só é possível porque eles têm alguma habilidade inata, ou radar interno, que lhes confere uma probabilidade acima da média de pressentir o que os mercados farão. Não importa quanto a pessoa se dedica ao trading ou quantas horas se dispõe a ficar olhando para os monitores, a realidade é que esse tipo de habilidade está fora do alcance da maioria.

PREFÁCIO

Este livro inclui algumas histórias incríveis:

- A do trader que, depois de perder tudo várias vezes no início da carreira, transformou uma carteira de 30 mil dólares em 80 milhões de dólares.
- A do gestor de fundos que conseguiu o que muitos achavam impossível – cinco anos consecutivos de retornos de três dígitos.
- A do trader do interior dos Estados Unidos que começou com parcos recursos e se tornou um dos maiores operadores de títulos de renda fixa do mundo.
- A do ex-analista de valores mobiliários que, nos últimos sete anos, obteve um retorno médio *mensal* de 25% (mais de 1.400% em termos anualizados), sobretudo negociando futuros de índices da Bolsa.
- A do engenheiro elétrico formado no MIT cujo método praticamente todo informatizado de trading possibilitou um espantoso retorno de 250.000% em suas carteiras ao longo de 16 anos.

Essa é apenas uma amostra das entrevistas que este livro contém. À sua maneira, cada um dos traders entrevistados atingiu um êxito espetacular.

O que distingue esses traders? A maioria das pessoas acha que triunfar nos mercados tem algo a ver com encontrar a fórmula secreta. A realidade é que, se existe algum denominador comum entre os traders que entrevistei, está relacionado mais com atitude do que com método. Alguns utilizam exclusivamente a análise fundamentalista; outros empregam apenas análise técnica; já outros combinam ambas as abordagens. Alguns traders operam em um horizonte temporal medido em horas ou até mesmo minutos, enquanto outros costumam montar posições que pretendem reter por meses ou até anos. Embora as metodologias variem bastante, as entrevistas que se seguem revelam certos pontos importantes em comum em relação às atitudes e aos princípios de trading.

O trading representa uma das últimas grandes fronteiras de oportunidade na economia. É uma das pouquíssimas formas de um indivíduo começar com um saldo bancário relativamente pequeno e tornar-se um multimilionário. É claro que apenas um punhado de pessoas (como aquelas entrevistadas aqui) tem êxito em alcançar esse feito, mas pelo menos a oportunidade existe.

Embora eu não alimente a esperança de que todos se transformarão em supertraders após lerem este livro – não é assim que o mundo funciona –, acredito que estas entrevistas vão provocar reflexão e ajudar a maioria dos leitores sérios e de mente aberta a melhorar sua performance pessoal no trading. Podem até ajudar alguns pouquíssimos a se tornarem supertraders.

Jack D. Schwager
Golden Bridge, Nova York
Maio de 1989

PRÓLOGO

O título do livro era The Big Board *[O grande painel, em tradução livre]. A história tinha como foco dois terráqueos, um homem e uma mulher, sequestrados por extraterrestres. Eles foram colocados em exibição em um zoológico do planeta Zircon-212.*

Os personagens fictícios desse zoológico tinham, em uma parede de seu habitat, um enorme painel, supostamente mostrando as cotações da Bolsa de Valores e os preços das commodities, além de uma barra de notícias e um telefone, conectado a uma corretora terrestre. As criaturas de Zircon-212 disseram a seus cativos que tinham investido 1 milhão de dólares por eles, na Terra, e que cabia a eles, prisioneiros, gerir esse dinheiro, de modo a estarem muito ricos quando fossem devolvidos à Terra.

O telefone, o grande painel e o noticiário eram todos de mentirinha, é claro. Serviam apenas como estímulos para que os terráqueos se mantivessem agitados para o público do zoológico – diante das variações no quadro, eles pulavam e comemoravam, vibravam, faziam cara feia, arrancavam os cabelos, entravam em pânico ou alegravam-se como bebês no colo da mãe.

Na teoria, os terráqueos se saíram muito bem. Era tudo parte do esquema, é claro. Até a religião entrou nessa teoria manipuladora. A barra de notícias avisou-os que o presidente dos Estados Unidos havia decretado a Semana Nacional de Orações e que todos deveriam rezar. A semana anterior do mercado tinha sido ruim para os terráqueos. Eles haviam perdido uma pequena fortuna em futuros de azeite de oliva. Por isso, deram uma chance à oração. Funcionou. O azeite voltou a subir.

Kurt Vonnegut, Matadouro 5

Se os teóricos do passeio aleatório tiverem razão, os traders do planeta Terra sofrem dos mesmos delírios dos habitantes do zoológico do romance de Kilgore Trout (o onipresente autor de ficção científica dos livros de Kurt Vonnegut). Enquanto os prisioneiros de Zircon-212 achavam que suas decisões se baseavam em cotações autênticas – o que não era verdade –, os traders da vida real acreditam ser capazes de bater o mercado graças ao próprio gênio ou à habilidade. Se os mercados fossem verdadeiramente eficientes e aleatórios em qualquer espaço de tempo determinado, esses traders estariam atribuindo seus êxitos ou fracassos aos próprios talentos ou inaptidões, quando na verdade tudo é mera questão de sorte.

Depois de entrevistar os traders para este livro, é difícil acreditar nessa visão de mundo. É forte a crença sobre a improbabilidade de que alguns consigam vencer com tanta constância, em um número tão grande de operações, por tantos anos. Evidentemente, havendo número suficiente de traders, alguns se sairão melhor mesmo depois de um período prolongado, como simples consequência das leis probabilísticas. Deixo para os matemáticos a tarefa de calcular as chances de traders obterem êxitos da dimensão e duração daqueles aqui entrevistados. A propósito, os traders propriamente ditos não têm a menor dúvida de que, no longo prazo, a questão de quem ganha e quem perde é determinada pelo talento, e não pela sorte. É uma convicção que compartilho.

MINHA HISTÓRIA PESSOAL

Assim que me formei na faculdade, consegui um emprego como analista de pesquisa de commodities. Foi uma agradável surpresa constatar que minha análise econômica e estatística previa corretamente uma série de movimentos importantes dos preços das commodities. Não demorou muito para que viesse à minha mente a ideia de virar trader. O único problema era que meu departamento, como regra geral, não permitia que analistas operassem. Discuti minha frustração com Michael Marcus (o primeiro entrevistado), de quem fiquei amigo durante o processo de entrevista para o posto de pesquisador que ele estava deixando. Michael disse: "Tive o mesmo problema quando trabalhei lá. Você precisa fazer o que fiz – abrir uma conta em outra firma." Ele me apresentou a um corretor em sua nova empresa que estava disposto a abrir uma conta para mim.

Na época, eu ganhava menos que a secretária do departamento, então não dispunha de muito capital de risco. Pedi a meu irmão para abrir uma conta de 2 mil dólares, em que eu atuaria como consultor. Como a conta tinha que ser mantida em segredo, eu não podia fazer nenhuma ordem da minha mesa. Toda vez que eu queria montar ou liquidar uma posição, tinha que pegar o elevador até o subsolo para usar um telefone público (em sua entrevista, Marcus apresenta a solução que encontrou). A pior parte dessa situação não eram só os atrasos na colocação dos pedidos, que muitas vezes me deixavam com os nervos à flor da pele, mas o fato de que eu tinha que ser muito comedido em relação ao número de vezes que saía da minha mesa. Às vezes eu resolvia adiar uma ordem para a manhã seguinte, só para não despertar suspeitas.

Não tenho nenhuma lembrança específica de meus primeiros trades. Tudo que recordo é que, no balanço geral, ganhei um pouco mais que o *breakeven*, descontadas as taxas de corretagem. Veio, então, o primeiro trade que deixou uma impressão duradoura. Eu tinha feito uma análise detalhadíssima do mercado de algodão ao longo do pós-guerra. Descobri que, graças a uma série de programas de apoio do governo, somente duas safras desde 1953 podiam ser consideradas *mercados livres* [em que os preços são determinados pela oferta e pela demanda, e não pelo programa governamental em vigor]. Concluí, acertadamente, que apenas essas duas safras podiam ser usadas para prever preços. Não cheguei à conclusão mais importante, porém, de que os dados existentes eram insuficientes para permitir uma análise relevante do mercado. Com base em uma comparação com essas duas safras, deduzi que os preços do algodão, que estavam a 25 centavos por libra, subiriam, mas chegariam a um pico em torno de 32 ou 33 centavos.

A primeira parte da previsão mostrou-se correta, já que os preços do algodão subiram um pouco durante alguns meses. Então a alta acelerou-se e o algodão subiu de 28 para 31 centavos em uma única semana. Essa última alta foi atribuída a alguma notícia que, no meu entender, era pouco relevante. "Está perto o bastante do meu teto previsto", pensei, e decidi ficar vendido. Logo em seguida, o mercado subiu um pouco e depois voltou a cair rapidamente para o nível de 29 centavos. Isto me pareceu natural, já que eu esperava que os mercados se encaixassem na minha análise. Meus lucros e minha empolgação tiveram vida curta, porém, pois o algodão logo reagiu, atingindo novos picos e movendo-se sem parar para cima: 32 centavos, 33, 34, 35 centavos. Por fim, com o meu patrimônio alocado no mercado quase zerado, fui obrigado a liquidar a posição. Minha maior sorte foi não ter muito dinheiro naquela época, pois o algodão acabou alcançando inacreditáveis 99 centavos – mais que o dobro do preço anterior mais alto do século!

Aquele trade me deixou nocauteado por algum tempo. Nos anos seguintes, voltei a me arriscar no trading uma vez ou outra. Em cada oportunidade, começava com não muito mais que 2 mil dólares e acabava zerado por causa de um grande prejuízo. Meu consolo era que as somas que eu perdia eram relativamente pequenas.

Duas coisas, por fim, romperam esse padrão de fracassos. Primeiro, conheci Steve Chronowitz. Na época, eu era o diretor de pesquisa de commodities da Hornblower & Weeks e contratei Steve para preencher uma vaga na análise de metais preciosos do departamento. Steve e eu dividíamos a mesma sala e logo nos tornamos bons amigos. Ao contrário de mim, um analista de fundamentos raiz, Steve tinha uma abordagem em relação ao mercado estritamente técnica (o analista de fundamentos usa os dados da economia para prever os preços, enquanto o analista técnico emprega dados internos do mercado – como preço, volume e sentimento – para projetar os preços).

Até então eu enxergava a análise técnica com enorme ceticismo. Minha tendência era duvidar do valor de algo tão banal quanto a leitura de gráficos. Trabalhando de perto com Steve, porém, comecei a perceber que suas decisões de mercado costumavam ser acertadas. Com o tempo, acabei me convencendo de que minha avaliação inicial em relação à análise técnica estava equivocada. Percebi que, pelo menos no meu caso, a análise de fundamentos era insuficiente para o êxito no trading; eu também precisava incorporar a análise técnica para escolher a hora dos trades.

O segundo elemento crucial que me colocou na lista dos vencedores foi a constatação de que o controle de riscos era essencial para o sucesso. Resolvi que nunca mais me permitiria perder nada em um trade isolado – por mais que estivesse convencido da minha visão do mercado.

Ironicamente, o trade que considero o ponto da virada, e um dos melhores que já fiz, na verdade deu prejuízo. Na época, o gráfico do marco alemão desenhou uma longa estagnação dentro de um intervalo de preços após um longo declínio. A partir da minha análise de mercado, concluí que estava se formando uma importante base de preço do marco. Fiquei comprado dentro dessa consolidação, colocando ao mesmo tempo um *stop* VAC (válido até cancelar) logo abaixo do menor ponto recente. Minha lógica era que, se eu tivesse razão, o mercado não desceria mais que aquilo. Muitos dias depois, o mercado começou a cair e meu *stop* foi acionado com um pequeno prejuízo. A ótima notícia foi que, depois que meu *stop* foi acionado, o mercado despencou como pedra. No passado, esse tipo de trade me deixaria zerado; em vez disso, sofri apenas um pequeno prejuízo.

Não muito tempo depois, fiquei comprado no iene japonês, que tinha formado uma consolidação tecnicamente altista, propiciando um ponto de fechamento significativo para colocar um *stop* de proteção. Embora eu só montasse posições de contrato único, por me sentir capaz de definir meu risco em apenas 15 *ticks* por contrato – hoje custo a crer que tenha conseguido escapar com um *stop* tão apertado –, resolvi abrir uma posição de três contratos. Dali em diante, o mercado só disparou. Embora eu tenha saído cedo demais daquela posição, retive um dos contratos por tempo suficiente para triplicar o pequeno saldo da minha carteira. Foi o início do meu sucesso no trading. Ao longo dos anos seguintes, a síntese de análise técnica e fundamental, combinada ao controle de riscos, me permitiu transformar meu pequeno patrimônio em mais de 100 mil dólares.

Então a boa fase acabou. Eu me peguei operando de forma mais impulsiva, deixando de seguir as regras que havia aprendido. Em retrospecto, acho que me tornei arrogante demais. Lembro-me, em especial, de um trade perdedor com soja. Em vez de aceitar o prejuízo quando o mercado andou em sentido contrário, eu estava tão convencido de que a queda era reação a um mercado altista que aumentei substancialmente minha posição. Para piorar o erro, tomei essa atitude quando estava para sair um importante relatório do governo sobre a safra. O relatório veio pessimista e meu patrimônio sofreu uma queda drástica. Em questão de dias, eu havia perdido mais de um quarto do lucro acumulado.

Depois de trocar minhas fichas para comprar uma casa e de tirar um ano sabático para escrever um livro [*A Complete Guide to the Futures Markets*, Um guia completo para os mercados futuros, em tradução livre], minha poupança estava baixa o suficiente para atrasar em quase cinco anos minha volta ao trading. Quando retomei as operações, como já era meu costume, comecei com uma quantia pequena: 8 mil dólares. Em um ano, perdi a maior parte desse valor. Depositei mais 8 mil na conta e, depois de mais alguns reveses relativos, consegui alguns poucos trades bastante lucrativos. No espaço de dois anos, minha carteira já tinha voltado a ultrapassar os 100 mil dólares. Então estagnei e, ao longo do último ano, o saldo da minha carteira flutuou abaixo desse pico.

Embora, do ponto de vista objetivo, meu trading tenha sido bem-sucedido, no aspecto emocional eu costumava encará-lo com um sentimento de fracasso. Sentia, basicamente, que, considerando meu conhecimento do mercado e minha experiência, eu devia ter me saído melhor. "Por que", perguntava a mim mesmo, "fui capaz de multiplicar por mais de dez uma carteira de menos de 10 mil dólares e mesmo assim não expandi esse saldo muito além disso?"

O desejo de encontrar as respostas foi uma de minhas motivações para escrever este livro. Eu queria perguntar aos traders que já eram bem-sucedidos: Quais são os elementos cruciais para o sucesso? Que método utilizam nos mercados? Quais regras de trading seguem? Quais foram as experiências pessoais iniciais no trading? Quais conselhos dariam a outros traders?

Se por um lado a procura por respostas era algo pessoal para me ajudar a superar minhas barreiras, em um sentido mais amplo eu me enxergava como o Homem Comum, fazendo as perguntas que achava que outros fariam se tivessem oportunidade.

PARTE 1

MERCADOS FUTUROS E DE DIVISAS

OS FUTUROS SEM MISTÉRIO

De todos os mercados discutidos neste livro, o mercado futuro é o menos compreendido pela maioria dos investidores. Também é um dos que crescem mais rapidamente. O volume de trading em futuros expandiu-se mais de vinte vezes nos últimos vinte anos. Em 1988, o valor em dólares de todos os contratos futuros negociados nos Estados Unidos excedia 10 trilhões de dólares!* Obviamente, um valor como esse envolve muito mais que operações com futuros de barriga de porco.

Os mercados futuros atuais abrangem todos os grandes grupos de mercado mundiais: taxas de juros (como *T-bonds*), índices da Bolsa (como o S&P 500), moedas (como o iene japonês), metais preciosos (como o ouro), energia (como o petróleo bruto) e commodities agrícolas (como o milho). Embora os mercados futuros tenham se originado das commodities agrícolas, o setor responde hoje por apenas um quinto das gerações totais de futuros. Na última década, o surgimento e o crescimento espetacular de muitos contratos novos fizeram com que mercados do tipo financeiro (moedas, instrumentos de taxa de juros e índices da Bolsa) passassem a representar aproximadamente 60% de todo o trading de futuros (os mercados de energia e metais respondem por quase metade dos 40% restantes). Assim, embora o termo "commodities" continue a ser muito usado para se referir aos mercados futuros, tem se tornado cada vez mais inadequado. Muitos

---

* Essa é uma estimativa grosseira, mas conservadora, com base em 246 milhões de contratos negociados e supondo que um contrato médio valha bem mais de 40 mil dólares (à exceção dos futuros das taxas de juros de curto prazo, como os eurodólares, os valores de contratos únicos variavam entre 11 mil dólares para o açúcar a 10 centavos/libra e 150 mil dólares para o S&P 500 em uma cotação de 300).

dos mercados futuros mais negociados, como os de instrumentos financeiros, não são de fato de commodities, ao passo que muitos mercados de commodities não têm um mercado de futuros correspondente.

A essência de um mercado futuro está no nome: a operação envolve um contrato padronizado de uma commodity, como o ouro, ou um instrumento financeiro, como os *T-bonds*, em uma data de entrega futura em relação ao momento presente. Se um fabricante de automóveis precisa de cobre para sua operação atual, compra o material diretamente do produtor. Porém, se o fabricante teme que o preço do cobre vá subir muito nos próximos seis meses, pode meio que congelar esse custo comprando futuros de cobre agora (essa compensação de um risco de preço futuro é chamada "hedge"). Caso o preço do cobre suba nesse meio-tempo, o lucro pelo hedge em futuros é mais ou menos contrabalançado pelo custo mais alto do cobre no momento da compra efetiva. Caso o preço do cobre caia, o hedge em futuros resulta em prejuízo, mas o fabricante acaba comprando o cobre a um patamar menor do que aquele a que estava disposto a congelar.

Enquanto os hedgers, como o fabricante de automóveis acima, entram no mercado de futuros para reduzir o risco de uma movimentação adversa dos preços, os traders participam em busca de lucro ao antecipar as mudanças de preços. Muitos traders preferem os mercados futuros como veículos operacionais em relação aos mercados à vista por uma série de razões:

1. *Contratos padronizados* – Os contratos futuros são padronizados (em termos quantitativos e qualitativos); assim, o trader não precisa encontrar um comprador ou vendedor específico a fim de iniciar ou liquidar uma posição.
2. *Liquidez* – Todos os principais mercados futuros proporcionam excelente liquidez.
3. *Facilidade para ficar vendido* – Os mercados futuros permitem ficar vendido ou comprado com a mesma facilidade. O vendedor a descoberto na Bolsa de Valores (que está pegando ações emprestadas para vender), por exemplo, precisa esperar uma ligeira alta antes de iniciar uma posição; nos mercados futuros, tal restrição não existe.*

---

* Hoje não é mais necessário esperar uma alta de uma ação para se entrar vendido. (N. do E.)

4. *Alavancagem* – Os mercados futuros oferecem uma tremenda alavancagem. Grosso modo, a margem inicial exigida costuma ser equivalente a 5% a 10% do valor do contrato (o uso do termo *margem* nos mercados futuros é impróprio, porque gera grande confusão com o conceito de "margens" em ações. Nos mercados futuros, as margens não significam pagamentos parciais, uma vez que não ocorre transação física efetiva antes da data de expiração; as margens são basicamente depósitos fiduciários ou garantias depositadas pelo investidor para poder operar com uma banca maior que o seu patrimônio alocado no mercado). Embora a alta alavancagem seja uma das características dos mercados futuros para os traders, deve-se ressaltar que a alavancagem é uma faca de dois gumes. O uso indisciplinado desse recurso é a mais importante causa isolada de prejuízo dos traders nos mercados futuros. Em geral, os preços dos futuros não são mais voláteis do que as cotações à vista subjacentes ou de muitas ações. A reputação de alto risco dos futuros é, em grande parte, consequência do fator alavancagem.
5. *Baixo custo de transação* – Os mercados futuros têm baixíssimos custos de transação. É muito mais fácil para um gestor de portfólio de ações reduzir a exposição no mercado vendendo a quantia equivalente em dólares dos contratos futuros da Bolsa do que vendendo ações individualmente, por exemplo.
6. *Fácil compensação* – Uma posição em futuros pode ser compensada a qualquer momento no horário do mercado, desde que as cotações não estejam congeladas nos limites superior ou inferior (alguns mercados futuros especificam variações diárias máximas das cotações. Nos casos em que as forças do mercado livre buscariam um preço de equilíbrio fora das fronteiras definidas por esses limites, o mercado vai até o limite e praticamente para de operar).
7. *Garantia da Bolsa* – O trader de futuros não precisa se preocupar com a estabilidade financeira da pessoa do outro lado do trade. Todas as transações com futuros são garantidas pela câmara de compensação da Bolsa.

Como os futuros estão relacionados, por conta da própria estrutura, a seus respectivos mercados (a atividade dos arbitradores garante que os desvios sejam relativamente menores e fugazes), as movimentações das cotações dos futuros têm um forte paralelo com as dos mercados à vista correspondentes. Tendo em mente que a maior parte da atividade de trading com futuros está concentrada nos instrumentos financeiros, muitos traders de futuros são, na realidade, traders de ações, títulos e divisas. Nesse contexto, as observações dos traders de futuros entrevistados nos próximos capítulos têm muita relevância até mesmo para os investidores que nunca se aventuraram além das ações e dos títulos de renda fixa.

A DEFINIÇÃO DO MERCADO
INTERBANCÁRIO DE DIVISAS

O mercado interbancário de divisas é um mercado 24 horas que acompanha o sol mundo afora, passando dos centros bancários dos Estados Unidos para a Austrália, o Extremo Oriente, a Europa, até voltar aos Estados Unidos. Esse mercado existe para preencher a necessidade das empresas de se proteger do risco cambial em um mundo onde o valor das dívidas flutua rapidamente. Se um fabricante japonês de eletrônicos negocia a exportação de equipamentos de som para os Estados Unidos com pagamento em dólares a ser recebido dali a seis meses, esse fabricante fica vulnerável a uma depreciação do dólar em relação ao iene nesse meio-tempo. Caso o fabricante queira garantir o preço fixo na moeda local (o iene) de modo a assegurar o lucro, pode ele mesmo fazer o hedge vendendo a quantia equivalente em dólares americanos no mercado interbancário para a data antecipada do pagamento. Os bancos cobrarão do fabricante uma taxa de câmbio para a quantia exata desejada para a data futura especificada.

Os especuladores operam no mercado interbancário de divisas na tentativa de lucrar com as próprias expectativas em relação às taxas de câmbio. Um especulador que antecipe uma queda da libra esterlina britânica em relação ao dólar venderia libras antecipadamente (todas as transações no mercado interbancário usam o dólar americano como denominação*). Um especulador que espere uma queda da libra esterlina em relação ao iene compraria ienes em uma quantia específica em dólares e venderia libras na quantia equivalente em dólares.

---

* Hoje há mercados de câmbio entre pares de moedas que não passam pelo dólar, apesar de as denominações em dólar ainda serem maioria nas operações. (N. do E.)

MICHAEL MARCUS

Um raio nunca cai duas vezes no mesmo lugar

Michael Marcus começou a carreira como analista de pesquisa de commodities para uma importante corretora. Sua atração quase compulsiva pelo trading o levou a abandonar um emprego formal para ser operador em tempo integral. Depois de uma breve, e quase cômica, passagem pelo pregão da Bolsa, ele foi trabalhar para a Commodities Corporation, empresa que contratava traders profissionais para operar os fundos dela. Marcus se tornou um dos mais bem-sucedidos: em poucos anos, seus lucros excederam o total somado de todos os outros traders. Em um período de dez anos, ele multiplicou a carteira da empresa incríveis 2.500 vezes.

Conheci Marcus no dia em que entrei para a Reynolds Securities como analista de pesquisa de futuros. Ele tinha aceitado um emprego semelhante em uma firma concorrente e eu assumi a vaga que ele havia deixado. Naqueles anos iniciais de nossas carreiras, nos víamos com frequência. Embora eu sempre achasse minha análise mais convincente quando discordávamos, Marcus acabava se mostrando correto em relação à direção do mercado. Tempos depois, ele aceitou uma vaga de trader, obteve enorme êxito e mudou-se para a Costa Oeste.

Quando tive pela primeira vez a ideia deste livro, Marcus estava no topo da minha lista de candidatos a entrevista. A resposta inicial dele ao meu pedido foi simpática, mas não muito firme. Várias semanas depois, desistiu, pois seu desejo de conservar o anonimato suplantou sua tendência natural a participar de um empreendimento que ele achava interessante (Marcus conhecia e respeitava muitos dos outros traders que eu estava entrevistando). Fiquei bastante chateado, porque Marcus é um dos melhores traders que tive o privilégio de conhecer. Felizmente, um amigo em comum entrou em campo e, com um pouco mais de persuasão, ajudou a fazê-lo mudar de ideia.

Quando me encontrei com Marcus, não nos víamos fazia sete anos. A entrevista foi realizada na casa dele, um complexo de duas mansões em um morro logo acima de uma praia particular no sul da Califórnia. Entra-se no complexo por um portão gigantesco ("um portão impressionante", na descrição de uma assistente que me deu as indicações para chegar lá) que resistiria até ao ataque de uma divisão de blindados.

Ao me cumprimentar, Marcus pareceu distante, quase alheio. Esse lado mais pacato de sua personalidade faz com que seu relato sobre o curto período em que tentou ser operador do pregão seja ainda mais extraordinário. Ele logo ficou animado ao falar de suas experiências de trading. Nossa conversa se concentrou na "montanha-russa" de seus primeiros anos, que ele disse considerar os mais interessantes de sua carreira.

Como você se interessou por operar com futuros?
Eu era uma espécie de acadêmico. Em 1969, formei-me na Johns Hopkins, na Sociedade Phi Beta Kappa, entre os primeiros da minha classe. Consegui uma bolsa de doutorado em psicologia na Universidade Clark e tudo que eu esperava era viver uma vida de professor. Por intermédio de um amigo em comum, conheci um sujeito chamado John, que jurava ser possível duplicar meu patrimônio de 15 em 15 dias, como um relojinho. Achei bem interessante [*risos*]. Acho que nem perguntei ao John como ele conseguiria tal proeza. Era uma ideia com tanto apelo que eu não quis estragar as coisas descobrindo informação demais. Tinha medo que desse azar.

Você não duvidou dele? Não parecia conversa de vendedor de carros usados?
Não, eu nunca havia investido em nada e era muito inocente. Contratei o John, que era calouro da minha faculdade, para ser meu consultor de trading de commodities por 30 dólares semanais. Às vezes eu pagava um refrigerante e uma batata frita para ele. A teoria dele era de que era possível sobreviver com essa dieta.

Você só pagava esse valor a ele? Não havia nenhum incentivo ao lucro – mais batata frita se ele se saísse bem?
Não.

Quanto dinheiro você reservou para o trading?
Mil dólares que eu havia poupado.

E o que aconteceu depois?
Minha primeira visita a uma corretora foi muito, muito empolgante. Me arrumei todo, vesti o único terno que tinha e fui até a sede da Reynolds Securities, em Baltimore. Era um escritório enorme, luxuoso, que dava a impressão de riqueza antiga. Tudo era feito de mogno e o ambiente era solene e silencioso. Foi muito impressionante.

Havia um enorme painel de commodities na parte da frente do salão, daquele tipo que fazia "clic", à moda antiga. Era interessante ouvir aquele "clic, clic, clic". Tinha uma galeria de onde os operadores podiam ver o painel, mas tão distante que só dava para enxergar as cotações de binóculo. Algo muito atraente, porque era quase como assistir a uma corrida de cavalos.

Minha primeira constatação de que podia ser um pouco amedrontador foi quando uma voz surgiu no alto-falante recomendando a compra de farelo de soja. Olhei para o John, na esperança de ver no rosto dele um semblante de confiança e segurança. Em vez disso, ele olhou para mim e perguntou: "Será que a gente deve comprar?" [*risos*] Foi então que caiu a minha ficha de que o John não sabia nada de nada.

Lembro-me de que o movimento do farelo de soja estava bem calmo: 78,30; 78,40; 78,30; 78,40. Colocamos o pedido e, assim que chegou a confirmação, de uma maneira quase mágica, os preços começaram a clicar para baixo. Assim que o mercado soube que eu havia entrado, interpretou isso como um sinal para começar a cair. Acho que eu já tinha um instinto forte nessa época, porque na mesma hora disse ao John: "A gente não está indo muito bem, vamos pular fora!" Perdemos uns 100 dólares nesse trade.

O trade seguinte foi com milho, e a história se repetiu. John me perguntou se devíamos fazer o trade. Eu disse: "Ok, vamos tentar o milho." O desfecho foi igual.

Você tinha alguma noção do que estava fazendo? Havia lido algo sobre commodities e trading?
Não, nada.

Vocês tinham pelo menos alguma ideia do tamanho dos contratos?
Não, não tínhamos.

Você sabia quanto cada *tick* lhe custava?
Sabia.

Pelo visto, era praticamente a única coisa que você sabia.
Verdade. Nosso trade seguinte, com trigo, também não deu certo. Depois voltamos para o milho e o trade foi um pouco melhor; levou três dias para perdermos o dinheiro. Passamos a medir o sucesso pelo número de dias que levávamos para ter prejuízo.

Vocês sempre pulavam fora quando o prejuízo chegava a 100 dólares?
Sim, embora um trade tenha custado quase 200. Eu já havia perdido quase 500 dólares quando o John veio com a ideia de compensarmos as perdas comprando a barriga de porco de agosto e vendendo a de fevereiro, porque o *spread* era maior que as taxas de carrego [o custo total de pegar a entrega de agosto, estocar e entregar de volta em fevereiro]. Ele disse que não tinha como perdermos naquele trade.

Entendi a ideia vagamente e concordei. Foi a primeira vez que resolvemos sair para almoçar. Todas as outras vezes ficávamos ocupados demais esquadrinhando o painel, mas achamos esse trade "imbatível", não havia risco de sair. Quando voltamos, estávamos quase zerados. Lembro até hoje a sensação de choque, decepção e incredulidade.

Nunca vou esquecer a imagem do John – ele era um cara bem corpulento, com óculos grossos e foscos – indo até o painel de cotações, sacudindo o punho cerrado e gritando: "Será que ninguém quer um lucro garantido?" Tempos depois, fiquei sabendo que a barriga de porco de agosto não estava disponível para entrega no contrato de fevereiro. Toda a lógica do trade estava errada desde o início.

John já havia operado antes?
Não.

Então, de onde ele tirou aquela história de duplicar o dinheiro a cada duas semanas?
Não sei, mas depois daquele trade eu fiquei zerado. Por isso, disse ao John que, diante do que havia acontecido, achava que sabia tanto quanto ele – ou seja, nada – e que ia demiti-lo. Acabou a batata frita, acabou o refrigerante diet. Nunca vou esquecer a resposta dele. John me disse: "Você está cometendo o maior erro da sua vida!" Perguntei o que ele ia fazer. Ele respondeu: "Vou lavar pratos nas Bermudas e juntar dinheiro para operar. Depois vou ficar milionário e me aposentar." Mais engraçado até foi que ele não disse: "Vou para as Bermudas arrumar um emprego e juntar dinheiro para operar." Ele foi bem específico: ele ia *lavar pratos* para juntar dinheiro.

E o que aconteceu com John?
Não faço ideia. Até onde sei, deve morar nas Bermudas como um milionário porque lavou pratos.

Depois disso, coloquei 500 dólares em alguns trades de prata. Fui zerado de novo. Meus oito primeiros trades, cinco com o John e três por conta própria, deram prejuízo.

Chegou a passar pela sua cabeça que talvez o trading não fosse o trabalho certo para você?
Não. Sempre fui bom aluno na escola, então concluí que era só uma questão de pegar o jeito. Meu pai, que morreu quando eu tinha 15 anos, havia deixado 3 mil dólares em um seguro de vida. Resolvi resgatar esse valor, apesar da oposição da minha mãe.

Eu sabia que precisava muito aprender algo antes de voltar a operar. Li os livros de Chester Keltner sobre trigo e soja e assinei a newsletter dele com recomendações de trading. Segui a primeira recomendação, que era comprar trigo, e deu certo. Acho que ganhei 4 centavos por *bushel* [200 dólares] nesse trade. Foi meu primeiro lucro, muito animador.

Entre uma newsletter e outra, o mercado voltou a cair ao meu preço de compra original. Então comprei de novo e lucrei sozinho. Achei que estava começando a adquirir um senso de trading. Mesmo naquele começo, eu gostava de fazer as coisas por conta própria. O que aconteceu, então, foi pura sorte. Comprei três contratos de milho de dezembro no verão de 1970, com base em uma recomendação de Keltner. Foi nesse verão que uma praga devastou a safra de milho.

Foi sua primeira grande vitória?
Sim, junto com a compra de um pouco mais de milho, trigo e soja, em parte por causa das recomendações da newsletter, em parte por intuição. Quando aquele verão glorioso terminou, eu havia acumulado 30 mil dólares, uma soma principesca para mim, vindo de uma família de classe média. Achei a coisa mais fantástica do mundo.

Como você decidiu realizar o lucro?
Tirei uma parte quando estava subindo e uma parte quando o mercado começou a cair. No todo, ganhei bastante.

Já naquela época você estava acertando instintivamente?
Estava. No outono, entrei em uma faculdade em Worcester, Massachusetts, mas concluí que não estava a fim de pensar na minha tese. Em vez de ir às aulas, dava uma escapada até a sede da Paine Webber para operar.

Estava me divertindo à beça. Ganhei um pouco de dinheiro, não muito. Fiquei chocado ao ver como eu matava aula o tempo todo, porque na Johns Hopkins era um aluno dedicado. Decidi que meu destino estava traçado e em dezembro de 1970 tranquei a matrícula e me mudei para Nova York. Morei por uns tempos na Associação Cristã de Moços. Quando me perguntavam o que eu fazia, respondia, um tanto metido a besta, que era especulador. Tinha uma sonoridade legal.

Na primavera de 1971, os grãos voltaram a ficar interessantes. Existia uma teoria de que a praga havia sobrevivido ao inverno e que iria atacar de novo a safra de milho. Resolvi que, daquela vez, iria me posicionar de verdade para a praga.

Essa era a teoria de Keltner ou só um rumor de mercado?
Acho que Keltner também acreditava. Peguei 20 mil emprestados com minha mãe, juntei com meus 30 mil e coloquei tudo na praga. Comprei o maior número possível de contratos de milho e de trigo por 50 mil dólares na margem.

No começo, os mercados se mantiveram firmes, porque o medo da praga era grande o bastante para manter o preço alto. Eu não estava ganhando dinheiro, mas não estava perdendo. Um dia – nunca vou me esquecer –, saiu um artigo no *The Wall Street Journal* com o título: "Mais praga no pregão da Bolsa de Chicago do que nos milharais do Meio-Oeste" [risos]. O mercado de milho abriu em forte baixa e chegou bem rápido no *limit-down*.

[Em muitos mercados futuros, a variação diária máxima dos preços é restrita a certo limite. *Limit-down* refere-se a um declínio dessa ordem, enquanto *limit-up* refere-se à alta equivalente. Quando, como neste caso, o preço de equilíbrio resultante da interação das forças livres do mercado cai abaixo do *limit-down*, o mercado é suspenso – isto é, as negociações são interrompidas. Motivo: haverá uma abundância de vendedores, mas praticamente nenhum comprador pelo preço do *limit-down*.]

Você ficou assistindo ao colapso do mercado?
Fiquei. Eu estava na sede da corretora, olhando o painel enquanto a cotação caía.

Você cogitou liquidar em meio à queda, antes da suspensão do mercado no *limit-down*?
Senti que poderia liquidar, mas fiquei só assistindo. Completamente paralisado. Tinha esperança de que o mercado virasse. Olhei, olhei e, quando suspenderam em *limit-down*, eu não podia sair. Teria a noite inteira para pensar nisso, mas não havia escolha. Não tinha mais dinheiro e teria que pular fora. Na manhã seguinte, liquidei minha posição inteira na abertura.

O mercado abriu em forte baixa de novo?
Não, forte não, só uns dois centavos.

Quanto você perdeu nesse trade no momento da liquidação?
Perdi meus 30 mil dólares, mais 12 mil dos 20 mil dólares que minha mãe havia me emprestado. Essa foi minha aula sobre apostar tudo que tinha.

O que você fez depois desse tombo?
Fiquei muito chateado. Resolvi que precisava trabalhar. Como era época de recessão, achei que não conseguiria um emprego bom de verdade e que teria que me contentar com algum cargo inferior. Descobri que, mesmo quando

era entrevistado para vagas para as quais eu era qualificado até demais, parecia impossível conseguir o emprego. Por fim, me dei conta de que não estava conseguindo me empregar porque no fundo não queria.

Uma das melhores vagas que achei era de analista de pesquisa de commodities na Reynolds Securities. Descobri que era mais fácil conseguir essa vaga porque eles perceberam quanto eu a queria. Aprendi que, quando você corre atrás daquilo que quer, sua chance de sucesso é muito maior, porque representa mais para você.

Havia uma divisória de vidro entre a minha sala e o salão principal, onde ficavam os corretores. Eu ainda tinha o vírus do trading e era muito doído ver os outros operando e celebrando.

Você só fazia a pesquisa?
Isso, porque era estritamente proibido aos analistas operar. Mas resolvi que isso não iria me impedir. Peguei dinheiro emprestado da minha mãe de novo, do meu irmão e da minha namorada e abri uma conta em outra firma. Bolei um sistema de códigos complicado com meu corretor para impedir as pessoas do escritório de saber que eu estava descumprindo as regras. Se eu dissesse "O sol saiu", queria dizer uma coisa, e se eu dissesse "O tempo está nublado", significava outra.

Enquanto tentava escrever meus relatórios de mercado, eu espiava pela divisória de vidro para ver os preços no grande painel do salão principal. Quando estava lucrando, tentava esconder minha empolgação, e quando estava perdendo não podia demonstrar na minha expressão facial. Acho que ninguém nunca me pegou, mas passei esse tempo todo em estado maníaco-depressivo. Sentia-me torturado, porque queria ter liberdade de operar sem aquela farsa complicada.

Você estava ganhando ou perdendo dinheiro nessa época?
Perdendo. Era o mesmo ciclo antigo de pegar dinheiro emprestado e perder sistematicamente.

Você sabia, pelo menos, onde estava errando?
Boa pergunta. Basicamente, eu não tinha noção concreta dos princípios do trading; estava fazendo tudo errado. Mas então, em outubro de 1971, no escritório do meu corretor, encontrei uma das pessoas a quem atribuo meu sucesso.

Quem era?
Ed Seykota. Ele era um gênio, um grande trader, de sucesso fenomenal. Quando conheci Ed, ele havia acabado de se formar no MIT e elaborado um dos primeiros programas de computador para testar e operar sistemas técnicos. Até hoje não sei como Ed reuniu tanto conhecimento sobre trading em uma idade tão precoce. Ele me disse: "Acho que você deveria trabalhar aqui. Estamos montando um grupo de pesquisa e você pode operar sua carteira." Parecia ótimo. O único problema foi que o diretor de pesquisa da firma se recusou a me contratar.

Por quê?
Não faço ideia, considerando que eu sabia escrever e tinha experiência. Quando cobrei dele uma explicação, ele me disse: "Não posso contratá-lo porque você já sabe demais e eu quero treinar alguém." Respondi: "Olhe, eu farei tudo que você quiser." Com o tempo, acabei convencendo-o a me contratar.

Foi bom de verdade, porque eu tinha Ed para me ensinar, e ele já era um trader bem-sucedido. Basicamente, seguia tendências e utilizava os princípios clássicos do trading. Ele me ensinou a cortar os prejuízos, assim como a importância de surfar nas vitórias.

Ed representava um excelente modelo a ser seguido. Certo dia, ele estava vendido em prata e o mercado não parava de cair, meio centavo em um dia, um centavo no outro. Todos andavam altistas, dizendo que a prata iria subir, por estar tão barata, mas Ed só continuava vendido. Ele dizia: "A tendência é de queda, e eu vou ficar vendido até a tendência mudar." Aprendi com ele essa paciência no jeito de seguir a tendência.

O exemplo de Ed provocou sua virada como trader?
No começo não. Continuei perdendo, mesmo com Ed ali.

Você se lembra do que ainda fazia de errado na época?
Acho que eu não tinha paciência suficiente para esperar por uma definição clara das situações.

Você cogitava só seguir o que o Ed fazia, sendo ele tão bem-sucedido?
Não, eu não era capaz de tanto.

Você chegou a pensar em abandonar o trading?
Às vezes me ocorria que eu devia parar de operar, porque era muito doloroso perder sem parar. Em *Um violinista no telhado* tem uma cena em que o protagonista olha para o céu e conversa com Deus. Eu olhava para o céu e dizia: "Será que sou tão estúpido assim?" E era como se eu ouvisse uma voz dizendo: "Não, você não é estúpido. Só tem que insistir." Foi o que fiz.

Na época, fiquei amigo de um corretor semiaposentado da Shearson, muito gentil, simpático e bem-sucedido, chamado Amos Hostetter. Ele gostava dos meus textos, conversávamos muito. Amos reforçou muita coisa que Ed havia me ensinado. Eu absorvia os mesmos princípios de duas pessoas.

Você fazia recomendações para a firma nessa época?
Fazia. Elas eram mais bem acolhidas, porque eu estava mais paciente. De qualquer forma, estava totalmente sem dinheiro, sem ninguém que me emprestasse. Mas ainda tinha uma espécie de teimosia confiante de que voltaria para os trilhos. Eu ganhava só 12,5 mil dólares por ano, mas consegui poupar 700 dólares. Como isso não dava nem para abrir uma conta, abri uma conta conjunta com um amigo, que também colocou 700 dólares.

Você comandava o trading nessa conta conjunta?
Sim, meu amigo não entendia nada de mercados. Isso foi em julho de 1972 e, na época, todos nós estávamos sob controle de preços. O mercado de futuros, supostamente, também estava.

Você se refere ao congelamento de preços imposto por Nixon?
Isso. Se bem me lembro, o preço da madeira compensada estava congelado em 110 dólares por mil pés quadrados. O compensado era um dos mercados que eu analisava para a firma. O preço tinha dado uma subidinha, perto de 110 dólares, e divulguei uma newsletter pessimista dizendo que, embora os estoques andassem baixos, como os preços não podiam ultrapassar 110 dólares, não havia nada a perder em ficar vendido a 110.

Como o governo mantinha os preços nos limites definidos? O que impedia a oferta e a demanda de impor um preço mais alto?
Era contra a lei aumentar os preços.

Você quer dizer que os produtores não podiam cobrar mais?
Exatamente. O que acontecia, porém, era que o preço estava sendo mantido artificialmente baixo, e existe um princípio em economia segundo o qual um preço artificialmente baixo leva à escassez. Assim, começou a haver escassez de compensado, mas supostamente o mercado de futuros também estava sujeito a essa diretriz. No entanto, ninguém tinha certeza; era uma espécie de zona cinzenta. Um dia, enquanto eu olhava para o painel de cotações, o preço atingiu 110 dólares. Então chegou a 110,10 dólares e depois a 110,20 dólares. Em outras palavras, o preço dos futuros estava sendo negociado 20 centavos acima do teto legal. Comecei a fazer ligações para entender o que estava para acontecer, mas ninguém parecia saber.

O compensado era o único mercado acima do nível de preço do congelamento?
Era. Em todo caso, não aconteceu nada. Acho que o mercado fechou um pouquinho acima dos 110 dólares naquele dia. No dia seguinte, abriu a 110,80. Adotei o seguinte raciocínio: se me deixarem negociar acima de 110 dólares hoje, talvez deixem em todo lugar. Por isso, comprei um contrato. No fim das contas, o compensado chegou a 200 dólares. Depois que comprei aquele primeiro contrato e os preços subiram, era só uma questão de reinvestir os lucros e surfar na posição.

Esse foi o seu primeiro grande trade de verdade depois de ter ficado zerado no mercado de milho?
Foi.

O mercado à vista de compensado ficou em 110 dólares?
O mercado de futuros funcionou como um fornecedor para os usuários que não conseguiam matéria-prima em outro lugar.

Basicamente, isso criou um mercado duplo, uma espécie de mercado paralelo legalizado?
Sim. Aqueles que tinham ficado de fora por não ter uma relação antiga com os produtores conseguiam compensado a um preço mais alto no mercado de futuros. Os produtores começaram a espumar diante da ideia de ter que vender pelo teto de preço da lei.

Por que os produtores não vendiam futuros e entregavam contra o contrato em vez de vender no mercado à vista pelo preço controlado?
Os mais espertos começaram a se dar conta disso, mas eram os primeiros dias do trading de futuros com compensado e a maioria dos produtores não tinha tanto conhecimento assim. Alguns nem sabiam se fazer isso estava dentro da lei. Mesmo se soubessem, talvez tenham ouvido dos advogados: "Pode até ser que estejam comprando madeira a qualquer valor no mercado de futuros, mas é melhor não vender e entregar acima do teto legal." Havia muitas dúvidas.

O governo alguma vez tentou interferir no mercado de futuros?
Não exatamente, mas falarei disso depois. Em questão de poucos meses, 700 dólares tinham se transformado em 12 mil dólares ao negociar compensado.

Esse era o seu único trade ativo?
Era. Então tive a brilhante ideia de que a mesma situação de escassez iria ocorrer com a madeira serrada. Apostei tudo nesse trade, do mesmo jeito que havia apostado no trade de milho e trigo, esperando que a madeira serrada fosse romper o teto de preço.

Como andava a cotação da madeira serrada?
Não se mexeu. Eu tinha acabado de testemunhar a madeira compensada subir de 110 para 200 dólares. Já que ambos eram produtos de madeira e a madeira serrada também andava escassa, raciocinei que ela poderia subir – e deveria. No entanto, depois que comprei madeira serrada a 130 dólares, o governo acordou para o que havia ocorrido com o compensado e estava decidido a não deixar acontecer a mesma coisa com a madeira serrada.

Um dia, depois de eu ficar comprado, alguma autoridade do governo anunciou que iam combater os especuladores da madeira serrada, aqueles que estariam tentando fazer um esquema no mercado como no caso da madeira compensada. O mercado de madeira serrada despencou por causa daquele anúncio. Meu tombo foi tamanho que fiquei a ponto de zerar de novo. Durante duas semanas eles não pararam de soltar esses anúncios. O mercado estabilizou-se em um nível um pouquinho acima de me deixar zerado. Fiquei só com o mínimo para sustentar minha posição.

O mercado estava em 130 dólares quando você comprou. E naquele momento estava em quanto?
Por volta de 117 dólares.

Então, embora a dimensão dessa queda tenha sido muito inferior ao aumento da cotação do compensado, você perdeu quase o mesmo valor, porque sua posição em madeira serrada era muito maior do que tinha sido em madeira compensada.
Exato. Ao longo dessas duas semanas, fiquei constantemente à beira de perder tudo. Foram as duas piores semanas de toda a minha vida. Todos os dias eu ia para o escritório a ponto de desistir.

Desistir só para parar de sofrer ou para pelo menos ter alguma coisa sobrando?
Ambos. Eu estava tão arrasado que minhas mãos tremiam sem parar.

Você ficou muito perto de perder tudo de novo?
Bem, meus 12 mil dólares haviam encolhido para menos de 4 mil.

Você chegou a pensar "Não acredito que fiz isso de novo"?
Cheguei, e nunca mais fiz. Foi a última vez que apostei tudo em um trade.

No fim, o que aconteceu?
Consegui aguentar firme e o mercado finalmente virou. Houve escassez e o governo não demonstrou vontade de conter os mercados futuros.

O que lhe deu força de vontade para aguentar? Intuição ou coragem?
Desespero, acima de tudo, embora houvesse um ponto de apoio nos gráficos que o mercado não parecia conseguir desmentir. Então me mantive firme. No fim do ano, os 700 dólares que eu havia transformado em 12 mil e que tinham caído para menos de 4 mil já estavam valendo 24 mil. Depois dessa experiência assustadora, nunca mais cheguei a fazer trades exagerados.

No ano seguinte, 1973, o governo começou a relaxar o controle de preços. Como se criara muita escassez artificial, houve uma enorme corrida a várias commodities. Praticamente tudo encareceu. Os preços duplicaram em vários mercados, e eu tirei proveito da enorme alavancagem proporcionada pelas margens baixas dos futuros. As lições que aprendi com Seykota, de acompanhar as tendências principais do mercado, valeram muito a pena. Em 1973 minha carteira passou de 24 mil para 64 mil dólares.

Nessa época, vivíamos algo completamente novo. Mesmo quando os preços só haviam subido 10% daquilo que viriam a subir, parecia uma alta já bastante robusta. O que fez você perceber que os preços podiam aumentar ainda mais?
Eu era politicamente mais à direita, e isso combinava com ser um alarmista em relação à inflação. A teoria de que o governo era o vilão, sempre tentando desvalorizar a moeda, era o ponto de vista perfeito para operar nos mercados inflacionários de meados dos anos 1970.

Era a teoria certa para aquele momento.
Exatamente. Os mercados estavam tão férteis para o trading que eu poderia errar muito e ainda assim me sair bem.

Operando estritamente do lado comprado?
Sim. Tudo estava subindo. Embora eu estivesse indo muito bem, cometi um erro terrível. Durante o grande mercado altista da soja, que passou de 3,25 para quase 12 dólares, realizei meus lucros e pulei fora de tudo. Eu estava tentando ser original em vez de seguir a tendência. Ed Seykota nunca saía de nada, a menos que a tendência tivesse virado. Então Ed ficou, enquanto eu saí e assisti inconsolável à soja chegar ao *limit-up* por 12 dias consecutivos. Eu era muito competitivo e todos os dias chegava ao escritório sabendo que ele estava dentro e eu estava fora. Ia trabalhar a contragosto, porque sabia que o pregão da soja continuaria no limite e eu não poderia entrar.

Essa experiência de não estar em um mercado em plena alta era tão arrasadora quanto perder dinheiro de verdade?
Sim, até mais. Era tão assustadora que um dia, não aguentando mais a pressão, experimentei tomar tranquilizantes, para acalmar a angústia em minha mente. Não funcionou, e então alguém me disse: "Por que você não tenta algo mais forte, a clorpromazina?" Lembro-me de que tomei a clorpromazina em casa e peguei o metrô para ir trabalhar. A porta do trem começou a fechar bem na hora que eu estava entrando e levei um tombo. Naquele momento, não relacionei o susto com a droga. Na volta para casa, tropecei na soleira da

45

porta – para você ver como a substância era forte. Fiquei nocauteado e faltei ao trabalho nesse dia. Foi o ponto mais baixo da minha carreira no trading.

Você nunca jogou a toalha e simplesmente voltou para a soja em algum momento?
Não. Eu tinha medo de ter prejuízo.

Apesar desse erro, você chegou a acumular 64 mil dólares em sua carteira no fim do ano. O que aconteceu em seguida?
Mais ou menos nessa época, eu precisava ir às vezes à Bolsa de algodão. Eu tinha um pico de adrenalina quando via os operadores gritando estridentemente. Parecia o lugar mais empolgante do mundo. Mas descobri que precisava de um patrimônio líquido de 100 mil dólares para entrar. Como eu não tinha nenhum ativo além da minha carteira de commodities, não preenchia os requisitos.

Continuei ganhando dinheiro nos mercados e depois de vários meses consegui superar a marca de 100 mil dólares. Ed Seykota recomendou que eu ficasse comprado em café. Foi o que fiz, mas coloquei um *stop* bem curto nesse mercado para o caso de queda. O mercado caiu e o meu *stop* foi logo acionado. Ed, porém, sendo um seguidor das grandes tendências, não tinha colocado *stop* e acabou preso vários dias seguidos em um mercado *limit-down*.

Todos os dias, Seykota estava preso em uma posição perdedora, enquanto eu estava fora do mercado. Era exatamente o contrário da situação do trade com soja, em que ele estava ganhando e eu estava de fora. Não pude evitar uma sensação de alegria. Disse para mim mesmo: "Que tipo de lugar é este em que ficamos alegres quando alguém se ferra?" Foi o momento em que me dei conta de que estava sendo competitivo demais e resolvi me tornar operador do pregão da Bolsa de Algodão de Nova York.

Mas em tese o pregão seria ainda mais competitivo.
É, poderia ser, só que não era.

Você chegou a ter receio de ser operador do pregão, pelo fato de estar reduzindo seu campo de oportunidades a apenas um mercado?
Isso me preocupava um pouco. No fim das contas, eu deveria ter me preocupado muito. Porém a ideia de operar no salão me empolgava demais. O dado concreto é que eu era muito bom na escolha de trades, mas péssimo na

execução. Era muito tímido e muito acanhado para gritar em voz alta o bastante para me escutarem no pregão. Acabava passando minhas ordens para um operador amigo, que cuidava delas para mim. Isso durou alguns meses, até eu me dar conta do que estava fazendo.

Você ainda encarava os mercados como um trader posicional, mesmo estando no pregão?
Sim, mas era por pura timidez.

Suponho, então, que em certos dias você nem chegava a operar.
Exato.

Havia alguma vantagem em estar no pregão?
Não, para mim, não. Mas aprendi muito com a experiência e a recomendo a qualquer um que queira se tornar um trader mais bem capacitado. Usei o que aprendi ali durante anos.

Que tipo de ensinamento você tirou dessa oportunidade?
Você adquire um senso quase subconsciente do mercado no pregão. Aprende a medir a movimentação dos preços pela intensidade das vozes no salão. Quando o mercado está agitado e em movimento e de repente silencia, é sinal de que não vai muito além. Da mesma forma, quando o salão está moderadamente barulhento e de repente fica muito barulhento, indica um número maior de ordens divergentes em vez de sinalizar que está prestes a explodir, como você poderia imaginar.

Como você usa esse tipo de informação depois que sai do pregão?
Aprendi a importância dos pontos *intraday* nos gráficos, tais como as altas anteriores dentro do dia. Nesses pontos-chave do gráfico *intraday*, eu conseguia posições muito maiores do que normalmente sustentaria e, se não desse certo logo, saía rapidamente. Em um ponto crítico *intraday*, eu pegava uma posição de vinte contratos, em vez de três ou cinco que era possível manter, usando um *stop* extremamente curto. Ou o mercado decolava e ia embora, ou eu pulava fora. Às vezes eu ganhava 300, 400 pontos, ou mais até, com um risco de apenas 10 pontos. Isso porque, por estar no pregão, havia me acostumado com o jeito de o mercado reagir a esses pontos *intraday*.

Naquela época, meu trading era mais ou menos como ser um surfista. Eu tentava chegar na crista da onda no momento exato. Se não desse certo, simplesmente pulava fora. Fazia uma tentativa de ganhar várias centenas de pontos arriscando praticamente nada. Depois usei essa técnica de surfista como trader de mesa. Embora tenha funcionado muito bem como método naquele período, acho que não daria tão certo nos mercados de hoje.

Isso porque os mercados de hoje ficaram mais imprevisíveis?
Exato. Naquela época, se o mercado atingisse um ponto *intraday* no gráfico, podia penetrar aquele ponto, decolar e não cair mais. Agora ele cai muitas vezes.

Então qual é a resposta?
Acho que o segredo é reduzir o número de trades que você faz. Os melhores trades são aqueles em que você tem estes três fatores jogando a seu favor: o fundamento, a técnica e o tom do mercado. Primeiro, os fundamentos precisam indicar a existência de um desequilíbrio entre oferta e demanda, que poderia gerar um movimento maior. Segundo, o gráfico precisa mostrar que o mercado está caminhando na direção sugerida pelos fundamentos. Terceiro, quando sai a notícia, o mercado precisa agir de modo a refletir o tom psicológico exato. Por exemplo, um mercado altista precisa ignorar notícias baixistas e reagir vigorosamente às notícias altistas. Se você conseguir restringir sua atividade a apenas esse tipo de trade, vai ganhar dinheiro, em qualquer mercado, em qualquer situação.

Esse estilo de trading mais restrito é o método que você adotou?
Não, porque basicamente eu gostava demais desse jogo. Sabia que deveria estar só nesses trades ideais, mas o trading era um hobby e uma libertação para mim. Era um substituto para muitas outras coisas na minha vida. Coloquei o lado divertido acima dos meus critérios. O que me salvava era que, assim que um trade atendia a todos os meus critérios, eu entrava com uma posição cinco a seis vezes maior que nos outros trades.

Todo o seu lucro vinha dos trades que atendiam a esses critérios?
Sim.

E os outros, empatavam?
Os outros trades empatavam e me serviam de diversão.

Você mantinha um registro dos trades vitoriosos?
Mentalmente apenas. Nos outros trades, minha meta era só empatar. Eu sabia que o grosso do dinheiro viria dos trades que atendiam aos meus critérios. Sempre haverá trades que atendem a essas exigências, mas às vezes podem ser em menor número, o que exige muito mais paciência.

Por que esses trades são mais raros? O mercado ficou mais sofisticado?
Ficou. Há muito mais traders profissionais do que quando comecei. Naquela época eu tinha uma vantagem justamente por ter conhecimento das perspectivas que Ed Seykota e Amos Hostetter haviam me ensinado. Agora todo mundo conhece esses princípios. Há salas de trading repletas de computadores e gente brilhante.

Naquele tempo você olhava o painel e comprava milho quando ele subia além de determinado ponto no gráfico. Uma hora depois, o operador de grãos recebia um telefonema do corretor e poderia comprar. No dia seguinte, a corretora recomendava o trade, fazendo o mercado subir um pouco mais. No terceiro dia, os que haviam titubeado fechavam as posições vendidas, e logo depois apareciam os amadores, que ficavam sabendo que era hora de comprar. Na época, eu estava entre os primeiros a comprar porque era um dos poucos traders profissionais jogando o jogo. Acabava vendendo vários dias depois para os amadores.

Você está falando de trades de curto prazo. Você não fazia trades de maior dimensão e prazo?
Fiz algumas operações maiores, mas muitas vezes lucrava em dois ou três dias só com esse tipo de trade.

Quando você voltava ao mercado?
Os amadores não iam sustentar suas posições, porque estavam comprando na hora errada. Então, quando o mercado baixava de novo, eu reentrava. Hoje em dia, na hora em que o mercado cai abaixo de um ponto-chave do gráfico, há todo um universo de traders que está sabendo.

Então não existem mais trades de *follow-up* defasados?
Isso, o operador de grãos já apostou. Os amadores não contam, porque o grau de participação deles no trading é infinitesimal.

Seria porque eles passaram a aplicar o dinheiro com gestores de fundos, em vez de operarem por conta própria?
Exato, e mesmo que os amadores ainda andem por aí, eles operam em lotes de um, o que é uma posição insignificante quando os gestores de fundos operam mil de uma vez. Hoje em dia você tem que ir quase contra a maré. Precisa perguntar: "Sendo verdade que todos os meus colegas traders profissionais já entraram, o que resta para ser comprado?" Antes você não tinha que se preocupar com isso, porque sempre restava alguém para comprar – as pessoas que ficavam sabendo depois ou reagiam mais lentamente. Agora todo mundo tem a mesma iniciativa, com a mesma rapidez.

Os mercados de hoje são mais propensos a falsos *breakouts*?
São, muito mais.

Os sistemas de acompanhamento de tendências estão fadados à mediocridade?
Acho que sim. A era do acompanhamento de tendências acabou, a menos que haja um desequilíbrio específico em um mercado que revogue tudo [a seca de 1988 nos estados produtores de grãos, que ocorreu pouco tempo depois desta entrevista, representa um exemplo perfeito desse tipo de exceção descrito por Marcus. Outra exceção seria se entrássemos em um grande ambiente inflacionário ou deflacionário.]

Em outras palavras, a menos que haja alguma força poderosíssima que esmague todo o restante.
Isso mesmo.

Os mercados mudaram nos últimos cinco a dez anos, por haver uma proporção maior de gestores profissionais fazendo trading especulativo, contrapondo-se aos pequenos especuladores que tendem a cometer todos os erros?
Os mercados mudaram. Prova disso é que Richard Dennis, que se saiu bem durante muitos anos, perdeu mais de 50% dos fundos que geria em 1988. Os sistemas de acompanhamento de tendências não funcionam mais. O problema é que, depois que você definiu uma tendência e assumiu uma posição, todo mundo também se posiciona. Como não sobra nada para comprar, o mercado oscila na direção contrária e obriga você a sair.

Um dos motivos de não termos mais tantas tendências boas é que os bancos centrais estão impedindo que oscilações de moedas saiam do controle, assumindo o outro lado da tendência.

Mas eles sempre fizeram isso, não?
Acredito que não. Se você olhar um gráfico da dívida do Tesouro mantida por bancos centrais estrangeiros, verá que ela aumentou astronomicamente nos últimos anos. Os bancos estrangeiros parecem assumir o papel dos investidores estrangeiros privados no financiamento da nossa dívida comercial.

O que você acha que isso significa em termos de trading? Seu estilo de trading mudou por conta disso?
Em certa época, operei muito com divisas. No começo do primeiro mandato de Ronald Reagan, quando o dólar estava muito forte, eu assumia posições de até 600 milhões de marcos alemães, somando minha carteira e a da firma. Na época, isso significava cerca de 300 milhões de dólares. Era uma linha bastante boa. Eu era, provavelmente, um dos maiores traders de divisas no mundo, mesmo incluindo os bancos.

Era muito cansativo, por ser um mercado 24 horas. Quando ia dormir, eu tinha que acordar praticamente de duas em duas horas para checar os mercados. Eu me sintonizava com todos os grandes centros assim que abriam: Austrália, Hong Kong, Zurique e Londres. Isso acabou com meu casamento. Hoje em dia tento evitar divisas, porque sinto ser uma situação totalmente política; você precisa antecipar o que os bancos centrais vão fazer.

Quando você operava ativamente com divisas, acordava ao longo da noite por medo de ser pego do lado errado de um lance importante antes da abertura dos mercados nos Estados Unidos?
Isso mesmo.

Você sempre operou desse modo ou foi pego tantas vezes que começou a operar 24 horas por dia?
Aconteceu o número de vezes suficiente para me deixar escaldado.

Operando em outros países, você poderia ter evitado algum movimento gerado por uma grande defasagem?

Exatamente. No fim de 1978 o dólar estava levando uma surra, atingindo todo dia um patamar mais baixo. Isso foi numa época em que eu estava cooperando e operando em parceria com Bruce Kovner. Conversávamos durante horas todos os dias. Em certo momento, percebemos que o dólar ficou misteriosamente forte. Estava acontecendo uma intensa movimentação da cotação, que não podia ser explicada por nenhuma informação conhecida. Simplesmente pulamos fora, feito doidos, de nossa posição comprada em divisas. Naquele fim de semana, o presidente Carter anunciou um programa para sustentar o dólar. Se tivéssemos esperado, teríamos sido aniquilados.

Esse caso ilustra um dos princípios em que acreditamos: os grandes players, inclusive os governos, sempre metem a mão. Quando víamos um movimento de preços surpreendente, contrário a nós e que não compreendíamos, pulávamos fora e só então procurávamos o motivo.

Os mercados futuros de divisas foram paralisados em *limit-down* por vários dias seguidos depois daquele anúncio. Vocês devem ter saído bem perto do topo.
Naquele trade, fizemos uma saída espetacular. Em todo caso, o que quero dizer é o seguinte: acredito que, por questão de cortesia, os bancos centrais europeus são notificados de qualquer mudança relevante que os Estados Unidos vão fazer e muitas vezes atuam antecipando os anúncios de política econômica americanos. Em consequência, a mudança de cotação aparece primeiro na Europa, mesmo sendo algo iniciado pelos Estados Unidos. Quando é uma ação iniciada pelos europeus, a movimentação vai acontecer lá primeiro. Acho que as melhores horas para operar são as europeias. Se eu tivesse que dedicar minha vida ao trading em um horário, gostaria de viver na Europa.

Vamos voltar um pouco e completar algumas lacunas em sua história de trading. Para onde você foi depois que desistiu de ser operador do pregão?
Recebi uma ligação de Amos Hostetter, de quem eu tinha ficado amigo na Shearson. Na época ele também estava gerindo um pouco de dinheiro para a Commodities Corporation. Amos disse que seria aconselhável eu pensar em entrar lá como operador. A teoria naqueles tempos era que tinham que contratar os melhores nomes da econometria para ser traders. No comitê deles havia pessoas como Paul Samuelson. A ideia de me contratar veio em uma reunião. A primeira pergunta foi: "Quais artigos ele escreveu? Em que

revistas foi publicado?" Eu tinha uma graduação em artes liberais, e só. A piada era dizer: "Ele só opera." Todo mundo achava muita graça.

Mas o negócio deles não era ganhar dinheiro no trading?
Não achavam possível ganhar dinheiro de verdade sem ter um PhD. Mas Amos os convenceu a me dar uma oportunidade. Acho que fui o primeiro trader sem PhD que contrataram. Começaram me dando 30 mil dólares em agosto de 1974. Em cerca de dez anos, eu tinha transformado essa carteira em 80 milhões. Foram anos muito bons.

Você transformou os 30 mil dólares originais em 80 milhões ou houve algum aporte de dinheiro ao longo do caminho?
Depois de alguns anos, eles me deram mais 100 mil dólares para operar. Após esse período, quase sempre sacaram dinheiro. Naqueles anos, estavam em uma fase de expansão e cobravam 30% ao ano dos operadores para cobrir despesas.

Então você tinha que ganhar 30% ao ano só para manter o nível da carteira. Você deve ter tido anos de retorno incrível, principalmente diante de tamanho obstáculo.
Ganhei pelo menos 100% ao ano durante muito tempo.

Qual foi o seu melhor ano?
Deve ter sido 1979. Foi um ano incrível. Entrei no ouro quando passou de 800 dólares.

Você pegou a alta inteira?
Entrava e saía, mas lembro que peguei boa parte dela – às vezes 100 dólares por onça de uma vez só. Foi um período louco. Naqueles dias, comprava ouro na Austrália, Hong Kong empurrava 10 dólares para cima, ganhava mais 10 dólares em Londres, e na hora que Nova York abria eu conseguia vender com 30 dólares de lucro.

Aparentemente era uma enorme vantagem comprar ouro no mercado externo, e não nos Estados Unidos.
Eu tinha uma vantagem por estar na Califórnia, porque ficava acordado operando em Nova York enquanto meus colegas daquela cidade estavam

dormindo. Lembro que fiquei sabendo da invasão do Afeganistão pelo telejornal. Liguei para Hong Kong para ver se estavam sabendo e ninguém parecia estar: o preço não havia mudado. Consegui comprar 200 mil onças de ouro antes de alguém tomar conhecimento do que estava acontecendo.

Isso dá dois mil contratos! Você teve algum problema de liquidez assumindo uma posição desse tamanho em Hong Kong?
Não, mas eles apanharam muito por terem me dado o negócio. Na minha última visita a Hong Kong, me disseram para não aparecer na sala do pregão. Ainda tinha gente que se lembrava daquele episódio.

Eles sabiam quem estava do outro lado do trade?
Sabiam, sim.

Não acharam que você estava sabendo de algo?
Não, provavelmente só acharam que eu havia enlouquecido, chegando e comprando tanto ouro daquele modo. Quando saiu a notícia, cinco a dez minutos depois, todo mundo começou a correr. Eu tive um lucro imediato de 10 dólares por onça em 200 mil onças.

Custo a acreditar que desse para operar com base no telejornal.
Eu sei. Nunca havia feito isso antes. Foi a primeira, única e última vez, mas fiz mesmo.

Esse mercado de ouro específico acabou tendo uma alta e uma queda quase verticais. Você saiu a tempo?
Sim, saí já com 750 dólares em alta. Fiquei mal quando vi que o ouro subiu até quase 900 dólares. Mas depois, quando caiu de volta para 400 dólares, me senti muito melhor em relação a isso.

Considerando toda a situação, você se saiu muito bem. Qual foi a deixa para saber que estava perto do topo?
Na época muitos mercados estavam enlouquecidos. Uma de minhas regras era sair quando a volatilidade e o impulso se tornavam insanos. Um jeito de medir isso era a quantidade de dias em que o mercado atingia os limites

de oscilação. Tivemos várias situações em que o mercado ficava *limit-up* por vários dias consecutivos. No terceiro *limit-up* seguido, eu começava a ficar bem cauteloso. Quase sempre saía no quarto dia de *limit-up*. E, se por acaso ainda tivesse ficado com alguma parte da minha posição por tanto tempo, obedecia a uma regra imutável de sair no quinto dia de *limit-up*. Eu me forçava a sair do mercado com esse tipo de volatilidade.

Sua transição de trader perdedor para altamente bem-sucedido coincidiu com a grande fase altista dos mercados de commodities do começo à metade dos anos 1970. Até que ponto seu sucesso inicial deveu-se a seu talento como trader e até que ponto foi só o mercado?
Francamente, acho que os mercados estavam tão bons que comprando e retendo não havia como perder. Há muitas histórias de sucesso. E muitas fortunas também.

Mas muita gente não conseguiu manter essas fortunas.
É verdade. Mas tive muita sorte. No momento em que os mercados ficaram difíceis de novo, eu já era um bom trader. Àquela altura, já tinha aprendido minha profissão. Outra vantagem foi a de ter me tornado expert em um mercado, o de cacau. Durante quase dois anos só negociei cacau, por conta das informações e da ajuda que recebi de Helmut Weymar [fundador da Commodities Corporation]. Helmut era um incrível expert em cacau. Escreveu um livro tão profundo que nem a capa eu consegui entender. E ele tinha todo tipo de amigo no setor. Com os conhecimentos e as informações que recebi de Helmut e seus conhecidos, tive a impressão de conhecer o universo do cacau de um jeito que nunca vi antes em nenhum mercado.

Essa fase de trading quase exclusivo de cacau chegou ao fim. O que aconteceu?
Helmut se aposentou do trading de cacau.

Suponho que nem de longe Helmut tenha sido um trader tão bem-sucedido quanto você.
Digamos apenas que eu operava muito melhor com as informações de Helmut do que ele próprio.

Fora os anos iniciais de prejuízo, houve outros trades que se destacaram como bastante traumáticos?
Nunca me deixo surpreender em desastres com potencial para me intimidar. A pior situação ocorreu durante o período de trading pesado de divisas. Eu estava indo bem, dando conta de reter posições grandes. Certa vez, tinha uma posição verdadeiramente grande em marcos alemães quando o Bundesbank resolveu punir os especuladores. Entrei mais ou menos na época em que isso aconteceu e descobri que havia perdido 2,5 milhões de dólares em cinco minutos. Então saí em vez de assistir a esse prejuízo virar 10 milhões de dólares. Tive que suportar a incômoda experiência de ver o mercado passar o outono inteiro se recuperando.

Quanto tempo você levou para sair?
Por volta de meia hora.

Você entrou de novo?
Não, àquela altura eu já havia perdido o ânimo.

Olhando para trás, você acha que fez a coisa certa ao sair desse trade?
Sim, mas ainda dói me dar conta de que se eu tivesse ficado imóvel, sem fazer nada, estaria tudo bem, em vez de ter perdido 2,5 milhões de dólares.

Você investia parte do dinheiro que ganhava ou continuava apenas reaplicando na própria carteira?
Fiz alguns investimentos ruins e perdi uma fatia razoavelmente grande do dinheiro que ganhei no trading. Quando estava operando muito, precisava de um motivo para continuar, então saía gastando de modo espetacular. Em determinado momento, cheguei a ter dez casas e perdi dinheiro com todas elas. Vendi algumas sem ter passado uma noite sequer dentro delas. Eu tinha um serviço de jatinho particular e perdi muito dinheiro com ele. Um dia me dei conta de que, para cada dólar que eu ganhava no trading, 30% iam para o governo, 30% iam para bancar os aviões, 20% iam para bancar meus imóveis. Foi então que resolvi vender tudo.

Por mais sensato que você fosse como trader, era ingênuo como investidor.
Sim, incrivelmente ingênuo. De um número bastante grande de transações imobiliárias – muitas delas na Califórnia –, perdi dinheiro em todas, exceto

em uma. Sou, provavelmente, a única pessoa viva que pode se gabar dessa duvidosa distinção.

Por que você acha que foi tão mal nos investimentos?
Eu fazia tudo à base de emoção, não analisava nada.

Em certo sentido, você estava repetindo o erro de sua experiência inicial no trading: envolver-se em uma coisa da qual não entendia nada e perder dinheiro. Não fez soar um alarme? É quase como se você tivesse um instinto autodestrutivo de perder dinheiro em outro lugar.
Sim, exatamente. Perdi metade do dinheiro que ganhei.

Durante esse período em que você teve tantas atitudes insensatas, ninguém tentou dizer "Você não está vendo o que está fazendo?"?
Sim, mas, sempre que alguém da minha equipe tentava me alertar, eu demitia a pessoa. Em determinado momento, tive de 60 a 70 empregados. Além de todos os meus negócios que davam prejuízo, eu precisava gerar muito caixa só para aguentar a folha de pagamento. Grande parte do dinheiro que ganhei foi pelo ralo.

Esses prejuízos tiveram impacto emocional parecido com os do mercado? Pergunto isso porque você parece falar desses prejuízos nos investimentos de maneira desapaixonada.
Sim, dói me dar conta de como fui bobo, mas aprendi a não me apegar a coisas materiais. Aceito isso como uma lição de vida. Entendi que não preciso ser dono de uma casa em cada recanto bonito do mundo, posso ficar em um hotel e caminhar na praia ou fazer uma trilha. Ou, quando tenho vontade de me mimar um pouco, posso fretar um avião. Não preciso ser dono de um.

Faz sentido, mas suspeito que, se você tivesse perdido a mesma quantidade de dinheiro no trading, teria sido uma experiência muito mais traumática. Será que é porque seu ego não estava atrelado a essas outras iniciativas?
Sim, tenho certeza de que é o caso. Sempre achei que era esperto pelo menos em uma coisa. Sinto que o trading é a única que sei fazer direito. Não fosse por isso, acabaria engraxando sapatos.

Você acha que ser um grande trader é um talento inato?
Para estar na prateleira de cima dos traders bem-sucedidos é preciso ter um talento inato, um dom. É como ser um grande violinista. Mas ser um trader competente e ganhar dinheiro é uma habilidade que se aprende.

Tendo passado por toda a experiência de trading, do fracasso ao sucesso extremo, qual conselho básico você daria a um trader iniciante ou perdedor?
A primeira coisa que eu diria é para sempre apostar menos de 5% de seu dinheiro em uma ideia qualquer. Assim você pode errar mais de vinte vezes; vai levar muito tempo até perder seu dinheiro. Enfatizaria que os 5% se aplicam a qualquer ideia. Quando você fica comprado em dois mercados de grãos diferentes, mas relacionados, ainda é uma ideia só.

A segunda coisa que aconselharia é sempre usar *stops*. Quero dizer colocá-los concretamente, porque assim você se compromete com um ponto de saída.

Você sempre escolhe um ponto de saída antes de entrar?
Sim, sempre fiz isso. É necessário.

No seu caso, eu imaginaria não ser possível colocar um *stop*, porque suas ordens são grandes demais.
Sim, mas meu corretor dá um jeito.

Quando você coloca uma ordem para montar uma posição, ela é acompanhada de uma ordem de saída?
Exatamente. Outra coisa é que, quando você não sente uma posição boa assim que entra, não sinta vergonha de mudar de ideia e sair na hora.

Então, quando você coloca o trade e cinco minutos depois ele parece errado, não pense "Se eu sair depressa, meu corretor vai achar que sou um idiota".
Isso, exatamente. Se estiver inseguro em relação a uma posição, sem saber o que fazer, pule fora. Sempre dá para voltar. Na dúvida, saia e durma uma boa noite de sono. Fiz isso várias vezes e no dia seguinte tudo ficava mais claro.

Acontece de você entrar de novo depois de ter saído?
Sim, muitas vezes no dia seguinte. Quando você está dentro, não consegue pensar. Quando sai, reflete de novo com clareza.

Que outro conselho você daria a um trader novato?
Talvez a regra mais importante seja segurar seus trades vencedores e cortar seus perdedores. Ambos têm a mesma importância. Quando você não mantém os vencedores, não consegue pagar pelos perdedores.

Você também precisa seguir sua própria luz. Com tantos amigos que são traders talentosos, muitas vezes preciso relembrar a mim mesmo que, se eu tentar operar do jeito deles, com as ideias deles, vou sair perdendo. Todo trader tem pontos fortes e fracos. Alguns são bons em reter vencedores, mas podem reter os perdedores um pouco demais. Outros cortam os vencedores um pouco cedo, mas são rápidos para assumir prejuízos. Desde que você se atenha a seu estilo, terá o lado bom e o ruim de seu próprio método. Quando se tenta incorporar o estilo de outro, acaba-se com o pior dos dois estilos. Aconteceu comigo.

O problema não é que você não tem o mesmo tipo de confiança em um trade que não é seu?
Exatamente. Na análise final, você precisa ter coragem de reter a posição e assumir o risco. Quando vira uma questão de "Estou neste trade porque o Bruce está nele", você não vai ter coragem de segurá-lo. Era melhor, então, nem ter entrado.

Você ainda conversa com outros traders sobre os mercados?
Não muito. Com o passar dos anos, isso me custou muito dinheiro. Quando converso com outros traders, procuro ter sempre em mente que preciso ouvir a mim mesmo. Tento obter a informação sem me deixar influenciar demais pela opinião deles.

Quando a ideia não é sua, isso atrapalha o trading?
Exato. Você precisa estar ciente de que o mundo é muito complexo e deve sempre perguntar a si mesmo: "Quantas pessoas agiriam com base nessa ideia específica?" Você precisa levar em conta se o mercado já precificou a sua ideia.

E como é possível avaliar isso?
Usando os clássicos indicadores de tipo e impulso, e observando o tom do mercado. Por quantos dias seguidos o mercado caiu ou subiu? Qual é a leitura dos índices de sentimento?

Você poderia dar algum bom exemplo do tom do mercado que serviu de dica para um trade seu?

A ilustração mais clássica que consigo lembrar foram os mercados altistas de soja no fim dos anos 1970. Na época havia uma escassez extrema de soja. Uma das coisas que fazia o mercado subir eram os relatórios semanais do governo, indicando fortes compromissos e vendas para exportação. Eu detinha uma grande posição comprada em soja e alguém da Commodities Corporation me ligou e passou os últimos números das exportações. Ele disse: "Tenho uma boa e uma má notícia." Respondi: "Ok, qual é a boa?" "A boa notícia é que o dado de promessa de exportações está fantástico. A má é que você não está com a sua posição-limite [o maior tamanho permitido de posição especulativa]." Estavam esperando que o mercado ficasse três dias seguidos em *limit-up*.

Acabei ficando meio abatido por não ter uma posição maior. Na manhã seguinte, na abertura, coloquei uma ordem de compra de mais alguns contratos, só para o caso de dar sorte e o mercado operar antes de travar no *limit-up*. Sentei-me para assistir ao show. O mercado, como esperado, abriu em *limit-up*. Notei que aconteceram vários *ticks*, como se o mercado estivesse operando no *limit-up*. Então os preços baixaram do *limit-up* bem na hora em que meu corretor começou a passar minhas ordens. O mercado começou a cair. Eu disse a mim mesmo: "Disseram que a soja iria ficar três dias em *limit-up* e não ficou nem uma manhã." Na mesma hora liguei para o meu corretor e, no maior desespero, mandei vender, vender, vender!

Você saiu totalmente da posição?

Não só saí como também estava tão agitado que perdi a conta de quanto estava vendendo. Acidentalmente, acabei vendido em uma quantidade enorme de soja, que recomprei 40 ou 50 centavos mais barata. Foi a única vez que ganhei muito dinheiro por causa de um erro.

Eu me lembro de uma alta no mercado de algodão em que os preços chegaram a quase 1 dólar por libra. Eu estava comprado em algodão e o dado de exportações da semana saiu, mostrando exportação de meio milhão de sacas para a China. Foi o número de exportação mais otimista que já vi com algodão. Mas o mercado, em vez de abrir em *limit-up* no dia seguinte, abriu só 150 pontos mais alto e depois começou a cair. Aquele se revelou o pico exato.

Outro exemplo interessante aconteceu quando estávamos em um período muito inflacionário e todos os mercados de commodities operavam em uníssono. Em um dia especialmente forte, quase todos os mercados atingiram *limit-up*. Nesse dia o algodão abriu em *limit-up*, caiu de novo e acabou um pouquinho só mais alto. Esse foi o pico do mercado. Todo o restante ficou parado em *limit-up*, só o algodão nunca mais viu a luz do dia.

A regra seria que, ao descobrir um comportamento em comum entre mercados, deve-se vender aquele que está atrasado assim que começar a cair?
É absolutamente necessário pular fora da aposta quando um mercado começa a agir pessimamente em relação a todo o restante. Quando sai uma notícia maravilhosa e o mercado mesmo assim não sobe, o ideal é certificar-se de estar vendido.

Que tipo de ideia equivocada sobre o mercado gera problema para as pessoas?
A principal causa de incapacitação financeira é a crença de que é possível confiar na ajuda dos experts. Até é possível, se você conhecer o especialista certo. Se por acaso você for o barbeiro de Paul Tudor Jones [investidor norte-americano bilionário] e ele começar a falar do mercado, não é má ideia escutar. Porém os chamados experts não são operadores. O corretor comum não serve como trader, nem agora nem nunca. O jeito mais fácil de perder dinheiro é dar ouvidos a um corretor. O trading exige um envolvimento pessoal intenso. É preciso fazer o dever de casa, e é esse o conselho que costumo dar.

Alguma outra ideia equivocada?
A ideia inocente de que existe uma conspiração no mercado. Conheci alguns dos maiores traders do mundo e posso afirmar que 99% das vezes o mercado é maior do que todos e, mais cedo ou mais tarde, irá na direção que tiver que ir. Exceções existem, mas não duram muito tempo.

Você atribuiu grande parte de seu êxito a Ed e Amos, que lhe ensinaram os princípios do trading. E você, de sua parte, ensinou a outros traders?
Ensinei. Meu melhor resultado, em termos de ter se tornado o melhor operador com quem já trabalhei, além de amigo íntimo, foi com Bruce Kovner.

Até que ponto você atribui o sucesso dele ao seu treinamento ou ao talento dele próprio?
Quando conheci Bruce, ele era escritor e professor; nas horas vagas, operava um pouco. Fiquei abismado com a amplitude do conhecimento de trading que ele havia acumulado em tão pouco tempo. No dia em que o conheci, tentei impressioná-lo com conceitos complicados. Lá estava eu, um trader profissional que passava 15 horas por dia operando e analisando os mercados, e não consegui encontrar nada que ele não conseguisse entender. Reconheci na hora o talento que ele tinha.

Isso tem a ver com inteligência, mas havia outras pistas de que ele daria um bom trader?
Sim, a objetividade. Bons traders não podem ser rígidos. Quando você encontra alguém verdadeiramente aberto a analisar tudo, encontrou o ingrediente bruto de um bom trader – e vi isso em Bruce de imediato. Soube desde o primeiro momento que estava diante de um excelente trader. Tentei passar a Bruce os princípios que Ed e Amos me ensinaram, juntamente com habilidades que adquiri. Meu melhor trading foi na época em que Bruce e eu trabalhamos juntos. Nós operamos de maneira fenomenal. Foram anos em que ganhei 300%, e ele, 1.000%. Ele tinha um enorme dom.

O trade às vezes deixa você esgotado?
Claro que sim. Lá por 1983 comecei a dar um tempo no trading. Senti necessidade de recarregar as baterias.

Qual a importância da intuição no trading?
Não sei de nenhum grande trader profissional que não tenha intuição. Ser um operador bem-sucedido também exige coragem: coragem de tentar, coragem de fracassar, coragem de dar certo, coragem de seguir em frente quando a coisa não vai bem.

Quais são as suas metas hoje, para além do trading?
Há muitos anos pratico caratê. Meu nível já é alto, mas quero alcançar a faixa preta. Além disso, tenho estudado tradições espirituais e gostaria de trabalhar um pouco mais com isso.

Você fala sobre isso de forma muito vaga. É propositall?
É muito complicado falar sobre esse assunto. Deixe-me tentar explicar. Albert Einstein dizia que a pergunta mais importante de todas é se o universo é um lugar amistoso. Acho essencial que todos cheguem a um ponto em que sintam que o universo é amistoso.

Você já chegou lá?
Estou bem perto.

Mas não foi nesse ponto que você começou?
Não. Comecei com a sensação de que era um lugar hostil.

Você se imagina operando daqui a dez ou vinte anos?
Imagino. É divertido demais para parar. Não quero ganhar uma montanha de dinheiro. Provavelmente acabaria perdendo de novo em imóveis.

Há um lado divertido mesmo quando se faz isso 15 horas por dia?
Não. Quando o trading é a sua vida, é uma motivação meio torturante. Mas, quando você consegue manter um equilíbrio, então fica divertido. Todo trader bem-sucedido que conheço, que durou no ramo, chegou a esse ponto em algum momento. Atinge uma vida harmoniosa, se diverte fora do trading. Não é possível aguentar sem ter outro foco. Em determinado momento você acaba exagerando no trading ou se deixando perturbar demais por prejuízos temporários.

Como você lida com uma má fase?
Antigamente eu tentava enfrentar operando ainda mais depois de uma perda inicial, mas isso em geral não dá certo. Então passei a reduzir bem depressa, a ponto de sair totalmente em casos muito ruins. Mas é raro ficar tão ruim assim.

Já aconteceu de você aguentar firme até dar certo?
Às vezes, mas na maioria delas eu me daria melhor se tivesse pulado fora. Antes eu tinha mais dificuldade de fazer isso, porque sou um lutador por natureza. O padrão é assim: perco dinheiro, luto desesperadamente, perco mais, corto um pouco ou às vezes pulo fora. Até que volto ao caminho do lucro.

E quando pula fora, é por quanto tempo?
Em geral, três ou quatro semanas.

Quando você entra em uma má fase, é por estar fora de compasso com os mercados? Ou haveria um jeito melhor de definir?
No fim das contas, prejuízo traz prejuízo. Quando você começa a perder, essa situação mexe com um elemento negativo do seu lado psicológico e leva ao pessimismo.

Pouquíssimos traders foram tão bem-sucedidos quanto você. O que o torna diferente?
Tenho a cabeça bem aberta. Eu me disponho a absorver informações difíceis de aceitar emocionalmente, mas que reconheço serem verdadeiras. Por exemplo, vi outros ganharem dinheiro com muito mais rapidez, para depois perderem tudo, porque não sabem parar quando começam a perder. Nas vezes que entrei em uma má fase, consegui dizer a mim mesmo: "Não posso continuar operando." Quando o mercado caminha na contramão da minha expectativa, eu sempre consigo dizer: "Estava achando que iria ganhar muito nessa posição, mas não está dando certo, então estou saindo."

Você monitora diariamente o seu patrimônio? Chega a fazer o gráfico?
Fazia muito no passado.

Isso ajuda? Acha uma boa ideia para o trader acompanhar seu patrimônio em um gráfico?
Acho. Quando a tendência é de queda, é sinal de que é hora de cortar e repensar. Ou, quando você percebe que está perdendo dinheiro bem mais rápido do que ganhou, é um sinal de alerta.

Você também opera com ações. Há quanto tempo você opera na Bolsa?
Mais ou menos há dois anos.

E opera de forma diferente dos futuros?
Tenho mais paciência.

O processo de seleção é diferente?
Não, procuro confirmação no gráfico, nos fundamentos e na movimentação do mercado. Acho que assim se pode operar com qualquer coisa no mundo.

Você foca em algum tipo específico de ação?
Não opero com as ações do Dow Jones. Prefiro as pequenas, porque não são dominadas pelos operadores profissionais, que são como tubarões devorando uns aos outros. O princípio básico é que é melhor operar com o dólar australiano que com o marco alemão, e com a açãozinha do mercado de balcão do que com a ação do Dow Jones.

Quais fundamentos você busca em uma ação?
Gosto de usar algo que descobri no *Investor's Daily*: o EPS, ou *earnings per share* (lucro por ação) [o ranking de EPS se baseia na comparação do crescimento do lucro por ação de uma ação com os de todas as outras. Para mais detalhes sobre o EPS, veja as entrevistas de William O'Neil e David Ryan]. Combino o EPS com meu senso de fatia de mercado potencial. Quando uma empresa já saturou seu pequeno nicho no mercado, um EPS alto não tem tanto valor. Porém, nas ocasiões em que o EPS está aumentando e ainda há muito bolo mundo afora, a situação fica bem mais atraente.

Gosto de olhar também o índice preço/lucro (P/L), em conjunto com o EPS. Em outras palavras, embora aprecie ver empresas com um padrão forte de crescimento do lucro, me interesso em saber quanto o mercado está pagando por esse padrão de crescimento.

Então, para você, o ideal é um EPS alto com um P/L baixo.
Isso. É a combinação ideal. Tenho certeza de que existe um jeito de juntar os dois em um computador e bolar um ótimo sistema.

E quanto à força relativa [medida do desempenho da cotação da ação em relação a todas as outras ações], outro indicador chave do *Investor's Daily*?
Não acho que ajude tanto. A força relativa informa a você o que uma ação já fez. No momento em que você chega a um número relativamente alto dessa força, a ação já se esgotou.

O que mais você procura em uma ação?
Dou uma olhada no setor básico. Por exemplo, neste momento [maio de 1988] estou altista nas cotações dos cargueiros e, portanto, no setor de navegação.

Por quais motivos?
Oferta e demanda. A cotação dos cargueiros é como o preço das commodities; segue um padrão cíclico clássico. Os preços sobem e todo mundo ganha dinheiro; então constroem muitos navios e os preços caem. Chega uma hora em que esses navios são descartados e os preços voltam a subir. A cotação andou muito baixa durante vários anos e descartaram muitos navios a cada ano. Por isso estamos entrando na fase do ciclo em que os preços voltam a subir.

O trading fica mais difícil quanto maior o tamanho da carteira?
Fica, porque você é obrigado a competir em cada vez menos mercados, onde outros grandes profissionais também estão operando.

Até que ponto o comportamento de um mercado é parecido com o de outro? É possível operar com títulos da mesma forma que se opera com milho?
Tenho a impressão de que, se você sabe operar em um mercado, sabe operar em todos. Os princípios são os mesmos. Trading é emoção. É psicologia de massa, ganância e medo. É tudo igual em qualquer situação.

Para a maioria dos grandes traders, o fracasso inicial é mais uma regra do que uma exceção. Apesar de um incrível histórico de desempenho a longo prazo, Michael Marcus começou a carreira de operador com uma série ininterrupta de prejuízos no trading. Pior, ele ficou zerado não apenas uma, mas várias vezes. A lição é: o fracasso inicial no trading é sinal de que você está fazendo algo errado, mas não é necessariamente um bom previsor do potencial definitivo de fracasso ou sucesso.

Achei interessante que, apesar de uma série de prejuízos amargos no trading, a experiência mais arrasadora de Marcus tenha sido um trade lucrativo do qual ele saiu prematuramente. Tirar proveito dos grandes trades com maior potencial de lucro não apenas é importante para a saúde mental do trader, mas também crucial para ser um vencedor. Na entrevista Marcus enfatizou que deixar os trades lucrativos surfarem é tão importante quanto cortar pela raiz os prejuízos. Nas palavras dele: "Quando você não mantém os vencedores, não consegue pagar pelos perdedores."

Marcus aprendeu sobre os perigos do *overtrading* [operar demais] da forma mais dolorosa. Em um desses casos (a operação com grãos no ano da praga que não aconteceu), a carteira que ele tinha feito crescer a partir de um pequeníssimo saldo de 30 mil dólares foi zerada ao apostar todo o dinheiro em um único trade. Ele cometeu o mesmo erro uma segunda vez, no mercado de madeira, chegando à beira do desastre antes de escapar por pouco. Tais experiências tiveram um impacto dramático na filosofia de trading de Marcus. Não por acaso, a primeira regra que cita quando lhe pedem conselhos para o trader comum é: nunca comprometa mais de 5% de seu dinheiro em uma única ideia de trading.

Além de evitar o *overtrading*, Marcus ressalta a importância de definir um ponto de saída em todas as operações. Ele considera muito importantes os *stops* protetores, porque eles obrigam o trader a assumir um compromisso. Recomenda ainda liquidar posições para clarear a mente quando você está perdendo dinheiro e se sentindo confuso em relação às decisões do mercado.

Marcus enfatiza a necessidade de seguir o próprio faro como trader. Dá a entender que seguir o conselho dos outros, mesmo que sejam bons traders, costuma levar a problemas, ao combinar as piores características de mais de um trader.

Por fim, apesar de ser um operador agressivo, Marcus acredita muito em ser comedido na seleção de trades. Recomenda esperar aqueles trades em que todos os elementos cruciais se alinham numa só direção. Ao fazer isso, aumenta-se bastante a probabilidade de êxito em cada operação. Fazer vários trades quando as condições parecem ser apenas ligeiramente favoráveis àquela ideia tem mais a ver com diversão do que com êxito.

BRUCE KOVNER

O trader global

Talvez Bruce Kovner seja, hoje, o maior trader do mundo em divisas interbancárias e mercados futuros. Só em 1987 ele registrou lucros acima de 300 milhões de dólares para sua carteira e para os felizardos investidores de seus fundos. Nos últimos dez anos Kovner realizou um notável retorno médio anual composto de 87%. Dois mil dólares investidos no início de 1978 com Kovner valeriam mais de 1 milhão de dólares dez anos depois.

Apesar de seu incrível histórico e da enorme dimensão de seu trading, Kovner conseguiu manter um perfil surpreendentemente discreto. Seu esforço para manter a privacidade é tamanho que ele recusa todos os pedidos de entrevista. "Você deve estar se indagando por que eu concordei com esta", disse ele. Na verdade, eu estava, mas não queria levantar a questão. Supus que sua concordância fosse reflexo de um voto de confiança e fé. Sete anos antes nossos caminhos tinham se cruzado brevemente, quando ambos trabalhamos na Commodities Corporation – ele, como um dos principais operadores da empresa, eu, como analista.

"Parece que não é possível evitar algum tipo de publicidade, e as reportagens costumam ser distorcidas e fantasiosas. Achei que esta entrevista ajudaria a estabelecer pelo menos um registro preciso", explicou ele.

Kovner não se encaixa no estereótipo do operador que costuma deter posições com valor de face total medido em bilhões de dólares. Com a mente incisiva e o jeito tranquilo, ele lembra mais um professor universitário do que um operador em grande escala nos mercados altamente alavancados de divisas e futuros.

Kovner começou a carreira na universidade. Depois de se formar em Harvard, ele lecionou ciência política em Harvard e na Universidade da

Pensilvânia. Mesmo gostando de dar aulas, não era apaixonado pela vida acadêmica. "Não gostava do processo de ter que encarar toda manhã a página em branco e pensar em algo brilhante para escrever."

No começo dos anos 1970, Kovner cuidou de uma série de campanhas políticas, nutrindo a ideia de concorrer, ele próprio, um dia. Abandonou a política porque não dispunha nem de recursos financeiros nem do desejo de construir uma carreira a partir de cargos em comitês. Nesse período trabalhou como consultor de diversos órgãos estaduais e federais.

Ainda em busca de um rumo para a carreira, Kovner voltou sua atenção para os mercados financeiros em meados dos anos 1970. Ele achava que sua formação em economia e ciência política lhe daria a base ideal, e ficou bem atraído pela ideia de analisar a conjuntura para tomar decisões de mercado. Durante um ano mergulhou no estudo do mercado e da teoria econômica relacionada a ele. Leu tudo que encontrou.

Um tema que ele estudou de forma intensiva foi a teoria das taxas de juros. "Me apaixonei pela *curva a termo*" [a curva a termo é a relação entre o rendimento dos títulos do governo e o tempo até a maturidade. Se cada maturidade de longo prazo sucessiva rende mais que uma maturidade de curto prazo – por exemplo, se títulos de cinco anos rendem mais que títulos de um ano –, a curva a termo representaria uma curva em contínua ascensão no gráfico].

O estudo de Kovner do mercado de taxas de juros coincidiu com os primeiros anos de trading com futuros da taxa de juros. Na época esse mercado era relativamente simplificado e ao longo do tempo ocorriam distorções de preços, que hoje em dia seriam eliminadas pela arbitragem com rapidez. Como explica Kovner: "O mercado ainda não era importante o suficiente para o CitiBank ou o Salomon Brothers, mas era para mim."

Uma das anomalias básicas que Kovner identificou tinha a ver com o *spread* (discrepância) entre diferentes contratos futuros. Os futuros são negociados por meses específicos (por exemplo, março, junho, setembro e dezembro). Considerando a fase dominante do ciclo de negócios, a teoria das taxas de juros prevê que o contrato mais próximo (março) seja negociado a um valor mais alto (menor rendimento) que o contrato seguinte (junho). Embora os dois contratos mais próximos de fato tenham tendência a refletir essa relação, Kovner descobriu que a diferença de preço em relação a contratos mais distantes começava operando em níveis próximos de zero. Seu primeiro trade envolvia a compra de um contrato de taxa de juros distante e a venda de um contrato ainda mais distante, na expectativa de que com o tempo, quando o contrato mais distante se tornasse o contrato mais próximo, o *spread* entre os dois se alargasse.

Seu primeiro trade aconteceu conforme a teoria dos manuais, e Kovner ficou viciado. Seu segundo trade também tinha a ver com o *spread intramercado* [a compra de um contrato contra a venda de outro no mesmo mercado]. Nesse caso, ele comprou o contrato de cobre mais próximo e vendeu um contrato mais distante, na expectativa de que a escassez de oferta fizesse o contrato de cobre mais próximo subir em relação à posição mais distante. Embora sua ideia tenha se revelado correta posteriormente, ele entrou cedo demais e perdeu dinheiro nesse trade. No balanço das duas operações, Kovner ainda estava no lucro, tendo feito seu saldo original de 3 mil dólares subir para cerca de 4 mil dólares.

O trade que me fez entrar no negócio de verdade foi o terceiro. No começo de 1977, parecia que estava surgindo uma escassez no mercado de soja. Era um mercado determinado pela demanda. A cada semana o *esmagamento* era maior do que o esperado e ninguém estava acreditando nos números ["esmagamento" é a quantidade de soja processada para uso como ração e óleo de soja]. Eu estava de olho no *spread* julho/novembro [a diferença de preço entre a safra anterior, de julho, e o contrato da nova safra, de novembro]. Como a impressão era de que ia faltar soja, imaginei que o contrato da safra antiga, de julho, ia expandir o prêmio para o contrato da safra nova, de novembro. Esse *spread* já vinha operando em uma consolidação bem restrita em julho, perto de um prêmio de 60 centavos de dólar. Supus que podia definir um *stop* tranquilo, logo abaixo da consolidação, em torno de um prêmio de 45 centavos. Na época não me dei conta de quão volátil esse *spread* podia ser. Coloquei em um *spread* [isto é, comprei soja de julho e ao mesmo tempo vendi soja de novembro] perto de 60 centavos, que aumentou para 70 centavos. Então coloquei outro *spread*. Só fui aumentando a pirâmide.

A que tamanho sua posição chegou?
Cheguei a ter uma posição de 15 contratos, mas antes disso precisei trocar de corretora. Quando comecei, estava operando em uma corretora pequena. O chefe da empresa, um antigo operador de pregão, analisava os trades todos os dias e percebeu o que eu estava fazendo. Àquela altura eu tinha crescido minha posição para 10 ou 15 contratos. A margem de cada contrato direto era de 2 mil dólares, enquanto a margem do *spread* era só de 400 dólares.

Ele me disse: "A posição de *spread* de seus trades mais parece uma *posição comprada direta*. Vou aumentar suas margens de 400 para 2 mil dólares por contrato." [As margens do *spread* são menores que as margens diretas, o que reflete o pressuposto de que uma posição líquida, comprada ou vendida, é mais volátil que uma posição de *spread*. O motivo: no *spread*, o mais provável é que a parte comprada da posição compense, pelo menos em parte, o movimento na posição vendida do contrato. Em momentos de escassez, porém, um *spread* de entressafra, como comprado em soja de julho versus vendido em soja de novembro, pode se revelar quase tão volátil quanto uma posição líquida comprada ou vendida.]

Ele estava bem preocupado com o risco em sua posição.
Estava. A preocupação dele era que eu tinha posto uma margem de apenas 400 dólares por *spread*, em um *spread* que se comportava como uma posição comprada líquida.

A rigor, ele não estava tão errado.
Ele tinha razão, mas eu fiquei furioso. Por isso transferi minha carteira para outra corretora, cujo nome não vou divulgar por razões que logo vão ficar claras.

Você ficou bravo porque achava que ele estava sendo injusto ou por algum outro motivo?
Não sei ao certo se achei que ele estava sendo injusto, mas sabia que ele era um obstáculo para o meu objetivo. Transferi minha carteira para uma grande corretora, mas peguei um corretor que não era dos mais competentes. O mercado não parava de subir e só fui aumentando minha posição. Eu tinha colocado meu primeiro *spread* em 25 de fevereiro; em 12 de abril, minha carteira já tinha chegado a 35 mil dólares.

Você foi só incrementando sua posição à medida que o mercado subia ou tinha algum plano?
Tinha um plano. Iria esperar o mercado subir até certo nível e então refazer certa quantia antes de acrescentar uma nova unidade. Essa minha pirâmide não foi o que deu problema.

O mercado entrou em uma série de movimentações de *limit-up*. Em 13 de abril atingiu um novo recorde de alta. Houve uma tremenda comoção. O corretor ligou pra minha casa e disse: "A soja está subindo até a lua. Parece que julho vai chegar em *limit-up* e novembro logo depois. Você está louco de ficar vendido nos contratos de novembro. Deixe-me sacar seus *shorts* de novembro e, quando o mercado atingir *limit-up* daqui a alguns dias, você vai ganhar mais dinheiro." Concordei e cobrimos minha posição vendida de novembro.

Inteira?
Inteira [*gargalhadas*].

Foi uma decisão tomada de repente?
Foi um momento de insanidade. Quinze minutos depois, o corretor me liga de volta, com a voz assustada: "Não sei como lhe contar isso, mas o mercado está em *limit-down*! Não sei se você tem como sair." Fiquei em estado de choque. Gritei para ele me tirar. O mercado saiu um pouco do *limit-down* e eu pulei fora.

Você acabou saindo no *limit-down*?
Saí entre o *limit-down* e um pouco abaixo dele. Vou lhe contar o tamanho do prejuízo. No momento em que cobri minha posição vendida de novembro, o que me deixou comprado líquido em julho, estava ganhando 45 mil dólares. No fim do dia, tinha 22 mil dólares na minha carteira. Entrei em estado de choque. Mal acreditava na minha burrice – como havia sido incapaz de entender o mercado, apesar de estudá-lo havia anos? Cheguei a passar mal, fiquei dias sem comer. Achava que tinha destruído minha carreira de trader.

Mas você ainda tinha 22 mil dólares, comparados com seu saldo original de apenas 3 mil. Olhando hoje, você ainda estava bastante bem.
Absolutamente. Eu estava bastante bem, mas...

Foi a estupidez do erro ou o dinheiro perdido que lhe causou tamanho trauma emocional?
Não, não foi nem de longe o dinheiro. Acho que foi me dar conta de que ali eu tinha algo "quente". Até então, tinha feito os 3 mil dólares engordarem para 45 mil sem o menor susto.

Enquanto subia, você chegou a pensar "Isso é uma moleza"?
Era uma moleza.

Você chegou a pensar na possibilidade de que a fase do mercado pudesse um dia se inverter?
Não, mas era evidente que a decisão de cobrir o lado *short* da minha posição em *spread*, em meio a um pânico, demonstrava completo menosprezo pelo risco. O que me incomodou mais foi a constatação de ter perdido uma racionalidade que eu achava que tinha. Na hora, percebi que os mercados eram capazes de tirar dinheiro com a mesma velocidade com que davam. Isso causou uma impressão muito forte em mim. Na verdade, tive bastante sorte de sair com 22 mil dólares.

Suponho que sua ação rápida naquele dia evitou um desastre total.
Claro que sim. Depois daquele dia, o mercado caiu com a mesma rapidez com que havia subido. Talvez, se não tivesse cometido aquele erro idiota, eu tivesse cometido o erro de surfar a queda do mercado.

No fim, o que aconteceu com o *spread*?
O *spread* desabou. Ficou abaixo do nível em que eu havia começado a comprar.

Tendo liquidado sua posição no dia em que o mercado e o *spread* chegaram ao topo, você teria perdido uma parte do lucro mesmo sem ter tomado a decisão desastrosa que o forçou a sair do mercado.
Pode até ser, mas esse foi o trade em que fracassei. Foi o mais perto que estive de perder tudo, e, psicologicamente, a sensação era de ter perdido mesmo. Foi de longe o meu trade mais doloroso.

Mesmo tendo ganhado uma quantidade de dinheiro importante nessa operação?
Multipliquei o dinheiro por quase seis naquele trade. Eu estava, é claro, loucamente alavancado e não entendi quão arriscada era minha posição.

Sair de sua posição inteira imediatamente depois que o corretor ligou dizendo que o mercado estava *limit-down* foi uma questão de pânico ou você acha que tinha uma espécie de bom senso instintivo em relação ao controle de riscos?
Não tenho certeza. Na ocasião constatei que tinha caído por terra boa parte daquilo que eu achava conhecer sobre disciplina. Até hoje, quando acontece algo que perturba meu equilíbrio emocional e meu senso de como é o mundo, fecho todas as posições relacionadas a esse evento.

Você pode dar um exemplo?
Em 19 de outubro de 1987 – a semana do crash da Bolsa de Valores – fechei todas as minhas posições, nesse e no dia seguinte, porque senti que estava acontecendo algo no mundo que eu não conseguia compreender. A primeira regra do trading – devem existir várias "primeiras regras" – é não ser pego em uma situação em que você pode perder muito dinheiro por razões que não entende.

Vamos voltar ao período subsequente ao trade com soja. Quando você recomeçou a operar?
Um mês depois. Em poucos meses minha carteira havia voltado a 40 mil dólares. Nessa época respondi a um anúncio de vaga de assistente de trading na Commodities Corporation. Fui entrevistado por Michael Marcus, com seu jeito peculiar de sempre. Ele me fez voltar à Commodities Corporation várias semanas depois. "Pois bem", ele disse, "tenho uma boa e uma má notícias. A má é que não vou contratá-lo como assistente de trading; a boa é que estamos contratando você como trader."

Quanto a Commodities Corporation lhe deu para operar?
Trinta e cinco mil dólares.

Você operava ao mesmo tempo seu próprio dinheiro?
Operava, e é uma coisa que me deixa muito satisfeito. A Commodities Corporation tinha uma política que permitia operar sua carteira pessoal, além da carteira da empresa, e Michael e eu éramos operadores muito agressivos.

Você foi influenciado por Michael?
Ah, fui, muito. Ele me ensinou uma coisa que era incrivelmente importante [*pausa*].

E o que era?
Ele me ensinou que *é possível* ganhar 1 milhão de dólares. E me mostrou que, com dedicação, grandes coisas podem acontecer. É muito fácil não se dar conta de que você pode chegar lá de fato. Ele me mostrou que, se você assumir uma posição e for disciplinado, você consegue.

A impressão é que ele lhe deu confiança.
Exato. E me mostrou outra coisa absolutamente crucial: você precisa estar preparado para cometer erros de vez em quando; não há nada de condenável nisso. Michael me ensinou a usar o bom senso, enganar-se, usar o bom senso de novo, enganar-se, usar o bom senso pela terceira vez e só então duplicar o patrimônio.

Você é um dos traders mais bem-sucedidos do planeta. São poucos os traders de seu calibre. O que o torna diferente do sujeito comum?
Não tenho certeza se posso definir por que alguns traders chegam lá, enquanto outros não. No meu caso, acho que foram dois elementos importantes. Primeiro, tenho capacidade de imaginar configurações do mundo diferentes da atual e acreditar piamente que podem acontecer. Imagino o preço da soja duplicando ou o dólar caindo a 100 ienes. Segundo, mantenho a racionalidade e a disciplina sob pressão.

Dá para ensinar essas habilidades a um operador?
Só até certo ponto. Ao longo dos anos tentei treinar trinta pessoas e só quatro ou cinco se revelaram bons traders.

O que aconteceu com as outras 25?
Saíram do ramo... E isso não tinha nada a ver com inteligência.

Quando você compara os estagiários que chegaram lá com a maioria que não chegou, você identifica alguma característica distinta?
São fortes, independentes e do contra ao extremo. São capazes de assumir posições que os outros não se dispõem a assumir. São disciplinados o bastante para adotar o tamanho certo da posição. O operador ganancioso sempre se queima. Conheço alguns traders muitíssimo inspirados que nunca conseguiram proteger o dinheiro que ganharam. Um operador da Commodities

Corporation – prefiro não citar o nome dele – sempre me impressionou pelo brilhantismo como trader. Tinha ideias maravilhosas; os mercados que escolhia em geral eram os melhores. Intelectualmente, conhecia os mercados mais do que eu, e mesmo assim eu protegia o meu dinheiro, e ele, não.

Onde ele estava errando, então?
No tamanho da posição. Operava grande demais. Para cada contrato que eu operava, ele operava dez. Ele dobrava o patrimônio duas vezes por ano, mas mesmo assim sempre acabava o ano perto do *breakeven*.

Você sempre usa a análise de fundamentos para formar suas decisões de trading?
Quase sempre opero com uma visão de mercado, não opero simplesmente com informações técnicas. Uso bastante a análise técnica, e ela é espetacular, mas não consigo sustentar uma posição a menos que entenda por que o mercado deve se alterar.

Quer dizer que praticamente todas as posições que você assume têm razões de fundamentos por trás?
Acho que é uma boa definição. Mas devo acrescentar que a análise técnica muitas vezes esclarece o panorama dos fundamentos. Vou lhe dar um exemplo: nos últimos seis meses vi fortes argumentos para a queda do dólar canadense e fortes argumentos para a alta do dólar canadense. Não estava claro, para mim, qual era a interpretação correta. Se você me forçasse a tomar uma decisão de mercado, provavelmente eu diria "Vai cair".

E então foi anunciado o pacto comercial entre Estados Unidos e Canadá, que mudou o panorama inteiro. Na verdade, o mercado sofreu um *breakout* [rompimento de preços] para cima alguns dias antes, quando as negociações estavam sendo finalizadas. Naquele momento eu me senti à vontade para dizer que uma das peças principais para a cotação do dólar canadense havia acabado de mudar e que o mercado já tinha tomado sua decisão.

Antes do pacto, minha impressão era de que o dólar canadense estava no topo da montanha, e eu não tinha certeza se ele ia rolar para trás ou para a frente. Quando o mercado se mexesse, eu estava preparado para seguir o fluxo, porque tínhamos a conjunção de dois elementos importantes: uma mudança de grande porte nos fundamentos (embora eu não fosse esperto o suficiente para saber em que direção isso iria impactar o mercado) e um *breakout* técnico da cotação, para cima.

Você não era "esperto o suficiente" para saber em que direção o anúncio do pacto comercial iria fazer o mercado andar? Considerando que o comércio entre Estados Unidos e Canadá representa uma fatia muito maior do comércio canadense que do comércio americano, a lógica não seria supor que o pacto levaria a uma alta do dólar canadense?
Não necessariamente. Eu poderia muito bem argumentar que o pacto comercial era negativo para o dólar canadense, porque a eliminação das barreiras comerciais permitiria que as importações de produtos americanos afetassem os interesses do Canadá. Ainda há alguns analistas que adotam esse ponto de vista. Meu argumento é que existem traders bem informados que sabem muito mais do que eu. Eu só ligo os pontinhos. Eles sabiam para que lado iria e deram o voto deles no mercado, comprando dólares canadenses.

Quer dizer que, quando ocorre um desdobramento importante nos fundamentos, a direção inicial do mercado costuma ser uma boa dica da tendência de longo prazo?
Exatamente. O mercado assume a dianteira, porque tem gente que sabe mais que você. A União Soviética é um ótimo trader em divisas, e até certo ponto em grãos.

E como saber o que os soviéticos estão fazendo?
Os soviéticos atuam por meio de bancos comerciais e negociantes, e você fica sabendo.

Parece um tanto contraditório que um país tão incompetente na gestão da própria economia possa ser um bom trader.
Concordo, mas, se você perguntar ao pessoal do meio, vai descobrir que é.

Por quê? Ou como?
É uma piada, mas talvez eles leiam um pouco da nossa correspondência. Os soviéticos (assim como outros governos) às vezes têm informação privilegiada. Por que não teriam? Eles têm o melhor serviço de inteligência do mundo. É sabido na comunidade de inteligência que os soviéticos (e outros)

são capazes de grampear comunicações comerciais. É por isso que as grandes empresas de trading de commodities às vezes usam codificadores para fazer ligações muito delicadas.

O que eu quero dizer é que existem milhares de mecanismos, de difícil compreensão, que comandam o mercado e que atuam antes que a notícia chegue ao pobre operador sentado em sua mesinha. Mas o que mais impacta o mercado são as grandes vendas ou aquisições.

Não é esse o argumento básico em favor da análise técnica?
A análise técnica, creio eu, tem uma grande parte que é certa e uma grande parte que é só blá-blá-blá.

É uma afirmação interessante. O que é certo e o que é pura magia?
Há muito alarde em relação à análise técnica da parte de certos analistas que afirmam que ela prevê o futuro. A análise técnica monitora o passado, não prevê o futuro. É preciso usar a própria inteligência para tirar conclusões daquilo que a atividade passada de alguns traders diz sobre a atividade futura de outros traders.

Para mim, a análise técnica é como um termômetro. Os fundamentalistas que ignoram os gráficos são como o médico que diz que não vai medir a temperatura do paciente. Claro que isso seria loucura total. Se você é um ator responsável do mercado, terá interesse em saber em que pé está o mercado – se está quente e agitado ou frio e estagnado. Vai querer saber tudo que puder para ter um diferencial.

A análise técnica reflete os votos do mercado como um todo. Portanto, é claro que detecta o comportamento incomum. Por definição, tudo que gera um padrão novo no gráfico é algo incomum. Para mim, é muito importante estudar os detalhes da movimentação dos preços, tentando observar algo sobre como todo mundo está se comportando. Estudar os gráficos é crucial e me alerta para os desequilíbrios existentes e as possíveis mudanças.

Já aconteceu de você colocar um trade por ter olhado um gráfico e dizer "Já vi este padrão antes e ele costuma ser o precursor de um avanço do mercado"? Mesmo sem ter tido qualquer razão fundamentalista?
Já, faço isso às vezes. Só teria a acrescentar que, sendo um trader que já viu muita coisa e já operou em vários mercados, não há nada de espantoso para

mim em um movimento de preços fora de um *trading range* [intervalo de preços] que ninguém compreende.

Isso quer dizer que você costuma acompanhar os *breakouts*?
Claro.

Mas muitas vezes o mercado tem tendência a falsos *breakouts*. Não pode ser tão simples assim.
Congestões de preço apertadas que resultam em *breakouts* que ninguém entende costumam ser operações com um bom risco/retorno.

E quanto aos *breakouts* que acontecem porque saiu uma reportagem no *The Wall Street Journal* do dia?
Seriam muito, muito menos relevantes. Em física, o Princípio de Heisenberg representa uma boa analogia com os mercados. Quando observamos algo muito de perto, o mais provável é que esse algo seja alterado pela observação. Quando o milho está em uma consolidação restrita e sofre um *breakout* no dia em que o *The Wall Street Journal* publica uma reportagem sobre uma possível escassez de milho, a probabilidade de o movimento de preço se sustentar é muito menor. Quando todos acreditam não haver motivo para um *breakout* dos preços do milho e de repente acontece, é muito mais provável que exista alguma causa subjacente importante.

A impressão que você passa é de que quanto menos explicação houver para a ocorrência de um movimento de preços, melhor parece.
É assim mesmo que eu penso. Quanto mais um padrão de preço é observado pelos especuladores, maior a tendência de existirem sinais enganosos. Quanto mais um mercado é produto de atividade não especulativa, maior a relevância dos *breakouts* técnicos.

O maior uso de sistemas informatizados de acompanhamento de tendências aumentou a frequência de falsos sinais técnicos?
Acho que sim. O fato de haver bilhões de dólares operando em sistemas técnicos, que usam médias móveis ou outros métodos simples de reconhecimento de padrões, ajuda a produzir muito mais sinais falsos. Eu mesmo desenvolvi sistemas do gênero, por isso sei dizer quando os outros sistemas

vão interferir. Se fica claro que a cotação mudou por conta da interferência desses bilhões no mercado, isso é bem menos interessante que um *breakout* que acontece porque os russos estão comprando.

Digamos que você compre um mercado em *breakout* de alta depois de uma fase de consolidação e o preço comece a caminhar contra você – isto é, de volta ao intervalo de preços anterior. Como saber a hora de sair? Como você distingue uma queda temporária de um mau negócio?
Quando entro em uma posição, tenho um *stop* predefinido. É o único jeito de garantir meu sono. Sei onde vou sair antes mesmo de entrar. O tamanho da posição em um trade é determinado pelo *stop*, e o *stop* é determinado com base técnica. Quando o mercado está no meio de um intervalo de preços, não faz sentido colocar seu *stop* no meio desse intervalo, já que se torna provável que ele aconteça. Sempre coloco meu *stop* para além de um limite técnico.

Você não depara com o problema de que muitas outras pessoas podem usar o mesmo ponto de *stop*, algo que arrastaria o mercado para esse nível de *stop*?
Nunca penso nisso, porque o importante no limite técnico – e estudei durante muito tempo os aspectos técnicos do mercado – é que, caso você tenha razão, o mercado não irá até lá. Tento evitar um ponto fácil de atingir pelos operadores do pregão. Às vezes chego a colocar meu *stop* em um ponto óbvio, se eu achar que é distante demais ou difícil demais de atingir com facilidade.

Dou um exemplo concreto: numa sexta-feira recente aconteceu um *breakout* de alta velocidade depois de um intervalo de preços prolongado. Até onde sei, foi um movimento surpreendente da cotação. Fiquei bem à vontade para vender os títulos, supondo que, se eu tivesse razão em relação ao trade, o mercado não iria se recuperar além de certo valor, de uma consolidação de *overhead* anterior. Esse era o meu *stop*. Dormi tranquilo em cima dessa posição porque sabia que, se isso acontecesse, eu estaria fora do trade.

Por falar em *stops*, suponho que, por conta do tamanho de seus trades, seus *stops* sejam sempre na sua cabeça, ou nem sempre isso é necessariamente verdade?
Digamos assim: organizei minha vida de modo que cuidem dos meus *stops*. Eles nunca estão no pregão, mas não estão só na minha cabeça.

Como você conclui que se enganou em uma posição de trade importante? Seu ponto de *stop* limita seu prejuízo inicial, mas, quando continua a acreditar na análise de fundamentos por trás do trade, você gostaria de tentar de novo. Quando você se engana em relação ao sentido geral do mercado, não sofre prejuízos em série? Em que momento você joga a toalha em relação à ideia do trade?
Antes de tudo, o prejuízo monetário em si me faz tirar o pé. Por isso reduzo minhas posições. Em segundo lugar, na situação que você descreveu, a mudança do panorama técnico me faz pensar duas vezes. Quando estou baixista no dólar e entra um pico intermediário importante, tenho que reavaliar meu ponto de vista.

Anteriormente você comentou que desenvolveu seus próprios sistemas de acompanhamento de tendências para ter um indicador do ponto em que espera que grandes somas de dinheiro geridas com sistemas desse tipo entrem em um mercado. Você usa seus sistemas de acompanhamento de tendências para negociar alguma parcela do dinheiro que administra?
Uso, por volta de 5%.

Esse é o seu grau de confiança? Estou supondo que não são 5% negativos. Poderia ser pior, então.
De modo geral, meus sistemas dão lucro, mas eles têm características de volatilidade e problemas relacionados ao controle de riscos. Porém, como proporcionam diversificação do restante do meu trading, eu os utilizo em pequena medida.

Acha possível que um dia desenvolvam um sistema que seja tão bom quanto um bom trader?
Acho improvável, porque as características de aprendizado de um tal sistema teriam que ser enormemente desenvolvidas. Os computadores só "aprendem" bem quando existem hierarquias claras de informação e precedentes. Sistemas especializados em diagnósticos médicos, por exemplo, são muito bons porque as regras são claras. O problema na criação de sistemas especializados em trading é que as "regras" do jogo do trading e dos investimentos mudam o tempo todo. Passei certo tempo trabalhando com desenvolvedores de sistemas especializados e concluímos que o trading era um mau candidato para

esse método, porque as decisões de trading englobam um número excessivo de tipos de conhecimento e as regras para interpretar as informações não param de mudar.

O fato de você operar com dimensões muito maiores que no começo da carreira dificulta?
Existem bem menos mercados com liquidez suficiente para o tamanho ideal dos meus trades.

Quanto você está gerindo atualmente?
Mais de 650 milhões de dólares.

Imagino que mais da metade disso se deva à valorização do capital.
Isso. Só no ano passado o lucro foi de 300 milhões de dólares.

Quais mercados você teve mais dificuldade de operar, por conta de liquidez insuficiente?
Um exemplo de mercado que adoro, mas em que a liquidez costuma ser ruim, é o cobre. No cobre, sou o elefante hoje em dia.

Que tamanho pode ser movimentado de forma confortável, em um mercado como o cobre, sem que se torne um problema?
Diria que em um dia você pode, confortavelmente, movimentar de 500 a 800 contratos; desconfortavelmente, um pouco mais que isso. Mas o volume diário de cobre, hoje, é só de 7 mil a 10 mil contratos, e grande parte disso é trading local ou *spreads*. Em compensação, no mercado de *T-bonds* dá para movimentar 5 mil contratos sem problema. Também é possível fazer movimentos enormes no mercado interbancário de divisas.

Pode-se operar um mercado como o café, cuja liquidez não é muito alta, mas que às vezes cria enormes tendências?
É possível, sim. No ano passado cheguei a operar café e ganhei alguns milhões de dólares. Agora, se estou cuidando de 600 milhões e coloco 2 milhões do lucro em trades de café, não tem tanta importância assim. Na verdade, poderia até ser contraproducente, porque o tempo e a energia que concentro no café tirariam meu foco dos mercados de divisas, onde opero muito mais pesado.

A impressão é de que você atingiu um tamanho que atrapalha seu desempenho no trading. Como tem um patrimônio substancial, já cogitou operar apenas seu dinheiro, evitando toda a dor de cabeça relacionada à gestão de terceiros?
Já, mas há vários motivos para não ter feito isso. Embora eu invista uma grande parcela do meu dinheiro nos meus fundos, a parte desses fundos que é de terceiros representa uma opção *call* [ele faz uma analogia com opções que têm potencial de lucro ilimitado no caso de alta da cotação, mas risco limitado ao próprio custo em caso de queda]. Não estou dizendo isso por arrogância, já que minha reputação perante meus investidores é bem importante para mim, mas uma opção *call* é uma posição muito melhor que uma posição perde/ganha simétrica.

Existe um limite prático para o valor que você é capaz de gerir?
Na maioria dos mercados futuros de commodities, sim. Porém, em divisas, taxas de juros e algumas commodities, como petróleo bruto, os limites até existem, mas são altíssimos. Meu plano é gerir com extremo cuidado o crescimento futuro dos fundos sob minha responsabilidade.

Quando você coloca uma ordem em um mercado que não é dos mais líquidos – em outras palavras, todos menos *T-bonds* ou as principais divisas –, sente que sua ordem acaba movimentando o mercado?
Pode até acontecer, mas nunca pressiono o mercado.

Por falar nisso, sempre se ouvem histórias de grandes traders tentando levar o mercado a subir ou cair. Funciona?
Não acredito. No curto prazo, até dá para fazer, mas leva a erros graves adiante. Em geral, resulta de arrogância e de perda da noção da realidade em relação à estrutura subjacente do mercado, tanto em fundamentos quanto tecnicamente. Os operadores que conheço que sempre apostam alto em seu talento e tentam forçar o mercado acabaram cometendo o erro do *overtrading* e naufragaram.

Sem citar nomes, pode dar um exemplo?
Tem o caso recente de uma empresa britânica de trading que se viu em maus lençóis ao tentar cercar o mercado de petróleo bruto. No começo eles se deram bem, mas depois perderam o controle e a cotação do bruto caiu 4 dólares.

Qual foi o resultado final?
Perderam 40 milhões de dólares e a empresa está em dificuldade.

Provavelmente você geriu mais dinheiro que qualquer outro trader de futuros no mundo. Como lida com o estresse emocional quando entra em um período negativo?
O peso emocional do trading é significativo; em determinado dia, posso perder milhões de dólares. Se você personaliza essas perdas, não tem condição de operar.

Você ainda se incomoda com os prejuízos?
A única coisa que me perturba é a má gestão do dinheiro. Volta e meia sofro um prejuízo grande demais, bem relevante. Mas nunca tive muito problema com o processo de perder dinheiro, desde que o prejuízo seja o resultado de uma técnica de trading sensata. Sair do lado vendido do *spread* de soja julho/novembro foi um exemplo que me assustou. Aprendi muito sobre controle de riscos com essa experiência. Mas, no processo cotidiano, sofrer prejuízos não me incomoda.

Você já teve algum ano de prejuízo?
Sim, em 1981 perdi 16%.

Isso se deveu a erros que *você* cometeu ou à situação dos mercados?
Uma combinação dos dois. Meu maior problema é que aquele foi o primeiro grande ano de baixa das commodities que vivenciei, e os mercados baixistas [*bear markets*] têm características diferentes dos altistas [*bull markets*].

Foi uma questão de ter ficado acomodado com um mercado que tinha tendência permanente de alta?
Não, o problema foi que a principal característica de um mercado baixista são movimentos de queda muito agudos, seguidos por retrações rápidas. Eu estava sempre vendendo tarde demais e sofrendo o *stop* naquilo que depois se revelava um padrão de congestão de grande volatilidade. Em mercados baixistas, você tem que usar os ralis mais acentuados de contratendência para entrar nas posições.

Quais outros equívocos você cometeu naquele ano?
Minha gestão financeira foi ruim. Estava com um excesso de trades correlacionados.

Sua confiança chegou a ficar abalada naquele ano? Você voltou à prancheta?
Voltei e projetei vários sistemas de gestão de riscos. Concentrei a máxima atenção nas correlações entre todas as minhas posições. Dali em diante, passei a medir todos os dias meu risco total no mercado.

Quando você opera com divisas, usa o mercado interbancário ou o de futuros?
Uso apenas o mercado interbancário, exceto quando faço trade de arbitragem contra o MMI. [O Mercado Monetário Internacional (MMI) é uma subsidiária da Bolsa de Mercadorias de Chicago e a principal bolsa de futuros de divisas do mundo.] A liquidez é tremendamente maior, e os custos por transação, muito mais baixos. E é um mercado 24 horas, o que para nós é importante, porque operamos 24 horas por dia.

Qual a fatia de seu trading em divisas?
Na média, 50% a 60% dos nossos lucros vêm da operação com divisas.

Suponho que você também opere com mais divisas, além das cinco que hoje em dia são negociadas ativamente no MMI.
Operamos com qualquer moeda que seja altamente líquida. Praticamente todas as moedas europeias (inclusive as dos países escandinavos), todas as principais moedas asiáticas e as do Oriente Médio. Os *pares de moedas* são o veículo de trading mais importante que utilizamos quando não se opera no MMI [pares de moedas são trades que envolvem dois países estrangeiros – por exemplo, comprar libras esterlinas e vender a mesma quantia de marcos alemães em dólar é um cruzamento]. Não dá para fazer câmbio cruzado no MMI porque o tamanho dos contratos é fixo.

Mas pode-se fazer câmbio cruzado no MMI ajustando a proporção entre o número de contratos das duas moedas, equalizando o valor em dólar de cada posição.
É muito mais preciso e direto usar o mercado interbancário. Os cruzamentos de marco alemão/libra esterlina e marco alemão/iene japonês, por exemplo, são muito negociados e muito ativos.

Quando você faz um cruzamento marco/iene, ele é precificado em dólares, e não nos termos das duas moedas, não?
Isso mesmo. Você diz: compre 100 milhões de dólares em marcos e venda 100 milhões de dólares em ienes. No mercado interbancário, o dólar é a unidade de troca no mundo inteiro.

Em situações nas quais uma notícia surpreendente ou a divulgação de um dado econômico em descompasso com as expectativas causam uma reação acentuada da cotação das divisas, o mercado interbancário reage com menos força que o de futuros ou as arbitragens mantêm os dois mercados intimamente ligados?
Os dois mercados são bem arbitrados, mas existem momentos em que uma arbitragem muito imediata sai lucrando um pouco. Os mercados às vezes ficam um pouco desalinhados, mas não muito.

A reação das cotações a esses eventos, no mercado interbancário, é menos radical?
Sim, porque o que acontece no mercado de futuros é que os operadores locais tiram o pé e deixam os *stops* serem acionados. A única coisa que faz os mercados se retraírem são as arbitragens, que têm o banco diante de si.

Que percentual do trading dos bancos no mercado representa atividade comercial, ou hedge, em relação aos trades especulativos?
O Fed [banco central americano] fez um estudo sobre isso. Não tenho os números à mão, mas basicamente é um mercado de hedge. Os bancos são os principais especuladores, assim como alguns players, inclusive eu.

Existe algum motivo para o mercado de futuros não ter conseguido captar um percentual maior do trading mundial de divisas?
O mercado futuro de divisas não é eficiente em vários dos aspectos mais importantes. Primeiro, o hedge impõe uma data e um dólar específicos. Se eu preciso fazer um hedge de 3,6 milhões de dólares para 12 de abril, por exemplo, o banco pega e pronto. O mercado futuro só opera com datas específicas e tamanhos fixos de contrato, portanto quem faz hedge não fica perfeitamente coberto.

Então não há maneira de o mercado futuro competir, porque o mercado interbancário pode fazer hedge sob medida para o cliente.
Exatamente. Além disso, a atividade se dá em meio à relação comercial normal com o banco. Ou seja, quase sempre quem fez hedge quer mostrar ao banco de seu interesse que tem um lucro garantido e que por isso pode pegar emprestado.

Você pode contar mais sobre sua metodologia de análise fundamentalista? Como determina o preço exato em que o mercado deveria estar?
Suponho que a cotação do mercado, em um dia qualquer, é o preço correto e tento descobrir quais mudanças vão ocorrer para alterar esse preço.

Uma das funções de um bom operador é imaginar cenários alternativos. Tento criar vários panoramas mentais do que pode acontecer com o mundo e fico à espera de que um deles se confirme. Você fica tentando um por um. A maioria desses cenários se revela equivocada – ou seja, apenas alguns elementos do quadro se mostram corretos. Mas, de repente, você descobre que em um desses cenários nove em cada dez elementos batem. Esse cenário se torna, então, sua imagem da realidade do mundo.

Vou dar um exemplo. Na sexta-feira posterior ao crash da Bolsa de 19 de outubro de 1987, eu não dormi direito, o que é raro acontecer. Mas tenho certeza de que não fui o único trader a passar aquela noite em claro. Sofri a semana inteira pensando em como os acontecimentos iriam impactar o dólar. Experimentei diferentes visões de mundo. Um desses panoramas era o pânico total – o fim do mundo, do ponto de vista financeiro.

Nesse cenário, o dólar se torna o porto mais seguro politicamente. Por causa disso, deveria haver uma forte alta da moeda. Na terça-feira daquela semana, o dólar de fato teve uma alta acentuada, porque muita gente sacou o dinheiro de outros lugares. Durante três dias a confusão foi enorme. Ao final da semana, o dólar começou a ceder terreno de novo.

Foi então que tudo se juntou na minha cabeça. Estava absolutamente claro para mim que, por causa de uma combinação de medidas de estímulo, ditada pelo tremendo pânico financeiro mundial, da relutância do Banco do Japão e do Bundesbank alemão em adotar medidas potencialmente inflacionárias, e do aumento contínuo do déficit comercial americano, a única solução para o secretário do Tesouro americano, [James] Baker, era liberar o dólar. Alguém tinha que fazer o papel do estímulo, e esse alguém seriam os Estados Unidos.

Em consequência, o dólar iria cair, e não seria do interesse de outros bancos centrais defendê-lo. Eu estava totalmente convencido de que era a única coisa que Baker podia fazer.

Você chegou a essa conclusão na sexta-feira à noite. Não era tarde demais para atuar nos mercados?
Era, e foi um fim de semana muito tenso, porque me dei conta de que o dólar poderia abrir em forte baixa. Esperei os mercados do Extremo Oriente abrirem no domingo à noite.

Você faz muito trading fora do horário americano?
Faço. Primeiro, tenho monitores onde quer que eu vá – em casa, na minha casa de campo. Segundo, tenho uma equipe de plantão 24 horas por dia.

Sua equipe está orientada a alertá-lo imediatamente caso ocorra algo importante?
Sim. Antes de tudo, temos níveis de alerta para todas as divisas. Quando acontece o *breakout* de um intervalo de preços determinado de uma moeda, minha equipe tem instruções para me ligar.

Com que frequência você recebe ligações no meio da noite?
Tenho um trader assistente, e a piada é que ele tem autorização de me acordar duas vezes por ano. Mas nem é tão necessário assim. Sempre que um mercado está agitado, eu sei o tempo todo o que está acontecendo. Minha casa é toda equipada com monitores de mercado e linhas diretas. Além disso, a função do meu assistente é ficar acordado e atender as chamadas. Ele deve receber umas três ou quatro ligações por noite.

Você está dizendo que delega a tomada de decisões na madrugada?
Nós criamos um cenário para cada moeda pelo menos uma vez por semana. Definimos os intervalos esperados para cada moeda e o que fazer se ela sair dessa faixa.

Seu assistente sabe, então, que se a moeda X chega a 135...
Ele tem que comprar ou vender. São decisões tomadas de antemão. Mas ele está instruído a me ligar se o primeiro-ministro renunciar, ou se ocorrer uma

reavaliação inesperada e forte de uma moeda, ou acontecer algo que invalide o cenário mais recente.

Acontece de você acabar operando na madrugada?
Acontece, muito.

Você não pode operar 24 horas por dia. Como estrutura seu tempo para equilibrar trabalho e vida pessoal?
Tento confinar meu trading entre oito da manhã e seis ou sete da noite. O Extremo Oriente é muito importante, e, se os mercados de divisas estiverem muito ativos, eu terei de operar, mas eles só abrem às oito da noite. A sessão matinal de Tóquio opera até meia-noite. Quando o mercado passa por um período de forte movimentação, durmo duas horas e levanto para pegar a abertura seguinte. É interessante e empolgante.

Ver a onda passar de país em país?
Isso mesmo. Quando você está muito envolvido, é quase como se a tela o sugasse. Muda o jeito das cotações: ficam maiores, mais voláteis. Tenho contratos no mundo inteiro e sei o que está acontecendo em todos eles. É um jogo bem emocionante. Há oportunidades o tempo todo. Deixando o trading de lado por um minuto, um dos motivos de eu estar nesse negócio é que acho fascinante a análise dos eventos políticos e econômicos mundiais.

Da forma como você descreve, o processo fica parecendo mais um jogo constante do que um trabalho. É assim mesmo que você o encara?
Não sinto que trabalho, exceto quando tenho prejuízo – então parece trabalho [*risos*]. Para mim, a análise de mercado é como um imenso tabuleiro de xadrez multidimensional. É um prazer puramente intelectual. Gosto de entender os problemas que o ministro das Finanças da Nova Zelândia encara e como ele pode tentar resolvê-los, por exemplo. Muita gente vai achar isso ridiculamente exótico. Mas, para mim, não é nem um pouco exótico. Esse sujeito, que toca esse país pequeno, tem uma série de problemas reais. Precisa descobrir como lidar com a Austrália, com os Estados Unidos e com os sindicatos. Meu papel é montar o quebra--cabeça junto com ele e descobrir o que ele vai decidir, e quais serão as

consequências de seus atos que ele ou o mercado não anteciparam. Para mim, é uma tremenda diversão por si só.

Para acompanhar todos esses mercados globais tão variados, sei que lê uma enorme quantidade de literatura econômica. Você também presta atenção nas newsletters de conselhos de mercado?
Recebo um "relatório dos gurus" todos os dias.

Quem figura nessa lista?
Todos os autores de newsletters que têm grande audiência. Gente como Prechter, Zweig, Davis, Eliades.

Você usa o relatório dos gurus como medida para opiniões contrárias?
Tento não bancar muito o sabichão, porque em meio a grandes movimentações de preços eles terão em parte razão. O que procuro é um consenso que o mercado não esteja confirmando. Gosto de saber quando muita gente vai se enganar.

Então, quando percebe que a maioria dos integrantes de sua lista de gurus está altista, em um momento em que o mercado não está subindo, e você tem alguma razão de fundamentos para ficar baixista, sente-se mais confiante no trade?
Muito mais confiante.

Você acha que dá para operar com lucro apenas seguindo os gurus?
Provavelmente, mas a minha impressão é de que, para ganhar dinheiro, é preciso deter uma posição com convicção. Isso é muito difícil quando você está seguindo alguém. Mas existem alguns bons gurus. Na Bolsa, gosto de Marty Zweig. Ele usa um controle de riscos excelente. Ao contrário de alguns outros gurus, ele não acredita que está prevendo o futuro; está observando o que acontece e fazendo apostas racionais.

Você fala tanto da importância do controle de riscos quanto da necessidade de ter convicção para deter uma posição. Quanto risco, em geral, você assume em um trade?
Antes de tudo, faço o máximo esforço para não arriscar mais de 1% do meu portfólio em um único trade. Segundo, estudo a correlação entre os meus trades,

para reduzir minha exposição. Fazemos uma análise diária no computador, para ver quanto nossas posições estão correlacionadas. Depois de duras experiências, aprendi que um erro na correlação de posições está na origem de alguns dos problemas mais graves de trading. Quando você tem oito posições altamente correlacionadas, é como se estivesse operando uma só posição, mas oito vezes maior.

Isso significa que, quando está altista tanto no marco alemão quanto no franco suíço, você resolve qual dessas duas divisas prefere e coloca toda a sua posição comprada nela?
É exatamente isso. Ainda mais importante é a ideia de operar comprado em um mercado contra operar vendido em um mercado relacionado. Atualmente estou vendido líquido em dólar, comprado em ienes e vendido em marcos alemães. Em todo o meu trading, se estou comprado em alguma coisa, gosto de estar vendido em outra.

Pares de moedas, como marco alemão/iene japonês, se movem mais devagar que essas divisas específicas ante o dólar americano?
Nem sempre. Pouco tempo atrás a cotação cruzada libra esterlina/marco ficou o ano inteiro parada entre 2,96 e 3,00. Mais ou menos um mês atrás, aconteceu o *breakout*. Naquele dia ele flertou umas vinte vezes com o topo do intervalo de preços. O Banco da Inglaterra não parou de defender a libra, até que se rendeu. Assim que a taxa cruzada furou o nível de 3,01, os trades pararam. Não houve trade até atingir 3,0350. Portanto, movimentou-se quase um ponto percentual inteiro sem trading.

Isso é incomum no mercado interbancário?
Muito incomum. Significa que todo mundo estava de olho no nível de 3,00. Assim que todos se deram conta de que o Banco da Inglaterra não iria intervir, ninguém queria ser vendedor.

Esse tipo de *breakout* – violento e rápido – é muito mais confiável que um *breakout* comum?
Muito mais confiável.

Mesmo quando o *fill* [ordem preenchida ou negócio realizado] é menor?
Mesmo quando os *fills* são péssimos. Quanto piores os *fills*, melhor o trade.

Nesse caso, depois de negociada por algumas horas entre 3,04 e 3,02, a cotação subiu para 3,11.

Você acredita que os pares de moedas estrangeiras proporcionam oportunidades de trading melhores com dívidas do que posições líquidas vendidas ou compradas contra o dólar?
Acredito, porque tem muito menos gente prestando atenção nas taxas cruzadas. A regra geral é: quanto menos gente observando, melhor o trade.

Seu estilo de trading envolve uma síntese de análise técnica e de fundamentos. Mas se eu dissesse a você, Bruce, "Vamos colocá-lo em uma sala e você pode ter toda a informação fundamentalista que quiser, ou todos os gráficos e insumos técnicos que quiser, mas ou um ou outro", qual escolheria?
É como perguntar a um médico se ele prefere tratar um paciente com diagnóstico ou com um gráfico monitorando a condição dele. Você precisa dos dois. Mas, se tiver que ser um, os fundamentos são mais importantes hoje. Nos anos 1970 era muito mais fácil ganhar dinheiro usando só a análise técnica. Havia muito menos falsos *breakouts*. Hoje todo mundo faz gráficos e há uma porção de sistemas de trading técnico. Acho que essa mudança dificultou muito a vida do trader técnico.

Você acha que o método de acompanhamento de tendências vai acabar se autodestruindo, sob o peso do próprio tamanho e do fato de que a maioria desses sistemas usa abordagens parecidas?
Acho que sim. A única coisa que pode salvar esses sistemas técnicos é um período de inflação alta, quando as metodologias simples de acompanhamento de tendências voltam a funcionar. Porém, na minha cabeça, é inquestionável que, quando há taxas de inflação estáveis e moderadas, os sistemas técnicos de trading se matem entre si.

Você acredita que a Bolsa de Valores se comporta de modo diferente do de outros mercados? E, caso acredite, como isso ocorre?
A Bolsa de Valores tem contratendências de muito mais curto prazo. Depois que o mercado sobe, tende a cair de novo. Os mercados de commodities são impulsionados pela oferta e demanda de mercadorias físicas. Quando ocorre uma escassez de verdade, os preços manterão uma tendência de alta.

Então, se o mercado de índices da Bolsa é bem mais instável, existem métodos técnicos que dão certo?
Talvez, mas eles não param de mudar. Concluí que os sistemas de tomada de decisões de muito longo prazo captam as maiores altas da Bolsa, mas você precisa usar *stops* mais amplos.

Você precisa ser muito longo-prazista para filtrar o ruído.
Mais longo do que a maioria dos traders aguenta, porque a estratégia envolve surfar retrações maiores. Como método alternativo, um trader que conheço se dá muito bem nos mercados de índices da Bolsa por tentar descobrir como a Bolsa pode derrubar o maior número de traders. Parece que sempre dá certo para ele.

Como ele consegue quantificar esse movimento?
Ele olha os números de sentimento do mercado. Mas é, basicamente, uma questão de instinto.

Alguns críticos atribuíram o crash de outubro de 1987 ao trading automatizado. Qual é a sua percepção?
Acho que houve dois elementos envolvidos. Primeiro, cotações excessivamente altas deixaram o mercado vulnerável a um declínio, desencadeado pela alta da taxa de juros e por outras causas de fundamentos. Segundo, esse declínio foi acentuado por vendas pesadas dos fundos de pensão, que adotaram o chamado "seguro de portfólio".

Estamos falando de *seguro de portfólio* como o contrário da arbitragem de *trading automatizado*? [Seguro de portfólio é a venda sistemática de futuros de índices da Bolsa quando a cotação das ações cai (e cobrir esses *shorts* quando a cotação sobe) de modo a reduzir o risco de portfólio. Trading automatizado se refere à compra e venda de futuros do índice da Bolsa contra uma posição oposta em uma cesta de ações quando os preços de ambas estão desalinhados.]
Exato. A única situação em que se pode dizer que a arbitragem agrava o problema em vez de mitigá-lo é que, não fosse pela arbitragem de trading automatizado, talvez o seguro de portfólio nunca tivesse sido criado.

Pode-se culpar a arbitragem somente pela queda do mercado, na medida em que ela viabilizou o seguro de portfólio?
Isso mesmo. Se você ler o Relatório Brady, verá que os seguradores de portfólio apareceram no mercado com bilhões de dólares em vendas em poucas horas. O mercado não teve condições de absorver. O seguro de portfólio foi uma ideia péssima, era seguro só no nome. Não era nada além de uma ordem *stop loss* gigante. Não fosse pela venda de seguro de portfólio, o mercado teria tido uma queda acentuada mesmo assim, mas nada como o declínio de 500 pontos que vimos.

Você sente que os grandes traders têm um talento especial?
Em certo sentido, sim. Por definição, só pode haver um grupo relativamente pequeno de traders superiores, já que o trading é um jogo de soma zero.

Qual é o ponto de equilíbrio do sucesso no trading entre talento e trabalho árduo?
Se você não trabalhar arduamente, é bastante improvável que se torne um bom trader.

Existem traders que conseguem ir levando graças ao talento inato?
É possível fazer isso durante algum tempo. No trading, existem muitos gênios de um ano só. Não é raro encontrar alguém com a forte sensação de que o açúcar vai chegar a 40 centavos, ou que os *spreads* de cobre vão aumentar muito, e essa ideia isolada se revelar acertada. Outro dia ouvi falar de um trader que ganhou 27 milhões de dólares operando *spreads* de cobre no ano passado e depois perdeu quase tudo.

Qual conselho você daria a um novato?
Primeiro, diria que a gestão de riscos é a coisa mais importante a compreender bem. Opere menor, opere menor, opere menor é o segundo conselho que dou. Qualquer que seja o tamanho que você imagina para a sua posição, corte pelo menos pela metade. Minha experiência com traders novatos é que eles operam três ou cinco vezes mais que deviam. Assumem riscos de 5% a 10% em operações nas quais deveriam estar assumindo riscos de 1% ou 2%.

Além do *overtrading*, que outros equívocos os traders iniciantes costumam cometer?
Eles personalizam o mercado. Um erro comum é pensar no mercado como um algoz pessoal. O mercado, claro, é impessoal, não se importa se você ganha dinheiro ou não. Sempre que um trader diz "Eu espero que...", ele está entrando em um modo de pensar destrutivo, porque tira sua atenção do processo de diagnóstico.

Em minha conversa com Kovner, fiquei impressionado com a complexidade e a amplitude de sua análise. Ainda não entendo como ele consegue encontrar tempo para acompanhar e analisar minuciosamente as economias de tantos países diferentes, muito menos integrar análises tão variadas em um único panorama. A síntese sem igual que Kovner faz de análise técnica e de fundamentos em nível global é difícil de adaptar para o trader médio. No entanto, existem elementos cruciais na abordagem de trading de Kovner que têm relevância direta para o trader comum.

Kovner aponta a gestão de riscos como fundamental para um trading bem-sucedido: ele sempre define um ponto de saída antes de colocar um trade. Ele também ressalta a necessidade de avaliar o risco no âmbito do portfólio em vez de enxergá-lo de maneira independente a cada operação. Isso é crucial quando se detêm posições altamente correlacionadas entre si, uma vez que o risco geral do portfólio será muito maior do que o trader se dá conta.

Uma afirmação de Kovner que causou uma forte impressão em mim diz respeito a seu método de definição de *stops*: "Coloco meu *stop* em um ponto que é distante demais ou difícil demais de atingir com facilidade." Dessa forma, Kovner maximiza as chances de que um *stop* não o tire de um trade que se mostre correto e mantém uma rígida disciplina de gestão financeira. A filosofia por trás desse método é que é melhor alocar o risco máximo predefinido em dólares em um trade com um número menor de contratos e ao mesmo tempo usar um *stop* mais amplo. É o contrário do trader normal, que tentará limitar a perda por contrato, mas negociando o maior número possível de contratos – método que resulta em vários bons trades sofrendo *stop* antes que o mercado ande na direção prevista. Moral da história: coloque seus *stops* em um ponto que, caso atingido, indique de maneira lógica que o trade estava errado, e não em um ponto predeterminado sobretudo pela quantidade máxima de dólares que você está disposto a perder por contrato. Quando um ponto de *stop* relevante indicar um prejuízo bem grande por contrato, opere um número menor de contratos.

O maior erro de trading de Kovner resultou de uma decisão no calor do momento. Minha experiência pessoal reforça que talvez nenhum tipo de trade tenha índice de fracasso maior que os impulsivos (não confundir com os intuitivos). Qualquer que seja a metodologia, o trader, depois de definir sua estratégia, deve ater-se a seu plano de jogo, evitando decisões impulsivas (fazer um trade imprevisto, por exemplo, porque um amigo acabou de recomendar; liquidar uma posição por conta de um movimento adverso dos preços antes de um ponto de *stop* predefinido ser atingido).

Por fim, Kovner define um bom trader como "forte, independente e do contra ao extremo", e aponta a disciplina e a disposição para cometer (e aceitar) erros como características relevantes do trader vitorioso.

RICHARD DENNIS

Uma lenda se aposenta

R ichard Dennis começou a se interessar pela operação de commodities no fim dos anos 1960, quando ganhava um salário mínimo como corretor júnior no pregão ao vivo. No verão de 1970 resolveu tentar a sorte operando por conta própria e, com 1.600 dólares emprestados pela família, comprou um assento na Mid America Exchange.

A Mid Am, como é chamada, era uma espécie de bolsa da segunda divisão, por transacionar versões miniaturas dos contratos negociados nas grandes bolsas. A Mid Am tinha tendência a atrair pequenos especuladores e hedgers para os quais um único contrato de tamanho médio já representava uma posição grande demais. Era conveniente para Dennis, um trader iniciante com pouco capital de risco – e era a única Bolsa em que ele podia bancar um assento.

Esse posto custou 1.200 dólares a Dennis, o que o deixou com parcos 400 dólares para operar. Por incrível que pareça, ele acabaria transformando esse saldo minúsculo em uma fortuna, que chegou a ser estimada em quase 200 milhões de dólares. Conta-se que seu pai teria comentado, no que deve ser uma das definições mais comedidas de todos os tempos: "Digamos apenas que Richie até que cuidou bem daquelas 400 pratas."

Embora Dennis tenha sido excepcionalmente bem-sucedido a longo prazo, ele passou por alguns reveses dramáticos. Na época de nossa entrevista, ele estava em uma dessas más fases. Vários fundos públicos geridos por Dennis tiveram prejuízo entre o fim de 1987 e o início de 1988, a ponto de acionar o gatilho do ponto de corte de 50% de perda para encerrar o trading. A carteira pessoal de Dennis passou por infortúnio semelhante. Nas palavras dele em carta aos investidores, "esses resultados encontram paralelo em imensos prejuízos em meu próprio trading pessoal".

Talvez uma das características mais impressionantes de Dennis como trader seja sua capacidade de aguentar esses períodos difíceis com pouco impacto emocional. Aparentemente ele aprendeu a aceitar essas perdas pesadas esporádicas como parte do jogo. Sua confiança permanece inabalável durante tais períodos, uma vez que ele acredita que mais cedo ou mais tarde dará a volta por cima caso se mantenha fiel à sua estratégia básica de trading. Se eu não soubesse de nada, a julgar apenas pelo estado de espírito e pela confiança do homem que entrevistei, seria mais fácil supor que ele havia acabado de ganhar uma pequena fortuna, e não que tinha acabado de perder.

Qualquer que seja o estereótipo do multimilionário, Dennis não se enquadra nele. Seu estilo de vida frugal é lendário. As únicas extravagâncias que comete são suas vultosas contribuições políticas e caritativas. Suas opiniões políticas não batem com a imagem popular dos mais ricos. Dennis é fundador do Centro Roosevelt de Estudos Políticos Americanos, um *think tank* progressista, e sustenta a ideia de alíquotas de impostos mais altas para os americanos ricos. Nos últimos anos ele assumiu um papel cada vez mais ativo no âmbito político, apoiando uma série de candidatos progressistas. Ao contrário do trading, seu índice de vitórias tem sido decepcionante na política. Na corrida presidencial de 1988, Dennis foi diretor adjunto da fracassada campanha do governador do Arizona, Bruce Babbitt.

Na elaboração da lista de candidatos a entrevistas deste projeto, Dennis foi um nome essencial. Ele é uma das maiores lendas do trading de nossa época – vários outros entrevistados deste livro citaram Dennis com a frase "Eu não estou no patamar dele".

Para marcar a entrevista, tratei com um dos assistentes de Dennis. Depois de lhe explicar o projeto, ele me disse que ia falar com Dennis e me dar um retorno. Mais ou menos uma semana depois, recebi uma ligação me informando que Dennis podia me encontrar dali a um mês, por uma hora exata. Expliquei que iria a Chicago com o objetivo primordial de entrevistá-lo e que em uma hora mal daria para cobrir todos os assuntos essenciais. A resposta, basicamente, foi: esse seria todo o tempo concedido. A mensagem implícita era pegar ou largar. Concordei, na esperança de ganhar um pouco mais de tempo se a entrevista caminhasse bem.

Cheguei cinco minutos antes da hora marcada e fui conduzido a um escritório grande e despretensioso. Dennis chegou na hora exata, apertou educadamente minha mão e sentou-se à mesa. Pediu desculpas se, ao longo da entrevista, tivesse que olhar para a tela de cotações de vez em quando, garantindo que conseguiria manter a concentração no nosso bate-papo e que faria um sinal se tivesse que colocar uma ordem. Por ter experiência como trader (ainda que em uma escala infinitamente menor), expliquei que compreendia a situação.

Quando a entrevista começou, houve um pouco de desconforto de ambas as partes. No meu caso, eu tinha a sensação de contagem regressiva, sem tempo suficiente para realizar minha missão. No caso de Dennis, era uma questão de timidez genuína, pelo menos em se tratando de um primeiro encontro. Depois de cinco a dez minutos, a tensão se dissipou, o clima ficou mais leve e a conversa fluiu suavemente.

Depois de 45 minutos, comecei a achar que a entrevista corria tão bem que Dennis continuaria a conversa para além da hora concedida. Mas, dez minutos antes do fim estipulado, minha ilusão foi destroçada. "Só tenho mais dez minutos", disse ele, "então, se você ainda tiver algo importante a me perguntar, é melhor abordar agora." Remexi minhas fichas, tentando identificar algumas das questões-chave que ainda não havia abordado. Quando deu uma hora, Dennis disse: "Esse era todo o tempo que eu tinha, obrigado."

Uma parte das perguntas que não tive tempo de fazer tratava das experiências políticas de Dennis. Entre os temas, estavam as audiências no Senado sobre sua suposta manipulação do mercado de soja, o Roosevelt Institute e diversas figuras da política que Dennis conhecia. Embora fossem assuntos enriquecedores e de interesse de muitos, não tinham a ver com o foco principal deste livro. Por isso optei pelas perguntas relacionadas ao trading antes de me arriscar no campo político.

No fim da entrevista dei minha cartada final dizendo: "Não pude nem chegar às perguntas relativas à política." "Não vão se interessar por isso, de qualquer maneira", respondeu Dennis, ao dizer um "Até logo" educado e sair da sala.

Um mês e meio depois, pedi e consegui uma segunda entrevista. O problema do déficit orçamentário e as fortes perdas de seu trading com fundos públicos fazem parte desse segundo encontro.

Um mês depois dessa última conversa, Dennis anunciou que estava se aposentando do trading para se concentrar em tempo integral a seus objetivos políticos. Será que Dennis nunca mais voltará a operar? Talvez, mas não aposte nisso.

Como começou seu envolvimento com o trading de commodities?
Depois de terminar o ensino médio, consegui um emprego nas férias como corretor júnior no pregão e mexi um pouco com trading. Com meu salário mínimo, eu ganhava 40 dólares por semana e perdia 40 dólares operando em uma hora. Não sabia o que estava fazendo. A vantagem é que pelo menos eu fazia isso com quantias pequenas. Gosto de dizer que, considerando tudo que aprendi, o curso saiu barato.

Soube de uma história que, antes de você atingir a maioridade, seu pai ficava na sala do pregão enquanto você se posicionava do lado de fora e fazia sinais para ele realizar os trades.
Isso foi em 1968 e 1969. Meu pai tinha a carteirinha de membro, mas não entendia muito de trading. Ele só fazia isso porque eu era menor de idade e queria experimentar. Quando completei 21 anos, foi um dos dias mais felizes da vida dele, porque ele disse: "Como eu odeio isso! Não faço ideia do que estou fazendo. É todo seu!"

O fato de seu pai realizar as ordens deixava você um passo atrás no trading?
Sim, claro. Perdíamos o tempo todo.

Mas você não deve ter perdido tanto, já que operava tão pouco.
Perdi 2 ou 3 mil dólares nesse período.

Considera válida essa época, por conta das lições aprendidas?
Sim. Olhando para trás, diria isto aos novos traders, embora não seja muito tranquilizador como ideia: quando você começar, seja o pior trader que jamais poderá ser.

É a fase da vida em que isso sai menos caro?
Exato. Se você se ferrar, não será pego de surpresa.

Você conhece traders cujo êxito inicial levou-os à derrocada?
Notei algumas variações desse tema. Tem muita gente que fica marcada igual a patinhos: quando são bem jovens, acreditam até se você disser que aquele

navio de guerra é a mãe deles. Para muitos traders, não faz diferença se o primeiro grande trade é bem-sucedido ou não, e sim se o primeiro grande lucro é do lado comprado ou vendido. Esses acabam virando perpétuos altistas ou baixistas, o que é péssimo. Os dois lados têm que ser bons do mesmo jeito. Não pode existir nada psicologicamente mais satisfatório em um ou no outro. Se existir, seu trading não vai em frente.

Acho que foi isso que aconteceu com muita gente na disparada altista do mercado em 1973. Mesmo quem não ganhou dinheiro pessoalmente, mas testemunhou a loucura do mercado e viu alguns ganharem muito dinheiro, ficou marcado por essa situação.

Você se refere a um viés posterior em relação ao lado altista, por conta dessa experiência?
Isso mesmo.

O que lhe deu confiança quando começou a operar na Mid America Exchange com uma soma tão baixa? Afinal de contas, um erro e você estaria fora do jogo.
Na verdade, não. A vantagem da Mid America Exchange era o fato de negociar minicontratos. Erros, eu os cometia, e cometia muitos, mas não todos. Que eu saiba, eu não tinha confiança. Tinha apenas o que muita gente que entra nesse negócio tem: necessidade de dar certo. O que estou dizendo é que, se você tivesse que apostar em algo assim antes dos fatos, apostaria contra. Não resta dúvida.

A maioria dos traders não tem êxito no primeiro ano. O que você estava fazendo de diferente?
Fazia coisas certas o bastante para não naufragar, mesmo com um capital tão pequeno. Tive bastante sorte de ir, aos trancos e barrancos, conseguindo as posições certas antes da grande praga do milho em 1970.

Foi sorte ou visão?
Acho que foi mais visão. Minhas ideias, regras e atitudes em relação ao mercado eram muito incipientes naquela época. Mas algumas que eu aprendi estavam certas, como seguir a tendência.

Certa sexta-feira, todos os mercados de grãos fecharam no pico do ano. Eu acreditava – e ainda acredito – que se deve seguir a tendência e quanto mais forte essa tendência, melhor. Lembro que entrei no fechamento e só comprei alguns minicontratos de milho, trigo e feijão. Na manhã de segunda, todos abriram com *limit-up*, por causa da notícia da praga do milho.

É claro que isso poderia não ter acontecido e, se não tivesse, eu teria saído perdendo. Levaria muito mais tempo para chegar a 2 mil dólares, que, comparados com 400 dólares, eram um senhor lucro. Mas não foi como se eu tivesse fechado os olhos e atirado um dardo. Fiz o que achava que ia dar certo a longo prazo – segui a tendência.

Esse padrão específico – um fechamento de sexta muito forte – é uma característica que você considera útil como indicador do movimento da cotação na semana seguinte?
Sim, no mínimo é importante não deter uma posição vendida com prejuízo na sexta caso o mercado feche no topo, ou uma posição comprada caso feche em baixa.

Fiquei curioso por você ter feito faculdade mesmo depois de seu êxito inicial no trading.
Eu me matriculei na faculdade antes do verão de 1970, época em que operei no pregão pela primeira vez. Meu plano era só operar durante o verão, mas os três meses e os 3 mil dólares de lucro deixaram uma forte impressão em mim. Fui estudar na Universidade Tulane, em Nova Orleans, e essa vivência durou mais ou menos uma semana. Usei as fichas da lavanderia para passar ordens pelo telefone para Chicago. Depois que gastei todas as moedas e fiquei só com a roupa suja, não tive escolha a não ser voltar para Chicago.

Desde então você tem sido trader de commodities em tempo integral?
Sim.

O que lhe vem à mente como sua experiência de trading mais dramática ou emocionante?
Logo no primeiro ano, eu tinha acabado de largar a faculdade para operar. Um dia, fiz um trade particularmente ruim e perdi 300 dólares. Como só tinha por volta de 3 mil dólares, esse erro era muito grande e iria me tirar do prumo. Então agravei o erro, revertendo minha posição original e perdendo de novo. Para completar, voltei atrás para minha posição original e perdi

uma terceira vez. No fim do dia eu tinha perdido mil dólares, ou um terço de todo o meu capital.

Desde então, aprendi que, quando você tem um prejuízo desestabilizador, vá embora, vá para a casa, tire uma soneca, faça qualquer coisa, mas coloque um tempinho entre aquele acontecimento e a próxima decisão. Quando você está tomando uma surra de matar, tire a cabeça do liquidificador. Olhando para trás, me dei conta de que, se eu tivesse uma regra de trading para os prejuízos, não teria tido essa experiência traumatizante.

Em retrospecto, você diria que esse foi um de seus melhores trades, porque você ficou tão impressionado com a situação que nunca mais cometeu um erro daquela magnitude em termos percentuais?
Claro que sim. Aprendi a evitar tentar recuperar, dobrar a aposta ou compensar o prejuízo. Aprendi que certo nível de prejuízo afeta seu bom senso. Por isso é preciso colocar um tempo entre aquele prejuízo e o próximo trade.

Suponho que a lição seja: "Quando as coisas não andam bem, não force a barra."
Isso mesmo. No frigir dos ovos, você tem que minimizar as perdas e tentar preservar seu capital para aquelas raras ocasiões em que dá para ganhar muito em um curto período. O que não dá para fazer é jogar seu capital fora em trades inferiores. Se fizer isso, vai ficar muito fragilizado para operar quando a posição ideal aparecer. Mesmo que você coloque o trade, ele será relativamente pequeno, porque seu capital terá se esgotado em outros trades.

O mercado de soja de 1973 foi seu primeiro grande mercado para valer?
Ganhei naquele mercado o suficiente para entrar na Bolsa de Chicago no ano seguinte. Não ganhei dinheiro só ficando comprado em soja. Basicamente, eu era um operador de pregão, que entrava e saía dos trades o tempo todo. Os mercados eram muito bons, porque havia um excelente fluxo de ordens. Era um ótimo período para estar no pregão.

Então não foi tanto uma questão de pegar a tendência. Foi mais uma questão de fazer *scalping* [tipo de trade que ocorre muito rapidamente, em poucos minutos ou horas] com sucesso no mercado.
Muita gente fazia trades incrivelmente ruins, só para lucrar. Saíam até mesmo quando o mercado estava travado em *limit-up*, com certeza quase absoluta

de subir no dia seguinte. Não aguentavam o bolso furando de tanto lucro. Eu tentava entrar quando eles estavam saindo.

Dito assim, parecia muito fácil.
Havia certa dose de risco, mas, se você estivesse disposto a seguir uma tendência forte, era um bom negócio. Dava a você uma vantagem.

Uma alta probabilidade de você sair na frente no dia seguinte?
É preciso lembrar que alguns desses mercados chegaram em *limit-up* dez dias seguidos. A maioria das pessoas achava que quatro ou cinco *limit-ups* consecutivos já seria impossível.

Em situações nas quais o mercado vai *limit-up*, *limit-up*, *limit-up*, em algum momento ele pode abrir *limit-down*. Como você reconhece ou sente que não vale comprar no limite?
É só um jogo de probabilidades. Há muita volatilidade no resultado, mas você sabe que as chances jogam a seu favor quando fica comprado no valor limite.

Em todos esses anos operando, houve algum ano ruim de verdade? Um ou mais mercados específicos em que você estava redondamente enganado e isso levou a um mau ano?
Não é um mercado apenas que provoca de fato períodos ruins de trading. Nessas situações, quase todos os mercados saem da rota e fazem diversos *breakouts* falsos. Basta um dos mercados ser correto para evitar uma situação ruim.

Houve algum ano que teve destaque?
Aponto 1978 como um ano nada bom para o trading. Acumulei prejuízos porque estava em pleno processo de transição do pregão para fora do pregão e não tinha ideia de como eram diferentes.

Esse foi o ano em que você começou a operar de um escritório?
Em 1977, eu era sobretudo operador do pregão, e em 1978 tinha feito a transição em tempo integral.

Essa mudança o fez se tornar um operador de posições de prazo mais longo?

No fim das contas, o que aprendi desde 1978 é que como trader de mesa você precisa ser mais longo-prazista. No pregão, quando parecia que a soja ia passar dos 3 centavos, eu vendia e, se não vendesse, pulava fora. Fora do pregão, você não pode se dar a esse luxo, porque perde a vantagem ao colocar a ordem. Além disso, as decisões que você toma olhando os preços na tela não são tão boas quanto as tomadas no pregão, testemunhando o que está acontecendo. No pregão existem indicadores que você aprende subconscientemente, como "Aqueles três caras se enganam sempre quando o mercado vira". E, quando todos começam a fazer a mesma coisa ao mesmo tempo, acende uma luzinha em sua cabeça. Levou muito tempo até eu me dar conta de que essas ferramentas não estariam mais disponíveis.

Por que fez a mudança? Você estava indo muito bem no pregão. Por que passar para a mesa?
Quando comecei, em 1970, não existiam mercados futuros de divisas, taxas de juros ou ouro. Em 1978, esses mercados já estavam no painel tempo o bastante para serem viáveis. As divisas começaram em 1974, mas levou vários anos até ganharem volume suficiente.

Então foi o desejo de operar mais mercados do que era possível fisicamente, em um único local, que motivou sua mudança?
E a oportunidade não existia cinco anos antes.

Soube que você deu início a um programa de traders-trainees. Quando foi isso?
Contratamos um grupo no início de 1984 e outro no início de 1985.

Qual foi a motivação para esse programa?
Tenho um sócio que é meu amigo desde o ensino médio. Tivemos discordâncias filosóficas sobre tudo que você pode imaginar. Uma dessas discussões foi sobre se as habilidades de um trader bem-sucedido podem ser reduzidas a um conjunto de regras – como eu acredito – ou se haveria algo inefável, místico, subjetivo ou intuitivo que faria de alguém um bom operador. É uma discussão que existe há muito tempo, e acho que eu estava ficando um pouco frustrado com tanta especulação ociosa. Até que um dia eu disse: "Aqui está um jeito de resolvermos definitivamente essa discussão. Vamos contratar e treinar algumas pessoas e ver o que acontece." Ele concordou.

Era uma experiência científica. Treinamos todos o melhor que pudemos. Acho que esse era o jeito de fazer a experiência de maneira correta. Tentei codificar tudo aquilo que sabíamos sobre os mercados. Ensinei-lhes um pouquinho de probabilidade, gestão financeira e trading. No fim, mostrei que eu tinha razão. Não digo isso para dar tapinha nas minhas próprias costas, mas até eu fiquei surpreso por ter funcionado tão bem. Chega a assustar, de tão certo que deu.

Parece que seu argumento básico é contratar qualquer pessoa razoavelmente inteligente e transformá-la em um trader de sucesso.
Não. Nós buscamos as pessoas que achávamos que seriam as certas. Recebemos mil candidaturas e reduzimos a quarenta nomes, que entrevistamos. Desses quarenta saíram dez.

Quais qualidades vocês procuravam?
Não gosto de discutir isso, porque, se eu lhe dissesse que uma das coisas que procurávamos eram enxadristas, seríamos inundados de currículos de enxadristas da próxima vez.

Inteligência era um dos itens-chave?
Era uma das características, mas não o item essencial. Para encontrar aquilo que procurávamos, podíamos escolher pessoas inteligentes ou extremamente inteligentes. Selecionamos aqueles com extrema inteligência, mas só porque estavam disponíveis.

Você não teve nenhuma relutância em revelar segredos do negócio?
É claro, mas não acho que as estratégias de trading sejam vulneráveis a ponto de não funcionarem se as pessoas souberem delas, como a maioria dos traders acredita. Se aquilo que você fizer for o correto, vai dar certo mesmo que os outros tenham uma ideia geral a respeito. Sempre digo que, ainda que você publicasse as regras do trading no jornal, ninguém seguiria. A regra é consistência com disciplina. Quase todo mundo pode elaborar uma lista de regras que são 80% iguais ao que ensinamos. O que eles não saberiam fazer é incutir a confiança para obedecer a essas regras mesmo quando as coisas não vão bem.

Quanto tempo durou o processo de treinamento?
Espantosamente pouco. No primeiro ano, levou duas semanas. Deixamos que eles operassem durante um mês, fazendo um registro dos motivos de terem feito aqueles trades. Queríamos saber se eles eram consistentes ao fazer aquilo que aprenderam. Só ficamos bons mesmo no segundo ano – o curso durou só uma semana.

Quantos trainees eram?
Vinte e três ao todo.

Quais foram os resultados?
Descartamos três, que não se saíram bem. Os outros vinte tiveram uma média de 100% de lucro por ano.

Quando você treina pessoas, conta a elas sua abordagem básica perante o mercado. Não existe um risco de criar vinte clones de Richard Dennis? O resultado deles no trading não teria uma alta correlação com o seu?
O *spread* foi enorme. Uma das coisas que a gente repetia o tempo todo para a classe era: "Nós vamos ensinar o que achamos que funciona, mas a expectativa é que vocês acrescentem seu toque, sua sensibilidade e seu juízo pessoal."

Qual era o tamanho das carteiras desses traders?
Foi aumentando com o passar dos anos, à medida que iam ganhando dinheiro. Em média, 2 milhões de dólares cada um.

Com quanto eles começaram?
Cem mil dólares cada um.

Soube que esse grupo de traders ganhou o apelido de "tartarugas". Achei esse termo bem engraçado. Qual a origem do nome?
Quando resolvi fazer o programa de traders-trainees, tinha acabado de voltar de uma viagem ao Extremo Oriente. Ao contar sobre o programa para alguém, eu disse: "Vamos criar traders como criam tartarugas em Singapura." Eu tinha visitado uma criação lá e visto um tanque imenso, com milhares de tartaruguinhas se debatendo. Essa virou minha imagem de uma criação de traders.

Até que ponto a sorte desempenha um papel no trading?
A longo prazo, zero. Absolutamente zero. Não acredito mesmo que ninguém acabe ganhando dinheiro nesse negócio porque simplesmente começou dando sorte.

Mas em trades individuais faz alguma diferença.
É aí que reside a confusão. Em qualquer trade isolado, quase sempre tudo é sorte. É só uma questão estatística. Quando você pega algo que tem 53% de chance de dar certo a cada lance, a chance de dar certo a longo prazo é de 100%. Se eu analisar os resultados de dois traders diferentes, olhar um período inferior a um ano não faz sentido algum. Pode levar dois anos ou mais até para determinar se um é melhor que outro.

Você é um dos raros traders que é sistemático e discricionário. Como compararia os dois métodos?
Por mais que um trader profissional faça coisas inteligentíssimas, ele tem tendência a não pensar no que faz de forma sistemática. A maioria dos traders que realiza uma operação que dá certo não pensa: "Por que deu certo? O que eu fiz aqui que dá para fazer em outro mercado, em outra ocasião?" Não existe muita reflexão a respeito do processo de trading. Eu, ao contrário, acho que sempre fui analítico em relação ao trading, mesmo antes de ter começado a buscar um sistema mecanizado.

No extremo oposto, você tem aqueles tipos acadêmicos, que pesquisaram antes mesmo de começar a operar. Falta a eles o conhecimento de "bunda na cadeira" necessário para desenvolver bons sistemas de trading. Felizmente, comecei operando. Por isso a pesquisa que faço é mais aplicável ao mundo real.

Pode me dar um exemplo de como a falta de experiência no mundo real pode prejudicar quem pesquisa?
Suponha que desenvolvi um sistema mecânico que sinalize a colocação de *stops* nos pontos onde sei que haverá tendência a muitos *stops*. No mundo real, não é muito sensato ter seu *stop* onde todo mundo tem. Além disso, esse sistema vai acabar tendo desvios acima da média. Se você não entender isso e não ajustar os resultados de acordo, acabará tendo um sistema que no papel parece ótimo, mas que no mundo real sempre vai ter um resultado desfavorável.

Você comentou que, antes de desenvolver um sistema mecânico, prestava muita atenção no processo de trading. Você mantinha um histórico do que fazia de certo e errado ou era uma questão de memória?
Mantinha, escrevia comentários e refletia sobre eles. Pensava em tudo que fazia.

É algo que você aconselharia outros traders a fazer para se aprimorar – monitorar o que fazem de certo e de errado?
Claro. A experiência no trading é tão intensa que existe uma tendência natural a preferir não pensar nisso depois que o dia acaba. Eu sou assim quando as coisas estão dando certo. Mas, quando não estão, isso me leva a pensar no que estou fazendo e no que poderia fazer melhor. Quando algo vai mal, o trader não deve afundar a cabeça na areia na esperança de que vá melhorar.

Você está dizendo que os momentos em que é mais tentador evitar pensar nos mercados são aqueles em que você mais deveria estudá-los?
Exato. Não tenho nenhum incômodo com isso, porque sou obcecado pelos mercados.

Qual é a melhor atitude a tomar em uma situação na qual seu feeling de trader lhe diz para fazer uma coisa e seus sistemas apontam em outra direção?
Quando são totalmente opostos, não se faz nada até conseguir resolver essa contradição.

A maioria de seus sistemas é do tipo orientado por tendências?
É.

Então, por definição, eles nunca estarão na direção correta quando o mercado virar. Mesmo assim você, sendo um trader experiente, pode sentir quando o mercado está prestes a virar. Em uma situação como essa, você estaria disposto a comprar por causa daquilo que enxerga como trader, ainda que seu sistema mande estar vendido?
Provavelmente eu iria querer ficar *neutro*, porque minha tendência no trading é dar o mesmo peso ao lado psicológico, orientado pela opinião, e ao lado técnico, de seguimento de tendências.

Então você prefere ver o mercado exibir algum sinal de virada antes de se comprometer?
O mais provável é que eu esteja posicionado na direção certa de uma tendência e decida liquidar mais rapidamente que um sistema de acompanhamento de tendências, por conta do fator intuitivo.

E quanto a entrar em um trade novo indo contra uma tendência dominante?
Já fiz isso – isto é, iniciei contra a tendência. No entanto, como regra geral, não acho que seja um bom caminho.

Esse tipo de trade é pior do que outros?
Em geral, é, embora de vez em quando possa render uma história ótima, como estar vendido em açúcar a 60 centavos, o que já fiz. [O açúcar caiu de um pico de 66 centavos, em novembro de 1974, para menos de 12 centavos, apenas sete meses depois. Cada alteração de 1 centavo no açúcar vale 1.120 dólares por contrato. Um grande trader como Dennis muitas vezes opera posições medidas em milhares de contratos.] Tenho dez histórias assim. Mas preciso lhe dizer com franqueza, não acho que, de modo geral, esse tipo de trade tenha me dado lucro.

Esse trade vendido em açúcar é um ótimo exemplo, porque o mercado tinha testemunhado um movimento de alta explosivo e era preciso muita coragem para entrar como vendedor a 60 centavos. Mas veja o outro lado da moeda, quando o açúcar está em um mercado baixista de verdade, tendo caído a 5 centavos; todo sistema de seguimento de tendências do mundo estará vendido. No entanto, se as condições forem tais que os fundamentos estejam em transição e o preço do mercado apenas um pouco acima do custo da saca, você abriria uma exceção?
Perdi mais do que ganhei em situações assim, porque tudo que o mercado tem de fazer é cair mais um centavo e colocar você para fora. Ganhei muito dinheiro ficando vendido no açúcar a 60 centavos, mas perdi mais ficando comprado no açúcar a 6 centavos.

Quando faz um trade como esse – comprando um mercado porque a queda está supostamente "no limite" –, você segura ou acaba jogando a toalha?
Jogo a toalha. Como saber? Pode ser que chegue a 2 centavos, pode ser que chegue a 1.

Suponho que um receio importante seja o de estar o tempo todo abrindo mão do prêmio dos meses seguintes [nos mercados baixistas, os contratos mais longos tendem a ser negociados com prêmio. O açúcar de maio pode estar a 6 centavos, o de julho a 6,5 centavos e o de outubro a 7 centavos. Mesmo que os preços à vista continuem estáveis, o detentor de futuros de outubro perderia 1 centavo entre maio e outubro].
Você é obrigado a sair com 3 centavos e voltar com 5. Então cai de novo para 3 centavos.

Do contrário, não haveria tanto risco no trade.
Exato. A ideia de que um lado do mercado tem probabilidade muito maior de funcionar, eliminando todos os outros fatores, é uma ilusão. Se fosse verdade, o mercado não estaria ali. Muita gente ficou vendida em soja a 4 dólares em 1973, porque, assim como o açúcar a 4 centavos não poderia baixar mais, o grão a 4 dólares não poderia subir mais. Pois bem, não apenas subiu como também atingiu um pico de 12,97 dólares em questão de quatro ou cinco meses.

Existe outra questão que considero importante: você precisa esperar o inesperado neste negócio, o extremo. Não pense em termos de fronteiras que limitam o que o mercado pode fazer. Se existe uma lição que aprendi nesses quase vinte anos no trading, é que o inesperado e o impossível acontecem de vez em quando.

Não se apegar demais ao histórico, então, é uma boa atitude?
Exato.

Mas todas as suas regras se baseiam no histórico. Há aí uma contradição?
Não, porque um bom sistema de acompanhamento de tendências vai mantê-lo no mercado até ocorrer uma evidência de que a tendência mudou. Se você tivesse feito sua pesquisa histórica sobre soja em 1972, teria concluído que sempre que a soja subisse 50 centavos seria melhor sair, porque o mercado nunca havia subido ou descido muito mais que isso. Obviamente, seria a conclusão errada, porque subiu mais 8 dólares. Um bom sistema de acompanhamento de tendências, porém, teria mantido você dentro durante a maior parte da movimentação.

Você acha melhor não traçar fronteiras a partir do histórico com base no comportamento do mercado?

Exato. A abordagem correta é dizer "Esta estrutura representa alta e esta sugere que a alta acabou", mas nunca "Esta estrutura significa que vai subir e depois não mais".

Quando você opera um sistema, usa a versão do sistema que testou melhor no passado ou leva em consideração outros fatores?

Um dos problemas mais complicados ao decidir como operar é se você vai optar pelo ideal de acordo com a base de dados ou se vai começar a partir de alguma outra premissa. Você pode operar com algo que não seja o *conjunto ideal de parâmetros* [a versão do sistema com melhor desempenho passado] por achar que o futuro vai ser diferente do passado de algum modo específico. Por definição, todo conjunto de parâmetros terá um desempenho passado pior que o conjunto ideal. Mas, quando a diferença de desempenho é de apenas 10%, essa diferença de 10% pode valer a pena se você acredita que o conjunto inferior, medido pelos dados passados, vai se encaixar melhor no futuro.

Você passou de um trader muito pequeno a um trader muito grande, sobretudo agora que gere dinheiro de terceiros. Não lhe parece que o tamanho das ordens atrapalha? Não é mais difícil ter êxito quando se opera grande?

Em certa medida, sim. Não acho que chegamos ainda a esse ponto, embora talvez não estejamos muito distantes dele. Acho que o triplo da quantia de que cuidamos agora seria mais ou menos isso. Atualmente temos por volta de 120 milhões de dólares em fundos de clientes.

Em outras palavras, você ainda não bateu no teto?

Não.

Isso é porque você usa abordagens diferentes e, por isso, nem todas as suas ordens entram no mesmo ponto?

Isso mesmo. Você tem que pensar na diversificação. Se você tivesse um só método e uma só pessoa tomando todas as decisões, não conseguiria lidar com quantias tão grandes. Mas, quando usa diferentes estratégias e tem uma diversidade de tomadores de decisões, pode cuidar de centenas de milhões de dólares sem grandes problemas.

Essa teria sido uma razão subliminar para criar seu programa de trainees – tentar diversificar o processo de tomada de decisões?
Não pensamos nisso desse modo, mas de fato funcionou a nosso favor. O fato é que vamos tentar promover alguns dos traders que treinamos para operar o dinheiro dos clientes.

O *slippage* [diferença entre o preço teórico de execução adotado pelo programa de computador e o preço efetivo enviado] é um problema para o trading?
Não. Tentamos fazer uma estimativa com base em insights ao colocar o custo do trading no sistema. Além disso, reduzimos significativamente nossos custos, por termos nossos próprios corretores.

Quando você detém uma posição importante, em que ponto conclui que está errado? O que lhe indica que deve sair de uma posição?
Se você tem prejuízo no trade depois de uma ou duas semanas, está nitidamente enganado. Mesmo quando está perto do *breakeven* e um período de tempo importante já passou, você também está equivocado.

Como define seu ponto máximo de risco quando entra em um trade?
Você deve considerar sempre o momento de pior cenário. A única decisão é se deve sair antes que isso aconteça.

Você é basicamente um trader autodidata ou outros traders lhe ensinaram lições valiosas?
Diria que sou autodidata. O incrível mesmo é como há poucos livros sobre trading.

Existe algo que você possa recomendar às pessoas interessadas no assunto?
Acho que *Reminiscências de um operador da Bolsa*, de Edwin Lefèvre [supostamente uma biografia semificcional de Jesse Livermore, lendário operador da Bolsa], é interessante e capta a sensação do trading bastante bem, mas é um livro escrito 65 anos atrás.

Há alguma estratégia de trading sobre a qual você pode falar sem revelar algum segredo?
O mercado em tendência é o principal fator que nos leva a entrar em um trade.

Essa é uma ideia bastante simples. Ser constante e certificar-se de fazer isso o tempo todo é mais importante que as características particulares que você usa para definir o trade. O elemento crucial é que, se há uma tendência importante, seu método – qualquer que seja ele – precisa garantir sua entrada nessa tendência.

Existe algo específico que você procura para definir uma tendência?
Não. Quando vejo que uma tendência está se formando, concluo que preciso entrar. A questão é se entro mais cedo ou mais tarde, e isso depende de como encaro a reação do mercado ao noticiário. Quando o mercado tem que subir e sobe, posso comprar mais cedo. Se tem que subir e cai, aguardo até a tendência estar mais definida.

Até que ponto existe um comportamento comum entre os mercados? Os padrões de grãos são semelhantes aos padrões dos títulos, ou cada mercado tem uma personalidade própria?
Posso operar sem saber o nome do mercado.

Você está dizendo, então, que os padrões são muito similares entre diferentes mercados.
São. Pelas nossas pesquisas, se um sistema não funciona tanto para os títulos quanto para os grãos, nós o ignoramos.

Você diria que a Bolsa de Valores é uma exceção? Isto é, a Bolsa também se comporta como outros mercados ou tem o próprio padrão de comportamento?
Acho que é particular.

Por que diria que é dessa forma?
Minha pesquisa sobre ações específicas mostra que as flutuações de preços estão mais próximas do aleatório que nas commodities. É possível comprovar que as commodities têm tendências e que as ações são aleatórias.

Você tem alguma explicação para esse fenômeno?
Acredito que não se têm informações de fundamentos suficientes, por ação, para criar tendências o bastante de modo a tirá-las desse caráter aleatório. Não existem tantas commodities quanto existem ações.

Em outras palavras, não há o mesmo fluxo de informação que nos mercados de commodities?
Não há informação suficiente, não há fundamentos o bastante. Simplesmente não acontece nada.

Nos mercados de commodities as informações técnicas ficam basicamente confinadas a preços, volume e juros em aberto. Como existe muito mais informação técnica disponível para os índices da Bolsa – taxas de avanço e declínio, diversos indicadores de sentimento, relação entre diferentes grupos de ações –, os sistemas comuns de seguimento de tendências não sairiam em grande desvantagem, por não dispor de informação suficiente?
Não sei bem se é essa a desvantagem. Acho que é porque as cotações dos índices da Bolsa estão próximas demais do aleatório para gerar tendências claras o bastante, porque os insumos – as ações individuais – são, na maioria, aleatórios.

O que você acha dos ataques recentes ao trading automatizado?
O pessoal que está reclamando deveria se envergonhar.

Você se refere ao pessoal da comunidade financeira?
Sim. Eles deviam ter estofo para entender a inépcia da reclamação deles.

Você acha que o trading automatizado está sendo um bode expiatório conveniente para um mercado em queda?
Claro que sim. É uma boa desculpa para quem está fazendo um péssimo trabalho para si mesmo e para os clientes. A alegação é que os traders programados estariam tirando dinheiro do bolso das pessoas que estão investindo na Bolsa. Nada mais distante da verdade. O trading automatizado pode movimentar um pouco a Bolsa, mas não de forma sistemática. Se o trading automatizado fizesse os preços subirem demais ou caírem demais, isso poderia proporcionar oportunidades melhores para o investidor em valor. Claro, é ruim para os que fingem ser investidores em valor, mas são, na verdade, traders.

Como você lida com uma má fase?
Fazendo redução. Se estiver ruim de verdade, pare e pule fora.

Acontece de você precisar sair de um mercado por alguns dias?
Em geral, leva só um ou dois dias, mas você precisa parar por algum tempo. É quase como o cobrador do pênalti não fazer a paradinha. Antes de chutar, ele precisa parar pelo menos um segundo. É o que eu tento fazer – dar uma pausa.

Qual é a ideia mais falaciosa do público sobre o comportamento do mercado?
Que o mercado precisa fazer sentido.

E quais as falácias sobre a análise técnica?
Acreditar que os fatores técnicos não são tão importantes quanto os fundamentos.

Existem analistas cujo trabalho você respeita?
Existem vários. Zweig, por exemplo, é bom.

Você leva em conta o trabalho de analistas externos como insumo em um trade?
Não. Quando ensinamos nosso pessoal a operar, eu fazia uma pergunta hipotética: suponha que tudo que você sabe sobre os mercados indica "compra". Então você liga para o pregão e eles lhe dizem que eu estou vendendo. Você: (a) compra, (b) fica vendido ou (c) não faz nada? Se eles não chegassem à conclusão de que (a) era o correto, porque precisam tomar as próprias decisões de mercado, não se encaixavam no programa.

Por que cuida do dinheiro de outros? Você se sai muito bem por conta própria.
Há uma grande vantagem: dinheiro gerido oferece retorno potencial sem nenhum risco. Há dez anos as pessoas me perguntam se não me canso de tanto risco, se acho que vou ter *burnout*, se tenho vontade de parar. Durante muito tempo eu não entendia por que me faziam essas perguntas, mas preciso admitir que, na situação atual, entendo o valor de cortar o próprio risco. Eu poderia operar menos dinheiro, lucrar menos e arriscar menos. Mas, quando o dinheiro do cliente entra, posso usá-lo para suplementar a lucratividade e ainda assim manter meu risco baixo. Isso gera uma transação melhor.

Em uma entrevista posterior, Dennis mudou de opinião sobre esse assunto, talvez influenciado pelo agravamento dos prejuízos elevados de seus fundos públicos. Dennis resolveu retirar-se gradualmente do negócio de gestão de dinheiro, dizendo: "Concluí que trazia mais problema do que vantagem. Os custos não eram financeiros, eram psicológicos." As respostas a seguir saíram dessa segunda entrevista.

Sei que não é seu assunto favorito, mas preciso lhe perguntar: parte dos fundos públicos que você geria encerrou as operações em abril de 1988. É por terem atingido o ponto de corte automático de 50% de prejuízo?
Eles estavam perdendo um pouco mais de 49% quando cessamos as operações. Em vez de acionar o gatilho automático de terminação, liquidamos todas as posições e solicitamos aos investidores que permitissem um ponto de corte menor.

Você faria algo diferente no futuro por conta dessa experiência particular?
Teria cortado um pouco mais rápido do que cortei, mas os trades continuariam os mesmos. Alguém me disse: "Você alega que os mercados estavam ruins. Mas, considerando que poderia ter feito exatamente o contrário e ganhado muito dinheiro, eles não seriam na verdade bons?" Eu disse a ele que a última coisa que gostaria de ter feito era estar do lado contrário desses trades. A longo prazo, é o jeito de perder uma quantidade infinita de dinheiro.

O lado vendido dos mercados de taxas de juros em outubro de 1987 resultou em uma de suas maiores perdas. O que deu errado?
Uma grande parte daquele prejuízo se deveu ao fato de que o mercado abriu um gap bem longe do nosso ponto de cobertura da posição vendida. Em 20 de outubro, sairíamos de nossa posição vendida em eurodólar 40 ou 50 pontos acima, mas o mercado abriu 240 pontos acima naquele dia. Perdemos 190 pontos em uma deslizada absolutamente inevitável.

Quando o mercado fica tão desalinhado, você sai de imediato da posição?
Claro. Se você tem qualquer dúvida sobre sair o mais rápido possível de uma situação como essa, estará diante de sérios problemas.

As fortes perdas se deveram a alguma mudança nos mercados?
É difícil dizer. O único fator objetivo que posso identificar é a tendência a mais *breakouts* falsos.

A recente prevalência de falsos *breakouts* está relacionada com o enorme aumento do trading informatizado de acompanhamento de tendências nos últimos cinco a dez anos? Haveria gente demais fazendo a mesma coisa, atrapalhando uns aos outros?
Sim, não há dúvida quanto a isso. De uma forma perversa, isso representa o triunfo final do trading técnico sobre o trading de fundamentos. Digo "perverso" porque é uma vitória que desvaloriza o trading técnico.

Veremos o dia em que os sistemas de seguimento de tendências deixarão de funcionar?
Vai chegar o dia em que os sistemas de acompanhamento de tendências facilmente detectáveis e precariamente concebidos deixarão de funcionar. Vai ser mais difícil desenvolver bons sistemas.

Levando isso em conta, os métodos que você usava antes continuarão funcionando com a mesma eficácia?
Acredito que, se você enxergar o problema da forma correta, pode tirar proveito do fato de haver muitos outros seguidores de tendências no mercado. Não posso dar muitos detalhes da solução, porque, se tivermos razão, é uma informação bastante valiosa. Para ter êxito, você precisa estar sempre um passo à frente dos outros.

A impressão é de que você começou a estudar esse problema bem antes de seus problemas de performance terem início, no fim de 1987.
Exatamente. Nos últimos dez anos tem havido um efeito manada de gente usando métodos de acompanhamento de tendências. Faz muito tempo que pensamos nesse problema. Metade do esforço para resolver uma questão é encontrar o jeito certo de analisá-la. Levou anos até descobrirmos as perguntas certas a serem feitas.

Quando foi que você chegou ao que considerava uma solução satisfatória?
Ironicamente, mais ou menos na mesma época em que fechamos os fundos públicos.

Sei que não pode dar detalhes, mas sua solução para os *breakouts* falsos exige ser bem mais orientado para o curto prazo, de modo a poder responder mais rapidamente a essas situações?
O segredo é ser o mais curto prazo ou o mais longo prazo que você aguentar, conforme seu estilo de trading. É o médio prazo que apanha a imensa maioria dos seguidores de tendências. A melhor estratégia é fugir do meio como da praga.

Quando fala da experiência de gerir bem mais de 100 milhões de dólares e perder quase 50%, sem falar em seus enormes prejuízos pessoais, você discute o assunto com grande distanciamento emocional. Você encara mesmo com tanta calma assim?
É totalmente contraproducente se envolver com os resultados. As decisões de trading precisam ser tomadas da forma mais desapaixonada possível.

Sim, mas como você faz isso?
Você precisa manter um distanciamento. Na vida há mais do que o trading. Ficar desanimado emocionalmente levaria a uma falta de confiança no que estou fazendo. Evito esse tipo de sentimento porque sempre achei enganoso focar nos resultados de curto prazo.

Você é capaz, então, de evitar a armadilha emocional?
Sim, mas o outro lado da moeda é que também evito o êxtase emocional quando as coisas estão indo bem. Não é produtivo seguir um caminho de mão única. Se você se sentir bem demais quando tudo caminha bem, então inevitavelmente se sentirá muito mal quando estiver desfavorável. Não estou dizendo que me dei conta disso depois de três anos de trading, não. Foi trabalhando com isso por mais de vinte anos que cheguei à conclusão de que ou você fica louco ou aprende a colocar os fatos em perspectiva.

É mais fácil depois de vinte anos?
Não necessariamente [*risos*]. É mais fácil colocar em perspectiva, mas todo mundo tem um para-choque que se desgasta com o tempo. Ser trader é como

ser boxeador: de vez em quando o mercado lhe dá uma boa surra. Depois de vinte anos, você fica um pouco anestesiado.

Tem algum conselho que você daria a outros traders sobre como se manter calmo durante períodos de prejuízo no trading?
É um pouco como jogar golfe: depois de uma tacada ruim, você pode jogar longe os tacos, mas na próxima tacada continua tendo que baixar a cabeça e não tirar o olho da bola.

Você usa cenários de longo prazo de crescimento econômico, inflação e dólar ao tomar suas decisões de trading?
Tenho retratos mentais, mas tento não usá-los quando estou operando. O trading é como apostar em lances independentes de um dado que você acredita estar um pouco viciado em seu favor, por conhecer algumas estatísticas do mercado. Cenários de longo prazo podem se revelar certos ou errados, mas, se no balanço estiverem certos, não estou convencido de que fariam muita diferença sobre o prazo de algum trade específico.

Mesmo que você ache que o dólar vai desabar? Isso não afetaria seu padrão básico de trading?
Bem que eu gostaria de dizer que não, e acho que não deveria, mas provavelmente já afetou no passado. A pior coisa que se pode fazer é desperdiçar uma oportunidade de lucro (supondo que você já é disciplinado o suficiente para cortar seus prejuízos). E, se você pensar, visões de longo prazo rígidas são o tipo de coisa com maior probabilidade de induzi-lo a esse erro. Se acho que o dólar vai fraquejar, e por conta disso ignoro um sinal de venda nas divisas estrangeiras, corro o risco de desperdiçar um enorme lucro. Qual a minha recompensa caso minha visão esteja certa? Evitar um pequeno prejuízo. Portanto, é um custo/benefício todo errado para o meu tipo de trading.

Como observador do mercado há muito tempo, você vê quais tendências se formarem no mercado nos próximos anos?
Aposto que teremos níveis recordes de inflação no fim de 1990 [a entrevista foi realizada em meados de 1988].

Qual vai ser a força propulsora dessa inflação?

Vai ser impulsionada pela tentativa de evitar uma recessão profunda. A recessão vai ser causada pelo déficit orçamentário federal, enquanto os investidores exigirem níveis cada vez mais altos de taxas de juros reais para comprar a dívida. O governo [dos Estados Unidos] vai tentar evitar a recessão estimulando a economia, tática que basicamente não funciona.

Em outras palavras, o temor de uma recessão vai causar um enorme afrouxamento monetário, que por sua vez levará à inflação?
Essa é, infelizmente, uma ideia bem do Partido Republicano, mas acho que é correta. Goste-se ou não, os mercados financeiros estão nas mãos de conservadores. Quem empresta dinheiro ao governo e às empresas não vai comprar o afrouxamento monetário como solução para uma recessão.

Você está dando a entender que o problema do déficit é uma bomba-relógio que a longo prazo vai destroçar a economia?
Isso mesmo. Tendemos a pensar que, por não ser um problema real agora, não será nunca. Esperamos continuidade em nossas vidas, mas a economia e os mercados são mais descontínuos que contínuos.

E você está afirmando que as pessoas olham o déficit ano após ano e pensam "Não pode ser tão ruim, a economia está robusta", e um dia todo mundo acorda...
É como ter cupins na fundação da sua casa. Você pode não perceber que estão lá até o dia em que eles roem um pedaço e a casa cai. Acho que ninguém deveria se sentir muito tranquilo em razão de as coisas parecerem estar de pé.

Hipoteticamente, se você fosse presidente e pudesse influenciar as mudanças, o déficit seria a primeira coisa que mudaria?
Claro que sim. Isso é particularmente importante para os democratas, a partir do momento em que foram eles os primeiros a pegar a bandeira do keynesianismo [a defesa de programas do governo para diminuir o desemprego] e admitir que, embora possa ser ótimo na teoria, no mundo real não funciona.

Acho que Keynes nunca propôs usar o aumento do déficit em períodos robustos da economia.
Não, é verdade. Ele propôs superávits que deveriam ser anticíclicos em relação aos déficits. Superávit nas horas boas, déficit nas ruins. O problema é

que só temos um lado da equação, por causa da falta de disposição política para gerar o superávit quando a fase é boa. Portanto, o que temos que fazer é reconhecer que a economia keynesiana não passa de uma desculpa para dinheiro fácil, excesso de gastos e excesso de consumo. É melhor admitir logo que o governo é um viciado em dívida e que toda a ideia de aumento do déficit, na prática, é defeituosa.

Você se refere ao keynesianismo tal como é aplicado, e não à economia keynesiana tal como o economista propunha.
A teoria é boa, mas na prática não funciona. Portanto, não devemos utilizá-la. A economia keynesiana era uma solução para o problema de excesso de poupança e falta de consumo, e uma tentativa válida de nos tirar da Grande Depressão. O problema, agora, é o contrário: falta de poupança e excesso de consumo. Ainda que o keynesianismo fosse politicamente sustentável, seria preciso haver uma solução diferente, porque existe um problema que é o oposto do método.

Há alguma teoria econômica que você acredita adequar-se ao momento e que faça sentido?
Temos que nos livrar do gasto deficitário. Precisamos eliminar o déficit de alguma forma organizada, e o governo federal tem de equilibrar o orçamento do mesmo modo que os estados. Em algum momento, seria uma boa ideia a proposta de Milton Friedman de uma oferta constante de dinheiro ajustada por um fator de crescimento.

Qual é o conselho mais importante que você daria ao trader iniciante?
Opere pequeno, porque essa será sua pior época. Aprenda com os erros. Não se deixe enganar pelas flutuações diárias de seu patrimônio. Foque em saber se está fazendo o certo, e não na natureza aleatória do resultado de um trade específico.

Depois que Dennis anunciou sua aposentadoria do trading para se dedicar em tempo integral a seus interesses políticos, telefonei a ele para fazer algumas perguntas mais atuais. Falei com um assessor, que anotou as minhas questões. Algum tempo depois, ele retornou com as respostas de Dennis.

Quem investiu em seus fundos durante seu último ano como gestor financeiro obteve maus resultados. Como seria o desempenho de um investidor que começasse em seu primeiro dia como gestor financeiro e mantivesse todo o dinheiro investido até seu último dia nessa função?
Cada mil dólares investidos estariam valendo 3.833 dólares quando as carteiras foram fechadas [isso representa um rendimento composto anual de aproximadamente 25%. O número teria sido mais que o dobro disso no pico das carteiras, cerca de um ano antes].

Corre um boato de que você perdeu uma fatia muito importante de seu patrimônio em seu último ano de trading. Tem um fundo de verdade ou é só um exagero?
Perdi cerca de 10% do dinheiro que ganhei nos mercados. Claro, se medirmos como percentual do meu patrimônio, o número é muito maior, por conta das minhas contribuições políticas e de caridade ao longo dos anos.

Seus resultados ruins no trading no último ano aceleraram sua transição de carreira?
Não fizeram diferença.

Você abandonou mesmo o trading ou continua operando um pouco?
Não estou operando absolutamente nada.

Richard Dennis é um dos traders de commodities mais lendários de nossa época. É o tipo de trader que você visualiza montando enormes posições compradas quando os mercados estão perto do piso e enormes posições vendidas quando os mercados estão perto do pico. Surpreende, portanto, que

Dennis minimize o valor de tentar selecionar os grandes pontos de virada. Na verdade, ele afirma que esses trades tiveram pouca ou nenhuma contribuição para seu êxito no trading.

Dennis acredita que um dos piores equívocos que um trader pode cometer é desperdiçar uma grande oportunidade de lucro. Segundo sua estimativa, 95% de seus lucros vieram de somente 5% de seus trades. Desperdiçar oportunidades assim, mesmo que eventualmente, pode ter um impacto negativo drástico no desempenho. Moral da história: é preciso tomar cuidado para não ter opiniões rígidas demais em relação ao mercado, pois elas podem levar à perda de uma tendência importante.

Um conselho útil de Dennis é que os momentos em que você menos quer pensar no trading – os períodos de prejuízo – são aqueles em que você mais precisa focar.

PAUL TUDOR JONES

A arte do trading agressivo

O utubro de 1987 foi um mês devastador para a maioria dos investidores, quando os mercados globais de ações testemunharam um colapso comparável ao de 1929. Naquele mês, o Tudor Futures Fund, gerido por Paul Tudor Jones, registrou um retorno de incríveis 62%. Jones sempre foi um trader ousado. Seu estilo é único e sua performance não tem correlação com nenhum outro gestor financeiro. Mais importante que isso, talvez, é que ele realizou o que muitos consideravam impossível: combinar cinco anos consecutivos de retorno de três dígitos com pouquíssima queda de patrimônio líquido no período (estou mentindo um pouquinho: em 1986 o fundo de Paul teve um ganho de apenas 99,2%!).

Jones teve êxito em quase todos os seus grandes projetos. Começou no ramo como corretor e no segundo ano já ganhava mais de 1 milhão de dólares em comissões. No outono de 1980 entrou para a Bolsa de Algodão de Nova York como operador independente no pregão. Uma vez mais, teve um êxito espetacular, ganhando milhões ao longo dos anos seguintes. Seu feito mais impressionante, porém, não está na magnitude de seus ganhos, mas na constância de seu desempenho: em três anos e meio como operador do pregão, ele passou por apenas um mês de prejuízo.

Em 1984, um pouco por tédio, um pouco por medo de ficar sem voz – um acidente de trabalho para quem opera no pregão –, Jones trocou de novo uma carreira de sucesso por outro empreendimento: a gestão financeira. Ele lançou em setembro de 1984 o Tudor Futures Fund, gerindo 1,5 milhão de dólares. No fim de outubro de 1988, mil dólares investidos nesse fundo já valiam 17.482, enquanto a quantia total que ele administrava alcançara 330 milhões de dólares. Essa quantia poderia ser ainda maior, mas em outubro de 1987 Jones decidiu parar de aceitar novos aportes. Na mesma época, fez alguns desembolsos à vista.

Para quem acredita em ciclos – e Jones acredita –, é de esperar que ele busque outra mudança de carreira. É difícil imaginar o que mais ele pode fazer.

Jones é uma antologia de contrastes. Em conversas privadas, é tranquilo, mas quando opera ele grita as ordens com a ferocidade de um capitão de tropa de elite. Sua imagem pública é de um trader egoísta, fanfarrão, mas no convívio pessoal é calmo e discreto. A mídia costuma dramatizar os aspectos mais ostentatórios de seu estilo de vida – a mansão em Chesapeake Bay, a reserva particular de vida selvagem com 1.200 hectares, as belas mulheres, os restaurantes chiques –, mas ele também fez da ajuda aos pobres uma segunda missão.

Jones imitou o empresário nova-iorquino Eugene Lang, criando um fundo para financiar a formação acadêmica de 85 alunos de escolas do ensino fundamental de Bedford-Stuyvesant, uma região economicamente desfavorecida do Brooklyn. Não é apenas uma questão de doar dinheiro: Jones envolveu-se pessoalmente, marcando encontros semanais com os estudantes que patrocina. Nos últimos tempos, abriu a Robin Hood Foundation, cuja dotação atingiu 5 milhões de dólares. Fiel ao nome, essa ONG arrecada dinheiro dos ricos e o distribui a grupos particulares e indivíduos que trabalham com ajuda aos mais necessitados.

Jones havia marcado a entrevista para 15h15, horário em que a maioria dos mercados futuros já fechou, à exceção dos índices da Bolsa. Mesmo com apenas um mercado operando, eu estava um pouco preocupado com a questão prática de iniciar a entrevista nesse horário, sabendo que o contrato de futuros do índice S&P 500 era um dos principais veículos de trading de Jones. De fato, quando cheguei ele estava em meio à operação do S&P 500.

Esperei até ele terminar de gritar ordens pelo alto-falante e expliquei que não queria interromper o trading. "Talvez possamos adiar a entrevista para depois que o mercado fechar", propus. "Não tem problema", respondeu ele, "vamos lá."

No fim das contas, Jones não estava apenas operando o S&P naquela tarde. Ele estava montando uma posição importante, antecipando uma grande quebra na Bolsa. A intensidade com que Jones coloca uma ordem faz lembrar um jogador de tênis dando um *smash* agressivo.

("Compre 300 no *breakeven*! Anda, anda, anda! Já entramos? Fala comigo!") Apesar disso, ele transitava com facilidade entre o trading e nossa conversa.

Jones fala com admiração de seu primeiro tutor no negócio, Eli Tullis, legendário negociante de algodão. Talvez uma das características de Tullis que mais tenha impressionado Jones foi o controle emocional férreo. Ele lembra como Tullis era capaz de conduzir uma conversa educada e tranquila com um visitante, sem piscar, ao mesmo tempo que suas posições estavam sendo dizimadas no mercado.

O jeito casual de Jones ao receber visitantes, conversar com sua equipe e participar desta entrevista enquanto negociava uma posição pesada no S&P era reflexo dessa mesma característica. Uma recuperação dos futuros da Bolsa nos últimos minutos de operação causou uma perda de mais de 1 milhão de dólares na posição de Jones. Mesmo assim, ele manteve tal compostura que só me dei conta de que o mercado havia caminhado contra ele horas depois, quando fui checar as cotações do fechamento.

Não houve tempo suficiente para terminar a entrevista em nosso primeiro encontro. Voltei duas semanas depois. Duas situações foram notáveis nesse segundo encontro. No dia de nossa primeira conversa ele estava fortemente baixista e vendido na Bolsa, mas sua opinião de curto prazo sobre as ações havia mudado para altista nesse meio-tempo. Como a Bolsa não tinha caído no ritmo e ao nível que havia antecipado, ele ficou convencido de que o mercado rumava para cima no curto prazo.

"O mercado está vendido", ele enfatizou em nosso segundo encontro. Essa mudança de opinião de 180 graus em um curto período exemplificava a extrema flexibilidade que está na base do êxito de Jones no trading. Ele abandonou rapidamente a posição original e estava disposto a inverter sua posição quando as evidências indicaram que sua projeção inicial estava errada (sim, a mudança de opinião dele mostrou-se oportuna).

A outra atitude que me impressionou foi que Jones subitamente adotara um tom muito cauteloso em relação às projeções sobre a Bolsa e a economia. Seu receio era de que uma segunda grande onda de vendas na Bolsa – outubro de 1987 foi a primeira – poderia levar a um tipo de "macartismo financeiro". De fato, há um precedente histórico para esse receio: durante as audiências no Senado americano nos anos 1930, os membros da comissão estavam tão desesperados para encontrar vilões responsáveis pela quebra da Bolsa de 1929 que acusaram autoridades da Bolsa de Valores de Nova York que detinham posições compradas durante o colapso das cotações.

Jones temia que, sendo um especulador reconhecido e analista de tendências econômicas, seria um alvo conveniente para qualquer caça às bruxas futura do governo. Ele ficou incomodado com uma ligação que uma importante autoridade fez relacionada ao seu trading. "Você não acreditaria em quão alta essa autoridade era", explicou-me, com uma voz carregada de incredulidade, tomando um cuidado especial para não divulgar nada específico.

Embora Jones não tenha deixado de ser simpático, o tom direto da primeira entrevista foi substituído por respostas que mais pareciam pré-gravadas. A pergunta sobre a estratégia de trading, por exemplo, foi recebida com uma resposta sobre *front running* – uma prática ilegal, em que o corretor coloca sua própria ordem antes de uma grande ordem de um cliente. A resposta quase beirava o absurdo, já que Jones não cuida de ordens de clientes. Seria o mesmo que um jogador de futebol que aposta no bolão da empresa negar que recebeu suborno para entregar o jogo. A impressão era de que Jones estava usando a entrevista como um fórum para dar uma declaração oficial, talvez para ser usada como evidência em alguma futura audiência do Congresso. Achei que Jones estava sendo bem cauteloso – para não dizer paranoico. Porém, uma vez mais, não era lá tão inverossímil a expectativa de que uma crise econômica levasse a "matarem os mensageiros das más notícias".

Quando você começou a se interessar pelo trading?
Quando estava na faculdade, li um artigo sobre Richard Dennis que causou enorme impressão em mim. Achava que Dennis tinha o melhor emprego do mundo. Já tinha admiração pelo trading porque meu tio, Billy Dunavant, foi um operador de algodão muito bem-sucedido. Em 1976, quando terminei a faculdade, perguntei a meu tio se ele podia me ajudar a começar como trader. Ele me mandou falar com Eli Tullis, um famoso trader de algodão que morava em Nova Orleans. "Eli é o melhor trader que conheço", ele me disse. Fui ver Eli e ele me ofereceu um emprego na Bolsa de Algodão de Nova York.

Como você acabou indo trabalhar para Eli, e não para o seu tio?
Meu tio estava envolvido com o lado à vista do negócio, a comercialização de algodão. Eu estava interessado em me tornar trader desde o início.

Quanto tempo você passou no pregão da Bolsa? Qual era a sua função?
Era atendente do pregão; é assim que todo mundo começa. Mas fiz muito trabalho analítico, observando o mercado para tentar descobrir o que desencadeava movimentos. Fui assistente em Nova York por seis meses e depois voltei a Nova Orleans para trabalhar para Eli.

Você aprendeu muito com Eli?
Claro que sim. Trabalhar com Eli foi uma experiência fabulosa. Ele operava posições do tamanho de 3 mil contratos, quando o *open interest* [total de contratos futuros em aberto] do mercado inteiro era só de 30 mil. Ele operava mais volume que o operador de algodão no pregão. Era um negócio incrível de ver.

Ele operava futuros à vista ou apenas especulava?
Era um especulador puro. O mais incrível é que, como ele usava um corretor próprio no pregão, todo mundo sabia exatamente qual era a posição dele. Ele era muito fácil de marcar. A atitude de Eli era: "Que se dane, vou partir para cima deles."

Então todo mundo conhecia as cartas dele?
Sim.

Mas, ao que tudo indica, isso não o prejudicava.
Não mesmo.

É uma exceção? Você tenta ocultar suas posições?
Tento. Mas, de modo realista, o pessoal do pregão que já está lá há cinco ou dez anos sabe que sou eu. Todo mundo sabe quando eu opero. Uma coisa que aprendi com Eli é que, no fim das contas, o mercado vai para onde tem que ir.

Você não acha importante, então, ocultar suas posições?
É importante fazer um esforço. Antigamente minhas ordens eram fáceis de ler, porque eu operava em múltiplos de trezentos contratos. Agora eu subdivido minhas ordens; posso dar uma ordem de 116 para um corretor e uma de 184 para outro. Em todo pregão tenho pelo menos quatro corretores.

O que mais você aprendeu com Tullis?
Era o filho da p... mais durão que conheci. Ele me ensinou que o trading é muito competitivo e que você tem de ser capaz de aguentar pontapés na bunda. Ainda que você evite, há enormes altos e baixos emocionais.

Dito assim, parece uma aula de construção de caráter. E sobre trading especificamente?
Tullis me ensinou a movimentar volumes. Se você opera o tamanho, precisa sair quando o mercado permite sair, e não quando você quer sair. Ele me ensinou que, quando você quer movimentar uma posição grande, não deve esperar o mercado atingir um teto ou um piso, porque, se for um ponto de virada, o volume negociado pode ser muito pequeno.

Uma coisa que aprendi como operador do pregão foi que, se um pico anterior foi de 56,80, é provável que haja muitos *stops* de compra a 56,85. Se o mercado está operando com lance de 70 e oferta de 75, o pregão inteiro tem um interesse disfarçado em comprar o mercado, atingir esses *stops* e liquidar na hora – é uma prática muito comum do pregão. Como operador de fora, eu junto isso ao que Eli me ensinou. Quando quero cobrir uma posição nesse tipo de situação, liquido metade a 75, para não ter que me preocupar em sair da posição inteira no ponto em que os *stops* são acionados. Sempre liquido metade da minha posição abaixo dos novos picos ou baixas e a outra metade depois desse ponto.

Há outras lições que você poderia atribuir a Tullis?
Observando Eli, aprendi que, mesmo quando os mercados parecerem ótimos ao atingir novos recordes, essa é a melhor hora para vender. Ele incutiu em mim a ideia de que, até certo ponto, para ser um bom trader é preciso ser do contra.

Você fez dezenas de milhares de trades. Existe algum específico que se destaca?
Sim, o mercado de algodão de 1979. A gente aprende mais com os erros, e não com os acertos. Na época eu era corretor. Estávamos com várias carteiras especulativas e eu estava comprado em 400 contratos de algodão de julho. O mercado vinha operando em uma faixa entre 82 e 86 centavos e eu comprava toda vez que ele caía para a parte inferior dessa faixa.

Um dia o mercado rompeu o limite mais baixo, acionou os *stops* e imediatamente reagiu 30 ou 40 pontos. Achei que o motivo para o mercado andar tão fraco era a vulnerabilidade das cotações que esses *stops,* sabidos por todos, davam a entender. Tendo sido atingidos os *stops*, achei que o mercado estava pronto para reagir.

Naquele dia eu estava do lado de fora do pregão. Em um ato temerário, mandei meu corretor do pregão fazer um lance de 82,90 por 100 em julho, o que na época era uma ordem enorme. Ele fez um lance de 90 por 100, e me lembro do corretor da Refco chegar correndo no pregão gritando: "Vendido!" A Refco era dona da maior parte do estoque certificado da época [o tipo de algodão disponível para entrega contra o contrato]. Na mesma hora me dei conta de que eles pretendiam entregar contra o contrato de julho, que naquela hora estava sendo negociado com um prêmio de 4 centavos em relação ao contrato de outubro. Também notei que todo o padrão de congestão formado entre 82 e 86 centavos seria o parâmetro do mercado para a próxima queda [ou seja, a perda dos 82 centavos iria igualar a amplitude do *range* anterior de 4 centavos].

Percebeu na hora que estava errado?

Vi de imediato que o mercado iria cair até 78 centavos e que era o meu sangue que iria fazê-lo chegar até lá. Entrei comprado em 400 contratos, entrei mais 100 como um *day trade* e ainda mais 100 em um lance do tipo machão que eu nunca deveria ter feito.

Você se deu conta na mesma hora de que era melhor sair.

Não, eu me dei conta de que era melhor estar vendido.

Com que rapidez você reagiu?

Quase instantânea. Assim que o corretor da Refco gritou "Vendido!", todo mundo no pregão se virou e olhou para mim, porque eles entenderam o que eu estava tentando fazer. O sujeito ao meu lado disse: "Se você quiser ir ao banheiro, a hora é agora." Ele falou que fiquei mais branco que um fantasma. Lembro que me virei, saí, tomei um copo d'água e disse ao meu corretor para vender tudo que pudesse. O mercado chegou ao *limit-down* em sessenta segundos e eu só consegui vender 220 contratos.

Quando você conseguiu sair do restante de sua posição?
Na manhã seguinte o mercado abriu 100 pontos mais baixo e comecei a vender assim que tocou o sinal de abertura. Vendi só 150 contratos antes de o mercado travar de novo em *limit-down*. Quando tudo acabou, vendi alguns contratos por até 4 centavos abaixo do ponto em que me dei conta de que a posição não era boa.

Mesmo tendo reagido bem rapidamente, ainda assim você levou uma bela pancada. Analisando hoje, o que você deveria ter feito?
Antes de tudo, nunca banque o machão com o mercado. Em segundo lugar, nunca exagere no trading. Meu principal problema não foi o número de pontos que perdi no trade, mas o fato de estar operando um excesso de contratos em relação ao patrimônio das carteiras de que eu cuidava. Minhas carteiras perderam algo entre 60% e 70% do valor naquele único trade.

Esse trade específico mudou todo o seu estilo de trading em termos de risco?
Sim. Estava totalmente desmoralizado. Disse: "Não sou talhado para esse negócio, acho que não vou aguentar muito mais tempo." Fiquei tão deprimido que quase desisti.

Na época você estava no ramo havia quantos anos?
Três anos e meio apenas.

Até então você tinha sido bem-sucedido?
Relativamente. A maioria dos meus clientes tinha ganhado dinheiro e eu era importante no resultado da firma.

E se alguém tivesse dado a você 10 mil dólares no começo desse período de três anos?
Provavelmente teria o triplo.

Então todo mundo que estava com você há muito tempo continuava no lucro?
Continuava, mas sofri enormes saques nesse meio-tempo. O trade do algodão foi quase decisivo para mim. Cheguei a um ponto em que dizia: "Seu idiota, por que arriscar tudo em um trade? Por que não fazer da sua vida uma busca pela felicidade, e não pelo sofrimento?"

Foi então que resolvi aprender disciplina e gestão financeira. Essa experiência foi uma catarse para mim, no sentido de que cheguei ao limite, questionei meu talento de operador e decidi que não iria desistir. Estava determinado a retornar e lutar. A me tornar muito disciplinado e pragmático no trading.

Seu estilo de trading mudou radicalmente dali em diante?
Mudou. Hoje passo o dia tentando ser o mais feliz e relaxado possível. Se tenho posições que estão indo contra mim, saio na hora. Se estão a meu favor, mantenho.

Suponho que você começou a operar valores menores e também mais rápido.
Mais rápido e mais defensivo. Fico o tempo todo pensando no prejuízo, e não no lucro. Antes, naquele trade do algodão, minha visão era que julho iria a 89 centavos e só pensava em tudo que iria ganhar com 400 contratos. Não pensava no que tinha a perder.

Você sempre sabe o ponto de saída antes de colocar um trade?
Tenho um *stop* mental. Se chegar a esse número, saio, haja o que houver.

Quanto você arrisca em um trade individual?
Não subdivido trade por trade. Todos os trades que faço são inter-relacionados. Olho em termos do meu patrimônio a cada manhã. Minha meta é terminar cada dia com mais do que comecei. Amanhã de manhã não vou chegar e dizer: "Estou vendido no S&P em 264 e ontem fechou em 257; então posso aguentar uma alta." Sempre penso em termos de estar vendido em relação ao fechamento da véspera.

O controle de riscos é a coisa mais importante no trading. Neste momento estou com um prejuízo de 6,5% no mês. Tenho um *stop* de 3,5% na minha carteira pelo restante do mês. Quero garantir que não tenha um prejuízo de dois dígitos em mês algum.

Um aspecto de seu estilo de trading é uma tentativa de comprar e vender pontos de virada na contramão do mercado. Digamos que você esteja procurando um pico e fique vendido com um *stop* bem próximo no momento em que o mercado atinge um novo pico. Então o *stop* é acionado. Em uma ideia de

trade isolado, quantas vezes você tenta apanhar um ponto de virada antes de desistir?

Até eu mudar de ideia, basicamente. Do contrário, vou reduzindo o tamanho da minha posição à medida que tenho trades perdedores. Quando estou operando mal, vou reduzindo o tamanho da minha posição. Dessa forma, sempre estarei operando minha posição no menor tamanho quando meu trading estiver pior.

Quais são suas regras de ouro do trading?

Não faça preços médios em seus trades perdedores. Diminua o volume de trading quando estiver operando mal, aumente o volume quando estiver operando bem. Nunca opere em situações em que você não tem controle. Eu não arrisco quantias significativas antecipando relatórios importantes, já que isso é apostar, e não operar.

Quando você tem uma posição perdedora que o incomoda, a solução é muito simples: saia, porque sempre dá para entrar de novo. Não tem nada melhor que recomeçar do zero.

Não se preocupe demais com o ponto em que você entrou na posição. A única pergunta relevante é se você será altista ou baixista na posição naquele dia. Pense no seu ponto de entrada como o fechamento da véspera. Sempre identifico o trader iniciante porque ele me pergunta: "Você está vendido ou comprado?" Se estou comprado e vendido não pode afetar sua opinião sobre o mercado. Depois ele pergunta (digamos que eu tenha respondido "comprado"): "Você ficou comprado a quanto?" Que importa a quanto eu fiquei comprado? Isso não tem relevância para saber se o ambiente do mercado é altista ou baixista nem o ponto de equilíbrio de custo/benefício de uma posição comprada naquele momento.

A regra mais importante do trading é jogar bem na defesa, e não no ataque. Todos os dias suponho que a posição que tenho está errada. Sei quais serão meus pontos de *stop*. Faço isso para definir minha maior queda possível. Idealmente, passo o restante do dia aproveitando posições que vêm na minha direção. Se elas vão contra mim, tenho um plano para sair.

Não banque o herói. Não tenha ego. Sempre questione a si mesmo e o seu talento. Nunca se ache muito bom. No instante que achar, estará morto.

Jesse Livermore, um dos maiores especuladores de todos os tempos, teria dito que, a longo prazo, não dá para ganhar operando os mercados. Para uma pessoa como eu, entrando no negócio, era uma frase arrasadora. A ideia de que não é possível derrotar o mercado é uma perspectiva assustadora. Por isso a filosofia que me guia é jogar bem na defesa. Se fizer um bom trade, não pense que é porque você tem alguma visão sobrenatural. Nunca perca a autoconfiança, mantenha-a sempre sob controle.

Você é bem-sucedido há vários anos. Tem mais confiança hoje do que antes?
Tenho mais medo do que já tive em qualquer momento desde que comecei no trading, porque percebo quão fugaz o sucesso pode ser neste negócio. Sei que, para ter êxito, preciso ter medo. Meus maiores golpes vieram depois que tive um período excelente e comecei a achar que sabia das coisas.

A impressão que você passa é que sempre monta posições perto das viradas do mercado. Às vezes sua precisão é inacreditável. O que seu processo de tomada de decisões tem que lhe permite entrar tão perto das viradas?
Minhas opiniões são muito firmes em relação à direção de longo prazo de todos os mercados. Tenho também um "horizonte de dor" de muito curto prazo. Por conta disso, muitas vezes tento trades repetidos, do lado comprado, durante semanas em um mercado que continua a andar devagar.

É uma questão de fazer uma série de incursões até dar certo?
Exatamente. Eu me considero um oportunista absoluto do mercado. Isso significa que experimento uma ideia e a aplico em um posicionamento de muito baixo risco até que se demonstre várias vezes que estou errado ou até meu ponto de vista mudar.

Em outras palavras, rende uma história melhor dizer: "Paul Jones comprou o mercado de *T-bonds* 2 *ticks* antes do piso" em vez de "Em sua quinta tentativa, Paul Jones comprou o mercado de *T-bonds* 2 *ticks* antes do piso".
Acho que em parte você está certo. A outra parte é que sempre fui um trader de viradas, acredito que elas são o melhor momento para ganhar dinheiro. Todo mundo diz que você se dá mal quando tenta selecionar os picos e as bases, e ganha todo o dinheiro detectando as tendências no meio. Durante 12 anos posso ter perdido o filé do meio, mas colhi muitos picos e bases.

Quando você é um seguidor de tendências, tentando alcançar os lucros no meio de uma movimentação, precisa usar *stops* muito amplos. Não me sinto à vontade para fazer isso. E as tendências do mercado só representam 15% do tempo; no restante, elas se movimentam para os lados.

Qual a falácia mais importante na percepção do público sobre os mercados?
Que os mercados são manipulados. Que existe um grupinho em Wall Street que controla o movimento das cotações. Posso até entrar em um mercado e criar uma agitação por um ou dois dias, talvez até uma semana. Se eu entrar em um mercado no momento exato, dando um pouco de gás para cima, posso criar a ilusão de um mercado altista. Mas, se esse mercado não fizer sentido, no segundo em que eu parar de comprar o preço vai cair. Você pode abrir uma linda Saks Fifth Avenue em Anchorage, no Alasca, com uma maravilhosa seção de roupas masculinas de verão, mas, se ninguém for às compras, você vai quebrar.

Que outros falsos conceitos as pessoas têm em relação ao mercado?
A ideia de que as pessoas ligadas a Wall Street sabem alguma coisa. Minha mãe é um exemplo clássico: ela assiste ao *Wall Street Week* [programa da TV americana com recomendações de investidores] e acredita em tudo que eles dizem com um fervor quase religioso. Provavelmente daria para apostar sempre contra o que dizem no *Wall Street Week*.

Você conversa com traders em praticamente todos os mercados importantes quase todos os dias. Fica incomodado de estar do lado oposto da cerca em relação a essas pessoas?
Fico. Quem aposta contra um vencedor? Quero estar do lado deles, porque faço questão de conversar com aqueles que têm os melhores históricos.

Como você impede essas outras opiniões de confundir sua própria visão? Digamos que você esteja baixista em um mercado e 75% das pessoas com quem você conversa estão altistas. O que você faz?
Espero. Vou lhe dar um exemplo perfeito. Até quarta-feira passada eu vinha sendo baixista em petróleo bruto, em meio a uma alta de 2 dólares. O melhor trader de petróleo bruto que conheço estava altista nesse período. Como ele estava altista, eu não fiquei vendido. Mas então o mercado começou a travar

e um dia ele disse: "Acho que vou ficar *flat* aqui." Naquele exato instante eu soube – sobretudo considerando o fato de que estavam saindo notícias altistas da Opep – que o petróleo bruto era um *short* de baixo risco. Vendi Deus e o mundo, e esse trade se revelou muito bom.

Existe algum conselheiro de mercado no qual você presta atenção?
Marty Zweig e Ned Davis são ótimos; Bob Prechter é o campeão. Prechter é o melhor, porque ele é um oportunista de mercado por excelência.

O que você chama de "oportunista"?
A razão do grande sucesso dele é que a Teoria das Ondas de Elliott permite criar oportunidades de custo/benefício bastante favoráveis. Pelo mesmo motivo, atribuo grande parte do meu êxito a esse método.

Há algum conselheiro que você considera subestimado?
Acho que Ned Davis faz a melhor pesquisa da Bolsa de Valores que já vi. Embora seja bem conhecido, não teve o reconhecimento que merece.

Há algum analista que você considera superestimado?
Prefiro não julgar para não ser julgado.

Muito poucos traders atingiram seu nível de realizações. O que o diferencia dos outros?
Um dos meus pontos fortes é que enxergo tudo aquilo que aconteceu até o momento presente como passado. Não me importo muito com o erro que cometi três segundos atrás no mercado. O que interessa é o que vou fazer do próximo momento em diante. Tento evitar o apego emocional a um mercado. Não deixo minhas opiniões de trading serem influenciadas pelos comentários que fiz publicamente sobre o mercado.

Infidelidade às posições é um elemento importante do seu trading.
É importante porque oferece um horizonte intelectual escancarado para descobrir o que está de fato acontecendo. Permite que você chegue com uma ficha corrida em branco para escolher a previsão correta em relação àquele mercado específico.

O enorme crescimento da soma que você gerencia tornou mais difícil operar no mesmo nível de lucratividade?
Tornou tremendamente mais difícil.

Você acha que poderia ter um percentual de retorno bem mais alto se operasse quantias menores?
Sem dúvida alguma.

Acontece de você se questionar se o impacto prejudicial do tamanho sobre seu desempenho suplanta as comissões de incentivo ao lucro que ganha por gerir dinheiro de terceiros?
Penso nessa questão todos os dias. Vai ser interessante ver o que acontece quando seu livro for publicado.

Você parou de aceitar novos aportes em seus fundos?
Parei, há muito tempo.

Você já foi tanto corretor quanto gestor de fundos. Como compara as vantagens e as desvantagens relativas aos dois trabalhos?
Saí do negócio de corretagem porque tinha a sensação de um grave conflito de interesses: se você cobra comissão de um cliente e ele perde dinheiro, você não é punido. Entrei no negócio de gestão financeira porque, se eu perdesse dinheiro, queria poder dizer que não recebi compensação por isso. Isso me custou muito, porque tenho uma despesa operacional maior que a do zoológico de Nova York. Nunca peço desculpas a ninguém, porque só sou pago quando ganho.

Você coloca seu dinheiro em seus próprios fundos?
Diria que 85% do meu patrimônio líquido está investido em meus próprios fundos, porque acredito ser o lugar mais seguro do mundo. Acho que vou me comportar de forma tão defensiva e conservadora que vou recuperar meu dinheiro.

Você se saiu muitíssimo bem durante outubro de 1987, mês que foi um desastre para outros traders. Pode contar os detalhes do que aconteceu?
A semana do crash foi um dos períodos mais empolgantes da minha vida. Desde meados de 1986 esperávamos um grande colapso da Bolsa e tínhamos

elaborado planos de emergência, diante da possibilidade, que antevíamos, de um derretimento financeiro. Quando chegamos na segunda, 19 de outubro, sabíamos que o mercado ia desabar naquele dia.

O que lhe dava tanta certeza?
A sexta-feira anterior foi um dia de volume recorde na baixa. Exatamente a mesma coisa aconteceu em 1929, dois dias antes da quebra. Nosso "modelo por analogia" com 1929 acertou em cheio o colapso [o "modelo por analogia" de Paul Jones, desenvolvido pelo seu diretor de pesquisa, Peter Borish, sobrepunha o mercado de 1980 ao mercado de 1920. Os dois mercados apresentaram um notável grau de correlação. Esse modelo foi uma ferramenta crucial do trading de Jones na Bolsa em 1987]. No fim de semana, a declaração do secretário do Tesouro, James Baker, de que os Estados Unidos não iriam mais sustentar o dólar, por conta das discordâncias com a Alemanha Ocidental, foi o beijo da morte para o mercado.

Quando você cobriu sua posição vendida?
Cobrimos nossos *shorts* e estávamos ligeiramente comprados no fechamento do dia do crash propriamente dito [19 de outubro].

A maior parte de seus lucros em outubro veio de sua posição vendida no índice da Bolsa?
Não, tivemos também uma posição de títulos bastante lucrativa. No dia do crash colocamos a maior posição de títulos que já tivemos. O mercado de títulos vinha se comportando bem mal em 19 de outubro. Durante o dia, fiquei muito preocupado com a segurança financeira de nossos clientes e de nossos próprios ativos. Nossos ativos estavam em várias corretoras no mercado e pensei que esses fundos estivessem ameaçados. Era uma situação intolerável para mim.

Não parava de pensar: qual vai ser a reação do Fed? Achei que eles teriam que adicionar quantidades maciças de liquidez para criar um ambiente róseo instantaneamente. No entanto, como os títulos vinham mal o dia todo, faltou-me coragem para puxar o gatilho de uma posição comprada neles. Na última meia hora de operação, os títulos começaram a subir. E acendeu uma luzinha na minha cabeça de que o Fed iria tomar atitudes que provocariam uma enorme alta do preço dos títulos. Assim que vi o mercado de títulos andar certo por um instante, fiquei doido.

Você acredita que outubro de 1987 foi um primeiro sinal de alerta de tempos mais negativos à frente?
Acho que a comunidade financeira, sobretudo Wall Street, levou um golpe quase fatal em 19 de outubro, mas estava em estado de choque e não se deu conta disso. Certo dia fui atropelado por uma lancha e minhas costas foram detonadas pelo motor. Meu primeiro pensamento foi: "Droga, acabei de estragar minha tarde de domingo, porque vou ter que levar pontos." Como eu estava em estado de choque, só percebi a gravidade dos ferimentos quando vi a cara dos meus amigos.

Destruir é cem vezes mais rápido que construir. Em um dia é possível acabar com aquilo que pode ter levado dez anos para construir. Se a economia começar a crescer com o tipo de alavancagem atual, vai se deteriorar tão rapidamente que a cabeça das pessoas pode entrar em parafuso. Odeio acreditar nisso, mas o instinto me diz que é o que vai acontecer.

Por estudar a história, sei que o endividamento acaba matando toda grande sociedade. Basicamente, sacamos nosso cartão de crédito e resolvemos curtir a vida adoidado. Reagan fez com que a economia fosse ótima durante o mandato dele por pegar emprestada nossa rota em direção à prosperidade. Demos o futuro como garantia e em breve vamos ter que pagar por isso.

Você está pondo a culpa pela situação atual na Reaganomics?
Acho que Reagan nos deu uma sensação boa como país, e isso é maravilhoso, porém em termos econômicos foi o maior desastre que já nos atingiu. Acho que ele nos tapeou prometendo cortar o déficit e depois foi o maior gastador da história dos Estados Unidos. Acho que os democratas jamais poderiam fazer isso, porque todo mundo ficaria muito vigilante com um déficit de 150 a 180 bilhões de dólares.

Você enxerga alguma maneira de resolvermos os problemas atuais sem cairmos em uma recessão profunda ou até uma depressão?
É isso que mais me assusta. Não vejo nenhum caminho para sairmos do dilema atual. Talvez haja forças macroeconômicas atuando que sejam parte de um superciclo maior, sobre o qual não temos nenhum controle. Talvez estejamos reagindo ao mesmo tipo de ciclo do qual foi vítima a maior parte das civilizações avançadas, fossem elas os romanos, a Espanha do século XVI,

a França do século XVIII ou a Grã-Bretanha do século XIX. Acho que vamos passar por um período de sofrimento. Vamos reaprender a importância da disciplina financeira.

Você usa sistemas de trading?
Testamos todos os sistemas que existem no mundo e encontramos um que de fato funciona muito bem. É um sistema muito bom, mas, por motivos óbvios, não posso lhe contar muito a respeito.

Em que tipo de classificação ele fica? Do contra? Acompanhamento de tendências?
Acompanhamento de tendências. A premissa básica do sistema é que os mercados, quando se movem, se movimentam fortemente. Se houver uma ampliação súbita do intervalo de preços de negociação em um mercado que vinha operando de modo limitado, é da natureza humana tentar apostar contra esse movimento. Quando ocorre uma expansão desse intervalo, o mercado está enviando um sinal em alto e bom som de que está se preparando para andar na direção dessa expansão.

Você vem operando uma parte de seus fundos com esse sistema atualmente?
Passamos a operar esse sistema seis meses atrás e até agora tem se comportado muito bem.

Acha que um bom sistema pode competir com um bom trader?
Um bom sistema é capaz de operar mais marcadores de forma eficaz que um bom trader, porque tem a vantagem do poder computacional ilimitado. Afinal de contas, toda decisão de trade é resultado de algum processo de solução de problemas – humano ou não. Porém, por conta da complexidade de definição, interação e transformação dos padrões de mercado, um bom trader conseguirá suplantar um bom sistema.

Mas um bom sistema pode ajudar a diversificação?
Sem dúvida alguma. Um bom sistema vai captar dez vezes mais as movimentações de preço que eu faria durante os 15% do tempo em que o mercado atravessa uma tendência importante.

A próxima parte da entrevista foi realizada duas semanas depois da primeira. Entre uma e outra, Jones mudou o viés de seu trading na Bolsa de baixista para altista.

Duas semanas atrás você estava muito baixista. O que o fez mudar de ideia?
Você quer dizer para além da reportagem do *The Wall Street Journal* divulgando para o mundo inteiro que eu estava vendido em 2 mil contratos no S&P? O mercado não caiu. A primeira coisa que fiz foi auscultar o mercado. Sempre acho que os preços andam primeiro e os fundamentos vêm depois.

Se você tivesse razão, as cotações deveriam ter caído, mas não caíram.
Uma das coisas que Tullis me ensinou foi a importância do momento. Quando opero, não uso simplesmente um preço como *stop*, uso um momento como *stop*. Se acho que um mercado vai ter uma queda e ele não tem, pulo fora mesmo que não esteja perdendo nenhum dinheiro. De acordo com o modelo por analogia de 1929, o mercado deveria ter caído – e não caiu. Foi a primeira vez nos últimos três anos que tivemos uma divergência séria. Acho que a robustez da economia vai retardar a quebra da Bolsa.

Acredito que uma das razões para a nossa divergência em relação ao modelo de 1929 é que hoje a disponibilidade de crédito é muito maior. A Volvo está oferecendo carros em 120 prestações. Imagine só! Quem fica com o mesmo carro durante dez anos? Vinte anos atrás, o tempo médio da compra de um carro a prazo era 24 meses; hoje são 55 meses. Acho que no fim a conclusão é a mesma, mas a facilidade de crédito vai retardar o processo, na comparação com os anos 1920, quando a economia operava com dinheiro vivo.

Alguns de seus comentários preliminares, antes do início de nossa entrevista de hoje, dão a impressão de que o sucesso o deixou paranoico.
Se a crise se aprofundar o suficiente neste país, a percepção será de que fomos bem como empresa de trading, enquanto outros se deram mal, porque tínhamos certo conhecimento. Não é que obtivemos alguma informação indevida, que outros não tiveram. É que fizemos nosso dever de casa. As pessoas não

conseguem acreditar que alguém possa se destacar da multidão e se distanciar da mediocridade.

Assim como outros traders que entrevistei, você treinou um grupo de traders estagiários. O que o motivou a isso?
Quando eu tinha 21 anos, um sujeito me colocou debaixo da asa dele, e foi a melhor coisa que já me aconteceu. Senti-me na obrigação de tomar a mesma atitude com outros.

Como você encontrou as pessoas que treinou?
Mediante incontáveis entrevistas. Fomos inundados por candidaturas.

Quantos traders você contratou?
Trinta e cinco.

Eles tiveram êxito?
Alguns foram muito bem, mas no geral o resultado foi variado.

Você acredita que é porque ser um bom trader exige talento?
Nunca parei para pensar nisso, mas agora estou começando a acreditar. Um de meus pontos fracos é que tenho tendência a ser otimista, principalmente em relação à capacidade dos outros de obter êxito.

Seu projeto "Eu Tenho um Sonho", em que você se comprometeu a patrocinar a educação de um grupo de crianças de áreas desfavorecidas, foi inspirado no programa *60 Minutes* sobre Eugene Lang?
Exato. Fui falar com ele uma semana após o programa e três meses depois tínhamos montado nosso projeto. Sempre fui um grande entusiasta da alavancagem. O que despertou de verdade meu interesse pelo projeto foi o potencial de impacto multiplicador. Ajudando uma criança, você consegue impactar a família dela e outras crianças.

Criamos também outro projeto, chamado Fundação Robin Hood. Estamos tentando achar e financiar gente que está na linha de frente, levando comida e abrigo para pessoas de baixa renda. Estamos em busca de gente que se acostumou a trabalhar com orçamento praticamente zero, e não com órgãos do governo, que muitas vezes não empregam o dinheiro com eficiência.

Isso ocupa uma parte importante de sua vida?
Diria que sim. Os mercados foram tão bons comigo que senti que deveria retribuir de alguma forma. Não posso dizer que tive êxito porque sou melhor. Pela graça de Deus, eu estava no lugar certo na hora certa e sinto uma tremenda obrigação de ajudar.

A sensação boa de lucrar é tão intensa quanto a dor do prejuízo?
Não há nada pior que um dia ruim de trading. Você fica tão abatido que é difícil levantar a cabeça. Mas, se eu soubesse que teria uma experiência semelhante na euforia da vitória, aceitaria essa combinação de vitórias e derrotas, porque você se sente muito mais vivo. O trading lhe proporciona uma sensação intensa do que é viver. Emocionalmente, passa a viver nos extremos.

Qual o conselho mais importante que você daria ao trader comum?
Não foque em ganhar dinheiro, e sim em proteger o que você tem.

Ainda se imagina operando daqui a dez ou 15 anos?
Não faria outra coisa na vida.

Paul Jones foi um trader vitorioso desde que começou no ramo. Porém, nos primeiros anos, seu desempenho foi volátil. Foi necessária uma experiência de trading traumática para consolidar de vez em sua mente a importância do controle de riscos. Desde o dolorido trade com algodão em 1979, Jones conseguiu manter uma excelente lucratividade líquida e riscos muito baixos.

Hoje o controle de riscos é a essência do estilo de trading e do sucesso de Jones. Ele nunca pensa em quanto pode ganhar em um trade individual, mas somente no que poderia perder. Ele marca mentalmente cada uma de suas posições de acordo com o mercado. Qualquer que seja o lucro obtido em uma posição, sua cotação de entrada é o fechamento da véspera. Como esse método garante que nunca haja um colchão de segurança em seus trades, Jones não fica acomodado em relação a nenhuma de suas posições. Monitora o risco de cada uma delas e acompanha de perto a performance de todo o seu portfólio em tempo real. Quando o patrimônio total cai 1% a 2% em uma única sessão de trade, ele chega a liquidar todas as suas posições instantaneamente para cortar o risco. "É sempre mais fácil voltar a entrar do que sair", explica.

Quando um trade de Jones começa mal, ele vai reduzindo de modo contínuo o tamanho da posição até voltar aos trilhos. Dessa maneira, quando está operando muito mal, ele estará operando muito pouco. Em um mês com prejuízo líquido no trading, Jones reduz a exposição ao risco, assegurando nunca registrar um prejuízo de dois dígitos em um único mês. Depois de grandes fases de lucro, ele toma cuidado especial para evitar o excesso de confiança.

Resumindo, Jones mantém o controle de riscos de várias maneiras diferentes. Em suas palavras, "A regra mais importante no trading é: jogar bem na defesa, e não no ataque".

GARY BIELFELDT

Sim, em Peoria se negociam T-bonds

Durante anos, ouvi o nome BLH ser citado como um dos maiores atores do mercado de futuros, sobretudo o de *T-bonds*, o mais expressivo mercado de futuros do mundo. Imaginava a BLH como uma imensa empresa de trading, mas, ao procurar os mais bem-sucedidos traders dos Estados Unidos, descobri que a BLH é basicamente uma pessoa só: Gary Bielfeldt.

Quem é Gary Bielfeldt? Onde ele conseguiu o capital para competir com as principais instituições de Wall Street como uma força relevante no mercado de futuros de *T-bonds*? Bielfeldt começou sua carreira de operador 25 anos atrás, com um investimento de meros mil dólares. No começo, seu capital era tão limitado que ele se restringia a operar um único contrato de milho – um dos menores contratos de futuros em um período de relativa estagnação dos preços agrícolas. A partir desse modestíssimo começo, Bielfeldt acabaria levando sua carteira a proporções espantosas.

Como ele fez isso? Bielfeldt não acredita em diversificação. Sua filosofia de trading é escolher um setor e tornar-se especialista nele. Durante boa parte de sua carreira no trading, concentrou sua atenção no complexo de soja e, em menor medida, nos mercados de grãos.

Embora Bielfeldt tivesse o desejo de se tornar trader em tempo integral desde o começo, a base de capital diminuta restringia seu trading a um empreendimento de meio período. Durante esses primeiros anos, ele ganhava a vida tocando um pequeno escritório de corretagem. O problema era como ele poderia, sem ter fundos independentes, obter capital suficiente para se tornar um trader profissional. O forte desejo de Bielfeldt de dar esse salto na base de capital o levou a assumir um risco enorme, até imprudente.

Em 1965 Bielfeldt tinha, com muito sacrifício, transformado os mil dólares iniciais em 10 mil dólares. Com base em sua avaliação dos fundamentos do mercado de soja, assim como na opinião concordante de seu ex-professor de economia agrícola, Thomas Hieronymus, Bielfeldt passou a ter a firme crença de que os preços iriam subir. Em um lance tudo ou nada, comprou vinte contratos de soja, uma posição muito alavancada considerando o tamanho de sua carteira, 10 mil dólares. Uma simples queda de 10% na cotação seria suficiente para gerar uma chamada de margem de liquidação forçada. No começo os preços chegaram a cair e Bielfeldt ficou perigosamente próximo dessa destruidora chamada de margem. Mas aguentou firme e a cotação acabou virando para cima. Ao liquidar a posição, ele tinha mais que dobrado seu saldo em um único trade. Essa operação catapultou Bielfeldt para seu tão desejado objetivo de tornar-se trader em tempo integral.

Bielfeldt foi aumentando sua carteira com constância inabalável. No início da década de 1980, o tamanho de seu trading era tal que os limites estabelecidos pelo governo americano para posições especulativas nos mercados de soja e de grãos começaram a se tornar um estorvo. Esse fator, somado a um trade particularmente ruim no mercado de soja em 1983, levou Bielfeldt a voltar seu foco para o mercado futuro de *T-bonds*, que na época não tinha limite de posição (embora esse limite depois tenha sido implementado em 10 mil contratos, muito superior aos 600 contratos de soja).

O prejuízo de 1983 com a soja pode ter sido a melhor coisa que já aconteceu a Bielfeldt. A transição para os *T-bonds* coincidiu com um período de forte queda nesse mercado. Bielfeldt adotou uma posição muito altista e montou uma importante posição comprada no momento certo. Quando o mercado de *T-bonds* explodiu, entre meados de 1984 e início de 1986, ele estava bem posicionado para colher enormes lucros. Sua capacidade de sustentar uma posição grande por uma movimentação de longo prazo permitiu que ele alavancasse esse trade na hora certa em um grau muito maior que aquele que a maioria dos traders profissionais teria conseguido com a mesma posição inicial. Essa posição comprada em *T-bonds* foi o melhor trade da carreira de Bielfeldt, catapultando-o a um novo patamar. Essa é, em resumo, a história de como um trader de milho de um só contrato se tornou um trader de futuros de *T-bonds* jogando de igual para igual com os mais reconhecidos participantes institucionais do mercado.

Bielfeldt não poderia estar mais distante da imagem popular de um trader em grande escala no mundo altamente alavancado do trading de futuros. Seria difícil imaginar um dos maiores traders de títulos do planeta em Peoria, cidade do estado de Illinois com 100 mil habitantes. O apego de Bielfeldt à cidade natal é tão grande que ele não cogitou tornar-se operador no pregão da Bolsa de mercadorias de Chicago, porque isso representaria abrir mão do estilo de vida que lhe é tão caro. Ele é o arquétipo do cidadão-modelo americano das cidades pequenas: honesto, trabalhador, dedicado à família e à comunidade. Um dos maiores objetivos de Bielfeldt é aproveitar uma parte da fortuna obtida com o trading em projetos que beneficiem sua cidade natal.

Entrevistei Bielfeldt em seu enorme e confortável escritório. A grande mesa de centro é ladeada por dez monitores de cotações. Apesar de toda a parafernália eletrônica, Bielfeldt se comportou com comedimento. Em momentos raros olhou para as telas ao longo da tarde que passei com ele, e é até difícil visualizá-lo operando freneticamente, por maior que seja seu arsenal de máquinas de cotação.

Ele é um homem de fala mansa e poucas palavras. É modestíssimo, tanto que hesitou em falar de seus feitos, por receio de soar arrogante. Seu espírito conservador levou-o a evitar até mesmo assuntos aparentemente inócuos. Ao discutir as razões de seus prejuízos líquidos em determinado ano, pediu que eu desligasse o gravador. Custo a imaginar o que ele poderia ter dito que necessitasse tal medida de precaução. Seus comentários em "off" se revelaram longe de surpreender. No fim das contas, suas perdas no trading naquele ano foram influenciadas por um excesso de compromissos externos, entre eles a participação no comitê diretor da Bolsa de Chicago, cargo que exigia viagens frequentes. Aparentemente ele relutou em ser citado porque não queria dar a entender que estaria pondo a culpa pelos prejuízos no trading em seus outros afazeres – que ele considerava parte de suas obrigações naturais.

Essa combinação de natureza lacônica, humildade e conservadorismo dificultou muito a entrevista. Foi a única que fiz em que as perguntas duraram mais que as respostas. Cheguei a pensar em suprimir a entrevista do livro – decisão tentadora, já que eu tinha excesso de material. No entanto, achei tão inspiradora a história de Bielfeldt, e tão forte o seu caráter, que relutei em adotar a saída mais fácil. Como meio-termo, contrabalancei este capítulo com uma parte narrativa, limitando a entrevista a alguns trechos.

Qual é seu método básico de análise e operação nos mercados?
Tento me basear sempre na análise de fundamentos. No entanto, como concluí que era muito difícil conhecer todos os fundamentos – em geral você vai muito bem se tiver 80% das peças –, achei que seria importante ter algo a que recorrer caso minha análise de fundamentos estivesse errada.

Você está se referindo à análise técnica como suplemento.
Exato. Criei meu próprio sistema de acompanhamento de tendências.

Você opera com esse sistema de forma constante?
Uso o sistema, antes de tudo, como um backup para me dizer quando devo sair de uma posição.

Pode citar um exemplo?
No começo de 1988 eu estava comprado no mercado de títulos, sobretudo por esperar uma economia mais fraca. Tudo parecia estar certinho até o começo de março, quando o mercado de títulos começou a cair ligeiramente. Chega um ponto em que você precisa admitir que está errado. Nesse caso, meu sistema me proporcionou a lógica para sair da minha posição perdedora.

O que deu errado com esse trade?
A economia estava muito mais robusta do que eu tinha previsto. Achei que haveria algum fator de medo maior, subproduto da quebra da Bolsa de Valores de outubro de 1987, mas isso não se materializou de fato.

O que você acha dos sistemas de seguimento de tendências?
A melhor coisa que se pode fazer quando se está começando é aprender como funciona um sistema de tendências. Operar com um sistema de tendências durante algum tempo ensina ao trader novato o princípio de deixar o lucro correr e cortar o prejuízo pela raiz. Se o uso de um sistema como esse lhe ensinar apenas disciplina, ainda que temporária, já terá aumentado suas chances de êxito como trader.

Você tem uma opinião sobre os sistemas à venda para o público?
Analisei alguns desses sistemas alguns anos atrás e concluí que eles fazem trades demais. Quando um sistema realiza trades com frequência excessiva,

os custos de transação se tornam muito altos, fator que vai reduzir significativamente a probabilidade de o sistema dar certo. Acho que, para ser viável, um sistema de acompanhamento de tendências precisa ser de médio a longo prazo. Os sistemas mais sensíveis só geram comissões demais.

Além de proporcionar um treinamento para aprender boas práticas de trading, você acha que os sistemas de acompanhamento de tendências podem representar um método de trading eficaz?
Aconselharia todos os que desenvolvem sistemas a combiná-los com o próprio julgamento. Em outras palavras, devem operar metade do dinheiro com base em um sistema e a outra metade usando o próprio juízo, só para o caso de o sistema não funcionar.

É assim que você opera?
Antigamente eu prestava mais atenção nos sistemas do que agora. Foco apenas na minha própria avaliação.

Isso é porque sua avaliação é mais confiável ou porque os sistemas não andam funcionando como antes?
Eles não vêm funcionando porque tem gente demais utilizando-os. Sempre que muitas pessoas fazem a mesma coisa, o mercado passa por um período de ajuste.

Quais são os fatores-chave em que você se concentra ao avaliar os fundamentos do mercado de *T-bonds*?
A economia é o fator isolado mais importante. Quatro outros elementos vitais são a expectativa de inflação, o dólar, a balança comercial e o déficit orçamentário.

Você opera há mais de 25 anos – período bem mais longo que o da maioria dos outros traders. Há algum trade que se destaque como o mais dramático?
Houve um bom número de trades que seriam classificados como dramáticos, mas aquele que se destaca foi minha tentativa de pegar o piso do mercado de títulos em 1983 e 1984.

Em que momento você começou a comprar os títulos?

Comecei tentando pegar o fundo quando os títulos estavam sendo negociados na zona dos 63 a 66.

Quanto risco você permitia ao colocar um trade?
Entre meio ponto e um ponto e meio. [No mercado futuro de *T-bonds*, um ponto equivale a 32 *ticks*. Uma movimentação de um ponto é igual a mil dólares por contrato.]

Se tentava pegar um ponto que parecia bom e não dava certo, você saía e tentava de novo em outro ponto?
Exato.

Como os títulos acabariam baixando até a casa dos 50, suponho que você perdeu algumas apostas até ficar comprado no ponto certo.
Sim, houve várias perdas ao longo de certo período.

Você se lembra de quando ficou posicionado em um ponto de onde não precisou sair?
Fiquei altista para valer em maio de 1984, quando leiloaram títulos de cinco anos com rendimento de 13,93%. Eu estava envolvido com o sistema bancário desde 1974 e naquele momento não encontrei nenhum credor qualificado para empréstimos de três anos a 13%. No entanto, lá estavam títulos de cinco anos do governo, vendidos a quase um ponto percentual acima desse nível. Isso aconteceu no momento mais agudo da recessão em Peoria: o desemprego estava perto de 20% e a crise do setor agrícola, se agravando. Senti que as taxas de juros tinham subido ao máximo. A partir dali até abril de 1986, negociei pesado *T-bonds*, do lado comprado. Foi meu melhor e mais longo trade de todos os tempos.

Quais são os elementos do bom trading?
A coisa mais importante é ter um método para segurar os [trades] vencedores e se livrar dos perdedores.

O que você faz para garantir que vai segurar uma posição vencedora e explorar a tendência de longo prazo? Como evita a tentação de realizar prematuramente os lucros?

A melhor forma que conheço para aprender disciplina e paciência é refletir detalhadamente sobre um trade antes de colocá-lo. É preciso elaborar um planejamento das estratégias para diversas situações. Dessa forma, você não se deixa levar por qualquer notícia que chega ao mercado e faz os preços subirem ou descerem. Além disso, ajuda muito ter um objetivo de longo prazo, definido depois de você ter feito direitinho o dever de casa. Então você combina esse objetivo de longo prazo com um *stop* protetor, que vai se movendo à medida que a posição caminha no seu sentido. Outra opção é usar um sistema de seguimento de tendências, para indicar a hora de pular fora de um trade. Tendo definido seu objetivo e uma estratégia para sair caso a tendência do mercado mude, você aumenta o potencial para sustentar suas posições vencedoras.

Por que a maioria dos traders é perdedora?
Eles operam em excesso, o que exige que tenham razão só para cobrir as comissões.

Quais são as características de um trader bem-sucedido?
A mais importante é a disciplina – tenho certeza de que todos lhe responderam isso. Segundo, você precisa ter paciência; se tiver um bom trade colocado, precisa conseguir segurá-lo. Terceiro, você deve ter coragem para ir ao mercado, e coragem vem de uma capitalização adequada. Quarto, você precisa estar disposto a perder; isso também tem a ver com a capitalização adequada. Quinto, você tem que ter um forte desejo de vencer.

São características que parecem bem simples, tirando a disposição para perder. Pode explicar um pouco mais?
É preciso ter atitude para que, no caso de um trade perdedor, você possa lidar sem problema e voltar para o trade seguinte. Não pode deixar um trade perdedor abatê-lo emocionalmente.

Pode falar um pouco mais do que você entende por coragem?
Se no futebol americano um jogador de 130 quilos vai marcar um *touchdown* e um adversário de 80 quilos precisa pará-lo, ele tem que ter coragem de investir nele. É desse tipo de coragem que você precisa para conseguir participar dos mercados. Quando todo mundo está altista em relação ao dólar e o iene está muito abaixo, é preciso coragem para apostar contra esse consenso e comprar o iene.

Qual a sua medida do sucesso?
A maioria das pessoas medirá o sucesso por quão bem se saem em sua área. Um professor mede o sucesso pelo êxito acadêmico e pessoal dos alunos. Um trader medirá o sucesso conforme ganha ou perde no mercado.

Em termos pessoais, qual a sua medida do sucesso?
Minha medida do sucesso é o que faço com o dinheiro que acumulo. Minha esposa e eu criamos uma fundação para compartilhar um pouco do nosso êxito com a comunidade, dando apoio a vários programas.

É uma fundação que você apenas financia ou a administra, numa relação de mão na massa?
Minha família e eu estamos diretamente envolvidos na avaliação de diferentes projetos para decidir quais vamos financiar.

Quando você montou essa fundação?
Em 1985. Mas já vinha pensando na ideia pelo menos desde o início dos anos 1970. Meu plano sempre foi que, se eu viesse a ter sucesso, montaria uma fundação para auxiliar a comunidade.

Você considera que essa meta de longo prazo foi uma motivação importante para levar a seu êxito como trader?
Sim, acho que ajudou.

Que conselho daria a um trader iniciante?
Para quem está começando, é importante nunca ficar muito no vermelho, porque é mais difícil reagir. A maioria dos traders tende a assumir riscos muito grandes no início, a não ser suficientemente seletiva em relação à hora de correr riscos.

Nesse ponto, Bielfeldt pediu que eu desligasse o gravador. Falou sobre a relevância e a aplicação da estratégia do pôquer no trading. Sua justificativa para manter os comentários em "off" é que ele não queria contribuir para a imagem do trading como uma espécie de jogo de azar. Achei sua analogia apropriada e acabei convencendo-o a falar em "on".

Poderia explicar sua analogia entre o trading e o pôquer?
Aprendi a jogar pôquer quando era muito pequeno. Meu pai me ensinou o conceito de jogar com a porcentagem das mãos. Você não joga todas as mãos e continua em todas as cartas, porque se fizer isso sua probabilidade de perder é muito maior. É preciso jogar as mãos boas e pular fora nas ruins, abrindo mão do "ante". Quando há mais cartas na mesa e você tem uma mão muito forte – em outras palavras, quando sente que as porcentagens pendem a seu favor –, você aumenta a aposta e joga aquela mão até o limite.

Se você aplicar os mesmos princípios do pôquer ao trading, aumenta suas chances de ganhar. Sempre tentei ter em mente o conceito da paciência, esperando o trade certo, assim como esperar por uma mão de porcentagem alta no pôquer. Quando o trade não está com boa cara, você sai e leva um pequeno prejuízo; é exatamente a mesma coisa que abrir mão do "ante" ao sair de uma mão fraca no pôquer. E, quando as porcentagens parecerem fortes a seu favor, você tem que ser agressivo e tentar alavancar o trade, do mesmo jeito que aumentaria a aposta nas mãos boas no pôquer.

A história contada por Bielfeldt mostra um exemplo inspirador daquilo que pode ser obtido tendo paciência por um lado e um estilo de trading agressivo por outro. Eis um indivíduo que, começando com uma minúscula quantia, trabalhando de forma independente e sem o benefício de uma equipe ou de uma tecnologia complexa, tornou-se um dos traders mais bem-sucedidos do mundo.

Além disso, por causa de suas metas e ações de longo prazo, seu êxito final teve um impacto positivo sobre toda a comunidade.

A parte da entrevista de Gary Bielfeldt que achei mais instrutiva foi sua analogia entre o pôquer e o trading. É interessante comparar também o argumento principal de Bielfeldt nessa analogia a um conselho semelhante dado por James Rogers: tenha paciência para esperar o trade certo aparecer.

ED SEYKOTA

Todo mundo consegue o que deseja

A pesar de desconhecido pelo público em geral e também pela maior parte da comunidade financeira, Ed Seykota realizou feitos que o colocam entre os melhores traders de sua geração. No início dos anos 1970, Seykota foi contratado por uma grande corretora. Ele concebeu e desenvolveu o primeiro sistema comercial de trading informatizado, para gerir o dinheiro dos clientes nos mercados de futuros. Seu sistema revelou-se bastante lucrativo, mas interferências e dúvidas dos gestores atrapalharam seu desempenho de maneira significativa. Essa experiência acabou sendo o catalisador da decisão de Seykota de fazer carreira solo.

Nos anos seguintes, Seykota aplicou seu método sistematizado ao trading de um punhado de carteiras e de seu dinheiro. Nesse período as carteiras geridas por ele tiveram uma taxa de retorno muito impressionante. Em meados de 1988, uma de suas carteiras de clientes, que começou com 5 mil dólares em 1972, havia subido mais de 250.000% em valores absolutos. (Se excluirmos os saques, a carteira cresceu vários milhões de pontos percentuais.) Não conheço trader com histórico equivalente no mesmo período.

Ao começar a escrever este livro, ainda não tinha ouvido falar de Seykota. O nome dele veio à tona várias vezes durante minha entrevista com Michael Marcus, como a pessoa mais influente em sua transformação em trader bem-sucedido. Depois de nossa entrevista, Marcus disse em tom pensativo: "Sabe, você deveria entrevistar Ed Seykota. Ele não é só um grande trader, é um cérebro."

Marcus fez uma apresentação por telefone, em que dei um breve panorama do conceito do livro para Seykota. Como eu já andava pelo Oeste americano, seria bem conveniente entrevistá-lo durante a mesma viagem, alterando minha rota para voltar a Nova York via Reno. Seykota mostrou-se disposto a participar, mas pareceu duvidar da minha capacidade de completar a entrevista no espaço de duas horas (o tempo disponível para conseguir fazer a conexão entre meus voos). Garanti a ele que, mesmo sendo apertado, eu já tinha feito algumas outras entrevistas nesse tempo. "É factível, desde que a nossa conversa fique bem focada", expliquei.

Por pouco não cheguei atrasado ao aeroporto, tendo esquecido de alterar minha passagem para acomodar a mudança de itinerário. Depois de um intenso bate-boca com uma atendente que insistia que não daria tempo para pegar o voo – alegação que ela quase tornou autorrealizável –, saí correndo saguão afora, tendo alcançado o portão segundos antes do encerramento do embarque. Ao chegar a Reno, a tensão do voo quase perdido tinha quase desaparecido. A corrida até a casa de Seykota era longa demais para pegar táxi, então aluguei um carro. Era bem cedo de manhã e a estrada sinuosa montanha acima propiciava panoramas espetaculares. A rádio de música clássica que encontrei tocava o *Concerto para clarinete* de Mozart. Era uma combinação gloriosa.

Seykota trabalha de casa, na orla do lago Tahoe. Antes de iniciarmos a entrevista, fizemos uma breve caminhada pela praia atrás da mansão. Era uma manhã fria e ensolarada, e a vista era idílica. Dificilmente poderia haver maior contraste entre o escritório dele e o meu – uma sala em Wall Street, com ampla vista para um prédio horroroso. Confesso que fiquei com inveja.

Ao contrário dos demais traders que entrevistei, a mesa de Seykota não é cercada de monitores de cotações. De fato, não tem tela alguma. Seu trading limita-se, basicamente, a alguns minutos que ele usa para rodar seu programa de computador e gerar indicações para o dia seguinte.

Durante a conversa com Seykota, fiquei impressionado com tamanha inteligência e ao mesmo tempo sensibilidade – uma combinação estranha, pensei. Ele tem um jeito de analisar as coisas de um ponto de vista sem igual. Uma hora pode falar de técnicas analíticas e parecer um cientista veterano (é formado em engenharia elétrica pelo MIT), abrindo um diagrama tridimensional na tela do computador, gerado por um dos vários programas que elaborou. Outra hora, quando o assunto mudou para a psicologia do trading, ele revelou grande sensibilidade e reflexão sobre o comportamento humano.

Nos últimos anos Seykota tem se interessado muito pela psicologia. Parece-me que essa disciplina e sua aplicação na resolução de problemas vêm se tornando um aspecto importante da vida dele, mais que a análise de mercado e o trading. Desconfio que Seykota consideraria artificial essa comparação, uma vez que o trading e a psicologia são para ele a mesmíssima coisa.

Nossa conversa não foi tão focada quanto eu pretendia que fosse. Derivou em tantas direções que mal tínhamos arranhado a superfície ao fim das duas horas. Fui em frente, supondo que bastaria pegar um voo mais tarde. Depois descobri que o voo perdido era o último direto entre Reno e Nova York.

Seykota me disse depois que sabia, quando de nossa primeira conversa por telefone, que eu acabaria passando o dia lá. Ele é bem perspicaz em relação às pessoas. Em certo momento de nossa conversa, perguntou-me: "Você deixa seu relógio adiantado quantos minutos?" Achei a pergunta impressionante porque, no pouco tempo que passamos juntos, ele foi capaz de notar uma característica básica do meu comportamento. E era uma pergunta pertinente, considerando o voo que eu quase perdera pela manhã.

O sucesso de Seykota vai bem além do trading. Ele me impressionou por ser alguém que encontrou sentido para a vida e estava vivendo a vida que queria viver.

Como você começou a se envolver com o trading?
No fim dos anos 1960 cheguei à conclusão de que a prata iria subir quando o Tesouro americano parou de vendê-la. Abri uma carteira de commodities na margem para tirar plena vantagem do meu palpite. Enquanto aguardava, meu corretor me convenceu a ficar vendido em um pouco de cobre. Em pouco tempo meu *stop* foi acionado e perdi um pouco de dinheiro e minha virgindade no trading. Por isso voltei à espera do começo do grande e inevitável mercado altista da prata. Até que o dia chegou. Comprei. Para meu enorme espanto e prejuízo financeiro, a cotação começou a cair.

No início me parecia impossível que a prata pudesse cair em um dia tão altista. No entanto, o preço estava caindo e isso era um fato. Em pouco tempo meu *stop* foi atingido. Foi instrutivo em relação à forma como o mercado precifica as notícias. Fui ficando cada vez mais fascinado com o modo de funcionamento.

Naquela época soube de uma newsletter publicada por Richard Donchian dando a entender que um sistema de acompanhamento de tendências puramente mecânico seria capaz de derrotar os mercados. Isso também me parecia impossível. Por isso escrevi programas de computador (em cartões perfuráveis) para testar as teorias. Foi incrível como as teorias se comprovaram. Até hoje não sei se entendi o motivo ou se ainda preciso entender. Seja como for, estudar os mercados, e confirmar minhas opiniões com lucros, era tão fascinante, em comparação com minhas outras possibilidades de carreira na época, que comecei a viver de trading em tempo integral.

Qual foi seu primeiro emprego relacionado ao trading?
Consegui meu primeiro emprego em Wall Street no início dos anos 1970, como analista em uma grande corretora. Fui escalado para cobrir os mercados de ovo e de frango de corte. [Frangos jovens de até um quilo de peso limpo. Esses dois mercados futuros desapareceriam, em razão do declínio da atividade de trading, que levou à retirada dessas commodities do pregão.] Achei curioso que um iniciante como eu fosse logo encarregado de dar conselhos de trading. Um dia escrevi um artigo recomendando aos traders que se afastassem do mercado por algum tempo. A direção censurou esse artigo da newsletter para o mercado – talvez porque não era lá um incentivo ao trading.

Eu queria começar a usar computadores para a área da análise. Lembre-se, naquela época os computadores ainda eram aparelhos usando cartões perfurados, utilizados para contabilidade. O sujeito que tocava o departamento de informática me enxergava como uma ameaça ao seu emprego e ficava o tempo todo me expulsando da seara dele. Depois de um mês no emprego, anunciei minha demissão. O chefe do setor me chamou para saber o motivo. Foi a primeira vez que se interessou em falar comigo.

Fui trabalhar em outra corretora, que estava passando por uma reorganização. Havia muito menos gerenciamento, por isso aproveitei essa falta de supervisão para usar o computador da contabilidade nos fins de semana, testando sistemas de trading. Eles tinham um IBM 360 que ocupava uma sala enorme com ar-condicionado. Durante mais ou menos seis meses pude testar uma centena de versões de quatro sistemas simples usando dez anos de dados sobre dez commodities. Hoje o mesmo trabalho leva mais ou menos um dia só em um PC. Enfim, o fato é que consegui meus resultados.

Eles confirmaram a possibilidade de ganhar dinheiro com sistemas de acompanhamento de tendências.

Concluo que o teste de sistemas do computador não fazia parte de suas funções, considerando que você fazia isso nos fins de semana. Para que você tinha sido de fato contratado?
Nos dias da semana, meu emprego de Clark Kent era abastecer o teletipo da Reuters com rolos de papel quando aparecia a margem cor-de-rosa. Era eu quem rasgava os despachos em tiras e pendurava-os na parede atrás do aparelho. O truque era rasgar entre duas linhas para a margem ficar lisinha. O engraçado era que quase ninguém lia as notícias, porque era preciso se debruçar na máquina para ver as páginas. Por isso eu mesmo comecei a ler e dava as notícias aos corretores. Um bônus desse emprego é que eu podia observar o estilo de operação deles.

Sua função oficial mais parecia a de um office boy de luxo. Por que aceitou um emprego tão simples?
Queria fazer parte do negócio, e não me importava a função ou quanto eu ganhava.

Por que não ficou no emprego anterior? Lá, pelo menos, você era analista.
Era um ambiente emburrecedor. Eu não concordava com as pressões da direção para recomendar trades que não eram boas oportunidades. E porque percebi que não iria dar em nada minha tentativa de acesso aos computadores da empresa para testar sistemas de trading, minha verdadeira vontade.

Você já sabia que no novo emprego teria acesso ao computador?
Não, mas, como a empresa havia acabado de passar por uma grande reestruturação e a maior parte da direção tinha sido mandada embora, concluí que não haveria muita burocracia para o uso do computador.

E no que deu seu trabalho com sistemas de trading informatizados?
No fim das contas, a direção mostrou interesse em usar os resultados da minha pesquisa na gestão financeira. Desenvolvi o primeiro sistema de trading informatizado comercial de grande escala.

O que você entende por grande escala?
O programa foi comercializado por centenas de vendedores da corretora e o patrimônio gerido chegou a vários milhões de dólares – uma quantia enorme no início dos anos 1970.

Como você fez a direção apoiá-lo a tal ponto?
Eles conheciam Richard Donchian, pioneiro na criação de sistemas de trading de seguimento de tendências, embora na época ele fizesse tudo à mão. Por causa desse contato, já tinham uma predisposição favorável ao conceito do uso de sistemas de trading para gestão financeira. Naquela época os computadores eram algo tão novo que o termo "sistema informatizado" impressionava muito.

E como se saiu o seu programa de trading?
O programa foi bem, o problema é que a direção não parava de reinterpretar as indicações. Lembro que, em determinado dia, o programa gerou um sinal de compra de açúcar, negociado em torno de 5 centavos. A direção achou que o mercado já estava comprado demais e resolveu não seguir a indicação. Quando o mercado continuou subindo, adotaram a regra de que comprariam na primeira baixa de 20 pontos [100 pontos equivalem a 1 centavo]. Como essa baixa não aconteceu, mudaram a regra para comprar na primeira reação de 30 pontos.

À medida que o mercado continuava subindo, sem qualquer retração significativa, eles foram mudando a regra, para 50 e depois para 100 pontos. Por fim, quando a cotação do açúcar já estava em torno dos 9 centavos, concluíram que era um mercado altista e que era melhor comprar antes que os preços subissem muito mais. Colocaram as carteiras geridas compradas nesse ponto. Como você pode adivinhar, o mercado de açúcar atingiu o pico pouco tempo depois. Eles agravaram o erro ignorando a indicação de venda – que teria sido muito lucrativa.

Moral da história: por causa dessa interferência, o trade mais lucrativo do ano acabou dando prejuízo. Em consequência, em vez de um retorno teórico de 60% no ano, muitas carteiras acabaram perdendo dinheiro. Esse tipo de interferência foi uma das principais razões para eu acabar saindo.

Quais foram as outras razões?
A direção queria que eu mudasse o sistema de modo a operar de forma mais ativa, gerando, assim, mais receita de comissão. Expliquei a eles que seria

facílimo fazer essa mudança, mas que isso causaria uma séria piora no desempenho. Eles pareceram pouco se importar.

O que você fez depois de pedir demissão?
Saí apenas do departamento de pesquisa, mas continuei como corretor, gerindo carteiras. Depois de dois anos, abandonei a corretagem para me tornar gestor financeiro. Essa mudança me permitiu parar de ganhar a vida com comissões, que considero um incentivo contraproducente a gerar lucro para o cliente. Passei para um acordo simples de comissão de incentivo em cima do lucro.

Você continuou a operar com seu sistema depois que saiu?
Continuei, embora tenha feito revisões substanciais nele ao longo dos anos.

Qual é seu histórico de performance?
Não divulgo meu histórico, a não ser o da minha "carteira modelo", uma carteira autêntica de cliente que começou com 5 mil dólares em 1972 e ganhou mais de 15 milhões. Teoricamente, o retorno total teria sido várias e várias vezes maior se não tivesse havido retiradas.

Com um desempenho assim, como você não foi inundado de propostas boca a boca para gerir dinheiro?
Recebo propostas, sim, mas raramente aceito carteiras novas. Quando aceito, é só depois de muitas entrevistas e análises para determinar as motivações e atitudes dos clientes. Cheguei à conclusão de que as pessoas com quem me associo acabam tendo um efeito sutil, mas muito importante, sobre o meu desempenho. Quando são capazes de apoiar a mim e meus métodos a longo prazo, isso tende a me ajudar. Quando, porém, ficam preocupadas demais com os altos e baixos da carteira no curto prazo, isso pode ser um obstáculo para mim.

Com quantas carteiras você começou?
Meia dúzia, lá no começo dos anos 1970.

Quantas dessas carteiras você ainda tem?
Quatro. Um cliente ganhou por volta de 15 milhões de dólares e resolveu sacar o dinheiro e geri-lo por conta própria; outro ganhou mais de 10 milhões de dólares e decidiu comprar uma casa na praia e se aposentar.

Em qual fonte você aprendeu antes de elaborar seu primeiro sistema?
Fui inspirado e influenciado pelo livro *Reminiscências de um operador da Bolsa* e também pelo sistema de cruzamento de médias móveis de 5 e de 20 dias, de Richard Donchian, além de seu sistema de regras semanais. Considero Donchian um dos luminares do trading técnico.

Qual foi seu primeiro sistema de trading?
Foi uma variante do sistema de médias móveis de Donchian. Usei um método de média exponencial, porque era mais fácil de calcular e os erros computacionais tendem a desaparecer ao longo do tempo. Era uma novidade tão grande na época que começou a ser passado de boca em boca com o nome de "sistema de expediente".

Sua referência a um primeiro sistema dá a entender que depois você mudou de sistema. Como chegou à conclusão de que ele precisava ser alterado?
Sistemas não precisam ser alterados. Para o trader, o desafio é desenvolver um sistema com o qual ele, trader, seja compatível.

Você era incompatível com seu sistema original?
Ele era muito simples, com regras rígidas, que não davam margem a qualquer desvio. Senti dificuldade em persistir com ele sem ter que desprezar meu feeling. Ficava pulando de lá para cá – às vezes nas piores horas. Achava que sabia mais que o sistema. Na época não tinha tanta confiança em que os sistemas de seguimento de tendências funcionavam. Existem livros "provando" que não funcionam. Além disso, parecia um desperdício do meu intelecto e da minha formação no MIT permanecer sentado apenas e não tentar decifrar os mercados. No fim, à medida que me tornei mais confiante em operar com a tendência e mais capaz de ignorar o noticiário, fui ficando mais à vontade com o método. E, como continuei incorporando mais "regras de trader expert", meu sistema foi se mostrando mais compatível com meu estilo de trading.

Qual é o seu estilo de trading?
Basicamente de acompanhamento de tendências, com um pouco de reconhecimento de padrões especiais e algoritmos de gestão financeira.

Sem divulgar segredos de trading, como você superou de forma tão espetacular os sistemas comuns de acompanhamento de tendências?
A chave para a sobrevivência e prosperidade a longo prazo tem muito a ver com as técnicas de gestão financeira embutidas em um sistema técnico. Existem traders antigos e existem traders ousados, mas muito poucos antigos e ousados.

Boa frase, mas a questão continua, mesmo formulada de outro jeito. Existem muitos sistemas de acompanhamento de tendências com regras de gestão financeira. Por que você se saiu melhor?
Parece que tenho um dom. Acho que está relacionado com a minha filosofia como um todo, que tem a ver com o amor aos mercados e a manutenção de uma atitude otimista. Como não paro de operar e de aprender, meu sistema, uma versão informatizada do que faço, não para de evoluir. Queria acrescentar que eu mesmo me considero uma espécie de sistema que, por definição, sempre sigo. Às vezes negocio ignorando a parte mecânica, às vezes ignoro as indicações com base em sentimentos fortes, às vezes simplesmente pulo fora. O resultado de trading imediato desse ir e vir é algo entre o *breakeven* e um leve prejuízo. No entanto, se eu não me conceder a liberdade de dar vazão a meu lado criativo, ele pode acabar se acumulando em algum tipo de explosão. Chegar a uma ecologia funcional parece estimular a longevidade no trading, uma das chaves para o sucesso.

Como você compara as vantagens e desvantagens do trading de sistemas versus trading discricionário?
O trading de sistemas é, no fim das contas, discricionário. O gestor tem que decidir quanto risco aceitar, em quais mercados atuar e como aumentar e diminuir agressivamente a base de trading em função da mudança do patrimônio. Essas decisões são bastante importantes – muitas vezes mais que o timing do trade.

Que percentual do seu trade é baseado em sistemas? Esse percentual mudou com o tempo?
Com o passar do tempo fui me tornando mais automático, já que (1) passei a confiar mais no trading de tendências e (2) meus programas foram embutindo cada vez mais os "truques do ramo". Ainda passo por períodos de reflexão

em que posso superar meu sistema, mas essas incursões costumam ser só autocorreções em meio a um processo de perda de dinheiro.

Quais são as perspectivas presentes e futuras dos sistemas de seguimento de tendências? Você considera que o predomínio cada vez maior de seu uso os condene a uma eventual derrocada?
Não. Todo trading é feito em algum tipo de sistema, seja ele consciente ou não. Muitos sistemas bons se baseiam no seguimento de tendências. A própria vida é baseada em tendências. As aves migram para o sul no inverno e continuam a fazer isso. As empresas monitoram tendências e alteram seus produtos de acordo com elas. Protozoários minúsculos se deslocam em tendências que acompanham gradientes químicos e de luminescência.

A lucratividade dos sistemas de trading parece passar por ciclos. Períodos em que os sistemas de seguimento de tendências são bem-sucedidos levam a uma popularidade maior. À medida que aumenta o número de usuários desses sistemas e o movimento das cotações muda de tendência para sem direção, esses sistemas deixam de ser lucrativos e os traders com pouco capital e sem experiência são expulsos. A longevidade é a chave do sucesso.

O que você pensa do uso da análise fundamentalista como insumo de trading?
Os fundamentos sobre os quais se lê são inúteis, porque o mercado já os precificou. Por isso eu os chamo de "divertida-mentos". No entanto, se você os capta cedo, antes de outros acreditarem, pode ter valiosos "surpresa-mentos".

Essa resposta é meio marota. Isso quer dizer que você só usa análise técnica?
Sou, antes de tudo, um trader de tendências com um toque de palpites baseados em cerca de vinte anos de experiência. Em ordem de importância, para mim, vêm: (1) a tendência de longo prazo, (2) o padrão gráfico atual e (3) um ponto bom para comprar ou vender. Esses são os três componentes primordiais do meu trading. Em um distante quarto lugar estão minhas ideias de fundamentos. No balanço geral, perdi dinheiro com elas.

Por escolher o ponto certo de comprar, você quer dizer determinar o ponto de reação para comprar? Se for o caso, como evita deixar passar algum grande movimento das cotações?

Ah, não. Se eu compro, meu ponto será acima do mercado. Tento identificar um ponto em que espero que o impulso do mercado seja forte na direção do trade, de modo a reduzir meu risco provável. Não tento pegar uma base ou um pico.

Quando você está altista, espera um fortalecimento de curto prazo antes de montar uma posição? Ou às vezes compra assim que ocorre uma reação?
Se estou altista, não compro na reação nem espero o fortalecimento; sempre entro. Fico altista no momento em que meu *stop* de compra é atingido até meu *stop* de venda ser atingido. Ser altista e não ficar comprado não faz sentido.

Acontece de você usar opiniões contrárias como auxílio ao seu trading?
Às vezes. Em um simpósio recente de investidores em ouro, praticamente todos os palestrantes estavam baixistas. Eu disse a mim mesmo: "O ouro deve estar perto da base." [De fato, depois desse simpósio o mercado reagiu.]

Você compraria por causa desse tipo de informação?
Ah, não, a tendência ainda era de queda. Mas poderia me levar a aliviar minha posição vendida.

Qual foi sua experiência de trading mais dramática ou emotiva?
Experiências de trading dramáticas e emotivas tendem a ser negativas. A vaidade é uma tremenda casca de banana, assim como a esperança, o medo e a ganância. Meus maiores escorregões ocorreram pouco tempo depois de me envolver emocionalmente com posições.

Pode contar "histórias de guerra" reais?
Costumo cortar os trades ruins assim que possível, esquecê-los e passar para novas oportunidades. Depois de enterrar um trade morto, não fico remoendo os detalhes – pelo menos não publicamente. Talvez alguma noite, depois do jantar, sentado em frente à lareira, em "off", no auge do inverno de Tahoe.

Você poderia descrever erros de trading específicos com os quais aprendeu?
Tive uma atração pelo mercado de prata durante anos. Um de meus primeiros prejuízos foi com prata, assim como muitas das minhas piores perdas. Parecia que isso entrava no meu sangue e me hipnotizava. Me induzia a tirar meus

stops preventivos para evitar sofrer um *bear raid* [prática ilegal de derrubar artificialmente o valor de uma ação, por meio de boatos e operações, para lucrar com uma posição vendida]. A cotação aguentava momentaneamente e depois caía ainda mais. Apanhei tanto com os picos da prata que comecei a achar que era uma espécie de lobisomem. Trabalhei isso com hipnose e terapia de imagem positiva. Evitei sair de casa na lua cheia. Até agora vem dando certo.

Como você seleciona os trades?
Principalmente com meu sistema de trading, embora de vez em quando eu tenha lampejos impulsivos e desautorize meu sistema. Em geral, não assumo posições grandes o bastante para produzir qualquer estrago duradouro no meu portfólio.

Quais são os elementos de um bom trading?
São: (1) cortar as perdas, (2) cortar as perdas e (3) cortar as perdas. Se você for capaz de seguir essas três regras, talvez tenha uma chance.

Como você lida com uma má fase?
Reduzindo minha atividade. Espero. Tentar operar durante a má fase é emocionalmente devastador. Tentar "correr atrás" é letal.

Sendo antes de tudo um trader de sistemas, seguir um sistema não implica não mudar a atividade de trading durante períodos de perdas?
Incorporei nos meus programas de computador certa lógica, como modular a atividade de trading de acordo com o comportamento do mercado. Apesar disso, é preciso tomar decisões importantes fora dos limites do sistema mecânico, tais como manter a diversificação em uma carteira em crescimento quando certas posições estão no limite ou quando os mercados estão sem liquidez.

Psicologicamente, tenho tendência a alterar minha atividade de acordo com a performance. Tendo a ser mais agressivo quando venho ganhando e menos depois de perdas. Essas tendências me parecem razoáveis. Em compensação, uma tendência que sai caro é ficar abalado com uma perda e tentar se vingar com uma posição excessivamente grande.

Você é um trader autodidata ou outro trader lhe ensinou lições valiosas?
Sou um trader autodidata que estuda o tempo todo tanto a mim mesmo quanto outros traders.

Você decide o ponto de saída de um trade antes de entrar?
Defino *stops* de proteção no mesmo momento em que entro em um trade. Vou movendo esses *stops* para garantir um lucro enquanto a tendência continua. Às vezes realizo lucros quando o mercado enlouquece. Isso não me faz sair melhor do que quando espero o *stop* para sair, mas reduz a volatilidade do portfólio, o que ajuda a acalmar os nervos. Perder uma posição é desagradável, mas perder a cabeça é arrasador.

Qual é o percentual máximo do saldo que você arrisca em um único trade?
Busco arriscar menos de 5%, dando margem a uma execução malfeita. Em alguns casos sofri perdas acima disso, quando notícias importantes fizeram um mercado ilíquido ultrapassar meus *stops*.

Qual foi seu pior prejuízo em um "mercado sem liquidez"?
A liquidez seca em todos os mercados quando se quer sair correndo de uma posição ruim. A maioria dos mercados já fez um movimento rápido contra mim por conta de notícias surpreendentes. Assim que a notícia é digerida, o mercado retoma o volume de novo, em um novo patamar. Durante o grande mercado altista do açúcar, em que a cotação passou de 10 para 40 centavos, eu estava carregando milhares de contratos e abri mão de vários centavos ao sair da minha posição [em açúcar, cada centavo equivale a 1.120 dólares por contrato].

Pouquíssimos traders desfrutaram um êxito tão espetacular quanto o seu. O que o torna diferente?
Sinto que o sucesso vem do meu amor pelos mercados. Não sou um trader casual. É a minha vida. Sou apaixonado pelo trading. Não é um simples hobby, nem mesmo uma escolha de carreira. É inquestionável que é para isso que nasci.

Quais são suas regras de trading fundamentais?
a. Corte os prejuízos.
b. Surfe os trades vencedores.

c. Mantenha as apostas pequenas.
d. Siga as regras sem questioná-las.
e. Saiba quando violar as regras.

Suas duas últimas regras são legais, pois são contraditórias. Agora, falando sério, em qual delas você acredita: siga as regras ou saiba quando violá-las?
Acredito em ambas. Quase sempre sigo as regras. À medida que vou estudando os mercados, deparo com uma regra nova, que viola e então substitui uma regra antiga. Às vezes chego a um ponto de ruptura pessoal. Quando isso ocorre, saio de todos os mercados e tiro férias até sentir que estou pronto para seguir de novo as regras. Talvez um dia eu tenha uma regra mais explícita para violar as regras.

Não creio que os traders possam obedecer a regras por muito tempo, a menos que elas reflitam o próprio estilo de trading. Chega uma hora em que se atinge um ponto de ruptura e o trader é obrigado a sair ou mudar, ou encontrar um novo conjunto de regras que possa seguir. Isso parece ser parte do processo de evolução e crescimento de um trader.

Até que ponto variar o tamanho da aposta é importante para o êxito no trading?
Pode ser uma boa ideia, dependendo do motivo para agir assim. Leve em conta, porém, que se você fez uma mudança de método bem-sucedida – digamos, trocar o sistema S pelo sistema M –, talvez se saia melhor operando com M.

Até que ponto o instinto é importante?
É importante. Quando ignorado, pode aflorar de modos mais sutis, influenciando sua lógica. É possível lidar com isso por meio de meditação e reflexão, para descobrir o que está por trás dele. Se persistir, pode ser uma análise inconsciente valiosa de alguma informação sutil. Do contrário, pode ser uma perigosa sublimação de um desejo recôndito de adrenalina, que não reflete as condições de mercado. Tenha sensibilidade para as diferenças sutis entre "intuição" e "intoxicação".

Qual foi o seu pior ano? O que deu errado?
Um dos meus piores foi 1980. Os mercados altistas haviam acabado, mas eu fiquei tentando sustentar e recomprar a cotações menores. Os mercados

não paravam de produzir quebras [atingir os limites de baixa]. Nunca tinha visto antes um grande mercado baixista, então eu estava prontinho para uma importante experiência educativa.

O que aconteceu com as regras de gestão financeira do seu sistema em 1980? Você as ignorou?
Continuei operando, mesmo com meu sistema recomendando sair dos mercados por causa da enorme volatilidade. Tentei selecionar picos e bases em mercados que eu estimava sobrecomprados ou sobrevendidos. Os mercados não pararam e perdi muito. No fim das contas, entendi a inutilidade da minha atitude e saí por algum tempo.

Qual é o conselho mais importante que se pode dar ao trader médio?
Que ele encontre um trader melhor para fazer o trading por ele e vá procurar algo que ele ame de verdade fazer.

Você acredita que a leitura de gráficos pode ser usada em um trading bem-sucedido?
Considero o seguimento de tendências um subconjunto da análise gráfica. Os gráficos são um pouco como o surfe. Você não precisa entender muito da física das ondas, de ressonância e dinâmica de fluidos para pegar uma boa onda. Só precisa ser capaz de sentir o que está acontecendo e ter o impulso para agir na hora certa.

Qual foi a sua experiência pessoal em outubro de 1987?
Ganhei dinheiro no dia do crash de outubro de 1987. Ganhei dinheiro naquele mês como um todo, assim como no ano. Perdi, porém, no dia seguinte à quebra, porque estava vendido nos mercados de taxas de juros. A maioria dos traders de tendências tinha saído ou estava vendida em ações ou índices da Bolsa durante o crash.

Os mercados atuais são diferentes dos de cinco, dez anos atrás, por conta da participação muito maior hoje de gestores profissionais?
Não. Os mercados hoje são a mesma coisa que eram cinco, dez anos atrás, porque estão sempre em transformação – exatamente como naquela época.

O trading vai se tornando mais difícil à medida que o tamanho aumenta?
Sim, porque é mais complicado mover grandes posições sem movimentar o mercado. É mais fácil porque você tem mais acesso a gente competente para ajudar.

A que tipo de ajuda você se refere?
Uma equipe de corretores experientes, com atitudes profissionais. Traders experientes podem dar um grande apoio só de estarem ali, dividindo alegrias e tristezas. Além disso, a velha guarda parece capaz de farejar o começo e o fim de grandes movimentações. Recebo um importante apoio dos meus amigos, sócios e parentes.

Você usa algum serviço de consultoria externo?
Monitoro vários consultores externos, em geral lendo a imprensa econômica ou escutando meus corretores. Esses serviços ficam no *breakeven*, salvo quando começam a se vangloriar, hora em que começam a degringolar.

E as newsletters de mercado?
Tendem a estar atrasadas em relação ao mercado, já que reagem à demanda de notícias sobre a atividade recente. Embora haja exceções importantes, redigir newsletters costuma ser um emprego para iniciantes no setor, e como tal podem ser feitas por traders inexperientes ou não traders. O bom trader opera. O bom autor de newsletters escreve.

Você segue as opiniões de outros traders ao tomar decisões de trading ou opera completamente sozinho?
Costumo ignorar conselhos de outros traders, sobretudo aqueles que acham que estão sabendo de um "negócio garantido". A velha guarda, que fala "Talvez haja uma chance disto ou daquilo", é que tem razão e se antecipa.

Em que momento você adquiriu confiança de que ganharia dinheiro o tempo todo como trader?
Hesito entre (a) "Consigo ganhar dinheiro o tempo todo" e (b) "Só dei sorte". Às vezes é quando estou mais confiante na minha capacidade que acontece uma grande má fase.

Até que ponto os padrões de preços são semelhantes em mercados diferentes?
Padrões em comum transcendem o comportamento individual dos mercados. A cotação dos títulos tem muito em comum com a forma como as baratas sobem e descem das paredes. Infelizmente para os seguidores das baratas, não tem ninguém para estar do outro lado do trade.

A Bolsa de Valores se comporta de um jeito diferente dos outros mercados?
Sim e também se comporta de um jeito diferente da Bolsa de Valores. Se parece difícil entender isso, é porque tentar entender os mercados é um pouco vão. Não acho que tentar entender a Bolsa de Valores faça mais sentido do que entender de música. Muita gente gosta mais de entender o mercado do que de ganhar dinheiro.

O que você quer dizer com "a Bolsa de Valores se comporta de um jeito diferente da Bolsa de Valores"?
Ela se comporta de um jeito diferente de si mesma, no sentido de que raramente padrões fáceis de identificar se repetem com exatidão.

Qual é a sua visão de longo prazo em relação à inflação, ao dólar e ao ouro?
A inflação faz parte do modo como as sociedades varrem a velha ordem. Todas as moedas acabam sendo desvalorizadas uma hora – gostemos ou não. Calcule uma libra investida no tempo de Cristo, a juros compostos de 3% ao ano. Pense, então, por que ninguém tem, nem de longe, esse valor hoje em dia.

O ouro tem tendência a ser desenterrado, refinado e então enterrado de novo. A entropia geográfica de todo o ouro do planeta parece decrescer com o tempo. Muita coisa foi coletada em fossos. Projeto que a tendência rume a um sumidouro mundial de ouro.

Os grandes traders têm um talento especial para o trading?
Da mesma forma que bons músicos e bons atletas têm talento para suas áreas. Os grandes traders são aqueles que se deixam absorver pelo talento. Eles não têm talento – o talento é que tem eles.

Qual a proporção entre talento e trabalho para o sucesso no trading?
Não sei onde um acaba e outro termina.

Até que ponto a sorte desempenha um papel no sucesso no trading?
Um enorme papel. Tem gente que nasceu com a sorte de ser inteligente, enquanto outros foram ainda mais inteligentes e nasceram com sorte.

Agora falando sério, por favor.
Sorte, esperteza ou dom são palavras que indicam uma inclinação natural para a maestria. Tende-se a fazer bem aquilo que é o nosso chamado. Acho que a maioria dos bons traders tem uma pequena faísca a mais para o trading. Tem gente que é naturalmente músico, pintor, vendedor ou analista de mercado. Acho que é difícil adquirir talento para o trading. No entanto, se ele já existe, pode ser descoberto e aprimorado.

Qual efeito o trading teve em sua vida pessoal?
Minha vida pessoal está integrada à minha vida no trading.

A alegria de vencer é tão intensa quanto a dor de perder?
A alegria de vencer e a dor de perder estão no mesmo nível da dor de vencer e da alegria de perder. Também podemos avaliar a alegria e a dor de não participar. As forças relativas desses sentimentos tendem a aumentar com a distância do trader em relação ao seu comprometimento como trader.

Quando você ganhou seus primeiros milhões, guardou parte deles em um cofre, para evitar a experiência de Jesse Livermore [famoso especulador do início do século XX que ganhou e perdeu várias fortunas]?
Sinto que a experiência de Livermore foi em função de sua psicologia e tinha pouco a ver com a localização de seu patrimônio. Recordo de ter lido que Jesse Livermore guardava parte de seus ganhos em um cofre e pegava uma chave quando precisava deles. Assim, guardar os ganhos seria uma forma de copiar a experiência dele, e não de evitá-la. É preciso operar demais e sofrer perdas e ao mesmo tempo ficar com as emoções inflamadas e um desejo irresistível de "ganhar tudo de novo". Representar esse drama poderia ser empolgante. No entanto, parece bem caro. Uma alternativa é manter as apostas baixas e depois ir sistematicamente reduzindo o risco durante as baixas do patrimônio. Dessa forma você trata seu dinheiro seguro de forma assintomática, para ter um pouso tranquilo, financeira e emocionalmente.

Notei que não há máquina de cotações em sua mesa.
Ter uma máquina de cotações é como ter um caça-níqueis em cima da mesa – você acaba alimentando-a o dia inteiro. Pego os números das cotações todos os dias depois do fechamento.

Por que tantos traders fracassam no mercado?
Pelo mesmo motivo que a maioria das tartarugas-bebês não chega à maturidade: muitos são chamados e poucos são escolhidos. A sociedade funciona atraindo a quantidade. À medida que são peneirados, ficam os bons e os outros são liberados para tentar outra coisa, até encontrarem seu chamado. O mesmo se aplica a outras áreas de atividade.

O que um trader perdedor pode fazer para se transformar em ganhador?
Há pouco que um perdedor possa fazer para se transformar em um ganhador. O perdedor não costuma querer se transformar. Quem faz isso são os ganhadores.

Como você classificaria a importância relativa entre a psicologia e a análise de mercado para um trading de sucesso?
A psicologia motiva a qualidade da análise e a coloca em prática. A psicologia é o motorista e a análise é o mapa da estrada.

Você tem bastante foco na área da psicologia. É capaz de dizer, só de falar com uma pessoa, se ela será um trader vencedor ou perdedor?
Sim, os traders vencedores estão há anos vencendo em qualquer área onde atuem.

Quais características você procura para identificar a personalidade do trader vencedor?
1. Ele/ela ama operar;
2. Ele/ela ama vencer.

Acha que nem todo trader quer vencer?
Lucro ou prejuízo, todo mundo acaba encontrando no mercado o que procura. Tem gente que parece gostar de perder; então, quando perdem dinheiro, vencem.

Conheço um trader que parece sempre entrar perto do começo de toda movimentação altista substancial e leva seus 10 mil dólares até por volta de

250 mil em dois ou três meses. Então ele muda de personalidade e perde tudo de novo. É um processo que se repete como um reloginho. Uma vez operei com ele, mas saí quando a personalidade dele mudou. Dupliquei meu dinheiro, enquanto ele acabou zerado, como sempre. Contei a ele o que eu havia feito e até lhe paguei uma taxa de administração. Ele não conseguia se controlar. Acho que ele não saberia fazer de outro jeito. Não iria querer. É o que o deixa excitado: ele se torna um mártir, conquista a compaixão dos amigos e acaba se tornando o centro das atenções. Pode ser também que se sinta mais à vontade para se relacionar com as pessoas se estiver no mesmo patamar financeiro. Até certo ponto, acho que ele obtém aquilo que de fato procura.

Se as pessoas olharem com bastante profundidade seus padrões de trading, vão descobrir que, no balanço final, incluindo todas as suas metas, de fato conseguem o que procuram, mesmo que possam não entender ou não admitir isso.

Um médico amigo meu conta a história de uma paciente com câncer que usava a condição dela para chamar atenção e exercer domínio sobre as pessoas à volta dela. Como experiência combinada com a família dela, esse médico disse à paciente que existia uma injeção que iria curá-la. Ela começou a dar desculpa atrás de desculpa para fugir da injeção, até que resolveu evitá-la totalmente. Talvez a posição política dela fosse mais importante que a própria vida. O desempenho no trading reflete as prioridades das pessoas mais do que elas próprias admitiriam.

Alguns dos traders mais extravagantes e interessantes atuam por algo mais que apenas o lucro, atuam também pela excitação. Uma das melhores formas de aumentar os lucros é definir metas e fazer visualizações, para alinhar o consciente e o inconsciente com o lucro. Fiz um trabalho com diversos traders para avaliar suas prioridades e alinhar suas metas. Uso uma combinação de hipnose, respiração, caminhada, visualização, *Gestalt*, massagens e assim por diante. Esses traders ou (1) tornam-se muito mais bem-sucedidos, ou (2) se dão conta de que nunca quiseram ser traders de verdade.

Mas há de haver gente que perde dinheiro por falta de competência, mesmo querendo vencer.
É uma circunstância feliz que, quando a natureza nos dá um desejo irresistível, também nos dá os meios para satisfazê-lo. Aqueles que querem vencer e carecem de talento podem arrumar alguém talentoso para ajudá-los.

Às vezes tenho sonhos relacionados com a direção iminente de um mercado. Embora esses sonhos tenham tendência a ser muito raros, estranhamente costumam se mostrar corretos. Você teve experiências semelhantes?
Conheço várias pessoas que juram ter tido insights do mercado durante sonhos. Acho que uma das funções dos sonhos é reconciliar informações e feelings que o consciente considera intratáveis. Certa vez eu disse a vários amigos que esperava que a prata continuasse a subir. Quando, em vez disso, ela caiu, ignorei os sinais e tentei dizer a mim mesmo que era apenas uma correção temporária. Corri o risco de perder dinheiro e o respeito dos outros. Não podia me dar ao luxo de errar. Nessa época, sonhava que estava em uma aeronave enorme, brilhante e prateada, que perdia sustentação e começava a cair, rumo a um crash inevitável. Acabei me livrando da minha posição de prata, cheguei a ficar vendido e os sonhos pararam.

Como você mede o sucesso?
Não meço. Comemoro. O sucesso tem a ver com encontrar e seguir o seu chamado, independentemente de ganho financeiro.

Não se deixe enganar pelo humor nos comentários de Seykota. Existe uma boa dose de bom senso sério em suas respostas irônicas. Para mim, o comentário que mais chamou atenção foi: "Todo mundo acaba encontrando no mercado o que procura." Quando Seykota me deu essa resposta, achei que estava sendo apenas engraçadinho, mas logo me dei conta de que ele estava sendo terrivelmente sério. Minha reação por reflexo a essa premissa foi descrença: isso daria a entender que todos os perdedores querem perder, que todos os vencedores que ficam aquém de suas metas (que é o meu caso) estariam realizando alguma necessidade interior de um limite para o sucesso – uma ideia difícil de engolir. Embora minha mente rigidamente lógica descarte essa ideia em condições normais, meu respeito pelo conhecimento que Seykota tem dos mercados e das pessoas me força a cogitar a possível veracidade da frase segundo a qual todo mundo encontra o que procura no mercado – uma ideia bem provocadora.

LARRY HITE

Respeito ao risco

O interesse de Larry Hite pelo mercado financeiro foi despertado por um curso na faculdade, mas sua trajetória até Wall Street foi tão sinuosa quanto a de Moisés até a terra de Israel. O começo da vida adulta não deu a menor pista de que aquele jovem estava destinado a um grande sucesso. Em primeiro lugar, seu desempenho acadêmico não foi promissor. Depois, ele passou por uma série de empregos aleatórios, sem nunca conseguir se manter por muito tempo. A certa altura, chegou a ser dublê de ator e roteirista. Embora não tenha obtido nenhum grande êxito, ele deu um jeito de se sustentar e gostava do que fazia. Um de seus roteiros, que nunca chegou a ser produzido, foi motivo de tantos pré-contratos que ele começou a pensar em ganhar a vida só com isso.

Um dia Hite ouviu uma entrevista no rádio em que H.L. Hunt descrevia como havia enriquecido comprando grande quantidade de opções baratas de petróleo, o que lhe proporcionara a oportunidade de lucrar com dividendos, correndo pouco risco. Naquela mesma noite Hite teve um breve encontro com Brian Epstein, o empresário dos Beatles, em uma festa. As duas ideias se fundiram em sua mente, levando a uma nova mudança de carreira. Ele pensou: "Eis uma coisa [ser empresário de rock] que tem potencial para atrair muito dinheiro com investimento mínimo." Mesmo tendo obtido alguns contratos de gravação para as bandas que empresariava, nenhuma delas chegou ao estrelato. Uma vez mais, apesar do sucesso apenas relativo, ele conseguiu ganhar a vida de forma satisfatória com um trabalho autônomo.

Nesse meio-tempo, Hite continuou interessado pelo mercado financeiro. "Você sempre ouve que pessoas de Wall Street se tornaram roteiristas.

Talvez eu seja a única que foi ator e roteirista para bancar a própria carreira em Wall Street", diz, brincando. Em 1968 Hite decidiu correr atrás do que de fato importava. Embora fascinado por mercados futuros, ele não fazia a menor ideia de como entrar no ramo. Por isso começou como corretor de ações. Muitos anos depois, tornou-se corretor de commodities em tempo integral.

Mais de uma década transcorreu até que Hite, convencido de ter aprendido os ingredientes necessários para uma boa performance de longo prazo no trading, desse os passos iniciais que levaram à criação da Mint Investment Management Company. Ele percebeu que suas ideias de trading precisavam ser submetidas a rigorosas experiências científicas. Com uma oferta de sociedade, mas sem pagamento imediato, ele recrutou Peter Matthews, doutor em estatística. Um ano depois, contratou Michael Delman, projetista de sistemas informatizados de uma empresa de equipamentos eletrônicos de defesa. Matthews e Delman chegaram trazendo ideias novas e provaram matematicamente, por meio do trabalho, que os conceitos de trading de Hite faziam, de fato, sentido do ponto de vista estatístico. Hite é enfático ao dizer que o sucesso da Mint não teria sido possível sem Matthews e Delman.

O objetivo da Mint nunca foi maximizar o retorno percentual. Em vez disso, a filosofia de Hite era mirar na melhor taxa de crescimento compatível com um controle de riscos bem rigoroso. É nesse aspecto (retorno em relação ao risco) que a Mint se destaca. Desde que começou a operar, em abril de 1981, até meados de 1988, a Mint registrou um retorno acumulado anual médio de mais de 30%. O mais impressionante é a constância: o retorno anual variou de +13% a +60%. O maior prejuízo em um semestre foi de apenas 15%, e de menos de 1% em qualquer período de 12 meses (sem considerar o ano calendário).

Não surpreende que o fantástico desempenho da Mint tenha resultado em um crescimento espetacular do patrimônio sob sua gestão. Em abril de 1981 começou operando com 2 milhões de dólares; hoje gere mais de 800 milhões. O crescimento do patrimônio sob gestão não parece ter tido nenhum efeito negativo sobre sua performance. Hite acredita que a Mint pode chegar a administrar 2 bilhões de dólares – quantia sem precedentes para um fundo de futuros.

Nossa entrevista foi realizada durante um almoço no Windows of the World, no topo do World Trade Center de Nova York, em um dia encoberto por nuvens. Quando percebemos que éramos os últimos no restaurante, fomos terminar a entrevista no escritório de Hite.

Como começou seu interesse pelos mercados?
Quando estava na faculdade, fiz um curso de administração com um professor que tinha um senso de humor afiado. Apenas para dar um exemplo, ele também trabalhava como auditor de bancos. Um dia, antes de ir embora do banco depois de uma auditoria, virou-se para o presidente e disse brincando: "Te peguei!" O homem teve um infarto na hora. Depois disso, fizeram outra auditoria e descobriram que esse presidente havia embolsado 75 mil dólares. Durante uma aula, esse professor estava repassando todos os instrumentos financeiros: ações, títulos, etc. Então disse: "Agora vamos ao mais maluco de todos os mercados, o de commodities. São pessoas que operam com margem de apenas 5%... e a maior parte disso é emprestada." A classe inteira riu, menos eu. Por algum motivo, a ideia de operar com uma margem de 5% fazia todo o sentido para mim.

Quando você se envolveu pela primeira vez com os mercados financeiros?
Muitos anos depois. Na época eu era produtor de rock e em um único fim de semana houve três filmagens em boates onde tocavam os grupos que eu empresariava. Concluí que era o momento oportuno para mudar de carreira e buscar o que realmente me interessava – os mercados financeiros. Embora minha atenção estivesse voltada para os futuros, eu não fazia ideia de como procurar um emprego nessa área. Por isso resolvi começar como corretor de ações.

Minha primeira entrevista foi em uma corretora bem à moda antiga de Wall Street, daquelas com escritório que faz você falar sussurrando. O sujeito que me entrevistou era aquele [começa a falar em um tom refinado e pomposo] que fala com os dentes cerrados e mora em Connecticut. Ele me diz: "Para os nossos clientes, compramos apenas *blue chips*."

Carecendo de experiência em finanças, eu nunca tinha ouvido o termo *blue chip*, mas me pareceu estranho no contexto de um respeitável fundo de investimentos. Por isso, depois da entrevista fui olhar de onde vinha. Descobri que a origem do termo remontava à cor da ficha de cassino mais cara em

Monte Carlo. Disse a mim mesmo: "Ah, agora entendi que jogo é esse – apostar." Joguei fora meu exemplar de Graham e Dodd [*Análise de investimentos*, livro considerado por muitos a "bíblia" da análise da Bolsa de Valores] e comprei um livro chamado *Derrote a banca*. Saí da leitura com a ideia de que o investimento bem-sucedido é no fundo uma questão de probabilidades e que, se desse para calculá-las, seria possível encontrar e testar métodos capazes de derrotar o mercado.

O que o levou a acreditar que poderia desenvolver métodos que colocassem as probabilidades a seu favor?
Não sei se na época tinha total compreensão, mas com o passar dos anos fui me dando conta de que os mercados são ineficientes. Tenho um amigo que é economista. Ele tentava me explicar, como quem conversa com uma criança, por que era inútil o que eu estava querendo, porque "os mercados são eficientes". Percebi que todo mundo que me dizia que os mercados são eficientes era pobre. Meu amigo alegava que, se eu fosse capaz de criar um sistema ganhador no computador, outros também seriam e todos nos anularíamos mutuamente.

O que há de errado com esse argumento?
Pessoas criam sistemas e pessoas cometem erros. Uns vão alterar seus sistemas ou pular de sistema em sistema quando passarem por um período de prejuízo. Outros não conseguirão resistir a reinterpretar os sinais de trading. Sempre que vou a um simpósio de gestão financeira e me sento com um grupo para tomar drinques à noite, ouço a mesma história: "Meu sistema funcionou muito bem, mas não fiz o trade do ouro, e teria sido meu maior vencedor."

Há uma mensagem importantíssima embutida aqui: as pessoas não mudam. É por isso que esse negócio funciona. Em 1637, na Holanda, as tulipas chegaram a ser negociadas a 5,5 mil florins e então despencaram para 50, uma queda de 99%. Você poderia dizer: "Na época o trading era relativamente novo; essas pessoas eram simplórias; o capitalismo ainda estava na infância. Hoje somos muito mais sofisticados." Mas então vai até 1929 e vê uma ação como a Air Reduction, que chegou a um pico de 233 dólares e depois do crash caiu para 31 dólares, um declínio de 87%. Ok, você pode dizer: "A década de 1920 ficou conhecida como os anos loucos, mas agora as perspectivas são diferentes." Avance até 1961 e verá uma ação chamada Texas Instruments negociada a 207 dólares. Ela acabou caindo a 49 dólares, uma baixa de 77%. Se você pensa que ficamos mais sofisticados nos anos 1980, basta dar uma olhada na cotação da prata, que em 1980 atingiu um pico de 50 dólares e depois caiu a 5 dólares, uma queda de 90%.

A questão é que, como as pessoas não mudam, se você empregar métodos rigorosos para evitar juízos a posteriori, é possível testar um sistema, ver como ele teria se comportado no passado e ter uma ideia bastante razoável de como vai se sair no futuro. Esse é o nosso diferencial.

Não pode acontecer de os mercados mudarem e o futuro ser muito diferente do passado?
Os mercados podem até mudar, mas as pessoas não. Quando ainda estávamos na fase de testes, antes de gerir qualquer dinheiro, meu sócio Michael Delman criou o conceito de usar períodos móveis como medida do desempenho do sistema. Avaliar sistemas somente com base no ano calendário é muito arbitrário. O que se busca saber de fato são as probabilidades de performance lucrativa em um período móvel de qualquer duração. Em nossas simulações, Peter definiu que 90% de todos os períodos móveis de 6 meses, 97% dos períodos de 12 meses e 100% dos períodos de 18 meses seriam lucrativos. Ao fim de sete anos de trading real, esses números acabaram sendo 90%, 99% e 100%.

Vou lhe dizer quanto tenho confiança na validade futura do nosso processo de avaliação. Tem um sujeito que trabalha com a gente e que foi coronel do Exército britânico. Quando servia, a especialidade dele era desarmar bombas no mundo inteiro. Perguntei a ele: "Como você fazia?" "Não era tão difícil", respondeu ele. "Existem estilos diferentes de bomba: uma bomba na Malásia é diferente de uma bomba no Oriente Médio. Você vai lá, vê qual tipo de bomba é e desmonta." Eu disse: "O que acontece quando você depara com uma bomba que não conhece?" Ele me olhou nos olhos e respondeu: "Você registra a sua primeira impressão e torce para não ser a última."

Cheguei um dia ao escritório e encontrei esse mesmo indivíduo de nervos de aço à beira das lágrimas. Perguntei-lhe o que aconteceu de errado. Ocorre que o Fed havia acabado de anunciar uma mudança profunda de política, revertendo drasticamente muitas tendências principais do mercado. Da noite para o dia, nosso fundo, que tinha saído de um valor inicial de 10 dólares para quase 15, havia caído de novo para menos de 12, logo depois de ele ter aberto uma carteira para um grande banco suíço. Eu lhe disse: "Ligue para eles." "O quê?", perguntou ele, um tanto confuso. Repeti [falando de forma mais lenta e enfática]: "*Ligue para eles.*"

Quando eu era corretor, meu chefe me ensinou que, se você não ligar para o cliente quando ele estiver perdendo dinheiro, outro vai ligar. E, para ser franco, era isso mesmo que eu fazia. Quando ligava para um *prospect* e ele reclamava do corretor dele, eu dizia: "Nossa, como ele pôde colocar você nesse trade?"

Por isso liguei para o cliente e expliquei que nossas simulações mostravam que aquele tipo de evento só acontecia de tantos em tantos anos e que eu tinha certeza de que em nove meses o fundo voltaria a um novo ápice. "Na verdade", prossegui, "acabei de pegar um empréstimo para investir ainda mais no fundo." "Sério que você fez isso?", ele perguntou, em tom de surpresa. Jurei que havia feito.

O cliente duplicou o investimento e o fundo disparou na mesma hora. Hoje é um dos nossos maiores clientes. Como posso ter tido tanta certeza? Sabia como funcionam esses sistemas. O que torna esse negócio tão fabuloso é que, mesmo sem saber o que pode acontecer amanhã, é possível ter uma ótima ideia do que vai acontecer a longo prazo.

O setor de seguros propicia uma analogia perfeita. Pegue um sujeito de 60 anos e você não fará a menor ideia da probabilidade de ele estar vivo daqui a um ano. Porém, se pegar 100 mil sessentões, pode fazer uma excelente estimativa de quantos estarão vivos daqui a um ano. É a mesma coisa que fazemos: deixamos a lei dos grandes números atuar a nosso favor. Em certo sentido, negociamos cálculos atuariais.

Tenho um amigo que quebrou negociando futuros. Ele é incapaz de entender como eu consigo operar seguindo religiosamente um sistema informatizado. Um dia, estávamos jogando tênis e ele me perguntou: "Larry, como você consegue operar desse jeito? Não é chato?" Respondi: "Não opero para me divertir; opero para ganhar." Pode ser muito enfadonho, mas é muito lucrativo. Quando me encontro com outros traders e eles começam a trocar histórias de guerra de diversos trades, eu não tenho nada para contar. Para mim, todos os nossos trades são iguais.

Existem muitos gestores financeiros que usam sistemas de acompanhamento de tendências – e não são poucos os que desobedecem ao próprio sistema. O que torna a Mint diferente? Como você foi capaz de atingir taxas de retorno sobre risco bem acima da média do setor?

Sabemos que nada sabemos. Por mais informação que você tenha, o que quer que faça, você pode se enganar. Um amigo meu juntou uma fortuna para lá dos 100 milhões de dólares. Ele me ensinou duas lições básicas. Primeiro, se você não apostar no básico para viver, do ponto de vista do trading, nunca acontecerá nada de errado com você. Segundo, se você souber qual é o pior cenário possível, isso lhe dará uma tremenda liberdade. Embora não dê para quantificar a recompensa, dá para quantificar o risco.

Um exemplo da importância desse conselho: um dos maiores negociantes de café do mundo me convidou para ir à casa dele em Londres. Quando entrei na biblioteca, notei que ele tinha praticamente todos os livros já escritos sobre poder. Ele me levou a um dos restaurantes mais chiques em que já estive. Durante o jantar, me perguntou: "Larry, como você pode entender de café mais do que eu? Eu sou o maior trader do mundo. Sei onde estão os navios, conheço os ministros." "Tem razão", respondi, "não entendo nada de café. Nem mesmo tomo café." "Como você negocia café, então?", perguntou. E eu respondi: "Só olho o risco." Aquela refeição maravilhosa durou várias horas. Ele me perguntou cinco vezes o que eu fazia e cinco vezes respondi que gerenciava o risco.

Três meses depois eu soube que ele havia desperdiçado 100 milhões de dólares no mercado de café. É claro que não entendeu a mensagem. E quer saber de uma coisa? Ele entende, sim, mais de café do que eu. Mas a questão é que não cuidou do risco.

Portanto, a primeiríssima regra que seguimos na Mint é: nunca arrisque mais de 1% do patrimônio total em um único trade. Ao arriscar 1%, fico indiferente a qualquer trade específico. Manter o risco baixo e constante é crucial. Um gerente conhecido meu tinha um cliente que sacou metade do dinheiro que ele operava. Em vez de cortar o tamanho da posição pelo meio, esse gestor continuou operando o mesmo número de contratos. Com o tempo, essa metade do valor original se transformou em 10% do total. O risco não é um jogo para brincadeiras, não tem espaço para erros. Se você não gerenciar o risco, uma hora ele arrasta você.

A segunda coisa que fazemos na Mint é sempre seguir as tendências e nunca nos desviarmos dos nossos métodos. Temos um acordo por escrito no qual nenhum de nós jamais pode desautorizar nossos sistemas. Os trades são todos iguais. É por esse motivo que nunca tivemos um trade ruim na Mint. Existem quatro tipos de trade, ou aposta: apostas boas, apostas ruins, apostas ganhadoras e apostas perdedoras. A maioria das pessoas acha que um trade perdedor foi uma aposta ruim. Não é verdade. Você perde dinheiro até em uma aposta boa. Se a probabilidade de uma aposta é 50/50 e a recompensa é de 2 dólares para um risco de 1 dólar, essa aposta é boa mesmo que você tenha prejuízo. O importante é que, se você fizer um número suficiente desses trades ou apostas, uma hora sai por cima.

A terceira coisa que fazemos para reduzir o risco é diversificar. Diversificamos de duas formas. Primeiro, operamos em mais mercados no mundo inteiro que qualquer outro gestor financeiro. Segundo, não usamos apenas um único sistema ideal. Para garantir o equilíbrio, usamos vários sistemas diferentes, que vão do curto ao longo prazo. Pode ser que alguns desses sistemas não sejam tão bons em si mesmos, mas isso não nos preocupa tanto, não é para isso que eles existem.

A quarta coisa que a Mint faz para administrar o risco é monitorar a volatilidade. Quando a volatilidade de um mercado se torna tão grande que afeta negativamente a proporção esperada de retorno/risco, paramos de operar nele.

Basicamente, nosso método tem três luzes para definir a aceitação de sinais de trading. Quando a luz está verde, aceitamos todos os sinais. Quando está amarela, liquidamos a posição existente nesse sinal, mas não montamos uma posição nova. Quando a luz está vermelha, liquidamos as posições existentes e não assumimos nenhuma nova.

Em 1986, quando o café passou de 1,30 dólar para 2,80 dólares e depois voltou para 1 dólar, saímos das nossas posições longas durante a alta, a 1,70 dólar, e não operamos o mercado durante o restante da alta e do posterior colapso da cotação. Assim, mesmo tendo perdido algum lucro adicional, ficar fora dos mercados é uma das maneiras de conseguir atingir um controle de riscos tão rígido.

Então uma das diferenças cruciais entre vocês e outros gestores que seguem tendências é que vocês criaram um jeito de definir quando não devem atuar?
Em qualquer jogo ou situação, você pode definir uma vantagem posicional

para qualquer jogador – mesmo o mais fraco. No trading, você pode definir três categorias de jogador: o trader, o pregoeiro e o especulador. O trader tem o melhor conhecimento do produto e as melhores formas de sair das posições. Quando é pego em uma posição desfavorável nos mercados futuros, pode compensar esse risco no mercado à vista. O pregoeiro tem a vantagem da rapidez. Não há como ser mais rápido que o pregão. Já o especulador não tem o conhecimento do produto nem a rapidez, mas tem a vantagem de não precisar jogar. O especulador pode escolher só apostar quando as probabilidades o favorecem. Essa é uma importante vantagem posicional.

Você comentou que usava o aumento da volatilidade como sinal para parar de operar em um mercado. Quantos dias de dados passados você usa para definir seu filtro de volatilidade?
Qualquer número entre dez e cem dias.

Quando você diz dez ou cem, está sendo vago de propósito ou quer dizer que usa diferentes períodos dentro dessa faixa?
Analiso diferentes janelas de tempo nessa faixa.

Entendo sua lógica da regra do 1% *stop loss*. No entanto, minha pergunta é: depois que você aciona o *stop* para sair de uma posição sem que o sistema tenha gerado um sinal contrário [quando uma posição comprada sofre um *stop* em função de uma regra de gestão financeira sem que um sinal de venda tenha sido de fato gerado, o sistema continuará em modo comprado, sem gerar sinal de compra, por mais que a cotação suba. Se, no entanto, um sinal de venda for gerado, o sistema começa a monitorar sinais de compra], o que o faz retornar ao trade, se o mercado retornar à direção original? Não pode acontecer de você sofrer um *stop* em uma reação leve da cotação, perdendo, assim, uma grande movimentação posterior?
Quando o mercado atinge um novo pico, entramos de novo.

Mas suponha que o mercado entre em um *range* amplo de trading. Você não ficaria o tempo todo oscilando entre sofrer um *stop* e reentrar na posição em um novo pico?
Isso chega a acontecer, mas não o suficiente para se tornar um problema.

Você tem um grande respeito pelo risco. Houve algum acontecimento pessoal, em sua carreira de trading, que deixou essa atitude arraigada em você?
Quando comecei a mexer com commodities, percebi que, se comprasse barriga de porco em setembro e vendesse antes de julho, quase sempre lucrava. Por isso criei um fundo com um grupo de amigos e coloquei esse trade. Deu certo. Dupliquei o dinheiro. Me senti um gênio.

Na época eu tinha um amigo que seguia o mercado de milho. Eu não entendia nada de milho, só entendia de barriga de porco. Ele me convenceu a comprar a nova safra de milho e vender a antiga. Como era um trade teoricamente seguro, no sentido de que eu estava compensando minha posição comprada em um mês com uma posição vendida em outro mês, comprei pesado. Pouco tempo depois, o governo divulgou uma estimativa surpreendente da safra. Por conta disso, o mês em que eu estava comprado atingiu *limit-down* e o mês em que estava vendido atingiu *limit-up*.

Fiquei tão desesperado que me lembro de ter ido para a escada, me ajoelhado e dito em voz alta: "Meu Deus, não me importo com o prejuízo, mas por favor não deixe a carteira ficar no vermelho." Na época eu trabalhava para uma firma internacional sofisticada e, bem na hora em que estava fazendo meu apelo aos céus, um banqueiro suíço passou descendo a escada. Até hoje fico pensando no que ele deve ter imaginado ao ver aquela cena.

Houve alguma outra experiência traumática provocada por não ter dado atenção ao risco do mercado?
Não comigo mesmo, mas ao longo da minha carreira financeira testemunhei exemplos de outras pessoas se dando mal por terem desprezado o risco. Se você não prestar bem atenção nele, ele acaba pegando você.

Quando era menino e ganhei minha primeira moto, tinha um amigo mais velho que sempre se metia em brigas. Ele me disse: "Larry, quando estiver andando de moto, nunca brigue com um carro. Você vai perder." A mesma lição se aplica ao trading: se você brigar com o mercado, vai perder.

Os irmãos Hunt são um exemplo perfeito. Um dia me perguntaram: "Como os Hunts podem perder dinheiro? Eles têm bilhões." Digamos que você tenha 1 bilhão de dólares e compre 20 bilhões de dólares em prata – estou inventando os números, só a título de exemplo. Você está correndo o mesmíssimo risco que o cara com mil dólares que compra 20 mil de prata.

Tenho um bom amigo que começou de forma muito humilde, o pai trabalhava com saneamento. Ele é um sujeito brilhantíssimo e entrou para o ramo de arbitragem de opções. Era extremamente bom nisso e ganhou uma fortuna. Lembro que uma vez fui visitá-lo em um palácio que ele comprou na Inglaterra.

Mas, por mais incrível que fosse na arbitragem, ele se revelou um mau trader. Criou um sistema de trading que dava dinheiro. Um dia me disse: "Não vou pegar o sinal de venda no ouro, estou achando que está errado. Aliás, quase 50% dos sinais são errados." Não apenas ele não seguiu o sinal como também acabou ficando comprado. Como era de esperar, o mercado caiu. Eu disse a ele: "Sai!" Mas ele insistiu: "O mercado vai se recuperar."

Ele não saiu e perdeu a mansão e todo o restante de que dispunha. Agora, vive em um cubículo alugado em uma rua com mais cem casas caindo aos pedaços. Até hoje me lembro do nome da propriedade dele: "Beverly". Ainda é um dos meus melhores amigos, e a perda dessa casa enorme teve um impacto emocional enorme sobre mim. Ele teve e perdeu tudo aquilo! E tudo por causa de um trade. O irônico é que, se ele tivesse seguido o próprio sistema, teria ganhado uma fortuna naquele trade.

Vou lhe contar outra história. Tenho um primo que transformou 5 mil dólares em 100 mil no mercado de opções. Um dia perguntei a ele: "Como você fez isso?" Ele respondeu: "É muito fácil: compro uma opção e, se ela sobe, seguro, mas, se ela cai, não saio enquanto não empatar." Eu disse a ele: "Olha, eu ganho a vida operando e garanto que essa estratégia não vai dar certo a longo prazo." Ele respondeu: "Larry, não se preocupe, não precisa dar certo a longo prazo, só até eu ganhar 1 milhão. Sei o que estou fazendo. Nunca saio perdendo." Eu disse: "Ok."

No trade seguinte ele comprou 90 mil dólares de opções da Merrill Lynch, mas dessa vez foi caindo, caindo e caindo. Um mês depois, converso com ele e ele me conta que está 10 mil dólares no vermelho. Eu disse: "Lembro que você havia dito ter 100 mil dólares e comprado 90 mil dólares de opções. Ainda lhe sobram 10 mil dólares, mesmo que as opções vençam valendo zero. Como você pode estar 10 mil dólares no vermelho?" Ele respondeu: "Originalmente, comprei as opções a 4,50 dólares. Quando o preço caiu para 1 dólar, pensei: se eu comprar mais 20 mil, basta voltar para 2,66 dólares para eu chegar no *breakeven*. Então fui ao banco e peguei 10 mil dólares emprestados."

O respeito ao risco não é apenas uma questão de trading: aplica-se a qualquer tipo de decisão de negócios. Uma vez trabalhei para uma corretora cujo presidente, um sujeito muito bacana, contratou um operador de opções brilhante, mas não muito estável. Um dia esse operador sumiu, deixando a empresa atrelada a uma posição perdedora. O presidente não era trader e pediu meu conselho: "Larry, o que você acha que devo fazer?" Eu disse a ele: "Saia da posição, só isso." Mas ele resolveu sustentar o trade. O prejuízo piorou um pouco, depois o mercado reagiu e ele liquidou a posição com um pequeno lucro.

Após esse incidente, eu disse a um amigo que trabalhava na mesma firma: "Bob, vamos ter que arrumar outro emprego." "Por quê?", ele perguntou. Respondi: "Trabalhamos para um cara que acabou de parar no meio de um campo minado e o que fez foi fechar os olhos e atravessá-lo. Agora ele acha que, sempre que estiver num campo minado, a técnica correta é fechar os olhos e seguir em frente." Menos de um ano depois, o mesmo homem precisava liquidar um enorme *spread de delta neutro* em opções [uma posição equilibrada cujo valor varia muito pouco diante de movimentos pequenos da cotação em qualquer direção]. Em vez de sair, ele resolveu sair da posição uma perna de cada vez. Quando terminou de liquidar a posição, tinha consumido todo o capital da firma.

Além dos erros na gestão de riscos, por que as pessoas perdem dinheiro no trading?
Às vezes porque os trades se baseiam em um viés pessoal em vez de uma abordagem estatística. No programa *Wall Street Week* há um comentarista com 65, 70 anos de idade. Certo dia ele disse que a lição que aprendeu com o pai foi: "Títulos de renda fixa são a pedra fundamental de seu portfólio." Imagine só! Desde que esse homem entrou no negócio, ele só viu as taxas de juros caírem uma vez a cada oito anos [os títulos de renda fixa sobem quando as taxas de juros caem]. Obviamente, o nome "títulos" significa muito mais para ele do que na vida real.

Você opera em uma variedade de mercados. Opera em todos do mesmo modo?
Não operamos mercados, operamos dinheiro. Mickey Quenington, nosso diretor de marketing, me apresentou um dia a um ex-presidente da empresa

dele [a E. F. Man, firma à qual Hite deu 50% da propriedade de sua empresa de gestão em troca de apoio financeiro]. Era um irlandês idoso e durão, que me perguntou: "Como você diferencia ouro e cacau no seu trading?" Respondi: "Ambos são apostas de 1%. Para mim, são a mesma coisa." Ele ficou indignado. Respondeu quase gritando: "Quer dizer que você não enxerga nenhuma diferença entre ouro e cacau?" Acho que, não fosse por gostar tanto de Mickey, ele teria me expulsado da sala.

Eu me casei com uma inglesa muito refinada que está sempre preocupada com a família e me considera um pouco tosco. Certa vez fui entrevistado por um repórter do *Times*, de Londres, que me perguntou o que eu pensava sobre a direção futura do mercado londrino de cacau. Respondi: "Francamente, não enxergo mercados, enxergo riscos, recompensas e dinheiro." Eu era a última pessoa citada na reportagem. O repórter terminava dizendo: "O sr. Hite não se importa com o mercado de cacau, para ele tudo que importa é o dinheiro." Minha esposa leu o artigo e disse: "Ótimo. Agora é que eu não consigo voltar para casa. Isto aqui é a prova, para minha família, de que sempre tiveram razão a seu respeito."

Se você negocia da mesma forma em todos os mercados, não acredita em *otimização*. [O termo se refere a testar diversas variáveis de um sistema com os dados do passado e a partir daí selecionar a versão com melhor desempenho para o trading real. O problema com esse método de sintonia fina é que o elo entre performance passada e futura é muito tênue.]

Com certeza. Aqui temos um ditado: "É incrível como você consegue ficar rico por não ser perfeito." Não estamos buscando o método ideal, estamos buscando o método mais robusto. Qualquer um consegue criar um sistema perfeito para o passado.

Existe algum indicador técnico que você concluiu ser superestimado?
Indicadores de excesso de compra/excesso de venda. Nos testes, nenhum deles foi comprovado.

Algum tipo de indicador que considera valioso?
Embora não chegue a negociar com eles, existem dois que me vêm à mente. Primeiro, quando um mercado não reage como seria de esperar a uma notícia importante, está querendo lhe dizer algo muito importante. Quando a

primeira notícia da guerra Irã-Iraque apareceu no telex, o ouro não se mexeu mais que 1 dólar para cima. Eu disse a mim mesmo: "Uma guerra acaba de estourar no Oriente Médio e o máximo que o mercado de ouro consegue é subir 1 dólar; deve ser uma ótima venda." O mercado teve um forte *breakout* logo depois. O segundo indicador é uma coisa que Ed Seykota me ensinou. Quando um mercado atinge um pico histórico, está lhe dizendo algo. Não importa quantas pessoas tentem explicar por que o mercado não deveria estar tão alto ou por que não mudou nada, o simples fato de a cotação atingir um novo pico indica que alguma coisa mudou.

Alguma outra lição aprendida com Ed Seykota?
Ed Seykota explicou sua filosofia: "Você pode arriscar 1% de seu capital, pode arriscar 5% ou pode arriscar 10%, mas é melhor estar ciente de que quanto mais arriscar, mais voláteis os resultados serão." E ele estava certo.

Além de seus sócios, fundamentais na elaboração de seus sistemas de trading, houve outros traders que lhe ensinaram lições úteis?
Com certeza. Jack Boyd, que me contratou como corretor/analista. Ao ler que Handy e Harman afirmaram, em seu relatório anual, que os estoques de prata totalizavam 3 bilhões ou 7 bilhões de onças, escrevi um relatório sobre o mercado da prata dizendo: "Segundo Handy e Harman, existe o dobro da prata imaginada ou menos da metade." Esse relatório chamou muito a atenção de Jack e me ajudou a conseguir a vaga.

Ele vinha fazendo recomendações de trading para sua firma havia muitos anos. Descobri que, se tivesse seguido todas as recomendações dele, teria ganhado dinheiro todos os anos. Por fim, perguntei a Jack como ele fazia isso. É preciso ter em mente que Jack tinha 1,93 metro. Ele disse: "Larry, se você quer saber para onde vai um mercado, tudo que precisa fazer é isto." Então jogou todos os gráficos no chão e pulou em cima da mesa. E disse: "Olhe para eles, eles vão responder!"

Suponho que ele estava querendo dizer: adote um ponto de vista distanciado.
Exato, porque não conheço muita gente que enriqueça com pequenos lucros. Trabalhar com Boyd foi muito importante para mim. Desde que o conheci, tive certeza de que o método dele era o jeito certo de fazer. Em outras palavras, soube que, se alguém operasse com um pouco de tudo, controlando

o risco e seguindo a tendência, teria que dar certo. Enxerguei isso de forma bem clara.

Quais são suas palavras finais?
Tenho duas regras básicas para vencer no trading, assim como na vida: (1) se você não apostar, não ganha; (2) se você perder todas as suas fichas, não tem como apostar.

A filosofia de trading de Hite tem dois elementos básicos. Primeiro, ao contrário da opinião de muitos teóricos, Hite tem a firme convicção de que os mercados são ineficientes. Isso significa que, se você conseguir elaborar um método que coloque as probabilidades a seu favor (e não é preciso que a margem seja muito grande), *é possível* vencer. Segundo, um método eficaz é condição necessária, mas não suficiente, para vencer. Para sobreviver e prosperar no trading, é preciso respeitar o risco de mercado. Caso contrário, mais cedo ou mais tarde ele vai pegar você.

Hite controla o risco com rigor, aplicando quatro princípios básicos:

1. O sistema nunca opera contra a tendência do mercado. Não há exceções. E ele sempre segue o sistema.
2. O risco máximo em cada trade é limitado a 1% do patrimônio total.
3. A Mint leva ao extremo a diversificação. Primeiro, seu sistema é uma combinação de sistemas diferentes, selecionados pela performance individual e também pelo grau de falta de correlação com outros sistemas selecionados. Segundo, a Mint opera em um espectro amplo de mercados (quase 60 ao todo), abarcando bolsas nos Estados Unidos e em cinco outros países, além de grupos de mercado diversificados, que incluem índices da Bolsa, taxas de juros, divisas, matérias-primas industriais e commodities agrícolas.
4. A volatilidade é sempre monitorada em cada mercado, de modo a gerar sinais para liquidar ou suspender temporariamente o trading nos mercados em que a relação risco/recompensa excede limites bem definidos.

Uma observação final: depois de ganhar a vida de forma apenas modesta com algumas carreiras incomuns (como roteirista, ator e empresário de rock), Larry Hite teve um êxito espetacular na empreitada pela qual ele sentia o maior entusiasmo – gestor de fundos. Achei uma excelente ilustração de um comentário de Ed Seykota: "É uma circunstância feliz que, quando a natureza nos dá um desejo irresistível, também nos dá os meios para satisfazê-lo."

PARTE 2

AÇÕES, ESSENCIALMENTE

MICHAEL STEINHARDT

O conceito de percepção variável

O interesse de Michael Steinhardt pela Bolsa de Valores remonta a seu bar mitzvah, em que o pai lhe deu 200 ações de presente. Ele se recorda de ir ao escritório da corretora local na adolescência, para ficar monitorando as cotações juntamente com os mais velhos, enquanto os amigos jogavam *stickball* na rua. Aluno brilhante, Steinhardt completou os estudos em ritmo acelerado, formando-se na Escola Wharton da Universidade da Pensilvânia aos 19 anos, em 1960. Foi direto para Wall Street, onde conseguiu o primeiro emprego como assistente de pesquisa. Nos anos seguintes, ocupou postos como jornalista financeiro e analista de pesquisa. Em 1967, tendo consolidado a reputação de analista talentoso, Steinhardt e outros dois sócios fundaram a firma de investimentos Steinhardt, Fine and Berkowitz – antecessora da Steinhardt Partners (Fine e Berkowitz saíram da empresa no fim dos anos 1970).

Nos 21 anos desde a criação, a firma de Steinhardt alcançou um histórico notável. Nesse período, a Steinhardt Partners obteve uma taxa de crescimento anual composto superior a 30% (ou um pouco abaixo de 25%, se subtrairmos as taxas de administração ligadas ao lucro de 20%). Na comparação, o índice S&P 500 registrou uma taxa de crescimento anual composto de apenas 8,9% (dividendos incluídos) no mesmo período. Mil dólares investidos na firma quando de sua criação, em 1967, teriam se transformado em mais de 93 mil dólares na primavera de 1988 (depois de deduzidas as taxas de administração atreladas ao lucro). Para dar uma ideia, os mesmos mil dólares investidos em uma cesta de ações do índice S&P teriam gerado apenas 6,4 mil dólares. O lucro é parte da história; a trajetória de Steinhardt também apresenta uma admirável constância. A Steinhardt Partners só teve prejuízo em dois anos.

Em ambos os casos, o prejuízo líquido foi inferior a 2% antes do ajuste das taxas de administração.

O desempenho superior de Steinhardt foi obtido mediante o uso de uma infinidade de abordagens. Ele é ao mesmo tempo investidor de longo prazo e trader de curto prazo; sente-se à vontade tanto vendido quanto comprado em ações; é capaz de transferir grandes fatias do capital da empresa para outros veículos financeiros, como títulos do Tesouro americano, caso considere que é a melhor decisão de investimento.

Para deixar bem claro, o histórico da Steinhardt Partners não se deve a uma só pessoa. Além dos sócios cofundadores, ao longo dos anos a firma empregou diversos traders e analistas. No entanto, não resta dúvida de que é Steinhardt quem manda. Ele revisa o portfólio da firma várias vezes por dia. Embora conceda a seus traders autonomia para tomar as próprias decisões, Steinhardt exige que eles justifiquem com rigor suas posições, caso tenha alguma dúvida a respeito delas. Quando a sensação é muito forte, Steinhardt desautoriza o trader e liquida a posição.

O intenso monitoramento feito por Steinhardt e o controle do portfólio da firma valeu a ele a reputação de homem muito exigente para trabalhar – exigente demais para muitos dos traders que deixaram a empresa ao longo dos anos. Considerando-se que a mesa circular de seu escritório foi feita em formato de proa de navio, não surpreende que um jornalista, ao redigir seu perfil, tenha dado a ele o apelido do capitão Ahab, protagonista de *Moby Dick*. No entanto, o jeito durão de Steinhardt tem muito a ver com seu papel – assim como no futebol americano, ser durão é uma virtude para gerir um grupo de traders.

Nunca deparei com o lado durão de Steinhardt. O homem que entrevistei é tranquilo, de fala mansa, paciente e bem-humorado (claro que nossas entrevistas foram realizadas fora dos horários do mercado). Steinhardt tem um senso de humor refinado. Conta-se que ele liga para os amigos fingindo ser um fiscal da Receita, resmunga ordens fictícias de propósito para os corretores pouco antes do fechamento do mercado e usa frases rebuscadas sem sentido, à maneira de um Rolando Lero, quando quer zoar um analista ou repórter que liga para ele. Suas conversas são salpicadas de gíria iídiche, como chamar de *dreck* (lixo) alguns fundos de investimento da moda.

Quais são os principais elementos da sua filosofia de trading?
A palavra "trading" não é sobre como eu penso as coisas. Posso até ser um trader, no sentido de que a frequência das minhas transações é relativamente alta, mas a palavra "investimento" serviria tanto quanto, para não dizer mais. Na minha cabeça, trading implica uma expectativa de venda no momento da aquisição. Se eu fico comprado nos futuros da Bolsa à noite, porque espero que os números do comércio amanhã sejam altistas para o mercado, e planejo vender minha posição no dia seguinte, isso é trading. A maior parte do que faço tem duração muito maior e razões mais complexas. Quando fiquei comprado nos mercados da dívida, em 1981, segurei essa posição por dois anos e meio.

Para os fins deste livro, continuo a chamar de trading aquilo que você faz.
Como você define, então, a diferença entre trading e investimento?

Faço duas distinções básicas. Primeiro, o trader pode ficar vendido tão prontamente quanto comprado. O investidor, em compensação – o gestor de portfólio de um fundo mútuo qualquer –, sempre estará comprado. Se estiver inseguro sobre o mercado, pode investir só 70%, mas sempre comprado. A segunda distinção é que a primeira preocupação do trader é a direção do mercado. O mercado, ou a ação, vai subir ou cair? O investidor está mais preocupado em escolher as melhores ações para investir. Não há juízo de valor envolvido na minha distinção entre traders e investidores, é apenas uma questão de manter certo foco temático para este livro. Em todo caso, por qualquer critério, eu o classificaria como trader. Voltando à minha pergunta original: como você definiria sua filosofia de trading?
Meu estilo particular é um pouco diferente do da maioria das pessoas. O conceito número um é a "percepção variante". Tento elaborar percepções que eu acredito serem variantes da visão geral do mercado. Pratico essas percepções variantes até sentir que elas deixaram de sê-lo.

Poderia me dar um exemplo de percepção variante no mercado atual?
Estamos vendidos em Genentech há um ano e meio. Houve um período de meses e meses em que perdemos muito dinheiro nessa posição. Mas continuei vendido, porque continuava a ter uma percepção variante em relação ao futuro de uma droga da empresa, o TPA. [TPA pode ser injetado de

forma intravenosa para dissolver coágulos sanguíneos.] Nossa percepção é que, dentro de um ou dois anos, o TPA será uma droga menor, suplantada por outras, mais eficientes, que terão um custo substancialmente menor. Todo o impulso da empresa se baseia nessa droga. Se nossa percepção estiver correta, essa empresa vai faturar 20 ou 30 centavos por ação, vendendo por menos de 10 dólares. A ação está atualmente em 27 dólares [junho de 1988], tendo caído de um pico de 65 dólares. [No fim de novembro a Genentech havia caído abaixo de 15 dólares e Steinhardt continuava vendido.] Mas acredito que a percepção geral ainda é que a Genentech é uma empresa de biotecnologia de primeira linha, que fabricará muitos produtos que vão revolucionar o setor. Enquanto minha visão for uma percepção variante, continuarei vendido.

Esse é um exemplo claro, mas levanta uma questão. Digamos que você fique vendido em uma ação por conta de sua percepção variante e a posição caminhe contra você. Se os fundamentos não se alterarem, quanto mais ela for contra você, mais atraente o lado vendido vai parecer. No entanto, do ponto de vista da gestão financeira, a posição teria que ser coberta. Fica parecendo que há aqui dois princípios básicos de trading em conflito.

No mundo do trading existem *xiboletes* (peculiaridades, na gíria iídiche) que podem ou não ser precisas, mas eu não as sigo. Existe a ideia geral de que você não deve ficar vendido em uma ação enquanto ela não chegou ao pico e começou a cair – você não deve ficar vendido enquanto a ação não começar a refletir problemas que estão na cara de todo mundo. Em certo sentido, dá para entender. Talvez seja uma forma superficialmente mais segura de ficar vendido em ações, dormindo melhor ao usar esse método. No entanto, nunca fiz desse jeito. Para ganhar dinheiro nos mercados é preciso estar disposto a se colocar em perigo. Sempre foi essa a minha postura. Tive tendência a ficar vendido em ações que eram queridinhas e sustentadas por uma forte dose de entusiasmo institucional. De modo geral, minha tendência era ficar vendido cedo demais; por isso começava com prejuízos em minhas posições *short*. Quando fico vendido em uma ação e ela sobe muito, isso pode distorcer um pouco minha exposição. Mas enquanto minha percepção variante ficar inalterada, fico vendido. Se errar, errei.

Está dizendo que enquanto os fundamentos, da forma como os enxerga, continuarem inalterados, você segura firme, por mais que a posição vá contra você?
Exato. Evidentemente, é triplamente horrível. Posso operar em torno da posição, para diminuir um pouco a pressão. Eu diria: "Ok, isto está com a cara péssima; só estou vendo gente comprando. Por que não me junto aos compradores e vejo se dá para ganhar um pouco de dinheiro?" Em termos verbais, crio uma dicotomia comigo mesmo. Tenho uma crença fundamental, no fundo do coração, mas tento separar isso do fervor e da intensidade pelo curto prazo que estou enxergando no mercado. Portanto, embora fique vendido nesse tipo de situação, de vez em quando posso ser um comprador.

Pode acontecer de você ficar liquidamente comprado durante esses períodos ou sua posição só flutua entre vendido ou neutro?
Não chega nem perto de neutro, porque esse tipo de compra se baseia em percepções de vida muito curta. Posso chegar a 20%, 30% ou 40% da posição e operar com isso.

Quando você fica muito negativo e vendido em uma ação específica, mas não pessimista em relação ao setor, pode acontecer de fazer um hedge comprando outra ação do mesmo tipo contra sua posição vendida?
Já tentei isso algumas vezes, mas concluí que não dá certo. Tende, isso sim, a me criar dois problemas em vez de um. Em geral, seu conhecimento sobre a segunda ação do outro lado tenderá a ser relativamente genérico, porque você só a pegou para usar como hedge. Se o seu problema é tão grande a ponto de precisar de hedge, por que não atacar diretamente o problema em vez de assumir uma posição separada? Digamos que você esteja vendido em uma ação de papel e as ações de papel estejam bombando. Então você compra outra ação de papel contra aquela. Talvez sua ação vendida vá subir mais, talvez a outra ação vá subir mais. Como saber? Se você cometeu um erro, assuma o erro, não o agrave.

Além do conceito de percepção variante, quais são os outros elementos de sua filosofia de trading?
Não tem nada tão distinto. Não uso ordens *stop loss* ou similares. Não tenho qualquer regra para comprar em pontos fracos ou pontos fortes. Não olho para *breakouts* ou *breakdowns*. Não uso gráficos.

Não usa gráfico algum?
Gráficos não me empolgam. [Começa a falar imitando a fala rápida do comediante americano Jackie Mason.] Olho para a ação. O gráfico é maravilhoso. O gráfico tem uma base, então, se subir um pouco mais, é um *breakout* mesmo, blá-blá-blá-blá. Para mim parece tudo igual.

Mas, do ponto de vista informativo, você não usa os gráficos como um modo rápido e fácil de ver como a ação foi negociada ao longo dos anos?
Se eu observar as ações tão de perto, como faço, tenho uma ideia dos níveis de preços, tendências de altas, faixas e tudo mais.

Digamos que uma ação tenha subido de 10 dólares para 40 dólares. Não importa saber como aconteceu isso?
Não faz a menor diferença para mim.

Você tem alguma regra de trading?
Dê-me um exemplo de uma regra de trading.

Um exemplo comum poderia ser: antes de entrar em uma posição, sei onde vou sair dela. Não precisa necessariamente ser uma regra de gestão de riscos, poderia ser...
Não, não tenho nenhuma regra de *stops* ou objetivos. Eu não raciocino nesses termos.

Nesse momento ele recebe uma chamada no viva-voz. O interlocutor dá a Steinhardt uma notícia urgente sobre uma decisão em um processo contra a indústria do cigarro. "O veredito foi revertido. Foram todos absolvidos, menos o grupo Liggett, que teve de pagar uma multa de 400 mil dólares, sem condenação por danos." Steinhard responde: "Então foi uma decisão ligeiramente a favor dos réus."

Fiquei vendido em ações de cigarros um mês atrás. Meu raciocínio era que, se a acusação ganhasse o processo, as ações cairiam muito, mas, se a acusação perdesse, as ações não iriam subir muito, já que os fabricantes de cigarros nunca perderam um processo e ganhar outro não chegaria a ser notícia. Eis um exemplo de percepção variante. Vai ser interessante ver quanto vou perder, porque minha teoria original era que não seria muito. Olhe aqui [lê a manchete na tela]: "Grupo Liggett responsabilizado por contribuir para a morte de fumante." Eu não vou perder nada. Uma frase como essa vai meter medo em alguém.

Voltando à nossa discussão, digamos que você esteja vendido em uma ação, por conta de sua análise de fundamentos, e a ação ande contra você. Como saber se a sua análise estava errada porque você desprezou algum fator importante?
Essa situação acontece com certa frequência. Você compra ou vende uma ação e ela não age como você acha que deveria. Analiso meu portfólio seis vezes por dia. Nele há muitas ações pelas quais não sou diretamente responsável. Mais alguém está vendido na Time, Inc. Está vendido porque o setor de revistas está péssimo, isso ou aquilo. Mas a ação anda bem forte e subiu 10% em relação a quando ficamos vendidos. Procuro a pessoa responsável pela posição na Time Life e faço várias perguntas importantes: quando iremos ver algo que vai espantar o mundo? Quando acontecerá algo que dissipará a impressão de que essa empresa está madura para uma aquisição?

Em certo sentido, sou um monitor negativo do portfólio. Quando há um problema com uma posição, eu a analiso com muita frequência. Acabo me transformando em um cara meio chato, porque só converso com as pessoas quando a coisa anda mal ou as ações não estão agindo como deveriam.

Se isso não está acontecendo com base nos fundamentos, não seria o tipo de ação do mercado que mudaria sua forma de pensar?
Tento supor que o cara do outro lado do trade sabe pelo menos tanto quanto eu. Digamos que eu compre Texaco a 52 dólares e de repente caia para 50 dólares. Quem vendeu Texaco a 52 dólares teve uma percepção drasticamente diferente da minha. Cabe a mim descobrir que percepção era essa.

E se não conseguir descobrir?
A explicação pode ser superficial ou profunda, mas é possível conseguir algo.

Vamos tomar como exemplo a situação das empresas de cigarro. No fim das contas, a notícia que saiu depois do fechamento parecia pessimista. Se as ações caírem só um pouco amanhã e reagirem logo depois, você cobre sua posição?
Cobriria de qualquer maneira. Sempre cubro a posição de acordo com o noticiário.

Então, quando sai a notícia, o jogo acaba para você.
Exato. Era a única razão de eu estar vendido.

Isso responde à pergunta de uma forma simples demais. Suponha que você quisesse ficar vendido em ações de cigarro como uma posição de mais longo prazo e que o mercado ignorou a notícia de hoje e fecha em alta amanhã. Você cobriria nesse caso?
Depende das minhas razões. Se eu quis ficar vendido em empresas de cigarro por achar que o consumo iria cair bem mais que a percepção de momento, não teria tanta importância. Se o mercado reagisse amanhã, eu teria que tirar proveito disso e vender um pouco mais.

Então você não se importaria se o mercado não reagisse ao noticiário como deveria, desde que você achasse que a razão principal para ter ficado vendido continuasse valendo.
Isso, mas, se a notícia fosse terrível e as ações subissem, eu tentaria entender por quê. Às vezes o mercado tem alguma informação a mais e a ação variante quer contar alguma coisa a você.

Mas já houve situações em que sua análise estava completamente errada?
É claro.

E você se deu conta disso em algum momento?
Sim, e não necessariamente com muita rapidez.

Nesse instante Steinhardt recebe um telefonema em que seu lado da conversa fica repleto de frases sem sentido e resmungos cautelosos. Em seguida ele me explica que tem o hábito ocasional de pregar peças em quem liga.

Recebi uma chamada de um corretor com quem não falava havia muito tempo. Comecei a remexer na papelada e disse: "Compre 30 mil ações da ZCU [e resmunga algo ininteligível]." Você entendeu o que eu disse?

Não [*risos*].

Pois é isso mesmo, mas parecia fazer sentido, não parecia? O fato é que ele me ligou de novo e pedi para minha secretária dizer que eu estava no banheiro. Ele ligou de novo, surtado, porque faltavam cinco minutos para o fechamento e eu não atendia. Às 15h58, retorno para ele e digo: "Você ainda não executou a ordem? Que negócio é esse? Faz logo essa p...!" É claro, ele respondeu: "Eu não peguei o nome da ação." Então disse a ele [resmunga outra frase] e desliguei antes que ele pudesse dizer algo.

Seu fundo costuma ser chamado de hedge fund porque opera de maneira muito diferente de um fundo mútuo convencional. Você poderia detalhar o significado de hedge fund?
O grupo A.W. Jones costuma ser considerado o primeiro hedge fund. Originalmente, esse termo se referia a um conceito preciso, que dizia o seguinte: nós, nesse mundo de gestão financeira, somos incapazes de prever as tendências na Bolsa, que são função de uma série de variáveis, além da capacidade dos indivíduos de antecipar de forma constante. Porém o que dá para fazermos, como gestores financeiros, são juízos precisos, por meio de uma análise cuidadosa, sobre quais empresas estão indo bem, comparadas às que não estão. Então, se contrabalançássemos posições compradas em ações consideradas "relativamente fortes" com posições vendidas em ações com perspectiva de baixa, o risco de mercado seria eliminado. Se você gostasse da Ford e odiasse a General Motors, por exemplo, e para cada dólar comprado na Ford pusesse 1 dólar vendido na GM, mesmo que você perdesse no *short*, se a sua ideia estivesse correta, sairia ganhando no fim.

Então, o conceito original do hedge fund era a ênfase total na capacidade de selecionar ações.

Ainda há quem opere desse modo?
Não, hoje o termo hedge fund é um tanto inapropriado. Atualmente se refere a uma parceria limitada, em que o parceiro é remunerado de acordo com a performance, ao contrário dos gestores financeiros mais tradicionais, remunerados conforme os ativos que gerem. Em geral, o gestor de um hedge fund tem uma flexibilidade bem maior que um gestor financeiro tradicional, e esse é o elemento-chave. Essa flexibilidade pode incluir a capacidade de ficar vendido em ações tanto quanto comprar ações; usar opções, futuros e assim por diante. Isso é um hedge fund, em termos gerais, mas as variações sobre o tema abrangem um espectro bastante amplo.

O que aconteceu com o conceito original de hedge fund?
A flexibilidade da estrutura dos hedge funds atraiu muitos empreendedores jovens e agressivos nos anos 1960, porque lhes propiciou uma oportunidade de abrir o próprio negócio muito cedo, não sendo possível fazer de outro jeito. Era uma época de ações ótimas, com histórias incríveis. Não faltavam ações com altas espetaculares.

O pessoal que entrou no ramo de hedge fund não estava colocando em prática a teoria do hedging. Estavam mais interessados em ser donos do próprio nariz, em ter flexibilidade para ficar comprados em uma porção de ações. Embora tivessem a flexibilidade para ficar vendidos, não chegavam nem de longe a fazer isso. Na língua inglesa, a palavra "hedge" adquiriu um sentido muito específico. Na maioria desses hedge funds, daria para perguntar: "Onde está o hedge?"

Então eles só eram hedge funds no nome?
Exato. Nem eles mesmos se intitulavam hedge funds, tinham vergonha do nome. O termo tinha uma conotação de *short*, e operar do lado vendido soava antiamericano. Era como estar torcendo pelo desastre. Por isso começaram a usar o termo [ele adota um tom de falsa pompa] parceria privada.

Ironicamente, hoje, com a desintegração das tendências suaves dos anos 1950 e 1960, o conceito autêntico de hedge fund poderia fazer mais sentido

do que em seus primeiros dias. **Por que ninguém pratica o conceito de hedge fund em sua forma mais pura?**
Porque é uma abordagem muito limitante. A premissa de estar comprado em 1 dólar e vendido em 1 dólar em instituições relacionadas exige usar muitos dólares de forma ineficiente. Até que ponto Ford e General Motors vão se comportar de modo diferente? Ambas são afetadas pelos mesmos fatores macroeconômicos. Se você tiver que colocar um pouco de dólares no *long* e um pouco de dólares no *short*, se tiver sorte vai conseguir uma diferença de 10% no período de um ano – e isso se estiver com razão.

Temos uma associação com um grupo da Costa Oeste especializado só em ficar vendido em ações. Eles chegaram a cogitar neutralizar a exposição no mercado ficando comprados no mesmo número de dólares em índices da Bolsa, do mesmo modo que ficaram vendidos em ações específicas, porque a contribuição deles é a habilidade especial de selecionar *shorts*. Isso é o mais perto do conceito que vi ultimamente, mas eles não fizeram isso.

E o seu próprio fundo, até que ponto ele se encaixa no conceito de hedge fund?
Ele se encaixa no sentido de que *as vendas a descoberto* são usadas de forma ativa. Sempre temos alguns *shorts*. Passo boa parte do tempo pensando na exposição líquida ao mercado e no risco, e planejando e fazendo ajustes. Em 21 anos fazendo isso, nossa exposição ficou numa média de 40%.

Você quer dizer 40% comprado líquido?
Isso. Em compensação, duvido que o mais conservador dos fundos mútuos convencionais tenha tido uma exposição média inferior a 80% ao longo dos últimos vinte anos.

Na média, você ficou 40% comprado líquido. Mas essa média abrange qual faixa?
Lembro-me de já ter ficado 15% ou 20% vendido líquido em determinado momento e em outro ter ficado mais de 100% comprado líquido.

Você é flexível, então, para ficar vendido líquido tanto quanto comprado líquido?
Isso. Uma das coisas que ressaltaria, no nosso método, é a flexibilidade de mudar a exposição ao mercado, o que faz dele uma ferramenta excepcionalmente relevante – às vezes talvez relevante demais – em nosso arsenal de gestão de investimentos.

Como você determina a perspectiva sobre a direção que o mercado vai tomar, considerando que esse é um fator crucial de seu método?
Não é possível definir, no máximo dizer que há uma série de variáveis, algumas mais importantes que outras, e que muda o tempo todo. Por fazer isso há anos, tenho a possibilidade de acertar 51% das vezes em vez de 50%.

Isso quer dizer que a maior parte de sua lucratividade vem da seleção de ações, e não dos ajustes da exposição líquida antecipando mudanças na direção geral do mercado?
Não, eu estava sendo meio maroto. O diferencial é de mais de 1%, mas não chega a ser uma grande vantagem estar certo 80% do tempo ou qualquer número próximo a isso.

Falando em termos relativos, qual é a importância do viés da direção certa do mercado versus a seleção de ações como fator contribuinte para seu alto desempenho?
Olhando para trás, para os últimos 21 anos, não há um padrão definido para a atividade bem-sucedida. Em alguns anos fomos particularmente bem graças a algumas ações bem escolhidas. Em outros anos fomos excepcionalmente bem porque ficamos do lado certo do mercado. Em 1973-1974, quando o mercado caiu bastante, tivemos uma alta substancial, sobretudo porque estávamos liquidamente vendidos. Houve outros períodos em que a maior parte do nosso dinheiro foi obtido com títulos. Acho que há uma mensagem no fato de não haver um verdadeiro padrão: se alguém acreditar que tem a fórmula do sucesso nesse truque, está enganando a si mesmo, porque ela muda muito depressa. Assim que uma fórmula dá certo por determinado período, seu sucesso carrega o peso da queda inevitável.

O que o deixou confiante de que a cotação das ações iria cair, para ficar liquidamente vendido em 1973-1974?
A previsão de uma época recessiva.

Com base em quê?
Senti que as taxas de inflação mais altas do período iriam elevar as taxas de juros, que, por sua vez, desacelerariam a economia.

Você estava pessimista em relação à Bolsa no período que antecedeu a importante queda de 1982?
Não tanto. Mas em 1981 e 1982 ganhei uma enorme quantidade de dinheiro com uma posição alavancada em títulos do Tesouro. Embora não desse para prever o fim da alta dos juros, do ponto de vista do tempo estava claro que, a menos que as taxas de juros caíssem, outras áreas se tornariam relativamente pouco atraentes. Quando era possível ganhar 14% em títulos de longo prazo do Tesouro, as ações, para serem competitivas, tinham que ser vendidas por muito menos do que estavam sendo. Então nem valia a pena pensar em quais ações comprar – embora desse para focar no lado vendido. O que havia de singular nesse período era a inevitabilidade de uma virada das taxas de juros, para que todo o restante valesse a pena; a única questão era o momento dessa virada. Ao contrário da maior parte dos outros períodos, esse tinha uma mensagem unidirecional clara: os títulos de renda fixa do Tesouro americano eram, de longe, o valor por excelência daquele momento.

Qualquer pessoa com mentalidade contrária veria uma oportunidade em potencial na taxa de juros, no começo dos anos 1980. Sabíamos que o Fed teria que abrandar assim que as empresas começassem a entrar em dificuldade. Além disso, já tínhamos visto um pico importante na taxa de inflação.

Então parte das peças do quebra-cabeça já estavam montadas?
Isso mesmo, e é o máximo que se pode esperar, porque, quando todas estão montadas, já é tarde demais.

Você citou uma mentalidade contrária, mas esse tipo de raciocínio poderia servir para tentar pegar um pico a taxas muito menores.
Exatamente. As pessoas acham que ser do contra é sinônimo de vitória. Afinal, o que é ser do contra, a não ser ir contra a multidão? É quase um clichê que a multidão esteja sempre errada – e, por isso, o sujeito que se opõe a ela deve estar sempre certo. Não é assim que a vida funciona. Muita gente do contra comprou títulos quando a taxa de juros atingiu 8% pela primeira vez, e 9%, e 10%. E perdeu muito dinheiro comprando títulos com rendimentos que tinham batido o recorde até então.

Existe uma diferença muito importante entre ser um teórico do contra e lidar com aquilo em termos práticos. Para ser vitorioso sendo do contra, é preciso o timing certo e colocar uma posição do tamanho adequado. Se for muito pequena, não significa nada; se for muito grande, você pode ficar zerado caso o timing seja ligeiramente errado. É um processo que exige coragem, dedicação e uma compreensão de sua própria psicologia.

Suponho que nesse trade você teve o mercado contra si durante um bom tempo.
Tive, sim. Foi um período muito doloroso, porque para a maioria dos meus clientes eu era um investidor de Bolsa, não de títulos. O que eu sabia de títulos? Quem era eu para contradizer Henry Kaufman, que afirmara ao mundo que as taxas de juros iriam subir até a lua? Não apenas eu estava fazendo algo diferente do passado, o que sempre faz subir a antena dos investidores – sobretudo aqueles com mentalidade institucional –, como estava fazendo em um tamanho enorme.

Você estava alavancado em mais de 100% da sua posição?
Sim, a certa altura tinha de três a quatro vezes o capital da firma em vencimentos de cinco anos. Nas ações, você tem um policial para lhe dizer quanto você pode especular: o nome disso é chamada de margem. Em títulos do Tesouro, porém, podem-se financiar até 98% de suas aquisições, dependendo do vencimento; logo, não há de fato uma restrição.

Quanto tempo decorreu entre começar a comprar títulos e o mercado chegar ao fundo [o pico da taxa de juros]?
Comecei a comprar na primavera de 1981 [essa estação do ano nos Estados Unidos vai de março a maio] e acho que os títulos chegaram ao fundo em 30 de setembro de 1981.

Até que ponto as taxas se moveram contra você nos primeiros seis meses?
Não me lembro, mas as taxas subiram o bastante para ser nefastas, sobretudo considerando o tamanho da minha posição.

Até aquele momento você tinha sido um trader de ações. Eis que, em sua primeira incursão importante na renda fixa, estreia sofrendo prejuízo substancial. Você não teve períodos de dúvida pessoal?
O tempo todo. O verão de 1981 foi a pior experiência da minha vida nos negócios. Alguns investidores sensatos, inteligentes, estavam descontentes com o que eu estava fazendo – e eu mesmo não estava tão certo.

Você chegou perto de dizer "Talvez eu esteja errado" e liquidar, ou pelo menos diminuir sua posição?
Não, nunca.

Um de seus princípios básicos parece ser que, enquanto acreditar que está certo, você retém a posição. Houve alguma exceção – isto é, mercados em que você não alterou sua visão fundamental, mas o prejuízo foi grande demais?
Houve algumas situações em que eu estava vendido e não tive coragem bastante para me agarrar à posição inteirinha. Isto foi verdade sobretudo em 1972, no auge do fenômeno *Nifty-Fifty* [grupo de cinquenta ações da Bolsa de Nova York que puxaram a alta daquele período]. Exceto outubro de 1987, que foi talvez o pior período de minha vida nos investimentos. Na época havia uma teoria de que, desde que a empresa continuasse tendo um crescimento substancialmente acima da média, não importava quanto você pagava. Muitas ações em alta eram negociadas por inúmeras vezes mais, o que era uma loucura. Ficamos vendidos na Polaroid quando ela estava cotada a sessenta vezes o lucro, o que achávamos um absurdo; então, ela subiu para setenta vezes o lucro. É como se o mercado tivesse perdido o senso da realidade e dissesse: "Qual a diferença entre quarenta vezes o lucro e oitenta vezes o lucro?" Bastava colocar um número qualquer na estimativa da taxa de crescimento para justificar qualquer múltiplo. Era assim que as pessoas pensavam naquela época.

Então você recuou nesse período?
Às vezes, sim, porque estávamos perdendo muito dinheiro.

Esse lance se revelou o certo a fazer, porque as ações acabaram subindo múltiplas vezes mais, ou teria sido melhor se você tivesse sustentado?
Olhando para trás, em quase todos os casos eu estaria melhor se tivesse ficado.

Você comentou que outubro de 1987 foi uma das piores experiências de mercado da sua carreira. Companhia era o que não lhe faltava. Mas fico um tanto surpreso com esse fato, sendo você tão do contra. Não esperaria que você tivesse ficado comprado pesado em um ano com uma euforia tão altista. O que aconteceu?

Na primavera de 1987 escrevi uma newsletter aos meus investidores explicando a razão de minha cautela e reduzindo substancialmente minha exposição. Tendo feito isso, continuei refletindo sobre o motivo de o mercado operar em um nível alto demais para os padrões históricos. Cheguei à conclusão de que a questão, por excelência, era uma combinação sem igual de fenômenos acontecendo na Bolsa americana – uma redução contínua e substancial na quantidade de ações em circulação, coincidindo com uma atitude mais liberal em relação à dívida. Enquanto os bancos estivessem emprestando dinheiro, o mercado de *junk bonds* [títulos de renda fixa de alto risco de crédito] estivesse bom e os gerentes das empresas encarassem a recompra de suas ações como o certo a fazer, haveria um viés anormal de alta no preço das ações. Para mim, essa era a razão isolada para a aparente supervalorização das ações que ocorreu na maior parte de 1987.

Logo, a questão importante era: o que faria essa situação mudar? A resposta era: uma recessão. E, no momento em que acontecesse a recessão, o impacto seria terrível, porque o governo não tinha flexibilidade para enfrentá-la, tendo se afastado de uma política fiscal contracíclica durante a fase de expansão. Porém durante o outono de 1987 a economia não estava fraquejando, mas, sim, se fortalecendo – tanto que o Fed deu um aperto.

O que não previ foi que acontecimentos nem de longe dramáticos poderiam ter tido o impacto que tiveram no mercado. Até que ponto o aperto do Fed foi importante? Normalmente ele teria criado uma queda de 100 ou 200 pontos na Bolsa, mas não uma queda de 500 pontos. À luz da história, qual foi a importância das críticas à Alemanha feitas pelo secretário Baker, do Tesouro? Não passavam de uma discordância em relação à avaliação adequada das divisas – nem de longe um evento isolado. Olhando para trás, o que aconteceu com o mundo real depois de 19 de outubro? Quase nada. Então é preciso concluir que esse era um problema interno do mercado, e não que o mercado estivesse prevendo um desastre financeiro iminente ou uma grande recessão.

Como você explica a natureza radical da virada nas cotações em 19 de outubro?
O problema que levou ao colapso de 19 de outubro foi uma combinação de mudanças relativamente pequenas no mundo real com a incapacidade do mecanismo de mercado em lidar com as alterações institucionais que ocorreram durante os anos 1980. Os fatores de estabilidade – o investidor individual e o sistema de especialistas – haviam perdido muito de sua importância.

Você acredita que os "seguros de portfólio" exacerbaram o declínio? [Seguro de portfólio é a venda sistemática de futuros do índice da Bolsa para reduzir a exposição ao risco de uma queda da cotação em um portfólio de ações. Veja mais detalhes no Apêndice 1.]
Esse foi um dos novos elementos. Por um lado, havia uma redução dos elementos de estabilidade. Por outro, as criações dos anos 1980 – seguro de portfólio, trading programado e alocação global de ativos – tinham tendência a exercer um impacto unidirecional. O que quero dizer é que os participantes dessas estratégias tendiam a ser compradores e vendedores ao mesmo tempo. A Bolsa não estava preparada para lidar com isso.

Quanto ao posicionamento, como você estava ao chegar a 19 de outubro?
Cheguei muito exposto do lado comprado – 80% a 90% – e aumentei minha exposição durante o dia.

Por quê? Você continuava altista?
Meu aumento da exposição era estritamente um trade do contra, no sentido de que, quando os mercados fazem um movimento enorme, o certo é adotar na maioria das vezes o ponto de vista de que esse movimento tem muito de emocional e radical. Se você conseguir manter certo distanciamento dessa emotividade, a tendência é sair-se bem. Por isso minha compra daquele dia é o que eu teria feito em qualquer dia de queda de 300, 400 ou 500 pontos.

Você sustentou sua posição comprada?
Não, fui reduzindo ao longo dos dois meses seguintes. A dimensão do declínio e a mudança extraordinária da confiança que aquele fato gerou também me afetaram. Achei melhor dar um tempo e repensar a situação com muitos recursos em caixa em vez de tentar aguentar.

Você achou que sua premissa básica para ficar vendido já não valia mais?
Achei que tinha subestimado o impacto das forças que abalaram a estabilidade do mercado.

Qual foi o percentual de seu prejuízo no mês de outubro de 1987?
Tive uma queda de 20% no mês.

Olhando em retrospecto para a experiência de outubro de 1987, houve algum outro erro que serviu de lição?
Um investidor muito bom, com quem converso com frequência, disse: "Só o que trago comigo são 28 anos de erros." Creio que ele tem toda a razão. Quando você comete um erro, ocorre algum fenômeno inconsciente que o torna menos suscetível a repetir aquele erro. Uma das vantagens de operar como eu – investidor de longo prazo, investidor de curto prazo, selecionador de ações individuais, *market timer*, analista de setor – é que tomei tantas decisões e cometi tantos erros que acumulei mais sabedoria que meus anos como investidor permitiriam.

Um fundo mútuo convencional segue um método de *buy and hold* [comprar e manter]. Você acha que esse conceito é uma estratégia falha?
Acho, embora "falha" não seja a palavra que eu usaria. Diria que é uma estratégia limitante demais. O objetivo de participar do crescimento a longo prazo das ações nos Estados Unidos, disposto a sofrer nos períodos de queda, é nobre, mas deixa muito a desejar em termos de gestão profissional em potencial. É uma estratégia incompleta.

No entanto, a esmagadora maioria dos fundos recai nessa categoria.
Suponho que sim, mas menos que antes. Cada vez mais pessoas prestam atenção no *market timing*, o que não quer dizer que sejam necessariamente competentes para se sair muito bem, e sim que elas acabaram entendendo o que significa um método *buy and hold* [de longo prazo]. Quando eu era jovem, um conselho comum era comprar a ação, jogá-la em um baú e esquecer. Você não ouve mais esse tipo de conceito. Perdemos confiança no longo prazo.

Você acha que o setor de fundos mútuos vai se transformar?
Ele é sensível o bastante aos caprichos do público investidor para encontrar produtos que atendam às necessidades dos dias de hoje.

Como você lida com um período negativo?
Como é o caso em muitas outras questões neste negócio, não existe resposta pronta ou fórmula. Não há nada que eu possa articular com precisão para orientar pessoas nesta ou naquela direção.

Em outras palavras, um período negativo pode ser diferente de outro o bastante para não haver lição geral que se aplique.
Exatamente.

Como você começou a operar com fundos?
Quando entrei neste negócio, no fim dos anos 1960, tinha uma boa base analítica. Analisava equipamentos agrícolas e mercadorias cíclicas na Loeb Rhoades. Minha empresa foi aberta com mais dois sujeitos que também eram analistas. À medida que a empresa crescia, o trading foi se tornando mais importante. Eu era o trader da firma, mesmo com pouquíssimo background.

Por qual razão você era o trader?
Provavelmente porque não era tão bom analista quanto os outros dois.

Mesmo nesse período inicial, você se saiu muito bem como trader. Como conseguiu essa façanha sem o benefício da experiência?
Meu pai apostou por toda a sua vida. Embora nem de longe isso sirva como justificativa, acho que existe um elemento de aposta neste negócio. Talvez eu tenha herdado o talento do meu pai.

Você operou na Bolsa durante mais de vinte anos. Notou alguma mudança significativa nesse período?
A quantidade de potência intelectual nas mesas de trading, vinte anos atrás, era mínima, se comparada a hoje. Os traders institucionais eram, em geral, garotos do Brooklyn, que mal conheciam o jargão, ganhavam pouquíssimo dinheiro e quase não tinham autonomia. Então, quando comecei a operar, foi como tirar doce de uma criança.

   Lembro que certa vez um trader precisava vender 700 mil ações da Penn Central. Na época a empresa já estava em liquidação judicial. O último trade tinha sido de 7 e o vendedor não se preocupou em checar o painel. Comprei 700 mil ações por 6,125. O vendedor ficou aliviado por vender tantas ações menos de 1 dólar abaixo do último trade. Enquanto isso, virei para o outro lado e vendi as 700 mil ações por 6,875. Poderia ter vendido o triplo por aquele valor. Ganhei meio milhão de dólares naquele trade, que me tomou apenas incríveis 12 segundos.

Quanto tempo durou esse contexto?
Até a aparição da fita consolidada em 1975. Hoje a concorrência é muito maior: o pessoal nas mesas de trading é muito mais brilhante. Outra mudança é que os compradores e vendedores avulsos diminuíram drasticamente de importância. O mercado ficou mais institucionalizado. As pessoas físicas compram ações por meio dos fundos mútuos. As corretoras não vendem ações para os clientes tanto quanto vendem esses fundos mútuos horrorosos e outras coisas péssimas que eles chamam de "produtos financeiros".

Talvez a mudança mais importante seja que o mundo está mais voltado para o curto prazo. Toda a gente que antes era investidora agora é trader. As instituições, hoje, se definem como empresas cuja meta é atingir a taxa de retorno mais alta, enquanto antes se definiam como investidoras de longo prazo. A confiança das pessoas na capacidade de prever tendências históricas diminuiu muito. Em 1967 o normal era ver um relatório de uma corretora estimando qual seria o lucro por ação do McDonald's até o ano 2000. Era gente que acreditava ser capaz de prever os lucros a longo prazo, porque as empresas cresciam de forma estável e previsível. Acreditavam nos Estados Unidos e em um crescimento constante. Hoje em dia as ações não se prestam mais a esse tipo de análise histórica.

A consequência do fracasso da análise histórica de tendências de crescimento, nos anos 1970 e 1980, tem a ver com a questão do trading. Nos anos 1950 e 1960, os heróis eram os investidores de longo prazo; hoje os heróis são os sujeitos sensatos. Existe gente como [James] Goldsmith, que tece loas às virtudes do capitalismo. Ele fala "o que eu fiz pela Goodyear...". O que ele fez pela Goodyear? Ficou lá sete meses, ganhou 8 zilhões de dólares para si mesmo e saiu da direção depois de receber *greenmail* [prêmio pela recompra de ações para evitar uma aquisição hostil]. Ele fala do que fez pela Goodyear porque se sente constrangido e precisa de alguma forma se associar ao processo capitalista. Ele e outras pessoas saem enchendo a boca para falar de gestão, mas não sabem nada de gestão de empresas. Como certas leis foram esvaziadas, é possível fazer coisas hoje que antes não se faziam.

De que leis você está falando?
A reinterpretação das leis de aquisição, pelo Departamento de Justiça; a definição do que é e o que não é monopolista.

Qual seria o conselho mais importante que você poderia dar ao leigo?
Uma das coisas que atraem neste negócio é que às vezes o maior dos ignorantes pode se dar muito bem. É uma pena, porque isso cria a impressão de que você não precisa necessariamente de profissionalismo para se sair bem, o que é uma enorme armadilha. Por isso, o principal conselho que eu daria a alguém é: reconheça que se trata de um negócio muito competitivo e que, quando você decide comprar ou vender uma ação, está competindo com gente que dedicou boa parte de sua vida a esse empreendimento. Em muitas situações, esses profissionais estarão do lado oposto de seus trades e, no balanço final, vão derrotar você.

A mensagem implícita seria que, na maior parte do tempo, o trader novato faria melhor deixando seu dinheiro com um gestor profissional?
O termo gestor profissional implica um crédito que não estou certo se daria ao profissional médio dessa área. O que quero dizer é que você precisa ter um bom motivo para supor que vai alcançar um retorno significativamente maior ao investir em ações. Se você conseguir 9% ou 10% investindo em *T-bonds* e 7% ou 8% investindo em *T-bills* [títulos de curto prazo], quanto precisaria ganhar com ações para compensar o aumento do risco? Provavelmente algo muito maior. Então teria que decidir que número é esse e se há uma possibilidade real de atingi-lo.

Não subestimar a dificuldade desse jogo.
Exato, e esqueça o papo furado de que as ações vão lhe dar uma taxa de retorno maior porque o risco é maior. Não é verdade. O risco é maior; logo, você precisa estar convicto de que vai obter uma taxa de retorno maior se quiser entrar nesse jogo. Não suponha que, só por investir em fundo mútuo, vai obter uma taxa de retorno mais alta.

Mas isso não é verdade? Historicamente, a Bolsa não supera o retorno da taxa de juros de maneira significativa?
É verdade, mas no meio disso tem muito blá-blá-blá. O cálculo do retorno médio depende da data inicial. Se você começar em 1968 ou 1972, por exemplo, os números ficam bem menos atraentes.

Quais são os elementos do bom trading?
Ter equilíbrio entre a convicção de seguir suas ideias e a flexibilidade de reconhecer quando cometeu um erro. Você precisa acreditar em algo, mas ao mesmo tempo vai cometer erros um número considerável de vezes. O equilíbrio entre confiança e humildade se aprende melhor por meio de uma extensa experiência e dos erros. É preciso ter respeito pela pessoa do outro lado do trade. Sempre indague a si mesmo por que ela está querendo vender. O que ela sabe que você não sabe? Por fim, você precisa ter honestidade intelectual consigo mesmo e com os outros. Para mim, todo grande trader é alguém em busca da verdade.

A percepção variante de Steinhardt é, basicamente, um método do contra. Mas você não pode ser um operador do contra bem-sucedido apenas usando números de pesquisas de sentimento e outras medições de um consenso altista. Os mercados não dão retorno com tanta facilidade. Embora o sentimento seja sempre muito altista nos picos e muito baixista nos fundos, leituras altistas ou baixistas também são características de tendências prolongadas. O segredo é não ser do contra, e sim ser do contra na hora certa. Julgamentos assim não podem ser feitos com base em simples fórmulas. O operador do contra bem-sucedido precisa ser capaz de filtrar as verdadeiras oportunidades. Os filtros de Steinhardt são uma combinação de profundo senso dos fundamentos com timing de mercado.

A flexibilidade é outra chave essencial para as características da performance favorável de retorno/risco de Steinhardt. Essa flexibilidade é demonstrada pela facilidade com que ele fica vendido ou comprado, assim como sua disposição de operar em outros mercados além das ações, quando garantidos por sua percepção de fundamentos. "Quanto mais você trouxer para a mesa – *shorting*, hedging, participação nos mercados de títulos, trading no mercado de futuros, etc. –, melhor você estará", diz ele.

Uma característica que percebi em uma série de grandes traders inclui a disposição e a capacidade de assumir uma posição importante ao se dar conta de uma oportunidade de trading maior. O sangue-frio e a habilidade necessários para pisar no acelerador na hora certa estão entre os elementos que separam o bom trader do trader excepcional. A posição pesada de

Steinhardt em títulos do Tesouro em 1981 e 1982 é um exemplo perfeito dessa característica.

A convicção é uma qualidade importante para qualquer trader, mas é indispensável para o trader do contra. Steinhardt demonstrou várias vezes sua incrível determinação para manter posições grandes durante períodos difíceis, desde que estivesse convencido de ter razão. Testemunho disso foi sua convicção de reter sua posição em títulos do Tesouro durante o clímax de seis meses das taxas de juros, em 1981, permanecendo imune ao movimento do mercado contra ele e às pressões psicológicas dos investidores queixosos, questionando sua súbita transição para os títulos do Tesouro depois de uma carreira como operador da Bolsa. Durante tudo isso, Steinhardt aguentou firme e até aumentou sua posição, porque continuou convicto de que tinha razão. Sem esse forte sentido de convicção, talvez o mundo nunca tivesse ouvido falar de Michael Steinhardt.

Ele ressalta que não existem fórmulas ou padrões fixos absolutos. Os mercados estão em constante transformação e o trader bem-sucedido precisa se adaptar a essas mudanças. Do ponto de vista de Steinhardt, os traders que tentam encontrar métodos fixos estão condenados ao fracasso, mais cedo ou mais tarde.

WILLIAM O'NEIL

A arte da seleção de ações

William O'Neil é um otimista sem reservas e grande entusiasta do sistema econômico americano e de suas possibilidades. Ele afirma: "Grandes oportunidades ocorrem todos os anos nos Estados Unidos. Prepare-se e vá em frente. Você vai descobrir que aquela mudinha pode crescer e se transformar em um carvalho gigante. Tudo é possível, com persistência e dedicação. Sua determinação para ter sucesso é o fator mais importante."

O'Neil é a prova viva de suas palavras: uma clássica história americana de sucesso. Nascido em Oklahoma, durante os anos austeros da Grande Depressão, e criado no Texas, ele conseguiu acumular uma fortuna dupla, tanto como investidor lucrativo quanto como empresário bem-sucedido.

O'Neil iniciou a carreira financeira como corretor da Hayden, Stone and Company, em 1958. Foi lá que começou as pesquisas que o levaram a formular os elementos-chave de sua estratégia de investimentos. Os conceitos de trading de O'Neil se revelaram incrivelmente eficazes desde o início. Em 1962-1963, compondo os lucros em três excepcionais operações consecutivas – vendido na Korvette, comprado na Chrysler e vendido na Syntex –, ele conseguiu engordar um investimento inicial de 5 mil dólares para mais de 200 mil dólares.

Em 1964 O'Neil usou seu lucro nos investimentos para comprar uma vaga na Bolsa de Valores de Nova York, formando a William O'Neil and Co., uma corretora de pesquisa institucional. Sua firma foi pioneira na oferta de informações computadorizadas abrangentes sobre a Bolsa e hoje é uma das mais respeitadas firmas de pesquisa de mercado do país. A William O'Neil and Co. atende mais de quinhentas grandes carteiras de pessoas jurídicas e 28 mil assinantes individuais de seu serviço de gráficos *Daily Graphs*. A base de dados da empresa contém 120 estatísticas diferentes sobre cada um de 7,5 mil ativos negociados nos mercados.

Naquele que foi seu empreendimento mais audacioso, O'Neil lançou em 1983 o *Investor's Daily*, concorrendo diretamente com o *The Wall Street Journal*. Ele financiou o jornal com fundos próprios, ciente de que levaria muitos anos até poder pensar em não dar prejuízo. Não faltaram céticos quando o jornal começou com uma tiragem inferior a 30 mil exemplares em 1984, comparados aos mais de 2 milhões do *WSJ*. Em meados de 1988 as assinaturas do *Investor's Daily* já passavam de 110 mil e o crescimento da circulação vinha se acelerando. O ponto estimado de *breakeven*, de 200 mil assinantes, deixou de parecer absurdo. O'Neil acreditava que o *Investor's Daily* poderia chegar a 800 mil leitores. Sua confiança inabalável no jornal provém do fato de que as tabelas financeiras do *Investor's Daily* contêm informações estatísticas impossíveis de encontrar em outro lugar – ranking de lucro por ação, força relativa e mudança de volume percentual. (Essas medições são discutidas na entrevista.)

Em 1988 O'Neil reuniu suas ideias no livro *How to Make Money in Stocks*, obra que combina clareza e concisão com conselhos de trading excelentes e bem específicos. Foi o livro de investimentos mais vendido do ano.

Os diversos empreendimentos de O'Neil não atrapalharam sua performance como virtuose do investimento em ações. Nos últimos dez anos ele teve uma média superior a 40% de lucro anual em seus investimentos em ações. Alguns de seus maiores vencedores foram as petrolíferas canadenses, nos anos 1970, e a Pic'n'Save e a Price Co., no fim da década de 1970 e início da de 1980. Talvez as decisões de mercado mais famosas de O'Neil tenham sido dois anúncios de página inteira no *The Wall Street Journal* proclamando grandes mercados altistas iminentes. Dificilmente o momento desses anúncios poderia ter sido melhor: março de 1978 e fevereiro de 1982.

A William O'Neil and Company é uma operação sem pompa. Poucas vezes vi um ambiente de trabalho mais superlotado. O próprio O'Neil não faz questão de nenhum privilégio. Em algo que é uma raridade entre CEOs, ele compartilha uma sala com dois funcionários. O'Neil me impressionou por ser articulado, confiante, polêmico e muito otimista em relação aos Estados Unidos.

Creio que seria justo descrever seu método de investimento em ações como individualista e original. Como você concebeu suas ideias de trading?
Passei pelo mesmo processo que a maioria das pessoas. Assinei algumas newsletters de investimentos e a maioria delas não valia grande coisa. Descobri que teorias como comprar ações de cotação baixa ou ações com índices de preço/lucro (P/L) baixos não faziam muito sentido.

Quando você encontrou um método que funcionava?
Lá em 1959 fiz um estudo sobre pessoas que estavam se saindo muito bem no mercado. Na época, o fundo Dreyfus era pequeníssimo, gerindo apenas 15 milhões de dólares. Jack Dreyfus, gestor desse fundo, estava obtendo resultados que eram o dobro dos de todos os concorrentes. Por isso peguei exemplares dos prospectos e relatórios trimestrais deles e marquei nos gráficos exatamente onde eles tinham comprado cada ação. Havia mais de cem *ativos* do gênero e, quando coloquei todas na tabela, fiz minha primeira descoberta: não algumas, nem a maioria, e sim praticamente todas as ações foram compradas quando atingiram um novo pico de cotação.

A primeira coisa que aprendi, então, sobre como obter performance superior foi não comprar ações quando estavam perto do fundo, e sim comprar ações que estavam saindo de bases amplas e começando a atingir novos picos em relação à base anterior. O que se busca é achar o começo de um grande movimento, para não perder seis ou nove meses sentado em uma ação que não vai a lugar algum.

Estudei as ações que foram grandes vencedoras nos anos anteriores, tentando encontrar as características que tinham em comum antes de se tornarem grandes sucessos. Não me limitei a ideias preconcebidas, como o índice P/L; analisei inúmeras variáveis para elaborar um modelo com base no funcionamento do mundo real.

Você pode descrever um modelo para selecionar ações vencedoras?
Uso um acrônimo fácil de lembrar, CANOLIM. Cada letra do nome representa uma das sete características das ações de maior valorização de todos os tempos em seus estágios iniciais de desenvolvimento, logo antes de fazer grandes progressos.

O "C" é de lucro *corrente* por ação. As ações de melhor performance apresentaram um aumento médio de 70% dos lucros no trimestre corrente, em relação ao ano anterior, *antes* de começarem a alta principal. Fico espantado ao ver como muitos investidores individuais, e mesmo gestores de fundos de pensão, compram ações ordinárias com lucros inalterados ou até em queda do trimestre corrente. Não existe razão alguma para uma ação subir se os lucros correntes são ruins. Se, como nossa pesquisa demonstrou, as melhores ações tiveram grandes aumentos nos lucros antes de a cotação avançar rapidamente, por que alguém se contentaria com lucros medíocres? Portanto, nossa primeira regra básica na seleção de ações é que os lucros trimestrais por ação tenham que subir pelo menos 20% a 50%, em relação ao ano anterior.

O "A" na nossa fórmula é de lucro *anual* por ação. Em nossos estudos, a taxa de crescimento médio anual dos lucros compostos das ações de performance destacada, em um período de cinco anos no estágio emergente inicial, foi de 24%. O ideal é que a cada ano o lucro por ação apresente um aumento em relação ao do ano anterior.

É uma combinação singular, entre lucro corrente forte e média alta de crescimento do lucro, que cria uma ação excepcional. O ranking de lucro por ação, publicado no *Investor's Daily*, combina o aumento percentual do lucro da ação durante os dois trimestres anteriores com a média percentual do lucro nos últimos cinco anos e compara esse número com o de todas as outras ações que cobrimos. Um ranking de 95 significa que os lucros históricos da empresa, correntes e de cinco anos, suplantaram 95% das outras empresas.

O "N" em nossa fórmula é de algo *novo*. O "novo" pode ser um novo produto ou serviço, uma mudança no setor ou uma nova direção. Em nossa pesquisa, concluímos que 95% dos maiores vencedores tinham algo novo, que caía em uma dessas categorias. O "novo" também se refere a um novo pico de cotação para a ação. Em nossos eventos, descobrimos que 98% dos investidores não estão dispostos a comprar uma ação que atinge um novo pico. Porém um dos maiores paradoxos da Bolsa é que aquilo que parece alto demais sobe ainda mais e o que parece baixo demais cai ainda mais.

O "O" na fórmula é de ações *outstanding* [disponíveis para negociação] em circulação [excluem-se ações de controladores das empresas ou bloqueadas para negociação]. Noventa e cinco por cento das ações que tiveram melhor desempenho em nossos estudos tinham capitalização inferior a 25 milhões de ações durante o período de melhor performance. A capitalização média de todas essas ações foi de 11,8 milhões, enquanto o número médio foi de apenas 4,6 milhões. Muitos investidores institucionais atrapalham a si mesmos restringindo suas aquisições a empresas de grande capitalização. Ao fazer isso, descartam algumas das empresas de melhor crescimento.

O "L" em nossa fórmula é de *líder* ou *lerdo*. As quinhentas ações de melhor desempenho no período de 1953 a 1985 tiveram uma *força média relativa* de 87 antes do início da alta principal da cotação. [A força relativa mede a performance da cotação durante os 12 meses anteriores, comparada a todas as outras ações. Uma força relativa de 80, por exemplo, significaria que aquela ação superou 80% de todas as outras ações nesse período de 12 meses.] Assim, outra regra básica na seleção de ações é escolher as líderes – aquelas com o valor mais alto de força relativa – e evitar as lerdas. Tendo a restringir minhas aquisições a empresas com força relativa acima de 80.

O "I" na fórmula é de apoio *institucional*. Os compradores institucionais são, de longe, a maior fonte de demanda de ações. As ações líderes costumam ter suporte institucional. No entanto, embora seja bom ter algum apoio institucional, o apoio em excesso não é bom, porque seria fonte de venda pesada se alguma coisa desse errado com a empresa ou o mercado em geral. É por isso que a maioria das ações de posse institucional pode ter um desempenho ruim: no momento em que a performance da empresa se torna tão visível que quase todas as instituições têm aquela ação, já é tarde demais para comprar.

O "M" em nossa fórmula é de *mercado*. Três de cada quatro ações vão na mesma direção quando ocorre um movimento significativo nas médias do mercado. É por isso que você precisa aprender a interpretar cotações e volumes diariamente, em busca de sinais de que o mercado bateu no teto.

Em qualquer momento específico, menos de 2% das ações de todo o mercado se encaixam na fórmula CANOLIM. Essa fórmula é propositalmente restritiva porque a ideia é pegar apenas as melhores das melhores. Se você recrutar jogadores para um time de beisebol, vai escolher um time só de rebatedores com média de 20% ou vai tentar conseguir o maior número possível com 30%?

Já que você utiliza um processo de seleção tão restritivo, seu percentual de trades vencedores é alto?

Ao longo dos anos, por volta de dois terços das minhas aquisições de ações fecharam com lucro. No entanto, concluí que apenas uma ou duas ações, de cada dez que comprei, se revelaram excepcionais.

A maioria dos indicadores na sua fórmula CANOLIM, como o lucro por ação, não identificaria a ação antes mesmo de ela atingir um novo pico? Por que não comprar a ação enquanto ela ainda está formando uma base em vez de esperar que ela atinja um novo pico?

A ideia não é antecipar um *breakout* de uma consolidação de preços de base, porque pode ser que essa ação nunca tenha um *breakout*. Você pode acabar comprando a ação cedo ou tarde demais. A ideia é comprar quando há menos probabilidade de perda. Se você compra dentro da base, muitas vezes a ação flutua 10% ou 15% na atividade de trading normal e você fica suscetível a ser expulso da posição. Mas, se compra bem no momento certo, a ação não vai cair até o limite de 7% de *stop loss*.

Você afirmou que as melhores ações têm números de força relativa altos – 80 ou mais. Embora a força relativa alta seja boa, pode acontecer de ela ser alta demais? Em outras palavras, uma força relativa de 99 indicaria que a ação está esticada demais e vulnerável a uma correção aguda?

Você precisa olhar para o gráfico para determinar isso. A questão-chave não é se a força relativa está alta demais, e, sim, até que ponto a ação está esticada além da base de cotação mais recente. Você compra ações com força relativa alta se elas estiverem só começando a emergir de um período sólido de construção de base. No entanto, eu não compraria uma ação com força relativa alta que já esteja mais de 10% acima de sua base de cotação anterior.

O "M" na fórmula faz sentido, já que poucas ações podem influenciar um mercado baixista. No entanto, essa regra soa mais fácil na teoria que na prática. Afinal de contas, como você distingue entre um teto do mercado e uma correção normal de um mercado altista?

A formação de tetos nas médias do mercado só pode ocorrer de duas maneiras: primeiro, a média caminha até um novo pico, mas o atinge com volume baixo. Isso indica que a demanda por ações está baixa nesse momento e que essa alta é vulnerável. Em segundo lugar, o volume aumenta durante vários dias, mas ocorre muito pouca, ou nenhuma, elevação da cotação, medida no fechamento do mercado. Nesse último caso, pode não ocorrer um ganho de volume quando o mercado chega ao teto, já que a distribuição se deu à medida que ele subia.

Outra forma de determinar a direção geral do mercado é focar no desempenho das ações líderes. Se as ações que comandaram o mercado altista comecem a sofrer *breakouts* baixistas, é um sinal importante de que o mercado bateu no teto. Outro fator importante a vigiar é a taxa de desconto do Federal Reserve. Depois que o Fed eleva a taxa duas ou três vezes, é uma encrenca para o mercado.

A linha de avanço/declínio diária é, às vezes, um indicador útil para acompanhar sinais de um teto do mercado. [A linha de avanço/declínio ilustra a diferença entre o número total de ações da Bolsa de Nova York que tiveram alta em um dia versus o número das que tiveram baixa.] Com frequência, essa linha fica atrás das médias do mercado e não consegue alcançar picos anteriores depois que as médias atingiram novos picos. Isso indica que há menos ações participando dos ganhos do mercado.

Quando acredita que o mercado entrou em uma fase de baixa, você aconselha ficar vendido em vez de liquidar os *longs*?
Em geral, não aconselho as pessoas a ficarem vendidas, a menos que sejam traders profissionais. Ficar vendido é bastante arriscado. Eu mesmo só tive lucros importantes do lado vendido em dois dos últimos nove mercados baixistas.

Nunca se deve ficar vendido em uma ação somente pela impressão de que a cotação está alta demais. A ideia não é ficar vendido no topo, e sim na hora certa. Ficar vendido em ações específicas só deve ser cogitado depois que o mercado apresenta sinais de um pico. O melhor padrão de gráfico para ficar vendido é aquele em que uma ação rompe uma consolidação para cima na terceira ou quarta base e então cai. Esse *breakout baixista* tem que acontecer no sentido do extremo inferior do padrão de base anterior, com aumento de volume. Depois da primeira quebra importante abaixo da base, ocorrerão várias tentativas de reação. A base anterior estabelece uma área de oferta em excesso, já que todos os investidores que compraram naquela zona estarão perdendo dinheiro e alguns deles estarão ansiosos para pular fora perto do *breakeven*. Por isso as reações a bases de preços perdidas propiciam um bom momento para ficar vendido.

O fator de risco ilimitado representa algum problema especial para ficar vendido?
Não, porque nunca assumo um risco ilimitado. Se uma posição vendida anda contra mim, pulo fora depois do primeiro prejuízo de 6% ou 7%. Antes de

ficar vendido em qualquer ação, você precisa decidir a que cotação vai cobrir uma posição vendida se ocorrer prejuízo.

Além da fórmula CANOLIM, crucial para o seu processo de seleção, o controle de riscos desempenha um papel importante em sua estratégia. Pode falar um pouco mais sobre esse componente do trading?
Minha filosofia é que não existe ação boa. Nenhuma ação é boa, a não ser quando sobe de cotação. Se, em vez disso, ela cai, é preciso cortar rápido o prejuízo. Meu segredo para vencer no mercado de ações não exige ter razão o tempo todo. O que você precisa é sair ganhando mesmo que só tenha razão metade do tempo. A chave é perder a menor quantia possível quando você está errado. Minha regra é nunca perder mais que um máximo de 7% em qualquer ação que compro. Se uma ação cai 7% abaixo da minha cotação de compra, vendo no mercado – sem pensar duas vezes, sem hesitação.

Há quem diga: "Não posso vender essa ação porque estaria tomando um prejuízo." Se a ação está abaixo da cotação pela qual você pagou, não é a venda que provoca o prejuízo; você já teve prejuízo. Deixar o prejuízo correr é o erro mais sério que a maioria dos investidores comete. O público não entende a filosofia de cortar rapidamente os prejuízos. Se você não tiver uma regra como cortar o prejuízo em 7% em mercados baixistas como o de 1973-1974, se arrisca a perder 70% a 80% de seus ativos. Vi pessoas irem à falência nesse tipo de situação. Se não estiver disposto a cortar os prejuízos, não deveria comprar ações. Você dirigiria um carro sem freios?

Em meu livro repito uma história contada por Fred C. Kelly, autor de *Why You Win or Lose* [Por que você ganha ou perde], que dá o melhor exemplo que conheço de como o investidor comum procrastina quando se trata de tomar uma decisão de venda. Um homem montou uma armadilha para perus com uma trilha de milho levando até uma enorme caixa com uma porta com dobradiças. Ele amarrou um barbante comprido na porta, para puxar a armadilha assim que o peru entrasse na caixa. No entanto, quando ele fecha a porta, não tem como abri-la sem caminhar até a caixa, o que acaba assustando os outros perus perambulando do lado de fora.

Um dia, uma dúzia de perus entrou na caixa. Um deles saiu, restando onze. "Eu devia ter puxado a corda quando tinha doze dentro", ele pensou. "Mas quem sabe se eu esperar ele vai voltar para dentro." Enquanto ele esperava o décimo segundo peru voltar, mais dois perus saíram. "Eu devia ter ficado satisfeito com onze", pensou. "Se um deles voltar, eu puxo a corda." Enquanto esperava, mais três perus saíram. No fim das contas, ele ficou de mãos abanando. O problema é que ele não conseguia se livrar da ideia de que parte dos perus iria voltar. Essa é a atitude do investidor típico que não é capaz de vender com prejuízo. Ele fica esperando a ação reagir. Moral da história: para reduzir o risco na Bolsa, pare de contar os perus.

Você usa sua metodologia CANOLIM para selecionar ações e sua regra dos 7% para sair se estiver errado. Como decide a hora de liquidar uma posição vencedora em uma ação?

Primeiro, você precisa reter a ação enquanto ela estiver com um desempenho decente. Jesse Livermore disse: "O que dá mais dinheiro não é seu modo de pensar, é a espera." Em segundo lugar, você precisa entender que nunca vai vender no pico exato. Portanto, é ridículo se penitenciar quando uma ação continua subindo depois que você vendeu. A meta é realizar lucros substanciais em suas ações, sem se chatear se o preço continua a progredir depois que você pulou fora.

Seus textos expressam menosprezo por uma série de fatores que muita gente considera importantes, entre eles relação P/L, dividendos, diversificação e indicadores de sobrevenda/sobrecompra. Poderia explicar o que você vê de errado na sabedoria popular em relação a esses temas? Vamos começar pela relação P/L.

Dizer que uma ação está subavaliada porque está sendo vendida a um índice P/L baixo é bobagem. Em nossa pesquisa concluímos que existe uma baixíssima correlação entre o índice P/L e as ações de melhor performance. Algumas dessas ações tinham P/L de 10 quando começaram suas grandes altas; outras tinham P/L de 50. Durante as mais de três décadas do nosso período de pesquisa [1953-1985], a relação P/L média das ações de melhor desempenho no estágio emergente inicial foi 20, comparada com um índice P/L médio de 15 para o Dow Jones Average no mesmo período. No fim da fase de expansão, essas ações tinham um índice P/L médio de aproximadamente 45. Isso significa que, no passado, se você não estava disposto a comprar ações com P/Ls acima da média, automaticamente descartava a maior parte dos ativos de melhor desempenho.

Um erro comum que muitos investidores cometem é comprar uma ação somente porque o índice P/L parece barato. Existe uma ótima razão para que esse índice esteja baixo. Muitos anos atrás, quando eu estava começando a estudar o mercado, comprei a Northrop a quatro vezes o lucro e assisti, incrédulo, a ação ir baixando até atingir duas vezes o lucro.

Outro erro comum é vender ações com índices P/L altos. Ainda me lembro do dia em 1962 em que um investidor irrompeu na corretora de um amigo bradando que a Xerox estava supervalorizada, porque estava sendo vendida a cinquenta vezes o lucro. Ele ficou vendido a 88 dólares. No fim, a Xerox atingiu 1.300 dólares, ajustando para desdobramentos de ações.

O que você acha de dividendos?

Não existe correlação entre os dividendos e o desempenho de uma ação. Quanto mais dividendos uma empresa paga, mais frágil sua posição é, porque terá que pagar juros altos para substituir os fundos distribuídos em forma de dividendos. É ingênuo reter uma ação que está caindo porque paga dividendos. Quando você recebe um dividendo de 4% e a ação cai 25%, seu resultado líquido é um prejuízo de 21%.

E quanto a ações com sobrecompra/sobrevenda?

Raramente presto qualquer atenção em indicadores de sobrecompra/sobrevenda. Uma vez contratei um profissional renomado, especialista em indicadores técnicos como esses. No momento exato da quebra do mercado de 1969, quando eu tentava convencer os gestores de portfólio a liquidar ações e passar para renda fixa pós-fixada, ele dizia que era tarde demais, porque os indicadores dele apontavam que o mercado estava muito sobrevendido. Quando os indicadores dele ficaram sobrevendidos, a quebra do mercado se acelerou ainda mais.

O último item na minha lista de seus maiores alvos na sabedoria popular é a diversificação.

Diversificação é um hedge para a ignorância. Acho muito melhor ter poucas ações e saber muito a respeito delas. Sendo muito seletivo, você aumenta suas chances de pegar as de desempenho superior. Consegue acompanhar também essas ações com muito mais cuidado, o que é importante no controle de riscos.

Quantas ações você aconselharia um investidor comum a reter em determinado momento?
Para um investidor com 5 mil dólares, uma ou duas; 10 mil dólares, três ou quatro; 25 mil dólares, quatro ou cinco; 50 mil dólares, cinco ou seis; e 100 mil dólares ou mais, seis ou sete.

Além dos temas que acabamos de discutir, existe algum outro que você considere um grande equívoco geral?
Muitos investidores acham que os gráficos são picaretagem. Apenas 5% a 10% dos investidores compreendem os gráficos. Até mesmo muitos profissionais são ignorantes em relação aos gráficos. Assim como um médico seria louco se não usasse raios X e eletrocardiogramas, o investidor é louco se não usar gráficos. Os gráficos proporcionam informações valiosas sobre o que está acontecendo, que não seriam fáceis de obter de outra forma. Permitem acompanhar uma série enorme de ações diferentes de maneira organizada.

Você falou sobre usar o volume como pista de que as médias do mercado estão batendo no teto. Você usa o volume como indicador ao negociar ações específicas?
O volume de uma ação é uma medida da oferta e da demanda. Quando uma ação começa a mover-se para um novo terreno superior, o volume em geral deve aumentar pelo menos 50% em relação ao volume médio diário dos meses anteriores. Um volume alto em um ponto-chave é uma dica valiosa de que uma ação está prestes a se movimentar.

O volume também pode ser usado de maneira inversa. Quando a cotação entra em uma consolidação depois de um avanço, o volume deve secar de forma muito substancial. Em outras palavras, tem que haver pouquíssima venda no mercado. Durante uma consolidação, a queda do volume costuma ser construtiva.

Como você lida com uma fase ruim?
Quando você entra em uma má fase, e não por fazer algo errado, significa que o mercado pode estar indo mal como um todo. Quando você sofre cinco ou seis prejuízos consecutivos, o ideal é recuar para ver se é hora de começar a alocar seu dinheiro em caixa.

O "M" na sua fórmula enfatiza a importância de ficar fora do mercado – pelo menos do lado comprado – durante grandes fases de baixa. Como a maioria dos fundos mútuos, em razão da própria estrutura, permanece fortemente investida em ações ao longo dos mercados altistas e baixistas, é sinal para você de que os fundos mútuos são um mau investimento?
Você vai ficar surpreso com minha resposta. Os fundos mútuos são um jeito extraordinário de investir. Cada um tem que ser dono da própria casa e do próprio patrimônio, e ter uma carteira pessoal de ações ou o próprio fundo mútuo. São as únicas formas de conseguir uma renda importante além do salário. Embora eu ache que os fundos mútuos sejam um excelente investimento, a maioria das pessoas não sabe como lidar com eles. A chave do sucesso é esperar. Quando você compra um fundo, o ideal é mantê-lo por 15 anos ou mais. É assim que você vai ganhar uma grande parte do dinheiro. Porém, para fazer isso você precisa ter coragem de aguentar três, quatro ou cinco baixas na Bolsa. O crescimento típico de um fundo de ações diversificado será de 75% a 100% em um mercado altista, mas cairá para apenas 20% a 30% em um mercado baixista.

Você trata um fundo de um jeito bem diferente de uma carteira de ações específicas?
Sim, muito diferente. Com uma carteira individual de ações, é necessário ter um ponto de *stop loss*, porque você nunca sabe até quando a ação vai cair. Lembro-me de que vendi uma ação a 100 dólares e ela acabou caindo a 1 dólar. Eu não tinha nenhuma ideia de que iria cair tanto, mas o que teria acontecido se tivesse ficado com ela? Um erro assim e você não tem mais como se recuperar.

Em compensação, em um fundo mútuo você precisa aguentar o *bear market*. Como a maioria dos fundos diversifica em cem ou mais ações de todos os setores da economia americana, quando as ações se recuperam depois de um mercado em baixa, esses fundos também se recuperam – é quase obrigatório. Infelizmente, em um mercado baixista a maioria das pessoas se apavora e resolve mudar, estragando o planejamento de longo prazo da retenção. Quando um fundo de crescimento bom e diversificado sofre uma forte queda, é hora de comprar mais.

Seria justo dizer que o público em geral tende a tratar os fundos como trata ações específicas, e ações específicas como trata os fundos? Quero dizer com isso que tendem a reter os perdedores nas ações específicas e a liquidar os fundos mútuos quando eles sofrem forte queda.
Sim, é exatamente isso. Por causa do fator emocional, a maior parte do que as pessoas fazem no mercado está errada.

Nessa linha, quais são os maiores erros que os investidores costumam cometer?
Em meu livro há um capítulo sobre os dezoito erros mais comuns.

A seguinte lista de erros comuns é extraída do livro *How to Make Money in Stocks*, de O'Neil, publicado em 1988.

1. A maioria dos investidores nunca passa da linha de partida porque não usa bons critérios de seleção. Não sabem o que procurar que configure uma ação de sucesso. Por isso compram ações de quarta categoria, do tipo "Nem vale a pena comentar", que não têm atividade boa no mercado nem são verdadeiras líderes.
2. Uma boa forma de garantir resultados ruins é comprar quando a ação está caindo; uma ação em queda parece uma pechincha porque está mais barata do que alguns meses antes. Um conhecido meu comprou International Harvester por 19 dólares em março de 1981 porque a cotação havia caído fortemente e parecia uma tremenda pechincha. Foi o primeiro investimento dele, e ele cometeu o erro clássico do novato. Comprou uma ação perto do ponto mais baixo do ano. No fim das contas, a empresa estava em sérias dificuldades e na ocasião caminhava para uma possível falência.
3. Um hábito ainda pior é reduzir o preço médio de compra em vez de aumentar. Se você compra uma ação por 40 dólares e depois compra mais por 30, reduzindo seu custo médio para 35 dólares, está reforçando suas perdas e seus erros ao colocar dinheiro bom em dinheiro ruim. Essa estratégia amadora pode produzir graves prejuízos e puxá-lo para baixo com uns poucos grandes perdedores.

4. O público adora comprar ações baratas, com cotação baixa. Acham, equivocadamente, que é mais inteligente comprar mais ações em lotes redondos de cem ou mil ações, o que os faz se sentirem melhor, talvez mais importantes. Melhor seria comprar trinta ou cinquenta ações de empresas mais sólidas e de cotação mais alta. Você tem que pensar em termos de dólares que está investindo, e não de ações que está comprando. Compre a melhor mercadoria disponível, e não a pior. O apelo de uma ação de 2, 5 ou 10 dólares parece irresistível, mas a maioria das ações à venda por 10 dólares ou menos só está ali ou porque as empresas foram inferiores no passado, ou porque aconteceu algo errado com elas recentemente. As ações são como todo o restante. Não se compra a melhor qualidade pelo menor preço.

   Comprar ações de cotação baixa tem um custo maior em comissões e *markups*, e seu risco aumenta, porque ações baratas podem cair 15% ou 20% mais rápido que ações de valores mais altos. Os profissionais e as instituições não compram ações de 5 e 10 dólares. Por isso o acompanhamento pelas agências de classificação e o suporte são muito piores para essas ações de baixa qualidade. O apoio institucional é um dos ingredientes necessários para ajudar a impulsionar a cotação de uma ação.
5. Os especuladores de primeira viagem querem arrasar no mercado. Querem coisas demais, rápido demais, sem ter feito o estudo e a preparação necessários ou adquirido os métodos e competências essenciais. Estão à procura de um jeito fácil de ganhar dinheiro rápido, sem perder tempo ou energia para aprender de verdade o que estão fazendo.
6. O americano típico adora comprar com base em dicas, rumores, boatos e recomendações de consultorias. Em outras palavras, está disposto a arriscar seu dinheirinho suado em algo dito por outra pessoa em vez de ter ele mesmo certeza do que está fazendo. A maioria dos rumores é falsa, e mesmo que uma dica esteja correta, na maioria dos casos, ironicamente, a ação acaba caindo.
7. Há investidores que compram ações de segunda linha por causa de dividendos ou da baixa relação preço/lucro. Os dividendos não são tão importantes quanto o lucro por ação; quanto mais uma empresa paga de dividendos, mais fraca ela deve ser, porque pode ter que pagar taxas de juros altas para recuperar fundos necessários internamente, distribuídos sob forma de dividendos. O investidor pode perder a soma dos

dividendos na flutuação de um ou dois dias da cotação da ação. Um P/L baixo significa que o histórico da empresa é inferior.
8. As pessoas compram empresas com as quais estão familiarizadas, cujos nomes conhecem. Mas o fato de você ter trabalhado na General Motors não torna, necessariamente, a General Motors uma boa ação para comprar. Muitos dos melhores investimentos serão nomes que você não conhece muito bem, mas que poderia e deveria conhecer se estudasse e pesquisasse um pouco.
9. A maioria dos investidores é incapaz de encontrar boas informações. Muitos, ainda que recebam bons conselhos, não os reconhecem ou seguem. Aquele amigo, corretor ou consultor pode ser fonte de dicas ruins. Quem merece sua atenção é aquela minoria pequeníssima de amigos, corretores ou consultores bem-sucedidos por conta própria no mercado. Corretores ou consultores excepcionais são tão comuns quanto médicos, advogados ou jogadores de beisebol excepcionais. Só um, de cada dez jogadores de beisebol que assinam contrato profissional, chega a jogar na liga principal americana. E, é claro, a maioria dos jogadores do beisebol universitário nem sequer tem o nível para assinar um contrato profissional.
10. Mais de 98% das pessoas têm medo de comprar uma ação que está começando a entrar em um patamar superior em termos de cotação. Acham alto demais. Sentimentos pessoais e opiniões são bem menos precisos que o mercado.
11. A maioria dos investidores inábeis retém por teimosia seus prejuízos quando ainda são baixos e razoáveis. Poderiam pular fora sem perder muito, mas, por serem humanos e se deixarem envolver emocionalmente, aguardam, esperançosos, até que o prejuízo se torne muito maior e lhes custe muito mais.
12. De maneira parecida, investidores realizam lucros pequenos, fáceis de obter, enquanto retêm o que dá prejuízo. Essa tática é o contrário do método correto de investimento. Esses investidores vendem a ação que dá lucro antes de vender a ação que dá prejuízo.
13. Investidores pessoas físicas se preocupam demais com taxas e comissões. Seu objetivo crucial deve ser, primeiro, obter lucro líquido. Preocupar-se demais com taxas leva a investimentos impensados, na esperança de se resguardar dos impostos. Em outros momentos do

passado, investidores perderam bons lucros ao reter por tempo demais, só para obter um ganho de capital de longo prazo. Alguns investidores, de forma até equivocada, acham que não é possível vender por causa dos impostos – ego forte, juízo fraco.

Os custos de comissão da compra e da venda de ações, sobretudo por meio de um corretor, são um fator relativamente menor, comparados a aspectos mais importantes, como tomar as decisões certas desde o começo e agir quando necessário. Uma das maiores vantagens de ter ações em vez de imóveis são as comissões mais baixas e a liquidez e comercialização imediatas. Isso permite que você se proteja rapidamente, a um custo baixo, ou tire proveito de novas tendências bem lucrativas à medida que elas aparecem.

14. As pessoas especulam muito com opções, achando que é um modo de enriquecer rápido. Ao comprar opções, concentram-se de forma incorreta nas de curto prazo e preço menor, com maiores risco e volatilidade, em vez das opções de mais longo prazo. O prazo limitado atua contra o detentor de opções de curto prazo. Muitos especuladores com opções também subscrevem as chamadas "opções nuas", que não são nada além de um risco maior para uma recompensa potencialmente menor e, portanto, um método desaconselhável de investimento.

15. Investidores novatos gostam de colocar ordens limitadas de compra e venda. É raro colocarem ordens a mercado. Esse procedimento é ruim, porque o investidor fica mendigando um oitavo e um quarto de ponto em vez de dar atenção ao movimento geral, maior e mais importante. Ordens limitadas levam a ignorar o mercado e não sair de ações que deveriam ser vendidas para evitar perdas substanciais.

16. Alguns investidores sentem dificuldade em tomar decisões de compra ou venda. Hesitam e não conseguem se decidir. Mostram-se inseguros porque não sabem o que estão fazendo. Não têm um plano, um conjunto de princípios ou regras que os orientem. Por isso não têm certeza de como devem atuar.

17. A maioria dos investidores não consegue olhar para as ações de maneira objetiva. Vivem de esperança, elegem favoritas e passam a confiar na própria esperança e nas opiniões pessoais em vez de prestar atenção na opinião do mercado, que costuma ter razão com mais frequência.

18. Os investidores costumam se deixar influenciar por coisas que não são tão cruciais, como desdobramentos de ações, aumento de dividendos, comunicados à imprensa e recomendações de corretoras ou consultorias.

Como alguém que passou a vida inteira pesquisando ações e a economia americana, você tem uma opinião formada sobre a qualidade da pesquisa oferecida pelas firmas de Wall Street?
Um artigo do *Financial World* concluiu que os analistas mais bem cotados tiveram uma performance inferior à média do S&P. Um grande problema é que 80% da pesquisa feita pelas corretoras se concentrou nas empresas erradas. Cada analista setorial precisa entregar sua cota de relatórios, embora apenas alguns grupos de setores sejam líderes em cada ciclo. A filtragem é insuficiente para determinar quais relatórios devem de fato ser redigidos. Outro grande problema com a pesquisa em Wall Street é que raramente ela rende recomendações de venda.

Considerando a constância de seu sucesso como investidor na Bolsa por mais de 25 anos, devo supor que você não tem a "teoria do passeio aleatório".
A Bolsa não é eficiente nem aleatória. Não é eficiente porque há um excesso de opiniões mal concebidas; não é aleatória porque emoções fortes dos investidores podem criar tendências.

Em um sentido mais geral, o sucesso no trading exige três componentes básicos: um processo eficiente de seleção de trades, controle de riscos e disciplina para respeitar os dois primeiros itens. William O'Neil proporciona uma ilustração perfeita do trader bem-sucedido. Ele elaborou uma estratégia específica para a seleção de ações (CANOLIM), tem uma regra rigorosa de controle de riscos e mantém a disciplina de não se desviar de suas estratégias de seleção e controle de riscos. Além da metodologia de seleção de ações específicas detalhada neste capítulo, os conselhos relativos a erros comuns, relacionados mais para o fim da entrevista, são úteis para traders e investidores.

DAVID RYAN

O investimento na Bolsa como caça ao tesouro

David Ryan não acredita em compra de ações baratas. Mas nem sempre foi assim. Ele se lembra de que um dia, folheando o *The Wall Street Journal* quando tinha 13 anos, encontrou uma ação a 1 dólar. Foi correndo até o pai, com o jornal na mão, e perguntou: "Se eu subir até meu quarto e pegar 1 dólar, posso comprar essa ação?" O pai respondeu que a coisa não funcionava exatamente daquela maneira. "Você precisa fazer um pouco de pesquisa sobre a empresa antes de comprar a ação", explicou.

Alguns dias depois, folheando novamente o *The Wall Street Journal*, Ryan encontrou uma reportagem sobre a Ward Foods, que fazia as barrinhas de doce e chocolate Bit-O-Honey e Chunky. Pareceu-lhe um investimento perfeito, já que ele comia muito doce. O pai abriu uma carteira para ele e David comprou dez ações. Ele lembra que fazia todos os amigos comprarem as barrinhas para que a empresa ganhasse mais dinheiro e a ação dele subisse. Foi assim que começou oficialmente a carreira de Ryan como investidor na Bolsa.

O interesse de Ryan pela Bolsa aumentou com o tempo. Aos 16 anos já era assinante de um serviço semanal de gráficos e assistia a seminários de investimento de William O'Neil e outros analistas de mercado. Na faculdade, lia todo e qualquer livro sobre a Bolsa que conseguisse encontrar.

William O'Neil era o ídolo de Ryan. Depois de se formar em 1982, ele decidiu se candidatar a um emprego na empresa de O'Neil. Disse à recepcionista que tinha interesse pelo trabalho da O'Neil e estava disposto a aceitar qualquer vaga, por mais de iniciante que fosse, só para conseguir entrar ali. Estava disposto até a trabalhar de graça. Ryan foi contratado e, no espaço de quatro anos, seu êxito nos investimentos levou-o a ser nomeado o mais jovem vice-presidente da empresa, com responsabilidade de gestor de portfólio, e assistente direto de O'Neil na escolha de ações para clientes institucionais.

Ryan angariou certa fama quando ganhou o Campeonato Americano de Investimentos de 1985, na categoria Bolsa, um concurso organizado por um ex-professor de Stanford, Norm Zadeh. Seu retorno nesse ano foi de fenomenais 161%. Para demonstrar que essa performance não foi acidental, Ryan inscreveu-se de novo na competição em 1986, replicando o desempenho do ano anterior, com um retorno de 160% que lhe valeu o segundo lugar. Em 1987 ele venceu de novo o concurso, com outro ano de retorno de três dígitos. Nos três anos somados, seu retorno composto foi de notáveis 1.379%.

Embora a maioria dos traders que entrevistei seja apaixonada pelo que faz, nenhum deles tem o entusiasmo irrefreável demonstrado por Ryan. Para ele, o processo de seleção de ações é como um jogo sensacional – uma caça ao tesouro, nas palavras dele –, e ele ainda é pago para fazer isso.

As salas dos traders que entrevistei oscilam entre o austero e o rebuscado, mas Ryan levou o limite inferior desse espectro a um novo patamar. Em vez de escritório, simples ou não, fiquei surpreso ao descobrir que o local de trabalho dele é um cubículo dentro de uma sala ampla e barulhenta. Ryan não parece se importar com a falta de conforto. Desconfio que, se ele fosse abastecido com seus gráficos e programas de computador, trabalharia dentro de um closet.

Seu primeiro emprego na William O'Neil & Co. envolvia alguma análise do mercado?
Não, mas, depois que entrei, fui estudando e estudando.

Não durante o expediente na firma, suponho.
Isso. Levava serviço para casa todas as noites e no fim de semana.

O que você estudava?
Repassava nossos gráficos. Estudava as recomendações da firma. Analisei modelos históricos de ações muito vencedoras, para incutir em minha mente aquilo que essas ações têm antes de uma grande movimentação. Tentei chegar ao ponto em que observasse as mesmas coisas que O'Neil. Meu modelo era ele.

Você operava nessa época?
Sim, abri uma carteira de 20 mil dólares assim que comecei a trabalhar na empresa [1982].

O que fazia?
No começo, levei a carteira até 52 mil dólares, em junho de 1983. Depois perdi tudo, inclusive parte do meu capital inicial. Em meados de 1984, minha carteira havia caído para 16 mil dólares.

Você sabe o que fez de errado?
Sim, sentei e estudei cada erro que cometi entre junho de 1983 e meados de 1984. Meu maior erro foi que, embora estivéssemos em um mercado ligeiramente baixista – o Dow havia caído de 1.296 para 1.078 –, continuei a jogar com a mesma agressividade do mercado altista de agosto de 1982 a junho de 1983. Também cometi o erro de comprar ações que já haviam subido 15% a 20% além de suas bases de cotação. Você só deve comprar ações que estão a poucos pontos percentuais da base; do contrário, o risco é grande demais.

Dei a virada aprendendo com todos os erros que havia cometido. No fim de 1984 vendi um pedaço de terra que eu tinha e coloquei todo o dinheiro em uma carteira de ações.

Você estava confiante, apesar de sua performance ruim de meados de 1983 a meados de 1984, porque sentia ter descoberto o que havia feito de errado?
Sim, como tinha estudado bastante e estava determinado a ser disciplinado, achava que iria me sair muito bem. Por isso, em 1985 entrei no Campeonato Americano de Investimentos. Ganhei na categoria Bolsa naquele ano, com um retorno de 161%. Reinscrevi-me no concurso nos anos seguintes e também ultrapassei um retorno de 100% em 1986 e 1987. Estava fazendo a mesma coisa a cada vez. Comprava ações quando elas reuniam todas as características que eu apreciava.

Como você está indo este ano [maio de 1988]?
Até agora estou perdendo. Estamos em um tipo de mercado diferente: as ações não estão se movendo com a mesma rapidez que nos últimos três anos. Estou jogando com uma quantia muito menor este ano, porque acho que o potencial para ganhar muito dinheiro é bem mais limitado.

Você mencionou que em certa época lia praticamente todos os livros que achava. Que lista de leitura daria a alguém que esteja começando e pensando em se tornar um trader bem-sucedido na Bolsa?
Uma leitura essencial, no topo da lista, é o livro de O'Neil, *How to Make Money in Stocks*. Outro livro que é leitura obrigatória é *How I Made Two Million Dollars in the Stock Market* [Como ganhei 2 milhões de dólares na Bolsa], de Nicholas Darvas. Muita gente acha graça desse título, mas é uma leitura divertida e você aprende bastante. Outro livro que recomendaria é *Reminiscências de um operador da Bolsa*, de Edwin Lefèvre [supostamente sobre Jesse Livermore]. O próprio Livermore escreveu um livro muito bom, *How to Trade in Stocks* [Como operar com ações].

Pode indicar outros livros?
Super Performance Stocks [Ações com superdesempenho], de Richard Love, é um livro muito bom sobre ações específicas. Nele há um excelente estudo sobre algumas das maiores vencedoras de todos os tempos. Outro que indicaria sobre seleção de ações é *Profile of a Growth Stock*, de Kermit Zieg e Susannah H. Zieg. E também o livro de Marty Zweig, *Winning on Wall Street* [Vencendo em Wall Street] e *Secrets for Profiting in Bull and Bear Markets*, [Segredos para lucrar em mercados altistas e baixistas], de Stan Weinstein, com excelentes seções sobre ficar vendido. Por fim, sobre a análise de Elliott Wave, que considero ter certo valor, há *Elliott Wave Principle* [O Princípio Elliott Wave], de Frost e Prechter, e um livro chamado *Super Timing*, de um inglês chamado [Robert] Beckman.

Todos esses livros são boas recomendações, mas é no mercado que se aprende mais. Sempre que compro uma ação, anoto as razões pelas quais a comprei [ele puxa um fichário contendo gráficos cheios de notas]. Fazer isso ajuda a cimentar, na minha mente, as características de uma ação vencedora. Talvez ainda mais importante, me ajuda a aprender com os erros.

O que você aprendeu fazendo esse diário de trader?
Não comprar ações esticadas demais, usar os critérios de O'Neil para a seleção de ações, ser o mais disciplinado possível. Quanto mais disciplinado você conseguir ser, melhor se sairá no mercado. Quanto mais der ouvidos a dicas e rumores, mais dinheiro estará propenso a perder.

Manter esse diário foi uma parte importante de seu sucesso?
Claro que sim.

Você poderia descrever seu processo de seleção de ações?
Começo repassando os gráficos das ações e anotando aquelas com forte ação técnica. Em outras palavras, anoto todas as ações que quero olhar mais de perto.

Sua empresa acompanha 7 mil ações. Não é possível que você examine 7 mil gráficos regularmente.
Não examino 7 mil, mas em uma semana provavelmente repasso 4 mil gráficos. Portanto, vejo a maior parte da base de dados. Tenha em mente que de 1,5 mil a 2 mil ações são negociadas por menos de 10 dólares, e essas não gosto de olhar, de qualquer maneira.

Essa é uma boa regra? Evitar ações abaixo dos 10 dólares?
Sim, porque, se estão lá embaixo, é por algum motivo.

Isso não deixa de fora grande parte das ações de balcão?
Sim, muitas das ações menores de balcão.

Mas não são essas, às vezes, as melhores compras – as ações nas quais ninguém está prestando atenção?
Às vezes. Mas muitas dessas ações ficam lá embaixo durante anos e anos. Prefiro esperar até que façam por merecer, subindo até a faixa de 15 a 20 dólares.

Depois que revisou os gráficos e anotou as ações que lhe interessam, o que você olha para filtrar sua seleção?
Olho o histórico de cinco anos de crescimento do lucro e os dois últimos trimestres de lucro, em relação aos níveis do ano anterior. As comparações trimestrais mostram se há alguma desaceleração na taxa de crescimento do lucro. Uma taxa de crescimento de 30% ao longo dos cinco anos anteriores, por exemplo, pode parecer muito impressionante, mas, se nos dois últimos trimestres os lucros só subiram 10% e 15%, é um alerta de que o período de forte crescimento pode ter acabado. Esses dois fatores – o histórico de cinco anos de crescimento do lucro e o lucro nos dois últimos trimestres – são

cruzados com nosso valor de *lucro por ação* (EPS, na sigla em inglês). [Veja o capítulo de O'Neil para uma explicação detalhada sobre EPS.]

O que você busca no número do EPS?
O mais alto possível – com um EPS Rank [nota de lucros por ação atribuída às ações pelo crescimento do lucro por ação diante das demais ações de um mercado, um EPS Rank de 99 indica que os lucros da empresa crescem mais que os lucros de 99% das empresas] pelo menos acima de 80, e de preferência acima de 90. Muitas ações que compro têm um EPS Rank de 99.

Pela minha experiência, os mercados costumam se antecipar. O que me deixa surpreso em relação ao EPS é que a cotação de uma ação poderia subir muito antes de o crescimento do lucro começar a ser muito positivo.
É o que muita gente acha. Dizem: "É tarde demais para comprar a ação; os lucros já estão na conta." No entanto, analisando centenas dos maiores vencedores, concluímos que, em muitos casos, os lucros já estão faz tempo na mesa.

O que faria uma ação ficar parada apesar de um lucro excelente?
A Bolsa, como um todo, pode estar fraca e segurando a ação, mas, depois que o peso do mercado é desencadeado, essas ações disparam.

E se a Bolsa estiver ok? O que impediria a ação de decolar nesse tipo de situação?
Percepções. Pode ser que as pessoas não acreditem que os lucros vão continuar tão fortes quanto no passado.

O que mais você usa, além do EPS e da subdivisão dos lucros, para filtrar sua seleção de ações?
A *força relativa* é muito importante. [A força relativa ranqueia a mudança do preço da ação em relação a todas as ações pesquisadas. Veja o capítulo de O'Neil para uma definição detalhada.]

O que você busca na força relativa?
Pelo menos 80, e de preferência mais de 90.

Intuitivamente, eu estaria quase achando que...
"Já subiu demais. Mais forte que isso não fica."

Não necessariamente mais forte que isso não fica, mas me parece que, por definição, toda ação precisa ter uma força relativa elevada ao chegar ao pico. Como você evita comprar no pico às vezes, já que se restringe às ações com força relativa elevada?
Consigo evitar isso porque, em meu primeiro estágio de filtragem dos gráficos, descarto ações superesticadas a partir da base. Muitas vezes as ações com força relativa mais alta continuam a superar o mercado durante meses e meses. A Microsoft, por exemplo, tinha uma força relativa de 97 quando estava a 50 dólares por ação. Acabou chegando a 161 dólares.

Você está querendo dizer que quanto mais alta a força relativa, melhor?
Isso, prefiro uma força relativa de 99 a uma de 95. Porém, assim que a força relativa começa a cair, pulo fora dessa ação.

Você presta atenção não apenas no valor da força relativa em si, mas também na tendência da força relativa.
Exato. Se a força relativa começa a romper uma tendência de alta, fico bem cauteloso, mesmo que esteja bem acima de 80.

Estou certo ao dizer que a ordem é esta: EPS primeiro e força relativa depois, em termos de como você filtra sua lista inicial de ações?
Colocaria a força relativa primeiro, e não o EPS. Muitas vezes a força relativa decola antes de sair o primeiro relatório com lucro alto.

Você também usa a força relativa do setor como filtro para sua seleção de ações?
Uso. O *Investor's Daily* ranqueia os grupos setoriais entre 0 e 200. O ideal é que o setor esteja no top 50.

Continuando o processo de filtragem, depois de checar a força relativa da ação, o EPS, e a força relativa do setor, qual é o passo seguinte?
Checo o número de ações *outstanding* [em circulação]. Procuro papéis com menos de 30 milhões de ações e de preferência só 5 a 10 milhões. Ações com mais de 30 milhões estão mais maduras; já foram desdobradas algumas vezes. É uma questão de oferta e demanda: como você tem mais oferta, movimentar essa ação exige bem mais dinheiro.

O que mais você analisa?
O ideal é que a ação em parte seja detida por investidores institucionais, porque eles turbinam a ação para cima, mas apoio demais não é bom. Diria que a faixa ideal fica entre 1% e 20% de apoio de fundos.

Há algum outro fator importante que influi no processo de seleção de ações?
Sim. É preciso que haja algo novo, que atraia as pessoas para aquela ação. A Reebok vendia ótimos tênis. A Compaq tinha um notebook fantástico. A Microsoft era líder na área de software.

Isso não deixa de fora a maioria das empresas que estão na praça há certo tempo?
Sim. Não convém jogar com a General Electric, porque não há nada realmente novo ou na moda acontecendo. De vez em quando há exceções. A General Motors, por exemplo, se perdeu nos últimos cinco anos e agora parece que estão tentando reverter a situação.

Com a General Motors, esse "novo" seria a recente guinada para carros mais sofisticados?
Sim, mas na maioria dos casos você vai encontrar o novo em empresas emergentes, que crescem com o empreendedorismo.

Suponho que, se você analisar 7 mil ações, haverá um número bastante razoável que atenda seus critérios.
Na média, há apenas umas 70 ações que atendem os critérios, porque é difícil atender todas as condições. Então, corto essas 70 para 7.

Como você corta de 70 para 7?
Seleciono as ações que têm todas essas características, mais um padrão de base que tenha uma aparência muito boa. Também vejo o que a ação fez no passado. Já dobrou de valor antes? Várias ações que compro já dobraram e triplicaram antes de eu comprá-las.

Você prefere comprar uma ação que já duplicou em vez de uma ação que está em uma base extensa?
Sim, porque isso me mostra que tem algo muito incomum acontecendo, e, se a situação é tão boa assim, duplicar pode ser apenas o começo. Provavelmente

vai duplicar de novo. Resumindo, procuro as ações mais fortes do mercado, tanto em termos de lucro quanto de situação técnica.

Como você usa um processo de seleção rigoroso, o percentual de vencedores em sua seleção de ações é alto?
Não, é só de 50/50, porque corto as perdas bem rápido. A perda máxima que permito é de 7%, e saio de uma ação perdedora muito antes. Ganho meu dinheiro com algumas ações por ano que duplicam e triplicam de cotação. Os lucros nesses trades compensam todas as pequenas perdas.

Por quanto tempo você segura uma ação?
Seguro as grandes vencedoras por 6 a 12 meses; ações que não são tão fortes por volta de 3 meses; e as perdedoras por menos de 2 semanas.

Você estabelece um objetivo para as ações que compra?
Não. Espero que a ação suba, assuma outra base e depois sofra o *breakdown*. E então liquido.

Você acha que as pessoas deviam usar apenas ordens a mercado?
Em um mercado parado, que só negocia para um lado e para outro, você pode colocar uma ordem limitada. Mas, se você achar que a ação vai fazer um grande movimento – e essa deve ser a única razão para comprá-la, desde o começo –, então não há razão para se estressar com um oitavo de ponto. Compre a ação e pronto. O mesmo se aplica no lado da baixa: se você acha que a ação vai cair, simplesmente venda.

Aprendi a lição das ordens a mercado em 1982, quando estava tentando comprar por 14,75 dólares Textone, que estava sendo negociada a 15 dólares. No dia seguinte ela subiu um ponto e meio e não tive coragem de comprar a ação a 16,50 dólares, quando poderia tê-la comprado por 15 um dia antes. Essa ação acabaria chegando a 45 dólares.

Um elemento de seu estilo de trading é comprar uma ação quando ela atinge um novo pico. As condições básicas de filtragem que você usa não estariam já evidentes bem antes desse ponto?
Em alguns casos, até podem estar. Mas tento comprar uma ação quando ela tem a maior chance de render dinheiro. Quando uma ação está saindo

da faixa inferior de uma base e voltando para a faixa superior, haverá muita gente que a comprou perto do topo e aguentou um prejuízo durante meses. São pessoas que vão ficar contentes de pular fora zeradas, e isso cria muita resistência contrária.

Se uma ação atinge um novo pico, tem muito mais espaço para subir?
Exato, porque ninguém que chegou antes de você está perdendo e querendo pular fora na primeira oportunidade. Estão todos lucrando, estão todos felizes.

Mas o lado ruim é que, se você esperar por um *breakout* altista que atinja novos picos, o mercado vai puxar de volta para o intervalo de preços de negociação anterior. Como você evita levar uma "violinada" nessas situações?
Dá para dizer muito a partir do volume. Quando o volume duplica em um dia e a ação atinge um novo pico, quer dizer que muita gente está interessada nela e comprando.

Então o volume se torna muito importante como processo de filtragem, para evitar levar uma chicotada.
Isso mesmo. Se a ação se movimenta para um novo patamar alto, mas o volume sobe apenas 10%, fico preocupado.

Você compra no primeiro dia em que a ação tem um *breakout* altista para novos picos ou espera que ela se consolide por alguns dias?
O ideal é comprar assim que atinge novos picos.

Se você compra a ação em novos picos e depois ela volta para o intervalo de preços anterior, em que momento você conclui que foi um falso *breakout*? Suponha que uma ação que vinha sendo negociada entre 16 e 20 dólares suba para 21 dólares e você compre. O que você faz se dois dias depois ela volta para 19 dólares?
Se ela reentra na base, minha regra é cortar pelo menos 50% da posição.

Basta ela reentrar na base? Quer dizer, mesmo que esteja somente um pouco abaixo do topo da base, ou você exige alguma penetração mínima?
Não, basta reentrar na base. Em alguns casos, ela tem um *breakout* e volta para o topo da base, mas não chega a reentrar. Então mantenho a ação. Mas,

se o topo da base era 20 dólares e ela quebra para 19,75 dólares, procuro vender pelo menos metade da posição, porque a ação não prosseguiu seu movimento. Muitas vezes, quando uma ação cai de volta para a base, ela torna a cair até a extremidade mais baixa da base. Nesse exemplo, se ela cai de 21 dólares para 19,75 muitas vezes irá cair até 16. Então o ideal é cortar o prejuízo rapidamente.

Do ponto de vista técnico, a volta da cotação à base é um indicador baixista?
É. A ação tem que dar lucro desde o primeiro dia da compra. Lucrar no primeiro dia é um dos melhores indicadores de que você vai ganhar dinheiro no trade.

Você usa a tabela do *Investor's Daily* que lista as ações com maior percentual de aumento de volume em relação ao nível médio de volume dos 50 dias anteriores?
Sim, uso para ajudar a identificar ações que estão prestes a decolar.

Você a usa para verificar ações que selecionou anteriormente?
Uso. Depois de ter feito a filtragem semanal para selecionar as ações que estou interessado em comprar, espero que a ação entre nessa coluna, como um sinal de timing.

Pode detalhar mais o uso do volume como ferramenta de trading?
Quando uma ação que vem subindo começa a se consolidar, o ideal é ver o volume secar. Ver uma tendência de queda do volume. Então, quando o volume começa a se recuperar, quer dizer que a ação está prestes a explodir.

Na fase de consolidação, uma queda no volume é boa. Se você constata um volume muito alto, começa a pensar em um possível teto?
Sim, porque demonstra que muita gente está pulando fora da ação. O ideal é um aumento no volume quando a ação tem um *breakout* altista e uma queda no volume à medida que a ação se consolida.

Algum outro sinal em que você presta atenção?
Quando o mercado, ou uma ação, começa a atingir o fundo, o ideal é ver um volume ampliado junto com uma parada da queda da cotação. Se o Dow

Jones cai de 2.200 para 2.100 pontos, opera no dia seguinte em queda para 2.085, mas fecha em alta com maior volume, isso demonstra suporte. Indica que muitos compradores estão entrando.

As telas que você descreveu na seleção de ações são, na essência, a metodologia CANOLIM de O'Neil. [Veja a definição no capítulo de O'Neil.] Você acrescentou algum elemento a esse método?
Sim, aprendi que a maioria de nossas recomendações mais vencedoras começaram com preços abaixo de trinta vezes o lucro. O'Neil afirma que a relação P/L [preço/lucro] não tem importância. Eu acho que tem, no sentido de que o índice de sucesso é muito maior em ações com relação P/L mais baixa.

Mas não baixa *demais*, imagino.
Quando falo de ações com uma relação P/L mais baixa, refiro-me àquelas cuja relação P/L está entre zero e até duas vezes a relação P/L do índice S&P 500. Portanto, se o S&P 500 estiver em quinze vezes o lucro, você tem que tentar comprar ações com relações P/L entre quinze e trinta. Depois que você começa a ir muito acima do dobro do nível da relação P/L do S&P 500, seu timing precisa ser mais exato. Você fica suscetível a cometer muito mais erros com ações de relação P/L alta.

Então você evita ações com P/L alto?
Sim, em muitos casos evito. A situação mais lucrativa é quando você encontra uma ação com forte tendência de lucro que esteja sendo negociada a uma relação P/L alinhada com a do mercado em geral.

Se você evita ações com P/L alto, isso não o impediu de ter aproveitado toda a movimentação do setor biomédico?
Aquilo foi um pouco diferente, pelo fato de o grupo como um todo estar sendo negociado a P/L elevado.

Isso significa que é preciso abrir uma exceção para setores novos?
Sim, o ideal é não ser rígido com essas regras.

O comportamento básico do mercado nos anos 1980 continuou sendo o mesmo dos anos 1970 e 1960?

Sim, os mesmos tipos de ação continuam funcionando. Não mudou nada. Podemos pegar qualquer uma das ações mais lucrativas dos anos 1960 e compará-la com as melhores ações dos anos 1980, e elas vão apontar exatamente as mesmas características.

Algo a dizer sobre o tema do *short selling* [vendas a descoberto]?
Preciso de mais tempo para estudar isso, e de mais experiência também. No entanto, para escolher um *short*, você precisa inverter todas essas características que comentamos. Em vez de um bom histórico de crescimento, deve procurar um mau histórico de crescimento de cinco anos e lucros trimestrais em desaceleração. A ação tem que estar perdendo força relativa, quebrando tendências de alta e começando a atingir novos pisos.

Você acha que ficar vendido é um elemento crucial para uma melhor performance quando entramos em um mercado baixista?
Sim, acho que ajudaria. Mas Bill O'Neil diria a você que ficar vendido é três vezes mais difícil que ficar comprado. Bill conta que ganhou muito dinheiro em apenas dois dos últimos mercados baixistas. Para ele, a melhor coisa a fazer em um *bear market* é ficar de fora.

Como você reconhece um mercado baixista antes que seja tarde demais?
Quando minhas ações individuais estão indo bem. Se durante a fase altista as líderes começam a dar prejuízo, isso indica que um mercado baixista está se formando. Se preciso acionar o *stop* cinco ou seis vezes seguidas, um sinal de alerta se acende de imediato.

O que mais você observa como indício de mercado baixista?
Uma divergência entre o Dow Jones e a linha de avanço/declínio diária [gráfico da diferença líquida acumulada entre o número de ações em alta na Bolsa de Nova York versus as ações em baixa a cada dia]. A linha de avanço/declínio tende a bater no teto alguns meses antes do Dow Jones.

Isso aconteceu em 1987?
A linha avanço/declínio bateu no teto no primeiro semestre de 1987, bem antes do pico da Bolsa em agosto.

Você estava procurando um pico por esse motivo?
Não naquele momento, porque muitas ações individuais ainda estavam indo muito bem. A grande pista de que o mercado estava mesmo batendo no teto veio quando o Dow Jones baixou de seu pico em 2.746 pontos. Houve uma reação de baixa liquidez e volume, e logo depois o mercado levou outro golpe de 90 pontos de baixa. Nessa encruzilhada resolvi que era hora de sair do mercado.

Porque o volume da reação havia sido baixo?
Sim, e pelo fato de que pouquíssimas ações tinham participado da reação; a linha de avanço/declínio não subiu tanto quanto no rali anterior. Além disso, no fim de agosto a taxa de desconto subiu pela primeira vez em três anos. Acho que essa foi a verdadeira punhalada no mercado.

Você não está há tanto tempo no ramo. Tem confiança de que será capaz de operar com êxito quase todos os anos, durante muito tempo?
Tenho, porque implementei um conjunto bastante definido de princípios que servirão de base para um trading bem-sucedido por anos a fio. Além disso, minha ideia é nunca parar de aprender.

Você sente que está evoluindo como trader?
Sinto. Se você tenta aprender com cada trade que faz, vai melhorar cada vez mais com o passar do tempo.

Por que você é tão mais bem-sucedido que o investidor médio da Bolsa?
Porque estou fazendo algo que amo e acho fascinante. Depois de oito ou nove horas de trabalho, vou para casa e passo mais tempo nos mercados. Mando entregar os gráficos em casa aos sábados e passo três ou quatro horas analisando no domingo. Acho que, se você ama o que faz, será muito mais bem-sucedido.

Muita gente que investe usa o tempo livre para estudar o mercado e ainda assim tem resultados medíocres, até negativos.
Isso acontece porque não descobriram um sistema disciplinado de escolha de ações. Leem um artigo e dizem: "Essa ação parece boa. Vou comprar." Ou compram uma ação porque o corretor recomendou.

Que conselho você daria ao trader novato?
O conselho isolado mais importante que dou a qualquer um é: aprenda com seus erros. É o único jeito de se tornar um trader bem-sucedido.

Algum comentário final?
A melhor coisa do mercado é que é sempre divertido procurar o próximo grande vencedor – tentar achar a ação com todas as características que a levarão a ter uma forte alta. O sentimento hoje não mudou nada em relação ao tempo em que eu só negociava quinhentas ações. A satisfação ainda é a mesma de saber que você encontrou aquela ação antes que ela tivesse seu grande movimento.

Dito assim, é como se fosse um jogo.
E é. Para mim, é como uma grande caça ao tesouro. Alguém aqui [ele dá um tapinha no relatório de gráficos semanal] vai ser um grande vencedor, e eu estou tentando encontrar o tesouro.

O senso comum sobre como ganhar dinheiro com ações é resumido por um conselho um tanto maroto: compre na baixa e venda na alta. David Ryan discorda. Sua filosofia pode ser resumida assim: compre na alta e venda na ainda mais alta. Ryan nem cogita comprar ações cotadas a menos de 10 dólares.

O sucesso de Ryan se deve, basicamente, ao uso de uma metodologia precisa e à grande disciplina em obedecê-la. Como Ryan demonstrou, uma metodologia de trading não precisa ser original para ser bem-sucedida. Ele é o primeiro a admitir que a maior parte de seu método foi aprendida diretamente dos textos e ensinamentos de William O'Neil. Com a ajuda de um trabalho árduo e um estudo aprofundado, ele conseguiu aplicar a filosofia de trading de O'Neil com grande eficácia.

Quando os traders se desviam das próprias regras, tendem a ter prejuízo. Ryan não é exceção. Entre meados de 1983 e meados de 1984 ele testemunhou um período de performance fraca. Deixou o êxito anterior no trading subir à cabeça, violando várias vezes uma de suas regras cardinais: nunca comprar uma ação muito esticada [negociada bem acima de sua base de preço mais recente]. A experiência de 1983-1984 deixou uma impressão duradoura em Ryan e ele não repetiu esse erro.

Ter um diário de trader é um elemento essencial no método de Ryan. Toda vez que ele compra uma ação, registra suas razões para aquela compra. Sempre que liquida ou aumenta uma posição existente, um novo registro é incluído, com comentários atualizados. Esse método ajudou Ryan a reforçar, na própria cabeça, as características-chave das ações vencedoras. Talvez mais importante, reler suas anotações o ajudou a evitar a repetição de erros de trading.

O método básico de Ryan, assim como o de William O'Neil, é comprar valor e força. Ele também acredita em focar nas melhores ações entre as melhores em vez de diversificar o portfólio. Uma importante observação feita por Ryan, que muitos outros traders podem achar útil, é que os melhores trades costumam ser vencedores desde o começo. Por isso ele tem pouco escrúpulo em pular fora rapidamente de um trade perdedor. O máximo que ele arrisca em qualquer trade é um declínio de 7% da cotação. Uma regra rígida de *stop loss* é um ingrediente essencial no método de muitos traders bem-sucedidos.

MARTY SCHWARTZ

Um trader campeão

Entrevistei Marty Schwartz no escritório dele, depois do expediente. Vi uma pessoa de opiniões fortes e intensas quando o assunto é trading. Essa intensidade às vezes transborda em irritação quando se toca em um nervo sensível (como o trading programado). Schwartz é o primeiro a admitir que considera a raiva um sentimento útil no trading. Para ele, não há a premissa de "seguir o fluxo do mercado". De seu ponto de vista, o mercado é uma arena em que ele e os outros traders são adversários.

Fiquei impressionado com a dedicação de Schwartz à rotina diária de trabalho. Quando cheguei, ele estava fazendo análise de mercado, e durante a entrevista continuou fazendo cálculos. Naquela noite, quando fui embora, ele ainda não havia terminado sua análise. Embora parecesse muito cansado, não tive dúvida de que terminaria o serviço naquela noite. Ele continuou seguindo religiosamente uma rotina de trabalho durante os últimos nove anos.

Schwartz passou uma década perdendo dinheiro no trading antes de andar a passos largos na direção de ser um trader de sucesso. Durante os primeiros anos, foi um analista de valores mobiliários bem pago mas que estava sempre quebrado por causa das perdas no mercado. Quando mudou sua metodologia de trading, se transformou de perdedor recorrente em vencedor consistente. Schwartz obteve enormes ganhos percentuais desde que passou a se dedicar em tempo integral ao trading em 1979 e nunca perdeu mais de 3% de seu patrimônio no período de um mês.

Schwartz opera de forma independente do escritório de sua casa. Orgulha-se de não ter funcionários. Traders solitários como ele, por mais bem-sucedidos que sejam, costumam ser desconhecidos do público. Porém Schwartz atingiu certa fama em consequência de suas participações no Campeonato Americano de Trading, organizado por Norm Zadeh, professor na Universidade Stanford. Seu desempenho nesses concursos é nada menos que espantoso. Em nove de dez campeonatos quadrimestrais de trading que disputou (com um montante inicial de 400 mil dólares), ele ganhou mais dinheiro que todos os outros concorrentes somados. Seu retorno médio nesses nove campeonatos foi de 210% – não anualizados (no campeonato quadrimestral restante, ele teve um resultado próximo ao *breakeven*). Na única vez que se inscreveu no campeonato do ano inteiro, ele registrou um retorno de 781%. A participação de Schwartz nesses concursos é uma forma de contar ao mundo que é o melhor trader da praça. Em termos de relação risco/retorno, talvez seja mesmo.

Comece me contando sobre seus primeiros dias.
Quão longe você quer que eu vá?

Quanto você achar apropriado.
É muito relevante voltar à minha infância, sendo franco. Quer que eu me deite no divã? Cresci em New Haven, em uma família de recursos modestos. Eu era muito trabalhador. Quando tinha 7 ou 8 anos, depois de uma nevasca eu saía com uma pá de neve e voltava com 10 dólares.

Até hoje ainda trabalho 12 horas por dia. Sinto-me mal quando não estou trabalhando. É por isso que estou fazendo isso agora, enquanto você está sentado na minha frente. Calculo proporções matemáticas e osciladores e publico meus próprios gráficos. Minha atitude é sempre querer estar mais bem preparado do que o meu concorrente. E o jeito de me preparar é fazer meu dever todas as noites.

Quando fiquei mais velho, percebi que a educação era minha saída, talvez porque fosse algo muito enfatizado na minha família. Estudei bastante e recebi distinção acadêmica no ensino médio.

Fui aceito na Amherst College, e foi uma das grandes experiências da minha vida. Quando fui à orientação de calouros me disseram: "Olhem para um lado e para outro e entendam que metade de vocês vai estar na metade de cima da classe e metade na de baixo." A maioria dos matriculados ali, inclusive eu, estava no top 5% da classe no ensino médio. Perceber que eu não iria mais pertencer ao topo de tudo foi uma dura descoberta inicial.

Foi a primeira vez na vida que tive que lutar. Até arrumei um professor particular de cálculo, porque eu não entendia o conceito. Quando finalmente compreendi, foi como se uma luzinha se acendesse, como quem olha para uma pintura magnífica. Lá eu vivi de verdade o prazer de aprender e trabalhar duro. Antes, estudar era um meio para um fim; a partir dali, descobri que o aprendizado em si era um verdadeiro prazer. Amherst teve uma profunda influência sobre mim.

Depois de me formar, em 1967, fui aceito na faculdade de administração de Columbia. Na época o governo havia acabado de pôr fim aos diferimentos do serviço militar para fazer faculdade. Como eu estava infeliz em Columbia e o combate no Vietnã não me atraía, entrei para uma unidade da reserva dos fuzileiros navais, que estavam recrutando oficiais.

É preciso ser meio doido para entrar nos fuzileiros navais; é uma organização bastante incomum. Eles levam você ao limite e o reconstroem de acordo com o molde deles. No entanto, adquiri um enorme respeito pela hierarquia, porque, ao longo de toda a história, eles foram constantes no processo de treinamento. Como segundo-tenente, você tem 46 vidas sob seu controle, então precisa estar muito bem preparado. Colocam muita pressão em você. Se não dá conta, não ganha a insígnia. Nosso índice de desistência, acho, era próximo a 50%.

Na época eu era o único reservista da Escola de Aspirantes a Oficial de Quantico. Havia 199 da ativa que foram para o Vietnã, mas eu voltei para casa; esse tinha sido o acordo que fiz no recrutamento. Eu era o único judeu, e eles não tinham uma propensão muito favorável em relação aos judeus. Certa vez o sargento do pelotão desenhou a Estrela de Davi na minha testa com um marca-texto. Fiquei com vontade de arrancar o couro dele, mas concluí que ele desconhecia o significado histórico daquilo. Sabia que ele estava só tentando encontrar o ponto fraco que me faria ceder. A pior parte foi tirar aquele marca-texto da minha testa. Aquilo foi f... [*risos*]. Seja como for, perseverei e cheguei ao fim com êxito. Considero isso um feito bacana. À medida que o tempo passa, essa sensação aumenta e o sofrimento real da experiência vai caindo no esquecimento.

O treinamento rigoroso nos fuzileiros navais me deu confiança para acreditar que eu era capaz de atingir um desempenho além das minhas expectativas anteriores. Assim como Amherst havia fortalecido minha mente, os fuzileiros fortaleceram meu corpo. As duas experiências me convenceram de que eu podia fazer praticamente qualquer coisa, desde que me dedicasse o suficiente. Foi ali que descobri a base para o meu sucesso no trading. Isso não quer dizer que deu tudo certo de cara, porque não deu.

Depois de sair dos fuzileiros navais, voltei para Columbia e tive alguns empregos chatos, de meio expediente, enquanto terminava o MBA. Meu primeiro emprego em tempo integral foi como analista de ações na Kuhn Loeb. Minha especialidade eram as áreas de saúde e varejo, e passei dois anos lá. Descobri que, em Wall Street, o melhor jeito de ganhar um aumento é mudar de emprego. A firma onde você trabalha nunca quer pagar a você o mesmo que a firma que quer contratá-lo.

Em 1972 fui para a XYZ. Quero deixar de fora o nome dela e de outras pessoas, por motivos que em breve ficarão evidentes. Esse período revelou-se um dos mais difíceis da minha vida e carreira. A XYZ tinha trinta analistas, divididos em três subgrupos de dez. Como o diretor de pesquisa não gostava de trabalhar, mandava um dos analistas seniores de cada grupo revisar o trabalho dos analistas. A política era que nossos relatórios de pesquisa circulassem e fossem criticados por outros analistas, dentro dos subgrupos, antes de serem divulgados.

Eu havia redigido um relatório pessimista sobre as ações de gestão hospitalar, dizendo que o setor iria acabar sofrendo regulação da taxa de retorno. Como parte da rotina normal, o esboço circulou entre os demais analistas. Um deles bebeu demais em um voo noturno, vindo da Califórnia, e falou do meu relatório a um cliente. Até mandou para ele uma cópia do texto inacabado. Que direito ele tinha de divulgar meu trabalho? As ações começaram a despencar antes da divulgação do relatório, porque esse cliente começou a espalhar rumores sobre um relatório negativo que estava para ser lançado.

Foi uma experiência desagradável. Tive que depor durante seis horas na Bolsa de Nova York. O advogado da minha firma me disse: "Vamos defender você, mas, caso nossos interesses entrem em conflito em algum momento, nós o avisaremos."

Na época você já sabia o que havia acontecido?

Não, não sabia, mas imaginei que tudo ficaria bem se contasse a verdade, e foi o que fiz. Fui totalmente inocente; a Bolsa se deu conta de que haviam armado para mim. O analista de medicamentos acabou confessando, porque uma autoridade da Bolsa juntou as pecinhas e entendeu o que havia acontecido. Foi uma experiência dura, deplorável, que me deixou muito decepcionado. Tranquei a porta da minha sala e parei de trabalhar. Perdi o ânimo, o impulso, o desejo de fazer sucesso.

O que você fazia nesse período?
Ainda fazia relatórios, mas já não mais por prazer. Além de toda essa experiência negativa, era o começo de 1973, e senti que o mercado havia batido no teto. Passei a me interessar muito por análise técnica. A linha de avanço/declínio tinha formado um pico importante vários meses antes. Senti que o mercado e as ações que acompanhava iriam cair. Mesmo assim, as pessoas queriam saber quantos dispositivos a empresa tal estava vendendo e a que preço. Perdi a vontade de escrever relatórios otimistas, porque, se a cotação das ações estava caindo, que importava quantos dispositivos estavam sendo vendidos. Eu estava cobrindo ações em crescimento, que eram negociadas a quarenta ou cinquenta vezes o lucro. Era tudo tão ridículo!

Isso o desanimou de escrever relatórios pessimistas? Aliás, o que aconteceu com o relatório que vazou?
Ninguém escrevia relatórios pessimistas em Wall Street na época. Deram permissão para que eu terminasse o relatório sobre o setor de gestão hospitalar, mas acho que nunca tiveram a intenção de publicá-lo. Assim que ele vazou, foram obrigados a levar correndo para a gráfica, para salvar a própria pele.

O que acabou acontecendo?
No mercado baixista, perdi meu emprego e fiquei quatro meses sem trabalhar. Foi um período muito interessante, porque acredito que se aprende mais na adversidade. Eu tinha cerca de 20 mil dólares, o que na época era bastante dinheiro, e resolvi operar. Encontrei um lunático de verdade, que havia criado programas de computador para operar commodities. Ele precisava alugar tempo em um supercomputador para rodar programas que hoje você faria em qualquer máquina. E usava médias móveis diferentes. Coloquei um pouco do meu dinheiro nele e perdi a maior parte – juntamente com meus sonhos de glória.

Tendo dilapidado meu capital, resolvi que precisava voltar a trabalhar. Levei um choque. Embora tivesse sido sincero e direto, minha reputação estava manchada. "Ah, você não é aquele sujeito que escreveu o relatório?"

Pouco importava ter sido ético e inocentado. Ninguém queria se envolver com qualquer controvérsia, mesmo que não tivesse sido provocada por você.

Um amigo me ajudou a conseguir um cargo na Edwards & Hanly, que, embora fosse uma empresa voltada para o varejo, mantinha um grupo de analistas que se tornaram estrelas. Foi lá que conheci Bob Zoellner, o sócio-gerente da firma. Ele era um excelente trader. Quase sozinho, sustentou a firma em 1974, ficando vendido em ações e ganhando dinheiro na conta financeira da empresa, enquanto eles perdiam dinheiro no âmbito operacional. Em 1976 ele abriu o próprio hedge fund e viria a ter um sucesso extraordinário.

Sempre tive um bom faro como analista de ações, o que me foi muito útil. Quando percebi que o diretor de pesquisa, que nunca saía para almoçar, passou a sair todos os dias, comecei a procurar emprego em outro lugar. Quando a firma faliu, no outono de 1975, eu já tinha um emprego garantido na Loeb Rhoades.

Em 1976 conheci aquela que viria a ser minha esposa, e isso teve um efeito profundo sobre mim. Ela me fez perceber que a vida não é um ensaio geral; é pra valer, e eu estava me ferrando. Embora sempre tenha ganhado bons salários, ainda estava quase zerado, porque perdia dinheiro o tempo todo no mercado.

Nós nos casamos em março de 1978. Nessa época eu trabalhava na E. F. Hutton. Estar casado dificultava fazer viagens de negócios. Quando você tem 25 anos, visitar os ex-colegas de faculdade em outras cidades é muito divertido, mas, quando você já passou dos 30, fica bem enferrujado. Minha mulher tinha que me empurrar porta afora quando eu precisava fazer uma dessas viagens.

Odiava aquilo que eu chamava de "sapateado", em que você se sentia como se fosse um pedaço de carne. Você se encontrava com os gestores de portfólio para dar sua opinião sobre as ações que acompanhava, para fazer valer a comissão da sua firma. Em uma viagem normal, você podia ter cinco encontros como esse em Houston, pegar um voo para jantar em San Antonio e um voo para Dallas mais tarde a fim de estar pronto para o café da manhã no dia seguinte. Cansei disso.

Eu queria constituir família, mas tinha a impressão de que não daria conta financeiramente. Resistia a me casar porque tinha medo de ficar sem dinheiro. Porém comecei a pensar se não era uma profecia autorrealizável. Parece que as pessoas sabem lidar com o fracasso, porque conseguem produzi-lo elas mesmas. Vira quase um ciclo negativo de causa e efeito, em que você cria o problema, sabe como lidar com ele e passa a chafurdar nele.

Em meados de 1978 eu já tinha oito anos como analista de ações e isso havia se tornado intolerável. Sabia que precisava fazer outra coisa. Queria trabalhar por conta própria, não ter clientes nem responder a ninguém. Essa era, para mim, a meta suprema. Passei anos remoendo: "Por que não consigo ir bem se me preparei para ter sucesso?" Resolvi que a hora havia chegado.

Quando uma corretora quer contratar você, oferece de tudo. Depois que você entra, são muito menos responsivos. Enquanto eu estava em lua de mel com a corretora Hutton, pedi que colocassem uma máquina de cotações na minha sala. Eu era o único analista com uma máquina de cotações. Durante meu último ano lá, comecei a fechar a porta da minha sala para poder acompanhar o mercado. Falava várias vezes por dia com meu amigo Bob Zoellner, e ele me ensinou a analisar a atividade do mercado. Quando o mercado recebe uma boa notícia e cai, isso significa que está muito fraco; quando recebe uma má notícia e sobe, significa que está saudável.

Naquele ano comecei a fazer assinaturas de newsletters diferentes. Eu me considero um sintetizador: não criei necessariamente uma metodologia nova, mas peguei metodologias diferentes e transformei-as no meu próprio método.

Descobri um sujeito, Terry Laundry, que morava em Nantucket e tinha um método heterodoxo chamado Magic T Forecast. Ele era graduado em engenharia pelo MIT, com formação em matemática, e isso despertou meu interesse. A teoria dele era que o mercado levava a mesma quantidade de tempo tanto para subir como para cair. A única diferença era a amplitude.

Pela minha experiência, os mercados caem bem mais rápido do que sobem. Isso não contradiz a teoria?
Antes de cair, o movimento do mercado pode ser um processo de distribuição. Dou a isso o nome de M-tops. O ponto que você tem que usar para medir o tempo não é o pico da cotação, e sim o pico da oscilação, que vem antes do da cotação. Esse é o fundamento principal da teoria de Laundry. Essa teoria tinha propriedades específicas, que passei a entender e me foram extremamente úteis.

Como registro, qual é o nome do livro de Laundry?
Não há um livro. Ele só expôs a teoria em uma série de newsletters. Também publicava alguns folhetos. Depois que o citei em uma reportagem na revista *Barron's*, recebeu vários pedidos de envio dos folhetos. Ele é meio excêntrico. A resposta dele foi: "Não tenho mais nenhum exemplar." Deveria ter imprimido mais e ganhado algum dinheiro.

Desenvolvi e sintetizei uma série de indicadores, que usei para determinar em que momento o mercado chega a um ponto de entrada de baixo risco. Meu foco era determinar as probabilidades matemáticas. Embora haja, aqui e ali, situações em que o mercado oscila três desvios padrões em vez de dois, com base na probabilidade de que 98% dos movimentos parem em dois desvios padrões, assumo a aposta a qualquer momento. E, caso eu me engane, uso o controle de riscos e aciono meu *stop* quando o desvio atinge "xis" dólares. Esse é o fator mais importante.

Bom, o fato é que assinei todas essas newsletters e elaborei uma metodologia que era um sucesso para operar. Em meados de 1979, eu tinha saído de 5 mil para 140 mil dólares em apenas dois anos.

Quando você passou de perdedor a vencedor?
Quando consegui separar o lucro da satisfação do meu ego. Quando consegui aceitar que errava. Antes, admitir que errava me incomodava mais que perder dinheiro. Queria que as coisas acontecessem como eu imaginava. Se imaginava algo, não podia estar errado. Quando me tornei um vencedor, disse a mim mesmo: "Peguei o jeito, mas se estiver errado saio correndo, porque quero poupar meu dinheiro para o trade seguinte." Ao adotar a filosofia de que o trade vencedor sempre está por vir, aceitar um prejuízo é mais fácil. Se eu errar, qual o problema?

Você fez a transição da análise de fundamentos para a análise técnica?
Totalmente. Sempre acho graça de quem diz: "Não conheço ninguém que ficou rico com análise técnica." Adoro! É uma resposta tão arrogante e sem sentido. Usei fundamentos por nove anos, mas foi com a técnica que fiquei rico.

Como analista, você ainda fazia análise de fundamentos?
Sim, para ganhar a vida. Minha esposa me dizia: "Vá por conta própria. Você tem 34 anos e sempre quis ser autônomo. O pior que pode acontecer é voltar a fazer o que fazia antes."

Sempre me imaginei como corajoso e forte, mas, quando chegou a hora de arriscar, entrei em pânico. Tinha 140 mil dólares, dos quais 30 mil estavam presos em transações de impostos e 92,5 mil separados para pagar uma vaga na Bolsa. Restavam 20 mil dólares, da época em que fui para o pregão como *market maker* [agente de mercado que faz cotações de preços de compra e venda e oferece liquidez para a entrada e saída de operações]. Peguei 50 mil dólares emprestados dos meus sogros, o que me dava 70 mil de capital de giro.

Nos dois primeiros dias no negócio, comecei com prejuízo. Me envolvi com opções da Mesa Petroleum porque o Zoellner, que eu respeitava muito, achava que estavam bem subvalorizadas. Liguei para ele no segundo dia de pregão: "Você está convencido de que está certo?" Devo ter comprado incríveis dez opções. Estava perdendo 1,8 mil dólares e morrendo. Fiquei paralisado, porque, na minha cabeça, eram quase 10% de prejuízo, já que eu não considerava o empréstimo dos meus sogros como parte do meu capital de giro. No terceiro dia as opções da Mesa começaram a subir e nunca mais precisei me preocupar com isso.

Depois dos primeiros quatro meses, eu já estava com 100 mil dólares no azul. No ano seguinte lucrei 600 mil dólares. A partir de 1981, nunca mais ganhei menos de sete dígitos. Lembro-me de conversar com um amigo íntimo em 1979 e dizer: "Acho impossível alguém ganhar 40 mil dólares por mês negociando opções." Agora faço isso num dia só sem nenhum problema.

Você estava indo muito bem no pregão. Por que saiu?
Eu era muito lento na hora do almoço. Costumava subir para outra sala para almoçar. Enquanto estava na mesa comendo um sanduíche, analisava os gráficos, à procura de ideias novas. Acabei concluindo que enxergava muito mais sentado à mesa, olhando um computador, do que em um salão, operando opções. No pregão os especialistas escolhem as siglas que querem manter nas máquinas de cotações, porque pagaram o aluguel da máquina. Então você precisa andar para lá e para cá para achar o que quer. No andar de cima, eu me sentia muito mais à vontade.

Um ano e meio depois, comecei a ganhar muito dinheiro e o pregão ficou pequeno. Havia uma arena muito maior para jogar. Outro motivo para a minha saída foi uma mudança na legislação tributária em 1981, que tornou muito mais lucrativo operar futuros que ações e opções.

Na década de 1970 fali e nunca mais queria passar por uma situação igual a essa. Minha filosofia era que, se você ganhar dinheiro todos os meses, nada de ruim vai lhe acontecer. Então você pode até não ser uma pessoa muito rica; de qualquer maneira, você nunca vai ser. Que diferença faz? Eu me orgulho do meu trading de futuros, porque peguei 40 mil dólares e levei até 20 milhões, com uma queda nunca superior a 3%.

Você continuou operando ações nesse período?
Sim, mas com uma mentalidade diferente. Operava ações com um horizonte de tempo um pouco mais longo. Não sinto a mesma pressão quando sou dono de 100 mil ações do que quando sou dono de 100 contratos de índice S&P.

Você negocia ações do lado vendido com presteza igual à do lado comprado?
Não, acho mais difícil negociar ações do lado vendido.

Por causa da regra do *uptick*?
Não, é porque é mais fácil ficar vendido no [índice] S&P, que rende bem mais. Além disso, odeio o sistema de especialistas [agentes do pregão que operam apenas com determinadas ações, garantindo liquidez no mercado e lucrando com o *spread* entre compra e venda]; estão sempre tentando fazer você cair na deles. Vou lhe dizer o que penso de especialistas: nunca encontrei na vida um grupo tão sem talento ganhando dinheiro tão desproporcional à própria competência. Operar como especialista é a vantagem mais extraordinária que se pode querer. Em um mercado normal, o especialista sempre pode definir o próprio risco. Se recebem um lance de 20 mil com queda de um oitavo, podem comprar a ação sabendo que sempre dá para sair com queda de um oitavo. Então estão protegidos. Sempre digo aos meus amigos que casem as filhas com um filho de especialista [essa função existia quando os pregões eram ao vivo. Hoje não existe mais].

Não aguento a maior parte das instituições consolidadas. Tenho uma mentalidade de eu contra eles, o que acho que me torna um trader melhor, mais agressivo. Essa teoria é de grande valia, desde que eu mantenha um viés intelectual no meu trabalho e disciplina na gestão financeira.

Qual foi a sua experiência na semana do crash da Bolsa em 19 de outubro de 1987?

Estava comprado. Pensando nisso hoje, acho que teria feito tudo de novo. Por quê? Porque em 16 de outubro o mercado caiu 108 pontos, o que, na época, tinha sido a maior baixa de um dia na história da Bolsa. Considerei essa queda como um ponto culminante e apostei que seria uma oportunidade de compra. O único problema é que era sexta-feira. Em geral, uma sexta de queda é seguida por uma segunda de queda.

A segunda-feira não teria sido tão ruim quanto foi se o secretário do Tesouro, James Baker, não tivesse detonado verbalmente os alemães no fim de semana, por conta das taxas de juros. Ele foi muito belicoso. Depois que ouvi Baker falar, tive certeza de que estava ferrado.

No fim de semana você já sabia que estava em dificuldade?
Sabia. Marty Zweig, que era meu amigo, falou de uma possível depressão no programa *Wall Street Week* de sexta à noite. Liguei para o Marty no dia seguinte e ele disse que achava que o mercado tinha um risco de mais 500 pontos. Evidentemente, ele não sabia que iria ser em um dia só.

O que o deixava tão pessimista na época?
Acho que os indicadores monetários dele estavam muito negativos. Lembre-se, os títulos estavam desabando rapidamente na época.

O que aconteceu naquela segunda? Quando você pulou fora?
A máxima do S&P na segunda foi de 269. Liquidei minha posição comprada em 267,5. Fiquei muito orgulhoso disso, porque é muito difícil acionar o gatilho quando se está perdendo. Simplesmente me livrei de tudo. Estava comprado em quarenta contratos no começo do dia e perdi 315 mil dólares.

No trading, uma das coisas mais suicidas que se pode fazer é continuar aumentando uma posição perdedora. Se eu tivesse feito isso, poderia ter perdido 5 milhões de dólares naquele dia. Doeu e me fez sangrar, mas fui fiel a meus pontos de risco e segui em frente.

Levo para a vida um exemplo do meu treinamento quando fazia parte dos fuzileiros navais: nunca ficar paralisado sob ataque. Uma das táticas no manual dos oficiais é: avançar ou recuar. Só não pode permanecer parado, caso contrário você leva uma surra. Até a retirada é uma forma de ataque, porque pelo menos você está fazendo um movimento. No mercado, a tática é igual. O mais importante é guardar munição para um contra-ataque. Depois do 19 de outubro, me saí muito bem. Na verdade, 1987 foi o meu ano mais lucrativo.

Você liquidou sua posição comprada muito bem em 19 de outubro. Chegou a pensar em ficar vendido?
Pensei, mas depois disse a mim mesmo: "Agora não é hora de ganhar dinheiro; é hora de se preocupar em guardar o que você ganhou." Sempre que ocorre um período muito complicado, tento jogar na defesa, defesa, defesa. Acredito em proteger o que já tenho.

No dia do crash, pulei fora da maioria das minhas posições e protegi minha família. Às 13h30, com o Dow Jones em baixa de 275 pontos, fui até o meu cofre e saquei o ouro. Meia hora depois, fui até outro banco e comecei a passar cheques para pegar meu saldo. Comecei a comprar títulos do Tesouro e a me preparar para o pior. Nunca tinha visto nada igual ao que estava acontecendo.

Você temia seriamente que os bancos quebrassem?
Por que não? As histórias que me contaram depois, de pessoas do lado operacional do negócio, provocariam um infarto em quem tivesse a mínima ideia do que estava acontecendo. Os bancos não estavam conseguindo honrar nenhum pedido das corretoras. Na terça de manhã ficamos a poucas horas de um colapso total. Então minha cautela era sensata.

Acho que meu medo de uma depressão tem a ver com o fato de meu pai ter se diplomado em 1929. Se você conversa com pessoas que se formaram naquela época, é como se um período de dez anos tivesse sumido da vida delas. Não havia nada de concreto acontecendo no país. Isso ficou marcado em mim, porque era algo que temia muito. E é um dos motivos de eu não tentar aumentar geometricamente meus ganhos. No dia do crash, olhei para o meu filho no berço e pensei que não queria que um dia ele me perguntasse: "Papai, por que você não fez tudo que poderia ter feito?"

Quando você começou a operar de novo?
Na quarta-feira daquela semana. Foi engraçado, porque comecei operando somente um ou dois contratos do S&P de cada vez. O S&P estava operando em *incrementos de um ponto inteiro* [o equivalente a 500 dólares por contrato, contra 25 dólares pelo menor *tick*] e eu não sabia como compensar o que estava acontecendo. Pela minha experiência, imaginava que estávamos em algum

período de oportunidade, mas o livro de regras estava sendo reescrito. Minha atitude é: nunca arrisque a segurança de sua família. Naquela época já não precisava ganhar mais dinheiro. Na quarta-feira o mercado chegou a uma zona em que, no meu entender, valia ficar vendido. Terminei o dia vendido em doze contratos do S&P, o que, para mim, era uma posição minúscula.

Naquela noite, Bob Prechter [editor de uma newsletter de aconselhamento de muito prestígio, a *Elliott Wave Theorist*] divulgou uma mensagem pessimista em sua *hotline*. Na manhã seguinte o mercado estava sob tremenda pressão, em parte por causa daquela recomendação, em parte porque um dos maiores gestores de fundos do país tentava liquidar uma posição comprada gigantesca. Comentou-se que ele teria perdido 800 milhões de dólares.

Liguei para o pregão da S&P logo antes da abertura naquela manhã e meu operador disse: "Já ofereceram dezembro por 230, ofereceram por 220, ofereceram por 210, estão negociando até por 200." Gritei: "Cubra!" Ganhei 250 mil dólares em doze contratos! Foi um dos trades mais inesquecíveis da minha vida.

O que você acha do trading automatizado? [Veja a definição no Apêndice 1.]
Odeio. Antes o mercado tinha um vaivém natural, mas o trading automatizado matou isso. Essas corretoras que fazem trading automatizado detêm um poder extraordinário de influenciar o mercado, e as outras se tornaram cúmplices. Isso não me deixa paranoico, porque me ajustei e tenho tido êxito. Mas detesto.

Há quem diga que todas essas críticas ao trading automatizado são puro nonsense.
Quem diz isso é idiota.

Não, alguns são muito inteligentes.
Não, são idiotas. Posso provar que todos eles são idiotas.

Como provaria?
Há algo que eu gostaria que os órgãos reguladores apurassem: o mercado passou a fechar perto do pico ou do piso do dia com muito mais frequência do que anteriormente. Nos dois últimos anos o mercado fechou quase 20% das vezes a 2% ou menos do pico ou da base. Por questões matemáticas, esse tipo de distribuição aleatória é impossível.

Você fala do trading automatizado como se fosse imoral. O que há de antiético em arbitrar entre ações e futuros?
Traders programados também precisam fazer o outro lado da equação. Nos bancos de investimento existe o chamado "chinese wall", em que o ideal é que arbitradores e banqueiros de investimento não estejam no mesmo pregão, por receio de que conversem entre si. Gostaria que a SEC (comissão de valores mobiliários americana) me explicasse como eles podem permitir traders de operações programadas sentados ao lado dos principais traders da carteira da corretora.

Seu exemplo inclui um fator de *front running*, que oculta a questão principal. O que há de imoral em comprar ações e vender futuros (ou vice-versa) quando há um descompasso entre as cotações nos dois mercados?
Já vi situações em que uma firma tem informação sobre um *debt/equity swap* [conversão da dívida em capital] com um dia de antecedência. Quando o estado de Nova Jersey vendeu 2 bilhões de dólares de ações e investiu em títulos, por exemplo, a firma sabia dessa transação um dia antes. Ao ter conhecimento de que no dia seguinte seriam vendidos 2 bilhões de dólares em ações, entre 16h e 16h15 eles venderam milhares de contratos futuros para preparar o trade. Isso cheira muito mal.

O exemplo que você deu é (a) um caso de operação com informação privilegiada, (b) *front running* e (c) trade direto, e não trade programado. Digamos que uma corretora tenha um programa de computador que aponta supervalorização ou subvalorização das ações em relação aos futuros e que essa corretora não esteja atendendo nenhum cliente...
Deixe-me dar um exemplo antes de você terminar seu pensamento. Se essa corretora precisa dar um desconto de 80 centavos para ativar o programa de um cliente, irá ativar a própria posição com um desconto de 50 centavos. Ela tem uma vantagem e pode sair na frente do cliente porque seu custo por transação é mais baixo – não tem que pagar comissão para si mesma.

Estou tentando separar as duas coisas. Vamos pegar um exemplo em que não haja *front running* nem atendimento ao cliente – apenas alguém operando com o próprio dinheiro, tentando lucrar com arbitragem. Se a metodologia da pessoa for essa, em que ponto seria pior que a sua?

Qualquer um que compre uma cesta de ações para ganhar 80 pontos-base em cima do rendimento dos *T-bills* é um otário. São os mesmos idiotas de quem fugi quando saí da análise de *ações*. Quem no mundo precisa ganhar 80 pontos em cima de letras do Tesouro? As corretoras vendem esse tipo de pacote porque é um modo de criar mais fluxo de pedidos, o que hoje em dia transformou-se no máximo de poder em Wall Street.

Você quer dizer que o trading automatizado é indevido, mesmo para uma instituição que não atenda carteiras externas?
Cresci como analista de ações, analisando coisas e comprando algo pelo valor. Negociar ações contra futuros de índices da Bolsa, nos dois sentidos, não atende nenhum objetivo útil.

Estão comprando e vendendo, e você está comprando e vendendo. Qual a diferença?
Quando opero, busco o ganho ilimitado.

O que torna esse estilo mais correto do que o estilo que tenta ganhar pela arbitragem do mercado?
Suponho que a Constituição não proíba e que eles tenham direito de fazer, mas o resultado são abusos inacreditáveis. Grito para os meninos que trabalham nessas corretoras: "Seus infelizes, vocês não têm integridade, não têm ética. Sabem o que vai acontecer? Vocês vão matar a brincadeira." Então ficam me xingando. Quando barraram o trading automatizado da própria carteira, eles disseram: "Gostou? Era isso que você queria!" Respondi: "Não, ainda não acabou." Não contei a eles o final, que é quando eles param de ganhar 300 mil dólares ou mais por ano e descobrem quanto valem de fato; quando estiverem no olho da rua, sem conseguir um emprego de mais do que 50 mil dólares. Então o círculo estará completo.

Qual a sua experiência de trading que se destacou como a mais dramática?
A que deu o maior nó no estômago foi em novembro de 1982. Na época meu patrimônio era bem maior e levei um tombo de 600 mil dólares em um dia.

O que aconteceu?
Era dia de eleição e os republicanos se saíram bem melhor que o esperado nas

disputas pelo Congresso. O mercado subiu 43 pontos, uma das maiores altas em pontos da história. Eu estava vendido e, feito um imbecil, vendi ainda mais com o S&P travado no limite de 500 pontos contra mim, faltando só meia hora de pregão.

Minha esposa, que na época trabalhava comigo, já havia ido embora. No dia seguinte ela chegou ao trabalho e de dez em dez minutos me dizia: "Diminui, diminui." Eu segui sofrendo perdas, só saindo das posições.

Sempre que você leva uma pancada, dói muito emocionalmente. A maioria dos traders tenta recuperar tudo na mesma hora, tenta jogar ainda mais alto. Sempre que você tenta recuperar de uma só vez tudo que perdeu, está fadado ao fracasso. Isso vale para tudo – investimentos, trading, jogo. Aprendi na mesa de carteado de Las Vegas a só ter "xis" dólares no bolso e nunca ter crédito, porque a pior coisa que você pode fazer é cobrir dinheiro forte com dinheiro fraco. Se puder se afastar fisicamente do salão – o que no trading de futuros equivale a zerar tudo –, é possível ver as coisas de uma perspectiva diferente.

Depois de uma perda arrasadora, sempre jogo bem pequeno e tento só ficar no azul. A questão não é quanto dinheiro vou ganhar, é ir recuperando o ritmo e a confiança. Encolho totalmente – um quinto ou um décimo do tamanho normal do meu trade. E dá certo. Acho que acabei novembro de 1982 com um prejuízo de apenas 57 mil dólares, depois de levar um tombo de 600 mil em 4 de novembro.

Houve algum erro de trading que você possa isolar como responsável pelo prejuízo do dia da eleição de 1982?
Aumentar os *shorts* quando o mercado futuro já está paralisado no limite, contra você, e o mercado à vista parece estar 200 pontos acima é bem idiota.

Quando você olha para trás, diz "Por que fiz isso?"?
Porque eu havia ganhado muito no mês anterior. Meus maiores reveses sempre vieram depois de grandes vitórias. Fui descuidado.

Você ainda comete erros de trading? Refiro-me a desvios dos princípios de trading que considera válidos, e não trades que deram prejuízo.
Sempre se cometem erros. Faz pouco tempo cometi um – um erro terrível. Estava vendido em S&P e vendido em títulos de longo prazo, e me assustei porque esses títulos passaram acima da média móvel. Mas os *T-bills* [títulos

de curto prazo] não foram junto. Uma de minhas regras é não deter posições quando as médias móveis de *T-bills* e de *T-bonds* [títulos de prazo mais longo] divergem – ou seja, quando uma média móvel fica acima da cotação, e a outra, abaixo –, porque as taxas de juros não podem mudar muito enquanto uma não confirmar o movimento da outra. Pelas minhas regras, eu deveria ter passado minha posição em títulos longos de vendida para zerada; em vez disso, inverti de vendida para comprada. Paguei caro por esse erro. Enquanto na minha posição vendida original eu havia perdido apenas 20 mil dólares, no dia seguinte tive um prejuízo de seis dígitos – o maior do ano.

O bom de ser trader é que você sempre pode se sair melhor. Por mais bem-sucedido que seja, você sabe quantas vezes fez besteira. A maioria das pessoas, em suas carreiras, passa o tempo tentando escamotear os próprios erros. Como trader, você é obrigado a encará-los, porque os números não mentem.

Em alguns momentos você se referiu a suas regras de trading. Pode relacioná-las?
[Lendo uma lista, mas falando de improviso.] Sempre checo os gráficos e as médias móveis antes de montar uma posição. A cotação está acima ou abaixo da média móvel? Essa ferramenta funciona melhor que todas as outras que tenho. Tento não ir contra as médias móveis, é autodestrutivo.

A ação se sustentou acima do piso mais recente quando o mercado entrou no piso mais recente? Se for o caso, a saúde dessa ação está bem melhor que a do mercado. É esse tipo de divergência que procuro.

Antes de colocar uma posição, sempre pergunte: "Será que quero mesmo essa posição?"

Depois de um período de sucesso, tire um dia de folga como prêmio. Descobri que é difícil sustentar um trading de excelência por mais de duas semanas seguidas. Tive períodos em que lucrei doze dias em sequência, mas no fim acabei cansado do combate. Por isso, depois de uma boa fase de lucros, tento tirar um pouco o pé, em vez de forçar mais. Meus maiores prejuízos sempre vieram depois dos maiores lucros.

A regra seguinte é um problema enorme para mim: sempre tento não violá-la. Pescar no fundo é uma das formas mais caras de apostar. Não há problema em violar essa regra de vez em quando, se a justificativa for suficiente. Hoje comprei o S&P quando ele sofreu uma queda forte. Duas semanas atrás, eu havia anotado o número 248,45 como melhor entrada para o S&P. Hoje o piso foi de 248,50. Portanto, deu para comprar na baixa e ganhar bastante dinheiro. Eu tinha um plano, executei e deu certo, mas nem sempre dá. Era arriscado, mas eu não estava piramidando loucamente e sabia o tamanho do risco.

Isso me leva à regra seguinte: antes de assumir uma posição, saiba a quantia que está disposto a perder. Conheça seu *uncle point* [o seu ponto de perda máxima] e respeite-o. Tenho um limiar de dor e quando chego a ele preciso sair.

Quando os *T-bonds* e os *T-bills* divergem na relação entre cotação e média móvel – um acima da média, o outro abaixo –, não se posicione enquanto um não confirmar a direção do outro. [De modo geral, uma cotação acima da média móvel indica tendência de alta, enquanto o contrário indica de baixa.]

Por fim, minhas últimas palavras são: trabalho, trabalho e mais trabalho.

Algo a acrescentar a essa lista?
A coisa mais importante é: gestão financeira, gestão financeira, gestão financeira. Qualquer um que for bem-sucedido lhe dirá a mesma coisa.

Uma área em que estou sempre tentando melhorar é não mexer no que está dando lucro. Estou sempre trabalhando nisso. Até que eu esteja próximo de morrer, continuarei tentando.

Isso acontece porque você faz algo de errado?
Adoro ter lucro. O sininho da caixa registradora é música para meus ouvidos. A ironia é a seguinte: como posso me dispor a arriscar 400 pontos numa baixa e só aproveito 200 pontos em uma alta de 1.000?

Do lado do risco, você tem um método, um plano. Já experimentou uma disciplina parecida do lado do lucro?
Sim, mas não fui capaz de aperfeiçoá-la. Tive graus variados de êxito, mas é a minha maior autocrítica.

Qual a dificuldade nesse aspecto?
Acho que tudo tem a ver com meu temor de algum evento cataclísmico. Sou como [o humorista] W. C. Fields: tenho conta em vários bancos e alguns cofres com ouro e dinheiro em espécie. Sou bem diversificado. Meu processo mental é: se me ferrar de um lado, sempre terei uma tábua de salvação do outro.

Alguma outra regra que lhe venha à memória?
Sim. Se estiver muito nervoso em relação a uma posição da noite para o dia, e sobretudo durante o fim de semana, e quando o mercado abrir você tiver como sair a uma cotação bem melhor do que imaginava, é porque a melhor atitude a tomar é segurar a posição. Outro dia estava vendido no S&P e fiquei nervoso porque o mercado de títulos estava muito forte na sessão noturna. Na manhã seguinte a Bolsa estava quase inalterada. Senti tanto alívio de poder sair sem prejuízo que cobri minha posição. Foi um erro. Um pouco mais tarde, o S&P desabou. Quando seus maiores receios não se concretizam, é porque talvez seja melhor aumentar sua posição.

Qual foi sua pior queda, em termos percentuais?
Meu histórico acabou de ser analisado, por conta de um acordo de gestão financeira. Ao longo de toda a minha carreira como trader em tempo integral, pegando o dado do último dia do mês, minha maior queda foi de 3%. Meus dois piores meses foram perto do nascimento dos meus dois filhos, porque minha preocupação era se eu iria pegar a bolinha de tênis do jeito certo no curso de preparação para o parto.

Minha filosofia sempre foi tentar lucrar em todos os meses. Tento até lucrar em todos os dias. E tive algumas fases extraordinárias – mais de 90% dos meses foram lucrativos. Orgulho-me do fato de que, praticamente todos os anos, não tive nenhum mês no vermelho, até abril deste ano. Pode até ser que não ganhe tanto dinheiro quanto poderia, mas o controle das perdas é o que me preocupa mais.

Você inicia cada ano do zero?
Minha filosofia é: no dia 1º de janeiro, sou pobre.

Você opera menos em janeiro?
Não necessariamente. Mas minha atenção é maior.

Você corta os prejuízos mais rápido em janeiro?
Não, sempre corto rapidamente. É provável que essa seja a chave do meu sucesso. Um trade sempre pode ser refeito, mas, quando zera tudo, você enxerga as coisas de outro modo.

Com mais clareza?
Muito mais clareza, porque a pressão que você sente quando está em uma posição que não está dando certo o deixa catatônico.

Voltando à gestão de carteiras de terceiros, eu me pergunto, depois de tantos anos ganhando muito dinheiro operando por conta própria, que motivo você teria para se incomodar com a gestão do dinheiro de outros?
Senti que estava ficando um pouco apático, e isso representa um novo desafio. Depois de outubro de 1987, me dei conta de que não é possível medir adequadamente o risco da queda. O jeito de conseguir mais alavancagem pessoal é com fundos externos.

Quanto dinheiro você vai gerir?
Não quero ser específico em relação a quantias, mas só vou pegar um ou dois grandes fundos. Não quero lidar com vários investidores, embora tenha certeza de que poderia arrecadar muito mais dinheiro se fizesse uma subscrição pública.

Quanto mais gente você envolve, mais dores de cabeça poderá ter. Quando conheci um gestor de grandes fundos, ele me perguntou quantos funcionários eu tinha. Respondi: "Nenhum." Ele me disse que tinha setenta. Quando ele quiser parar, vai ser bem mais difícil, porque terá a vida dessas pessoas nas mãos dele. Não quero sentir esse tipo de pressão.

Aqui você me parece bem isolado. Gosta de trabalhar sozinho?
Levei muitos anos até aceitar trabalhar sozinho. Antes eu ia para um escritório no centro, porque muitos amigos estavam lá. Mas o tempo foi passando, cada vez menos gente continuava lá, e a atração foi diminuindo muito. Agora há meia dúzia de pessoas com quem falo por telefone todos os dias. Ensinei minha metodologia a alguns e eles têm as próprias metodologias.

Você já tentou treinar alguém para trabalhar como operador para você?
Contratei quatro pessoas, mas nenhuma durou. Todas se sentiram intimidadas. Tentei clonar a mim mesmo e não deu certo. Ensinei todas as minhas metodologias, mas aprender a parte intelectual é só uma parte. Não dá para ensiná-los a ter o meu estômago.

Por que a maioria dos traders perde dinheiro?
Porque preferem perder a reconhecer que estavam errados. Qual é o raciocínio final do trader em uma posição perdedora? "Vou pular fora quando sair do vermelho." Por que é tão importante pular fora quando sair do vermelho? Porque protege o ego. Eu me tornei um trader vencedor porque fui capaz de dizer: "Dane-se o meu ego, ganhar dinheiro é mais importante."

O que você diz a quem pede seus conselhos?
Sempre tento incentivar quem está pensando em entrar neste negócio por conta própria. Digo: "Pense que você pode ter mais sucesso do que jamais sonhou, porque foi isso que aconteceu comigo." Tenho a liberdade que sempre quis, tanto financeira quanto estrutural. Posso sair de férias a qualquer momento. Vivo metade do ano em Westhampton Beach e a outra metade em Nova York. Tenho uma qualidade de vida incrível. Meus filhos acham que todo pai trabalha em casa.

Qual é o conselho que você daria à pessoa comum que está tentando se tornar um trader melhor?
Aprenda a assumir prejuízos. Para ganhar dinheiro é preciso não deixar que os prejuízos fujam do controle. Além disso, não aumente sua posição enquanto não tiver duplicado ou triplicado o capital. A maioria comete o erro de aumentar a aposta assim que começa a ganhar dinheiro. É um jeito rápido de "limparem" você.

A história de Marty Schwartz deve servir de incentivo àqueles cujas tentativas iniciais no trading fracassaram. Eis um trader que foi malsucedido durante uma década, perdendo dinheiro a ponto de quase falir, apesar de sempre ter ganhado bons salários. Ainda assim, Schwartz conseguiu dar a volta por cima e se tornar um dos melhores traders do mundo.

Como ele fez isso? Os fatores essenciais foram dois. Primeiro, encontrou uma metodologia que deu certo para ele. Ao longo dos anos de prejuízo, Schwartz usou a análise de fundamentos para decidir os trades. Foi só quando mergulhou na análise técnica que se tornou bem-sucedido. A lição, aqui, não é que a análise técnica seja melhor que a de fundamentos, e sim que a análise técnica foi a metodologia certa para ele. Outros traders entrevistados neste livro, como James Rogers, tiveram êxito usando a análise fundamentalista, a ponto de ignorar a análise técnica. A lição crucial é que cada trader deve encontrar a abordagem que funciona melhor para si.

O segundo fator responsável pela transição de Schwartz para o sucesso foi uma mudança de atitude. Ele triunfou depois que seu desejo de vencer suplantou seu desejo de ter razão.

O controle de riscos é um elemento essencial no estilo de trading de Schwartz, como atestam seus prejuízos incrivelmente reduzidos. Ele atinge esse controle de riscos por sempre saber seu *uncle point* em todo trade. Sem dúvida, seu método de reduzir bastante o tamanho de sua posição, tanto depois de um prejuízo importante quanto depois de uma prolongada fase vencedora, contribui muito para os bons resultados. A lógica da redução das posições depois de uma perda desestabilizadora é evidente. No entanto, as razões para fazer isso depois de uma fase vencedora exigem mais detalhamento. Como o próprio Schwartz explica, seus maiores prejuízos sempre ocorreram depois dos maiores ganhos. Desconfio que seja o caso da maioria dos traders. Fases ganhadoras geram acomodação, e a acomodação leva a um trading descuidado.

A maioria dos traders menciona regras parecidas (como disciplina e dedicação) como motivos do sucesso. Portanto, é sempre uma alegria quando um trader de ponta menciona uma regra que seja singular e soe autêntica. Fiquei encantado com o comentário de Schwartz em relação a manter posições que o preocupam quando o movimento do mercado não justifica esse receio. A ideia implícita é que, quando o mercado não pune você em uma posição em que haveria motivo de receio (como uma mudança dos fundamentos contrária à posição, ou um *breakout* técnico no sentido oposto), é porque deve haver poderosas forças subjacentes em favor da direção de sua posição original.

PARTE 3
UM POUQUINHO DE TUDO

JAMES B. ROGERS, JR.

Compre valor, venda histeria

Jim Rogers começou a operar na Bolsa com meros 600 dólares em 1968. Em 1973 fundou o Quantum Fund, com George Soros como sócio. O Quantum Fund mostrou-se um dos hedge funds de melhor desempenho e, em 1980, tendo ganhado uma pequena fortuna, Rogers aposentou-se. "Aposentou-se" é o termo que ele usa para se referir à gestão de seu portfólio pessoal, que exige uma pesquisa considerável e constante. Sua "aposentadoria" inclui aulas de investimento na faculdade de administração de Columbia.

Eu estava ansioso para entrevistar Rogers, por conta de seu status de estrela como um dos mais astuciosos investidores de nosso tempo e também porque seus comentários em programas de entrevistas sobre economia na TV e nos jornais sempre me chamaram atenção pelo bom senso e pela rara clareza. Como não conhecia Rogers, enviei-lhe uma carta com um pedido de entrevista, explicando que estava trabalhando em um livro sobre os traders mais bem-sucedidos. Incluí um exemplar de meu livro anterior, sobre o mercado de futuros, e coloquei na dedicatória uma citação de Voltaire que considerei apropriada: "O senso comum não é tão comum."

Rogers ligou alguns dias depois para me agradecer pelo livro e manifestar seu interesse em participar. "Porém", advertiu, "não sou a pessoa que você vai querer entrevistar. Costumo reter posições durante anos. Além disso, sou um dos piores traders do mundo. Nunca entro na hora certa." Ele estava se referindo à distinção que fiz em minha carta ao dizer que estava interessado em "grandes traders" e não em "grandes investidores".

Um "trader", da forma como entendo o termo, preocupa-se mais com a direção adotada pela Bolsa, enquanto um "investidor" se concentra na seleção de ações com mais chance de suplantar a performance do mercado como um todo. Em outras palavras, o investidor sempre está comprado, enquanto o trader pode estar comprado ou vendido. Expliquei a Rogers o meu uso desses termos e ressaltei que ele era, de fato, o tipo de pessoa que eu queria entrevistar.

Cheguei à casa de Rogers, uma mansão com mobília eclética, em uma tarde de primavera que mais parecia outono. O ambiente lembrava mais um palacete inglês que uma residência nova-iorquina. Se meu único contato com Nova York tivesse sido a conversa daquela tarde com Rogers, em sua sala de visitas repleta de antiguidades, com uma agradável vista para o rio Hudson, eu teria concluído que Nova York era um lugar bem tranquilo para morar. Depois de me cumprimentar, Rogers disse de imediato: "Ainda acho que sou o homem errado." Uma vez mais, referia-se ao fato de não se considerar um trader. Foi nesse tom que começou a entrevista.

Como lhe disse em nossa conversa por telefone, não me considero um trader. Lembro-me de que em 1982, quando fui comprar ações alemãs, disse ao corretor: "Quero que você compre as ações X, Y e Z." O corretor, que não me conhecia, perguntou: "E o que faço a seguir?" Respondi: "Compre as ações e me mande a confirmação." Ele perguntou: "Você quer que eu lhe envie alguma pesquisa?" Respondi: "Não faça isso, por favor." Ele perguntou: "Quer que eu lhe envie análises?" Respondi: "Não, não, não envie." Ele perguntou: "Quer que eu lhe passe as cotações por telefone?" Respondi: "Não, não me passe, porque, se as ações tiverem duplicado ou triplicado, ficarei tentado a vendê-las. Quero ter ações alemãs por pelo menos três anos, porque acho que vocês estão prestes a ter a maior alta das últimas duas ou três gerações." Nem preciso dizer que o corretor ficou perplexo, achou que eu era louco.

Não considero, porém, que isso seja trading; eu havia concluído que estava para acontecer uma grande mudança no mercado e estava assumindo uma posição. Por sinal, acertei. Comprei as ações alemãs no fim de 1982 e vendi-as no fim de 1985 e no início de 1986.

O que o deixou tão altista em relação à Alemanha naquela época?
O mercado altista havia começado aqui em agosto de 1982. A Alemanha não tinha tido nenhum tipo de mercado altista desde o recorde anterior,

de 1961 – 21 anos antes, portanto. O mercado alemão desabou em 1962 e, desde então, andou de lado. Nesse meio-tempo, a economia alemã explodiu. Havia um valor básico ali.

Sempre que compro ou vendo algo, tento me certificar antes de que não vou perder dinheiro. Se houver um valor muito bom, mesmo que eu esteja enganado, não vou perder muito dinheiro.

Mas você poderia ter comprado esse mercado dez anos antes por essa mesma teoria.
Tem toda a razão. Poderia ter comprado em 1971 e teria visto as ações alemãs paradas durante dez anos, enquanto nos Estados Unidos tivemos uma forte alta. Mas naquele instante havia um catalisador. Sempre é preciso ter um catalisador para que as coisas importantes aconteçam. Na época o catalisador eram as eleições alemãs iminentes. Concluí que os socialistas iriam ser expulsos e sabia que o partido de oposição, o União Democrata Cristã, tinha uma plataforma voltada para o incentivo aos investimentos.

Minha avaliação era de que, se os democratas-cristãos conservadores ganhassem a eleição depois de tantos anos fora do poder, haveria grandes mudanças. Sabia também que em 1982 muitas empresas alemãs estavam segurando o investimento em bens de capital e expansão, antecipando uma vitória dos conservadores. Portanto, se de fato eles vencessem, haveria uma explosão de investimento represado em capital.

O resultado da eleição era incerto na época?
Na minha cabeça, não.

Refiro-me às pesquisas.
Acho que sim, porque, quando os conservadores de fato venceram, o mercado explodiu no mesmo dia.

E se tivessem perdido?
Não acho que eu teria perdido uma quantia importante, pelos motivos que expus antes. Minha expectativa era de que haveria uma transformação relevante e que o mercado altista iria durar dois, três, quatro anos.

Aparentemente você tem uma forte convicção quando coloca um trade.

Em geral tenho, sim; do contrário não perderia tempo fazendo isso. Uma das melhores regras que se podem aprender sobre investimentos é não fazer nada, absolutamente nada, a menos que haja algo a fazer. A maioria das pessoas – não que eu seja melhor que a maioria das pessoas – precisa jogar o tempo todo; precisa fazer algo. Fazem um grande lance e dizem: "Cara, como sou esperto, acabei de triplicar meu dinheiro." Então saem correndo e precisam fazer mais alguma coisa com esse dinheiro. Não conseguem ficar só sentadas, esperando que apareça algo novo.

Você sempre espera que uma situação se alinhe a seu favor? Nunca acontece de você dizer "Acho que esse mercado vai subir, então vou tentar"?
O que você acaba de descrever é um caminho velocíssimo para a pobreza. Espero até o dinheiro aparecer na minha frente e tudo que tenho a fazer é ir até ele e pegar. No meio-tempo, não faço nada. Até mesmo quem perde dinheiro no mercado diz: "Acabei de perder dinheiro, agora tenho que fazer alguma coisa para recuperar." Não tem, não. Precisa ficar parado até achar alguma coisa.

Operar o mínimo possível.
É por isso que não me considero um trader. Sou alguém que espera que algo apareça. Espero uma situação do tipo "mamão com açúcar".

Todos os seus trades são orientados pelos fundamentos?
São. De vez em quando, porém, os gráficos do Commodity Research Bureau servem de catalisador. Às vezes o gráfico de um mercado apresenta um pico inacreditável, de alta ou de baixa. Nos gráficos, o que se vê é a histeria. Quando percebo histeria, dou uma olhada para ver se não é o caso de ir na contramão.

Ocorre-lhe algum exemplo?
Sim. Dois anos atrás fiquei vendido em soja, depois que ela disparou até 9,60 dólares. Lembro-me com tanta clareza porque na mesma noite fui jantar com um grupo de traders e um deles estava explicando todos os motivos de ter comprado soja. Eu disse: "Não tenho como afirmar por que todos os argumentos altistas estão errados; só sei que estou vendido em histeria."

Como você escolhe o momento de ir na contramão da histeria?
Espero até o mercado começar a se movimentar por intervalos.

Intervalos no meio do movimento ou você espera por algum indício de que acabou – por exemplo, um dia de inversão?
Não, ignoro os dias de inversão.

Isso traz à mente um exemplo clássico de histeria. No fim de 1979, início de 1980, o mercado de ouro vivenciou uma alta bem acelerada. Você ficou vendido nesse mercado?
Fiquei, vendi ouro a 675 dólares.

Quase 200 dólares antes da hora!
Eu lhe disse que não sou um bom trader. Quase sempre me adianto demais, mas foi apenas quatro dias antes do pico.

Não estou dizendo que você errou o timing, mas do ponto de vista da cotação deve ter sido um lance bastante assustador. Quando você faz um trade assim, não tem um momento em que se questiona?
Sim, quando sobe para 676 dólares [*risos*].

Mas você manteve o trade?
Sim, porque estava um caos. Era algo que não podia perdurar. Foi o último suspiro do mercado de ouro.

A questão, então, era reconhecer a digital de um mercado no último sopro ou de supervalorização do ouro?
Ambos. O ouro estava supervalorizado, mas era basicamente – gostei de sua terminologia – a "digital" da histeria. Quase sempre que você vai na contramão do pânico, terá razão se puder aguentar.

Quando você enxerga pânico, vai automaticamente na contramão?
O pânico e a histeria são, em si e por si, apenas catalisadores que me fazem dar uma olhada no que está acontecendo. Não quer dizer que eu vá fazer algo. No caso do mercado de ouro no início de 1980, eu tinha uma visão de mundo pessimista do ouro. Poucos meses antes, [Paul] Volcker tinha assumido o Federal Reserve e disse que nós iríamos derrotar a inflação. Acreditei que ele estava falando sério. Por acaso, eu estava pessimista em relação ao petróleo e sabia que, se o petróleo caísse, o ouro também cairia.

Por achar que ouro e petróleo deveriam andar juntos ou porque o resto do mundo tinha essa impressão?
Na época, o mundo inteiro acreditava nisso.

Mas você presumia que essa correlação era real?
Sabia que *não* era real.

O motivo da minha pergunta é que sempre tive a sensação de que a correlação entre ouro e petróleo era só uma coincidência.
Era só isso mesmo. Por um curtíssimo período de tempo, ouro e petróleo andaram juntos.

Isso significa que às vezes você faz um trade com base em uma correlação que não faz nenhum sentido só porque o mundo inteiro acredita nela?
Raramente. Em geral, gosto de olhar para aquilo que considero ser o fato, a verdade. Na época o fato principal era eu achar que Volcker estava falando sério quando garantiu que iria derrubar a inflação. O fato de o petróleo estar prestes a cair foi apenas o gatilho.

O passo decisivo veio em outubro de 1979, quando o Fed mudou sua política de controle das taxas de juros para controle do crescimento da base monetária. Mesmo assim, o mercado de ouro não acreditou, pois continuou subindo por vários meses depois daquele ponto. Em situações como aquela, o mercado está tão mergulhado na própria histeria que não presta atenção na mudança dos fundamentos?
Exatamente. É impressionante como às vezes acontece algo importante e o mercado segue em frente. Mas tenho experiência suficiente para saber que o fato de eu enxergar algo não quer dizer que todo mundo está enxergando. Muita gente continua comprando ou vendendo só porque é a coisa a ser feita.

O simples fato de o mercado não reagir a alguma notícia relevante, como a mudança da política do Fed em outubro de 1979, não quer dizer que não seja significativa.
É até melhor. Quando o mercado segue no caminho errado, principalmente quando é um surto histérico, você sabe que uma oportunidade vai se apresentar.

Consegue lembrar algum exemplo mais recente?
Sim, outubro de 1987. Aliás, 19 de outubro é meu aniversário. No fim de 1986, começo de 1987, eu tinha previsto que teríamos mais uma forte alta da Bolsa e que depois iríamos testemunhar a maior baixa do mercado desde 1937. Mas não sabia que aconteceria bem no meu aniversário. Foi o melhor presente que já ganhei.

Tinha ideia de que a queda seria tão forte quanto foi?
Quando John Train me entrevistou, em janeiro de 1987, eu disse a ele: "Em algum momento mais para a frente o mercado vai cair 300 pontos em um único dia." Ele me olhou como se eu fosse maluco. Previ que o Dow Jones iria ficar em torno de 3.000 pontos, e 300 pontos seriam só 10%. Em 1929 o mercado caiu 12% em um dia. Dez por cento em um dia não era uma baixa tão grande, considerando a situação do mercado então. O mercado já tinha visto alguns dias de 3%, 4% e 5%. "Por que o mercado não pode cair 300 pontos em um dia só?", eu disse. Mal sabia que seriam 508 pontos.

Por que você escolheu 1937 como parâmetro em sua previsão de colapso da Bolsa?
Porque em 1937 o Dow Jones caiu 49% em seis meses. O que eu estava tentando dizer é que teríamos um colapso de grandes proporções, rápido, profundo, terrível, ao contrário de, digamos, 1973-1974, quando o mercado caiu 50%, mas levou dois anos.

Por que você usou 1937 como analogia, e não 1929-1930?
Porque 1929-1930 acabou desembocando em uma grande depressão. Eu sabia que teríamos um mercado em baixa por conta de um grande colapso financeiro. Não estava convencido de que haveria uma depressão. Eu estava fazendo uma distinção entre um colapso financeiro e um econômico.

Por que você esperava um colapso financeiro?
Pelo clima. Havia uma inundação global de dinheiro. Todas as ações do mundo estavam no recorde histórico. Todas aquelas histórias de jovens recém-saídos da faculdade ganhando 500 mil dólares por ano. A realidade não é assim. Sempre que você vê isso no mercado, é porque está perto do pico. Por isso cheguei ao verão posicionado para o colapso.

Você estava vendido em ações ou comprado em *puts*?
Estava vendido em ações e vendido em *calls*. Não compro opções. Comprar opções é outra rota direta para a miséria. Alguém fez um estudo para a comissão de valores mobiliários e descobriu que 90% das opções expiram dando prejuízo. Eu me dei conta de que 90% de todas as opções compradas dão prejuízo, o que significava que 90% de todas as opções vendidas ganham dinheiro. Quando quero usar opções para ser baixista, vendo *calls*.

Quando você cobriu suas posições?
Na semana de 19 de outubro. Se você se recorda, todo mundo achava que era o fim da estrutura financeira dos Estados Unidos.

Você cobriu naquele momento porque a histeria estava na contramão?
Exatamente. Aquela semana foi um caso de manual de histeria. Sob esse tipo de condição, quando você ainda tem solvência, precisa entrar e ir na contramão. Talvez fosse o fim do mundo, e eu poderia perder tudo. Mas 95% das vezes que você vai na contramão desse tipo de histeria, acaba ganhando dinheiro.

Entre outubro de 1987 e janeiro de 1988, fiquei sem nenhum *short*. Foi uma das poucas vezes, em toda a minha vida, em que não tive nenhum. Esteja altista ou baixista, eu tento ter posições tanto compradas quanto vendidas – só para o caso de estar enganado. Mesmo nas melhores fases, sempre tem alguém se dando mal, e mesmo nas piores fases, sempre tem alguém se dando bem.

Você quer dizer que, depois do colapso, você não estava encontrando nenhuma ação para ficar vendido?
Se eu tivesse razão e o mundo não fosse acabar ali mesmo, tudo iria subir – inclusive aquelas ações que, fundamentalmente, estavam desmoronando pelas beiradas. Em janeiro [de 1988], comecei a colocar de novo alguns *shorts* e, ainda que eu perdesse dinheiro com algum deles, estava contente, porque me sinto mais à vontade quando tenho a proteção de algumas posições vendidas.

Muita gente culpa o trading automatizado pelo crash de outubro de 1987. Você leva em conta essa busca de bodes expiatórios?
De jeito nenhum. Quem põe a culpa nisso não entende o mercado. Os políticos e os que perderam dinheiro sempre buscam um bode expiatório. Em 1929

puseram a culpa nos vendedores *short* e nas chamadas de margem. Havia muitos bons motivos para explicar a queda da Bolsa. No dia 19 de outubro havia gente vendendo, mas não havia ninguém comprando.

Lembro-me do motivo de ter ficado ainda mais pessimista no fim de semana que antecedeu 19 de outubro. Na semana anterior, Alan Greenspan [presidente do Federal Reserve] anunciou que a balança comercial estava melhorando muito e as coisas estavam sob controle. Dois dias depois saíram os números da balança comercial e eram os piores da história mundial. Na mesma hora eu disse: "Ou esse cara é um tolo, ou é um mentiroso. Ele não faz ideia do que está acontecendo." Então, no fim de semana anterior a 19 de outubro, o [James] Baker [secretário do Tesouro americano] anunciou ao mundo que iríamos ferrar os alemães deixando o dólar livre porque a Alemanha não flexibilizava as políticas monetária e fiscal como ele havia pedido. Parecia as guerras comerciais dos anos 1930 de novo.

Entrei em pânico – e eu já estava vendido! Liguei para Singapura domingo à noite, para aumentar meus *shorts*. [Singapura abre antes dos Estados Unidos.] Todo aquele pessoal que chegou vendendo na segunda tinha razões muito boas para vender, e não havia compradores por perto. Não havia compradores porque não havia motivo para as pessoas comprarem. Até os compradores estavam assustados e pessimistas naquela segunda-feira.

Você está afirmando que o crash foi causado por Greenspan e Baker?
Houve muitas causas: Greenspan, Baker, o fato de o dinheiro estar escasso, a piora constante da balança comercial e um mercado que tinha atingido um pico de 2.700 um mês e meio antes. Se você olhar, verá que durante 1987, enquanto o S&P e o Dow Jones subiam, o restante do mercado estava sofrendo uma lenta erosão. Em dezembro de 1986 fiquei vendido em ações financeiras e ao longo de 1987 não tive nenhum prejuízo, mesmo com o Dow Jones e o S&P em disparada.

Houve algum outro momento em que você apostou contra a histeria e perdeu?
Sim, uma das minhas maiores lições aconteceu nos meus primeiros dias e me ensinou sobre mercados em baixa. Em janeiro de 1970, época em que eu ainda comprava opções, peguei todo o dinheiro que tinha – não era muito – e comprei *puts*. Em maio de 1970 o mercado cedeu e, no dia em que chegou ao fundo, vendi minhas *puts*. Tripliquei meu dinheiro. Eu era um gênio! "Vou ser o próximo Bernard Baruch [especulador financeiro]", disse a mim mesmo.

Meu plano era esperar que o mercado reagisse e então ficar vendido em vez de comprar *puts* para ganhar dinheiro mais rápido. Como era de esperar, o mercado reagiu, e eu peguei tudo e fiquei vendido. Nem é preciso dizer que dois meses depois eu havia perdido tudo, porque não sabia o que estava fazendo.

Uma das ações em que eu estava vendido era a Memorex. Fiquei vendido em Memorex a 48. Eu não tinha força para reter – força psicológica, emocional e, o mais importante de tudo, financeira. Acabei cobrindo meus *shorts* a 72. A Memorex acabou indo até 96 e depois caiu até 2.

Eu estava certíssimo, totalmente certo em ficar vendido naquela ação a 48. Mas consegui perder absolutamente tudo. O mercado não estava nem aí para o fato de eu estar certíssimo. Esse é um dos motivos pelos quais hoje entendo de histeria.

O que você aprendeu com essa experiência específica?

Que o mercado vai subir mais do que imagino e vai cair mais do que acredito. Eu tinha tendência a achar que, se soubesse de alguma coisa, todo mundo estava sabendo. Lia as notícias no jornal, não tinha nenhuma *inside information*. O que agora sei é que eles não sabem o que eu sei. A maioria das pessoas não tem descortino para enxergar seis meses, um ano ou dois anos à frente. A experiência da Memorex me ensinou que tudo pode acontecer na Bolsa, porque há muita gente no mercado que não entende o que está acontecendo.

Você fica à procura de um mercado com baixa bastante forte, além do que já vimos?

Sim, mais adiante espero que o mercado caia abaixo do piso de outubro de 1987.

E espera uma recessão muito grave?

Atualmente [abril de 1988] ainda estou à espera de um colapso financeiro. No entanto, é possível que os políticos estraguem tudo e o transformem em um colapso econômico.

É possível haver um colapso financeiro sem que ocorra uma recessão significativa?

Claro. Já aconteceu várias vezes. É por isso que, anteriormente, usei 1937 como exemplo. Não espero um colapso da economia, porque, à medida que o dólar se desvaloriza – o que eu esperava mesmo que acontecesse –, muitos setores da economia americana têm a ganhar – aço, agricultura, têxtil, mineração.

Mesmo que a Bolsa caia abaixo do piso de outubro, você ainda enxerga a economia indo bem?
Totalmente. A menos que os políticos estraguem tudo.

De que maneira?
Aumentando impostos, tarifas, protecionismo. Tem muita coisa que os políticos podem fazer para estragar tudo, e tenho certeza de que farão – sempre fazem. Sei que vamos ter uma crise financeira. E, caso os políticos se equivoquem, podemos ter um colapso econômico também.

O que provocaria esse declínio financeiro?
Os números do comércio vão começar a piorar de novo e esse fator vai precipitar outra crise do dólar.

O que você enxerga como causa principal do déficit comercial?
O déficit orçamentário, em grande parte, causa o déficit comercial. Não há como se livrar do déficit comercial enquanto não se libertar do déficit orçamentário.

Considerando a dimensão do problema do déficit, há algo que possa ser feito a esta altura?
O problema básico do mundo, hoje, é que os Estados Unidos estão consumindo mais que poupando. É preciso fazer tudo que for possível para incentivar a poupança e o investimento: eliminar a taxação da poupança, o imposto sobre ganhos de capital, a bitributação dos dividendos; trazer de volta os incentivos mais atraentes para os planos de previdência privada particulares e de empresas. Ao mesmo tempo, desestimular o consumo. Mudar a estrutura fiscal para usar um imposto sobre o valor agregado, que tributa o consumo, e não a poupança e o investimento. Cortar drasticamente os gastos do governo – e há várias maneiras de fazer isso sem prejudicar demais a economia. Teríamos problemas, mas eles são bem piores quando vêm contra a nossa vontade. Se não arriscarmos, vamos ter um colapso igual ao de 1930.

Sua resposta dá a entender que existem formas indolores de cortar "drasticamente" os gastos do governo. Você poderia dar exemplos específicos?
Vou dar dois, poderia dar mais de dez. O governo americano gasta 5 bilhões de dólares por ano subsidiando o preço interno do açúcar, para o americano pagar 48 centavos por quilo no atacado, quando é vendido por 18 centavos o quilo no mercado internacional. Cinco bilhões de dólares! Mais valeria o governo dizer a todos os produtores de açúcar: "Vamos dar a vocês 100 mil dólares por ano pelo resto da vida, um apartamento e um Porsche se vocês pararem de produzir açúcar." Economizaria bilhões de dólares por ano e o país inteiro estaria melhor, porque todo mundo pagaria menos pelo açúcar.

Caso você queira poupar um valor bem grande: sabe quanto é o déficit anual da nossa balança comercial? Cento e cinquenta bilhões de dólares. Sabe quanto custa manter soldados americanos na Europa por ano? Cento e cinquenta bilhões de dólares. As tropas americanas foram enviadas para lá como exército de ocupação 43 anos atrás! A maioria das pessoas aqui nem era nascida quando foi tomada a decisão de enviar nossos soldados à Europa. Eles não estão fazendo nada por lá, a não ser ficar sentados, tomando cerveja, engordando e caçando mulher. O tribunal de contas disse que não temos balas nem para uma guerra de um mês na Europa. No entanto, manter os caras lá custa 150 bilhões de dólares por ano. Garanto a você que, se pararmos de gastar esse dinheiro e trouxermos os soldados de volta, a Europa vai saber se defender. E a graça é: sabe de quem iriam comprar armas? Iriam comprar da gente, porque eles não têm um bom setor de defesa militar.

Mas essas são iniciativas muito improváveis. Político algum sequer proporia essas soluções.
Sei disso. Com o atual elenco de idiotas em Washington, não vai acontecer. Os políticos vão estragar tudo. Não vão fazer o que precisa ser feito. Vão se preocupar mais em não perder votos e ganhar a próxima eleição. Isso vai continuar até sermos forçados a resolver nossos problemas. E então vai acontecer um desastre.

Se os políticos não agirem, vamos acabar diante da escolha entre inflação altíssima ou recessão profunda?
Vai ser algum extremo. O que desconfio que vai acontecer – e estou só

especulando, ainda tenho que tomar essa decisão – é que uma recessão vai se desenvolver. No começo os políticos vão dizer: "Temos que aguentar um pouco e atravessar isso. Vai ser bom para nós, vai ajudar a limpar o sistema." O povo comprará esse discurso por algum tempo. A partir daí, vai começar a doer. Depois, doer ainda mais. Nessa hora os políticos vão entregar os pontos e começar a buscar a saída pela inflação. Mas o único jeito de sair pela inflação, a essa altura, será imprimir dinheiro de verdade.

Nesse cenário, começamos com uma recessão e acabamos com inflação altíssima.
Certo, mas podemos ter inflação sem controle e depois deflação. Outra possibilidade bastante real é acabarmos tendo controles cambiais. Não preciso tomar imediatamente decisões de investimento para os próximos dois ou três anos. Ainda bem.

De que tipo de controle cambial se trata?
Por controles cambiais quero dizer limites ao fluxo de capitais. Se você quiser viajar à Europa, não pode levar mais de mil dólares. Não pode levar dinheiro do país sem autorização do governo.

O que acontece com o valor relativo das divisas em uma situação assim?
O dólar some. O que traria de volta os controles cambiais seria um enfraquecimento contínuo do dólar. Então os políticos tentariam impor controles cambiais draconianos, que só agravariam a situação.

Quando você diz "some", está dizendo que o dólar pode ficar como o peso argentino?
Por que não? Por que não poderia acontecer? Lembre-se da expressão do tempo da Guerra de Secessão: "Não estou nem aí para a moeda verdinha."

Você fala do colapso do dólar como se fosse inevitável.
Em 1983 éramos a maior nação credora do mundo. Em 1985 nos tornamos uma nação devedora pela primeira vez desde 1914. No fim de 1987, nossa dívida externa era maior que as dívidas externas de todos os países ao sul do Rio Grande somadas: Brasil, México, Peru, Argentina e todo o restante.

Posso parafrasear a sequência de eventos que você está dando a entender? Ninguém vai tomar alguma medida relevante para mudar a situação do déficit orçamentário. Esse déficit contínuo fará com que a situação do déficit comercial continue ruim ou até piore. Isso fará com que mais cedo ou mais tarde o dólar sofra extrema pressão.
Exatamente. É por isso que não estou comprado em dólar.

E como o mercado de títulos se encaixa nesse cenário?
Os estrangeiros vão parar de colocar dinheiro neste país por causa do dólar enfraquecido. Isso significa que o contribuinte americano vai ter que financiar a dívida. Temos uma taxa de poupança de apenas 3% ou 4%. Para que o contribuinte americano financie essa dívida, as taxas de juros teriam que ser muito altas. Se o Federal Reserve tentar evitar taxas elevadas imprimindo dinheiro, o dólar vai sumir e o Fed perderá o controle por completo. É isso o que acontece quando há hiperinflação e taxas de juros de 25% a 30%. Seja como for, vamos ter taxas altas. Podemos começar com taxas baixas, se os políticos decidirem aguentar e deixar haver uma recessão. Mas uma hora eles desistem e começam a imprimir dinheiro.

Mais cedo ou mais tarde, o mercado de títulos desaba.
Exatamente. Repetiremos a experiência inglesa de não ter um mercado de títulos de longo prazo. Mas não sei quando é esse mais cedo ou mais tarde. Pode ser daqui a três anos, pode ser daqui a dez.

Até que ponto os títulos britânicos caíram na situação que você mencionou?
Cerca de 70%.

Para que você olha ao decidir o cenário que pode acontecer em primeiro lugar: deflação ou inflação?
A massa monetária, o déficit estatal, o déficit comercial, o índice de inflação, o mercado financeiro e as políticas do governo. Olho tudo isso nos Estados Unidos e nos principais países estrangeiros. É um enorme quebra-cabeça tridimensional. Mas ele não é do tipo que você espalha as peças em uma mesa enorme e depois tenta encaixar todas elas. É um quadro que muda o tempo todo. Todos os dias algumas peças são retiradas e outras inseridas.

Já que estamos falando de cenários, você tem uma previsão de longo prazo para o ouro?
Em 1934 definiram a cotação do ouro em 35 dólares a onça e a produção de ouro foi caindo ano a ano, entre 1935 e 1980. A produção foi desacelerando porque não havia incentivo para procurar ouro. Durante esse período de 45 anos, o consumo de ouro aumentou, sobretudo nos anos 1960 e 1970, quando tivemos a revolução eletrônica. A demanda ficou cada vez maior, enquanto a oferta caía. Teria que haver, portanto, um grande mercado altista nos anos 1970, o que quer que acontecesse. Mesmo que a inflação fosse zero, haveria um grande mercado altista de ouro nos anos 1970, por causa da oferta e da procura.

Essa situação mudou por completo nos anos 1980. Nada melhor que uma alta do ouro, de 35 dólares para 875 dólares, para fazer as pessoas voltarem a negociar ouro. A produção subiu todos os anos desde 1980. Com base apenas nas projeções de abertura e expansão de minas, prevê-se que a produção aumentará pelo menos até 1995. Ao mesmo tempo, houve importantes avanços tecnológicos nos processos de retirada de ouro. Resumindo, há muito mais ouro disponível do que antigamente, e essa tendência vai continuar pelo menos até meados da década de 1990.

Tenho um pouco de ouro, como uma espécie de seguro, mas não acho que ele vá ser o grande hedge contra a inflação dos anos 1990, como foi nos anos 1970, porque a oferta e a procura estão muito diferentes. Não sei ainda qual vai ser o hedge contra a inflação nos anos 1990, mas não preciso tomar essa decisão hoje.

O panorama de oferta e procura do ouro que você descreveu é negativo. Mas, se você combina esse fator com uma situação em que "o dólar some", não haveria um desequilíbrio interno entre oferta e demanda de ouro?
O ouro pode manter o poder de compra. Pode subir, pode cair, mas não vai ser o melhor mercado.

O ouro foi o hedge da inflação de outrora.
Os generais sempre lutam a guerra derradeira. Os gestores de portfólio sempre investem na última alta. A ideia de que o ouro sempre foi a grande reserva de valor é absurda. Houve vários momentos na história em que o ouro perdeu o poder de compra – às vezes décadas.

Lembre-se de que no quebra-cabeça tridimensional que citei sempre há peças sendo retiradas e acrescentadas. Não esqueça a África do Sul nesse jogo. O ouro é um caso mais complexo em decorrência da situação na África do Sul. Prevejo que o país venha a explodir, porque o governo se colocou em um beco sem saída. Se houver uma revolução amanhã e os negros tomarem o poder, os brancos se livrarão de todo o ouro que têm. Então, o preço cairá muito. [A política racista do apartheid seria abolida pacificamente em 1994, seis anos depois desta entrevista.]

Em uma situação como essa, o preço do ouro subiria bastante, por causa do pânico relacionado a uma ruptura na produção das minas.
Quando uma revolução acontecer, o preço vai subir, mas depois disso vai cair. Essa queda deixará todo mundo bem confuso. Vão perguntar: "Por que a cotação do ouro está caindo?" Mas depois dessa queda o ideal é comprar, porque a euforia da revolução vai gerar o caos.

Falamos de sua visão de longo prazo em relação à Bolsa, a títulos, divisas e ouro. Alguma ideia sobre o petróleo?
Sim, quando a recessão chegar – e garanto que um dia acontecerá –, a cotação do petróleo cairá muito. Pode colocar no papel, não me importo de dizer isso. Vai cair abaixo de 12 dólares. Se vai chegar a 11, 7 ou 3 dólares, não sei. [A cotação do petróleo estava em aproximadamente 16 dólares na época desta entrevista.]

Considerando o panorama que você descreve – a Bolsa caindo, o dólar caindo, etc. –, existe algo que as pessoas comuns podem fazer para se proteger?
Comprem divisas europeias e do Extremo Oriente; comprem títulos do Tesouro; comprem terras agrícolas.

Como você começou a se interessar pelo trading?
Investindo. Fui parar em Wall Street por acaso. Em 1964, havia acabado de entrar na faculdade. Arrumei um emprego de verão por intermédio de um conhecido, que por acaso trabalhava para uma corretora de Wall Street. Eu não sabia nada sobre Wall Street na época. Não sabia a diferença entre ações e títulos. Não sabia nem mesmo que *existia* uma diferença entre ações e títulos. Tudo que sabia sobre Wall Street é que ficava em algum lugar de Nova York e que havia acontecido algo desagradável por lá em 1929.

Depois daquele verão, fui para Oxford entre 1964 e 1966. Enquanto todos os americanos que encontrei em Oxford estavam interessados em política, eu estava mais interessado em ler o *Financial Times*.

Quando estava em Oxford você operava?
Muito pouco. Eu era bissexto. O dinheiro que investia no mercado era minha bolsa de Oxford. Pegava a bolsa no começo do ano e investia o máximo de tempo possível.

Não era exatamente uma fortuna.
[*Risos*] Se tivesse perdido muito dinheiro no primeiro ou no segundo ano...

Então você começou ganhando dinheiro desde o primeiro dia?
Sim, foi na alta de 1964-65. Na época em que saí de Oxford, no verão de 1966, a baixa havia começado, mas eu já tinha pagado minhas contas. Dei sorte. Se tivesse ido para Oxford entre 1965 e 1967, provavelmente teria perdido tudo.

Depois de Oxford, o que aconteceu?
Servi no Exército por dois anos e, como não tinha dinheiro algum, não podia acompanhar o mercado. Em 1968, no dia em que tive baixa do Exército, fui trabalhar em Wall Street. Investi tudo que tinha. Minha primeira esposa me dizia: "Precisamos de uma TV." Eu respondia: "Para que precisamos de uma TV? Vamos colocar o dinheiro no mercado e então podemos ter dez TVs." Ela dizia: "Precisamos de um sofá." Eu respondia: "Poderíamos ter dez sofás se eu pudesse colocar o dinheiro no mercado por um tempinho."

Que tipo de trabalho você fazia em Wall Street?
Analista júnior.

Cobrindo quais ações?
Maquinário, depois agências de publicidade.

Você investia nas ações que analisava?
Investia em qualquer coisa.

Com êxito?
Entrei no mercado em 1º de agosto de 1968, bem no pico. Mas ainda me restava um pouco de dinheiro, e em janeiro de 1970 me dei conta de que o mercado iria cair. Não sei como tive esse insight. Peguei todo o dinheiro que tinha e comprei *puts*. Em maio, havia triplicado meu dinheiro. Em julho, comecei a ficar vendido em ações, e em setembro, já tinha perdido tudo. Meus dois primeiros anos foram incríveis: passei de gênio a idiota.

Em setembro de 1970 você estava de volta à estaca zero. O que aconteceu a seguir?
Economizei tudo que tinha e coloquei de novo no mercado. Não me importava com TV e sofá. Minha esposa me deixou. Eu era a personificação do espírito empreendedor. Igual a esses caras que montam grandes redes de lojas e investem tudo de volta nas lojas, eu investia tudo de volta no mercado.

Na época você só operava com ações?
Títulos, ações, divisas, commodities.

Quando você começou a se envolver com esses diversos mercados?
Operei com todos eles quase desde o início. Títulos e ações, desde o primeiro dia. Divisas, bem cedo também. Quando estava em Oxford, economizei o máximo de dólares que pude, porque sabia que iriam desvalorizar a libra esterlina em algum momento. Sabia o que ia acontecer e aconteceu – um ano depois de eu pular fora. Uma vez mais, me antecipei demais. Já naquela época eu tinha um senso forte para divisas.

No fim dos anos 1960, me envolvi com commodities, comprando ouro. Nos meus primeiros anos de negócios, lembro-me de que passei por uma entrevista de emprego. O sujeito me perguntou: "O que você lê no *The Wall Street Journal*?" Eu respondi: "Uma das primeiras coisas que leio é a página de commodities." O sujeito ficou espantado, porque ele também lia. Isso foi antes de as commodities se tornarem *commodities*. Ele me ofereceu um emprego e, quando recusei, ele quase pulou no meu pescoço. Essa entrevista foi em 1970 e eu já estava operando commodities.

Quando você começou a se recuperar, saindo da estaca zero em setembro de 1970, até atingir o êxito no trading?
Meus prejuízos iniciais me ensinaram muita coisa. Desde então – não gosto de falar sobre isso – cometi pouquíssimos erros. Aprendi rapidamente a não fazer nada sem saber o que estava fazendo. Aprendi que é melhor não fazer nada e esperar até conseguir uma ideia tão boa, uma cotação tão boa que, mesmo que você esteja errado, não vai prejudicá-lo.

Depois desse ponto você teve algum ano no vermelho?
Não.

Como o Quantum Fund teve início?
George Soros era o sócio principal, eu era o sócio minoritário. Começamos com um sócio principal, um sócio minoritário, uma secretária.

Como você conheceu George Soros?
Em 1970 fui trabalhar para ele na Arnhold & S. Bleichroeder. Saímos em 1973, porque a nova regulamentação das corretoras não permitia a você obter um percentual de lucro do trading. Podíamos ter ficado, mas não tínhamos permissão de gerir carteiras. Então tivemos que sair – felizmente. Saímos e abrimos nossa própria firma.

Que tipo de trading você fazia para o Quantum Fund? Até onde sei, esse fundo era gerido de uma maneira diferente dos fundos comuns.
Investimos em ações, títulos, divisas, commodities, tudo – *long* e *short* – no mundo inteiro.

Você e George tomavam decisões de trading independentes?
Não. Se você pensar em divisão do trabalho, eu era o trader, ele era o analista.

Foi você quem teve a ideia, por exemplo, de ficar vendido no dólar e foi ele quem decidiu o timing para fazer isso?
É mais ou menos isso.

E se vocês discordassem em um mercado?
Quando discordávamos, não fazíamos nada.

Então vocês tinham que chegar a um acordo para fazer um trade?
Não havia regras. Às vezes discordávamos e fazíamos o trade mesmo assim, porque um de nós tinha um feeling mais forte. Mas esse tipo de cenário era raro, já que em geral estávamos de acordo. Depois de analisar tudo, ficava bem claro se o trade estava certo ou errado. Quando fazíamos a análise detalhada, formava-se um consenso. Odeio usar essa palavra, porque investir por consenso é um desastre, mas a impressão é de que quase sempre convergíamos.

Quando vocês operavam produtos alavancados, como commodities e divisas, como determinavam quanto alocar?
Até ficarmos sem dinheiro, sempre ficávamos alavancados até o teto. Quando comprávamos algo e ficávamos sem dinheiro, dávamos uma olhada no portfólio e nos livrávamos daquilo que parecesse o item menos atraente até ali. Se quisesse comprar milho e estivesse sem dinheiro, por exemplo, era preciso parar de comprar milho ou vender alguma outra coisa. Era um processo amebiano. Você sabe como as amebas crescem? Crescem para o lado de cá e, quando a pressão aumenta, crescem para o lado de lá. Era um portfólio muito amebiano.

Vocês nunca avaliavam o risco de suas posições de modo individual? Se perdessem dinheiro em um mercado e tivessem que reduzir o portfólio, poderiam cortar em outro mercado?
Exato. Sempre cortávamos o que considerávamos as posições menos atraentes do portfólio.

Ainda hoje, parece um fundo bastante heterodoxo. Na época, imagino que ele fosse único em termos de estratégia de investimento.
Era único. Até hoje não conheço ninguém que opere em todos os mercados. Quando digo todos os mercados, refiro-me a todas as divisas, commodities, títulos e ações – compradas e vendidas – do mundo inteiro. Agora estou aposentado e ainda assim opero em todos esses mercados. As pessoas me falam: "Aposentado, você? Temos uma equipe completa e nem assim conseguimos dar conta. O que quer dizer com estar aposentado? Você está vendido em ações do mundo inteiro!"

Admito, é engraçado você dizer que está aposentado.

Agora, na aposentadoria, sou mais ativo que qualquer um, e as pessoas dizem: "Como você consegue acompanhar tanta coisa?"

É a mesma pergunta que eu faço.
Não sei como você pode investir em aço dos Estados Unidos sem entender o que está acontecendo com o óleo de palma da Malásia. Como expliquei antes, tudo faz parte de um enorme quebra-cabeça tridimensional em transformação constante.

Como você encontra tempo para se dedicar a todos esses mercados? Só a parte da leitura já parece uma tarefa monumental.
Não sou mais nem de longe tão ativo quanto era antes. Ao longo dos anos, passei um tempo enorme despejando milhares de informações na cabeça. Adquiri um alto grau de perspectiva em relação a muitos mercados. Quando dou aula, os alunos sempre se espantam com a abrangência dos mercados passados que conheço. Entendo todos eles porque vasculhei muitos livros sobre commodities, títulos e ações durante anos. Entendo da grande alta do algodão em 1861, por exemplo, quando o algodão passou de 0,005 para 1,05 dólar.

Como você tem dados de um mercado como esse?
Começo procurando os anos anômalos em um gráfico histórico de longo prazo. Quando vejo um gráfico como o do mercado de algodão em 1861, pergunto a mim mesmo: "O que provocou isso? Por que isso aconteceu?" E tento descobrir o que houve. A partir daí, aprendo muita coisa.

Um dos cursos que leciono em Columbia, que os meninos chamam de "Altas e Baixas", exige que cada aluno descubra uma grande oscilação passada do mercado. Não importa qual seja ele nem se o movimento foi de alta ou baixa. Minha instrução é que os jovens me digam o que dava para saber na época que permitiria antever o grande movimento. Quando a borracha estava a 0,02 dólar, todo mundo dizia: "Não tem como a borracha subir." Porém a cotação se multiplicou por doze. Alguém anteviu isso. Sempre pergunto a eles: "O que você teria percebido naquela época?" Eles respondem: "Eu saberia que o mercado iria subir porque havia uma guerra em andamento." Mas peço que me expliquem como identificar na época que uma guerra explodiria. Esse curso dá a eles uma perspectiva histórica que abrange um amplo leque de mercados e ensina a fazer análise.

Estudei, ou vivi, centenas, talvez até milhares de mercados altistas e baixistas. Em todo mercado altista, seja da IBM ou de aveia, os otimistas sempre inventam motivos para continuar. Lembro-me de ter ouvido centenas de vezes: "Vamos ficar sem estoque." "Desta vez vai ser diferente." "O barril de petróleo precisa chegar a 100 dólares." "O petróleo não é uma commodity." [*risos*] "O ouro é diferente de todas as outras commodities." Caramba, há cinco mil anos não é diferente de nenhuma outra commodity. Houve alguns períodos em que o ouro teve altas muito fortes e outros períodos em que passou vários anos em queda. Não tem nada de místico nele. Ok, sempre serviu para armazenar valor, mas até aí o trigo, o milho e o cobre também – tudo. Todas essas coisas que existem há milhares de anos. Algumas têm mais valor que outras, mas são todas commodities. Sempre foram e sempre serão.

Suponho que a Bolsa de 1987 seja o exemplo recente da complacência do "Desta vez vai ser diferente".
Exato. Aconteceria outra escassez de ações. Em 1968, uma das maiores casas de Wall Street publicou uma tese muito erudita sobre como estava surgindo uma escassez de ações e por que a alta do mercado teria que continuar durante anos – e isso bem no pico. Em 1987 começamos a ouvir tudo de novo: "Há uma escassez de ações porque todo mundo está comprando todas elas." No piso da baixa [ele começa a rir, e o riso vai crescendo até não parar mais] vai haver falta de dinheiro – garanto a você – com um excesso gigantesco de ações.

Enquanto eu editava este capítulo, deparei com o seguinte trecho em uma reportagem da revista *Time* sobre a incrível alta da Bolsa de Tóquio (8 de agosto de 1988, pág. 29). Dificilmente alguém conseguiria exemplo melhor da expressão "Desta vez vai ser diferente". O tema da Bolsa japonesa, aliás, será abordado mais adiante nesta entrevista.

"O crescimento explosivo preocupa alguns especialistas de finanças no Ocidente. Eles temem que o *boom* vire uma crise. Caso isso ocorra, os investidores que sofrerem fortes prejuízos em Tóquio poderiam se ver forçados a tirar dinheiro de outros mercados, levando a um crash. As ações japonesas já estão sendo negociadas a valores astronômicos, em comparação com os lucros das empresas que emitiram as ações, pelos padrões americanos. Na Bolsa de Nova York, essas relações preço/lucro estão em torno de 15 para 1, enquanto em Tóquio chegam muitas vezes ao quádruplo disso. A Nippon Telegraph & Telephone está sendo negociada a 158 vezes seu lucro. 'As autoridades japonesas deixaram uma bolha especulativa crescer', adverte George Soros, gestor do Quantum Fund, com sede em Nova York. 'Em nenhum momento do passado uma bolha dessa magnitude encolheu de forma organizada.'

"Essas preocupações são infundadas, afirmam analistas em Tóquio. Os japoneses atribuem a elevada relação preço/lucro, em parte, a regras contábeis que permitem que as empresas subestimem o lucro para pagar menos impostos. Outro fator que impulsiona as cotações é a chamada propriedade cruzada de ações. Como muitas empresas japonesas detêm blocos importantes de ações de outras empresas, que, por tradição, raramente são negociadas, há menos disponibilidade de ações para compra, levando à alta da cotação."

Há muita semelhança entre os diversos casos de histeria do mercado?
É sempre o mesmo ciclo. Quando um mercado está muito baixo, chega um momento em que as pessoas compram, porque ficou subvalorizado. O mercado começa a subir e mais pessoas compram, porque faz sentido ou porque a imagem do gráfico é boa. No estágio seguinte, as pessoas compram porque era para comprar. Minha mãe me liga e diz: "Compre para mim a ação XYZ." Pergunto a ela: "Por quê?" "Porque a ação triplicou", ela responde. Por fim, chega o estágio mágico: as pessoas compram por histeria, porque acham que o mercado vai subir para sempre, e as cotações excedem qualquer tipo de valor econômico lógico e racional.

Esse processo inteiro se repete, então, para o lado de baixo. O mercado fica supervalorizado e começa a cair. Mais pessoas vendem, porque os fundamentos estão se mostrando ruins. À medida que a economia se deteriora, cada vez mais gente vende. Depois as pessoas vendem só porque era para vender. Todo mundo sabe que não vai valer mais nada, então vende. O mercado atinge, assim, o estágio da histeria e se torna muito subvalorizado. É nesse momento que dá para comprar por um pirulito. Mas, para um investimento de longo prazo, você tem que esperar alguns anos e deixar o mercado atingir uma base.

Por falar de mercados altistas extremos, outro dia li que a Austrália vendeu um terreno de 6 mil metros quadrados em Tóquio, que havia sido comprado por 250 mil dólares 25 anos atrás, por 450 milhões de dólares. O Japão é a tulipa da nossa época? [Entre 1634 e 1636, uma onda especulativa de tulipas varreu a Holanda, causando uma alta e um colapso tão fortes da cotação dos botões de tulipa que até hoje esse acontecimento é relembrado.]

Garanto que a Bolsa japonesa vai sofrer um grande colapso – dentro de um ou dois anos. Muitas de nossas ações vão cair 80% ou 90% nessa baixa. Muito mais ações deles vão cair 80% ou 90%.

Existe alguma forma de o trader americano médio tirar proveito disso?

Ficar vendido em ações japonesas, ficar vendido em índices japoneses, ficar vendido em *calls* japoneses. Muitas ações japonesas são negociadas aqui, e é possível ficar vendido nelas. Ficar vendido no índice do Japão, negociado em Singapura e Osaka. A maioria dos corretores americanos faz isso para você. Existem pelo menos cinco grandes corporações japonesas com opções negociadas na Bolsa de opções de Chicago. Embora eu ache que um colapso está prestes a acontecer, é preciso tomar muito cuidado ao ficar vendido no Japão, porque podem mudar as regras em seu desfavor a qualquer instante.

Não sei se você se lembra da Bolsa do Kuwait em 1980-1981. Naquele mercado, você podia comprar ações com um cheque pós-datado. Podia comprar 10 milhões de dólares de ações, 100 milhões de dólares de ações, com um cheque pós-datado. Não importava a quantia. Todo mundo fazia isso. No fim, um agente de aeroporto que verificava passaportes chegou a ter 10 bilhões de dólares em ações. Tudo com cheques pós-datados.

Embora aquele mercado fosse um exemplo muito claro de histeria, não fiquei vendido nele. Levei muito tempo pensando [*estala os dedos*]. O motivo de não ter ficado vendido é porque sabia que, quando o mercado cedesse, iriam criar regras para que ninguém conseguisse retirar o dinheiro. Claro que um dia o mercado desabou. Se eu tivesse ficado vendido, teriam dito que a culpa era minha, que havia causado a confusão toda com o *shorting*. Estavam até pondo a culpa em mim pelo crash de outubro do ano passado, só porque falei que iria acontecer. Há quem diga que fiz o preço do petróleo desabar, só porque afirmei que iria cair. Quem me dera ser tão influente ou poderoso.

Mas voltando ao Japão, tenho alguns *shorts* do Japão, e terei mais. Porém, o que quer que eu faça no Japão, quando a crise vier, não quero estar por lá perto do piso, porque os japoneses vão se defender. E o que quer que eles façam para se defender, sei que não vai ser bom para Jim Rogers. Isso eu garanto.

Pode ser que você não consiga retirar o dinheiro?
Sim, podem congelar a moeda. Podem criar três patamares de moeda diferentes. Só Deus sabe o que vão fazer.

Você não estaria protegido se ficasse vendido em um mercado japonês operado em uma Bolsa americana, como a de opções de Chicago?
Vamos supor que eles criem dois níveis de moeda e que o sujeito do lado de lá do trade não possa cumprir sua obrigação.

A câmara de compensação se responsabiliza.
Ok, que bom ouvir isso. É a melhor notícia que tive em muito tempo. Mesmo assim, o que quer que eu faça, vou tomar cuidado. Se a Bolsa japonesa for de 30 mil para 24 mil ou 20 mil, tudo bem. Mas é melhor pensar em pular fora antes do fim se chegar a 12 mil. Se você esperar tanto assim, pode ser que consiga realizar seu lucro, mas vai ser muito sofrido.

Por que você saiu do Quantum Fund?
Não queria fazer a mesma coisa pelo resto da vida. Sempre quis ter mais de uma carreira. Quando cheguei a Nova York, em 1968, era um garoto pobre do Alabama. Em 1979, havia ganhado mais dinheiro do que sabia que existia no mundo. Além disso, estávamos ficando grandes demais. Começamos com três pessoas e em 1979 tínhamos doze. Eles queriam saber quando podiam tirar férias, ganhar um aumento, etc. Nada disso me interessava; o que me interessava era investir. Eu não queria crescer.

Em setembro de 1979 resolvi que seria meu último ano. Mas em outubro a Bolsa sofreu um forte colapso, que navegamos sem problema. Foi tão divertido que resolvi ficar mais um ano. Saí em 1980.

O ano de 1980 foi o início de sua "aposentadoria"?
Sim, resgatei minhas fichas e me aposentei.

Foi nesse momento que você se transformou em um trader independente?
O termo que eu preferiria é "desempregado".

Mas você dá aula em Columbia.
Isso é desemprego. É o que eu fazia em tempo parcial, desde 1983, para ter tempo de jogar squash.

Achei que fosse amor pelo ensino.
Virou algo muito maior. Quando comecei, não queria dar aula. Só queria aprender a jogar squash.

Você não está sendo maroto? Começou mesmo a dar aula para poder jogar squash?
Falo sério. Columbia é logo ali, e o reitor começou a me pressionar para dar um curso. Disse a ele: "Para mim, ninguém devia fazer faculdade de administração." Achava que, para muita gente, era perda de tempo. Ainda acho. Mas se havia uma coisa que eu queria aprender ao me aposentar era o squash. Então fiz um acordo com o reitor para dar um curso por semestre, de graça, em troca de acesso vitalício aos ginásios de Columbia. Ele concordou. Acho que foi um ótimo acordo para mim, mas ele foi mais esperto que eu – ainda estou dando aula.

Suponho que, a esta altura, você goste de verdade.
Ah, é bem divertido, sim. E Columbia é espetacular.

Que cursos você dá?
Análise de ativos, análise de investimentos e o "Altas e Baixas" de que falamos antes.

Da infinidade de experiências no trading, alguma se destaca como dramática?
Várias. Meu presente de aniversário de 19 de outubro, que mencionei anteriormente, talvez tenha sido a melhor. Agosto de 1982 é outra. Coloquei uma parte gigantesca do meu patrimônio em títulos, entre 1981 e 1982, e em agosto de 1982 eles dispararam.

Alguma experiência negativa drástica?
Agosto de 1971 foi um período muito empolgante. Estávamos comprados no Japão e vendidos nos Estados Unidos. Um domingo à noite, Nixon anunciou que estava retirando os Estados Unidos do padrão-ouro. Eu nem fiquei

sabendo. Estava viajando de moto e cheguei na segunda de manhã sem ter lido os jornais. Naquela semana a Bolsa do Japão caiu 20% e a dos Estados Unidos subiu. Perdemos pesado dos dois lados.

Você teve que liquidar suas posições assim que chegou?
Não dá para liquidar de uma vez. Para quem você conseguiria vender no Japão? De quem você conseguiria comprar nos Estados Unidos? Se você cobrisse seus *shorts*, agravaria as coisas. Em situações assim, você precisa decidir se está certo ou errado. Caso fosse uma mudança permanente dos fundamentos, o prejuízo inicial seria o melhor de todos. Mas, se você estiver correto em relação aos fundamentos, melhor não fazer nada, a não ser esperar e deixar a histeria do mercado passar.

Você manteve suas posições?
Mantive.

E teve que aguentar um prejuízo bastante arriscado no papel.
Não existe prejuízo no papel. O prejuízo é bem concreto.

Qual foi a análise que lhe deu confiança para manter suas posições?
Nossa análise foi que não era o fim do mundo. Os Estados Unidos tinham dado somente um passo de curto prazo, e isso não resolveria nossos problemas de longo prazo.

Essa posição era a melhor no fim das contas?
Deu tudo certo. O anúncio de Nixon era apenas um passo rumo à dissolução do Acordo de Bretton Woods [um pacto internacional feito em 1944 que, entre outras coisas, estabeleceu diretrizes para a estabilização do câmbio internacional] e ao declínio dos Estados Unidos. O país estava reagindo à baixa do mercado.

Você considerou que era um lance cosmético, que não alteraria a tendência, e manteve sua posição.
Exato.

Esse é um princípio geral? Quando o governo implementa medidas para contra-atacar uma tendência, é preciso ficar vendido na reação que sucede a ação do governo?
Isso mesmo. Teria que ser escrito como um axioma, investir sempre contra os bancos centrais. Quando eles tentam promover uma moeda, vá na contramão dessa ideia.

Qual é a maior falácia em relação ao comportamento do mercado?
Que o mercado tem sempre razão. Quase sempre o mercado não tem razão. Isso eu posso garantir.

E o que mais?
Nunca, jamais siga o senso comum do mercado. Você precisa aprender a ir na contramão dos mercados. Precisa aprender a pensar por conta própria, ser capaz de enxergar que o rei está nu. A maioria das pessoas não consegue. A maioria quer seguir uma tendência. "A tendência é sua amiga." Talvez isso seja válido por alguns minutos em Chicago, mas, na maior parte do tempo, seguir o que todo mundo está fazendo raramente é um jeito de enriquecer. Você pode ganhar dinheiro assim por algum tempo, mas é muito difícil mantê-lo.

Mas todo o seu histórico de trading envolve ficar com uma tendência durante anos. O que você está dizendo não parece ser contraditório?
Esse tipo de tendência – uma tendência economicamente justificada – é diferente. Você precisa ver a mudança do equilíbrio entre oferta e demanda cedo, comprar cedo e comprar apenas mercados que vão continuar durante anos. Por "seguimento de tendências", entendo comprar um mercado só porque está subindo e vender só porque está caindo.

Quais são as suas regras de ouro no trading?
Procure a histeria, para ver se é bom ir na contramão, mas não vá na contramão enquanto não tiver analisado por completo a situação. Lembre-se de que o mundo está sempre em transformação. Fique atento à transformação. Compre a transformação. Esteja pronto a comprar ou vender qualquer coisa. Muita gente diz: "Nunca compraria esse tipo de ação", "Nunca compraria *utilities* [empresas de serviços de utilidade pública]", "Nunca jogaria com commodities." Você precisa ser flexível e atento para investir em qualquer coisa.

Se você tivesse que aconselhar o investidor comum, o que diria a ele?
Não faça nada enquanto não souber o que está fazendo. Se ganhar 50% dois anos seguidos e depois perder 50% no terceiro ano, você está pior do que estaria se tivesse posto seu dinheiro em um fundo interbancário [*money market fund*, aplicação conservadora que tem rendimentos próximos ao da taxa de juros corrente]. Espere até aparecer algo que você sabe que está certo. Pegue, então, o seu lucro, ponha de volta no fundo interbancário e fique esperando de novo. Você vai sair na frente de todo mundo.

Você já se enganou em um grande lance posicional? Isto é, algum de seus tiros quase certos já deu errado, ou são tão bem selecionados que dão certo invariavelmente?
Não quero que fique parecendo que não sei como perder dinheiro – até porque sei como perder dinheiro melhor que a maioria –, mas faz muito tempo que não acontece nenhum grande erro. Porém é preciso lembrar que não opero com tanta frequência. Não é como se eu tomasse três decisões por mês. Posso tomar três decisões por ano, ou cinco decisões por ano, e ficar com elas.

Com que frequência você realiza um trade?
Existe uma diferença entre realizar um trade e resolver comprar títulos em 1981. Tenho títulos desde 1981, mas vou vendendo em torno dessa posição. Faço trades, mas basicamente tenho trades. Fiquei vendido no dólar no fim de 1984. Agora, fiz uma quantidade razoável de trades em divisas desde o fim de 1984, mas é basicamente um trade só com vários trades paralelos.

Pouquíssimos investidores ou traders tiveram o mesmo êxito que você ao longo do tempo. O que o torna diferente?
Eu não jogo. Simplesmente não jogo.

Isso dá para entender. Porém pouquíssimas pessoas conseguem analisar os mesmos fundamentos que você analisa e estar corretas de forma tão constante na avaliação das variáveis.
Simplesmente não faça nada até saber que você está certo. Enquanto não vir a agricultura americana chegar ao fundo, por exemplo, não importa o que aconteça no mundo – a não ser que o mundo pare de comer –, você não tem como se enganar. A agricultura americana é tão competitiva, e tantos

produtores marginais foram excluídos, que ela tem que subir. É só assistir à agricultura americana se deteriorando, deteriorando, deteriorando e então comprar. Você pode comprar muito cedo ou muito tarde. No meu caso, um pouquinho cedo. Mas e daí? O pior que pode acontecer é você comprar cedo demais. Quem se importa?

Há algo que o diferencia, para além do fato de ser muito seletivo?
Não tenho limites. Sou totalmente flexível. Sou aberto a tudo, corro atrás de tudo. Não tenho mais pudores em especular em dólares de Singapura, ou óleo de palma da Malásia, do que em relação a comprar General Motors.

O que acontece quando você tem um cenário para divisas, um para a Bolsa, um para o mercado de títulos e nem tudo bate?
Nesse caso não faço nada. Acontece o tempo todo. Não faço nada enquanto todas as peças não se encaixarem.

Qual é a sua opinião sobre leitura de gráficos?
Não conheço nenhum [analista] técnico rico. Exceto, é claro, os técnicos que vendem seus serviços técnicos e ganham muito dinheiro.

Você mesmo usa gráficos?
Sim, eu os analiso todas as semanas. Uso pelo conhecimento, para ver o que está acontecendo. Aprendo muito sobre o que está acontecendo no mundo olhando os gráficos.

Mas você nunca olha os gráficos e diz: "Já vi esse tipo de padrão antes e significa que o mercado está chegando ao pico."
Olho os gráficos para ver o que já aconteceu.

E não o que vai acontecer?
O que já aconteceu. Se você não souber o que aconteceu, nunca saberá o que vai acontecer. Os gráficos me dizem que há uma alta desenfreada do mercado. Eles me dão fatos, mas é só. Não digo – qual foi o termo que você usou antes, reversão? – que está havendo uma reversão aqui. Nem sei o que é reversão.

Uma reversão é simplesmente...
Não me conte. Pode confundir minha cabeça. Não sei nada dessas coisas nem quero saber.

Os mercados se comportam de um jeito diferente hoje em dia por conta de tanto dinheiro gerido por sistemas orientados a tendências?
Não. Pode ser que nem sempre tenha existido o computador, mas sempre existiram sistemas. Posso lhe garantir que, se você recuar cem anos no mercado, não vai encontrar uma única década sem que tenha havido algum tipo de sistema, algum tipo de fórmula nova, elaborada para jogar no mercado.

Então os mercados atuais são os mesmos dos anos 1970, 1960 e 1950.
Os mesmos mercados do século XIX. As mesmas coisas fazem os mercados subirem e caírem. Não mudaram a lei da oferta e da demanda.

Você tem alguma meta?
Estou em busca de aventura. Queria poder me desligar cada vez mais dos mercados. Os problemas são dois: primeiro, investir é um passatempo tão maravilhoso que é difícil desistir. Não sou diferente de quem eu era aos 22 anos. Sempre quis ler, saber tudo que estava acontecendo e prever o futuro. O segundo problema é que, se eu simplesmente parar, o que vou fazer com os meus fundos? Se entregar para meu amigo corretor da XYZ, estarei falido em cinco anos e então terei que voltar a trabalhar.

Alguma palavra final?
O bom investimento é simples bom senso. Mas é impressionante como pouca gente tem bom senso – quantos olham o mesmo cenário, os mesmos fatos, e não enxergam o que vai acontecer. Noventa por cento vão focar na mesma coisa, mas o bom investidor – ou trader, para usar o seu termo – vai enxergar outra coisa. A capacidade de fugir da sabedoria popular não é uma característica comum.

A abordagem singular de Jim Rogers pode ser difícil de imitar por completo, mas muitos de seus princípios de trading são de grande relevância para qualquer trader. Seus conceitos básicos são:

1. *Compre valor.* Se você comprar valor, não perderá tanto, mesmo que seu timing esteja errado.
2. *Espere um catalisador.* Mercados que chegam ao fundo podem não ir a lugar algum por longuíssimos períodos. Para evitar amarrar seu dinheiro a um mercado morto, espere até que ocorra um catalisador que altere a direção do mercado.
3. *Fique vendido na histeria.* Esse é um princípio sensato, mas sua aplicação está longe de ser fácil. A metodologia de Rogers pode ser parafraseada assim: espere pela histeria, avalie se o mercado está errado, vá na contramão da histeria se os fundamentos a validam, certifique-se de estar com a razão e então aguente firme. As partes complicadas são as duas últimas. Pouquíssimos traders dispõem das habilidades analíticas e dos insights intuitivos de Rogers para se aventurar no labirinto de fatos e estatísticas do "quebra-cabeça tridimensional" dos mercados mundiais e chegar a projeções corretas de longo prazo com precisão sobrenatural. Sem esse tipo de precisão, a capacidade de esperar sem se mexer pode se tornar fatal. Mesmo que você seja capaz de prever tendências econômicas de longo prazo com um grau de precisão suficiente, ainda resta o problema de ser capaz de aguentar firme, especialmente quando o rolo compressor financeiro da histeria do mercado vai na contramão de sua posição.

   Duvido que muitos traders teriam sido capazes de vender ouro a 675 dólares, ficar vendidos enquanto ele subia até 875 dólares em apenas quatro dias e então sustentar a posição mediante o colapso de longo prazo subsequente, para só então liquidar com enorme lucro. Caso você tenha os nervos de aço necessários para replicar esse feito, lhe faltarão os recursos financeiros para durar mais que esse tipo de mercado ou o mesmo grau de precisão para selecionar seus tiros. Talvez esse conselho específico devesse vir com uma advertência no rótulo: "Atenção, praticantes sem experiência: qualquer tentativa de aplicar o método aqui descrito pode levar à ruína financeira."
4. *Seja muito seletivo.* Espere até que apareça o trade certo. Nunca opere

por operar. Tenha a paciência de esperar até que se apresente o trade de alta probabilidade.
5. *Seja flexível.* Vieses contra certos mercados ou tipos de trade limitam seu campo de oportunidade. O trader que diz "Nunca fico vendido" tem uma desvantagem evidente comparado ao trader disposto a ficar vendido e a ficar comprado. O trader aberto a analisar uma variedade de mercados tem uma vantagem clara sobre alguém disposto a participar apenas de um mercado.
6. *Nunca siga o senso comum.* Mantenha em mente esse princípio e você terá menos probabilidade de comprar ações depois que o Dow Jones já passou de 1.000 para 2.600 e todo mundo está convencido de que há uma escassez de ações.
7. *Saiba quando segurar e quando liquidar uma posição perdedora.* Se acredita que o mercado está indo contra você porque sua análise original estava equivocada (quando se dá conta de que deixou passar um fator importante de fundamento), faça como Rogers diz: "O primeiro prejuízo é o melhor prejuízo." No entanto, caso o mercado vá contra você mas você esteja convencido de que sua análise original estava correta, então fique de fora da histeria. Observe, porém, que essa última condição deve ser aplicada *somente* por traders que compreendem plenamente os riscos envolvidos.

MARK WEINSTEIN

O trader das porcentagens altas

Depois de um breve período como corretor de imóveis, Mark Weinstein tornou-se trader em tempo integral. No começo ele era tão ingênuo que praticamente jogou fora o dinheiro que tinha. Depois desse fracasso inicial, Weinstein afastou-se para estudar os mercados de forma mais séria e adquirir uma nova posição como trader. À exceção de uma experiência desastrosa, Weinstein foi um trader bem-sucedido. Ele negociou uma ampla variedade de mercados, incluindo ações, opções de ações, futuros de índices da Bolsa, divisas e commodities. Embora relute em divulgar detalhes específicos, ele obteve lucros importantes em todas essas arenas.

Encontrei Mark Weinstein por intermédio de um amigo em comum. Embora tenha se mostrado muito interessado pelo projeto, o desejo de anonimato o fez relutar em contar sua história. Ele me ligava e dizia: "Vamos marcar a entrevista." No dia seguinte me chamava e falava: "Mudei de ideia. Não quero publicidade." Esse padrão se repetiu várias vezes, sendo cada decisão acompanhada de prolongadas conversas telefônicas em relação aos méritos e deméritos da realização da entrevista. Até que um dia, exasperado, eu disse: "Mark, poderíamos ter feito três entrevistas no tempo que falamos sobre ela." Foi nossa última conversa sobre o assunto até dois meses depois, quando, impressionado pelo calibre dos traders que haviam concordado em participar deste livro, Weinstein decidiu por fim conversar comigo.

Weinstein me recebeu em seu escritório em uma noite de verão. Como o prédio desliga o ar-condicionado depois das cinco da tarde, fomos obrigados a ir para a recepção, que, embora quente, estava menos escaldante. A entrevista foi realizada enquanto jantávamos sanduíches de lanchonete com refrigerante.

Pelas nossas ligações telefônicas, eu sabia que Weinstein tinha forte tendência a divagar em várias direções durante a conversa – é assim que sua mente funciona: um assunto o leva a pensar em outros cinco e nas diversas relações entre eles. Temendo uma tarefa hercúlea de edição, ressaltei a Weinstein a necessidade de manter o foco em questões específicas. Percebi que ele fez um esforço extra para seguir esse conselho. Mesmo assim, a entrevista durou cinco horas e rendeu uma transcrição de 200 páginas.

Como você começou a se envolver com trading?
Isso remonta a 1972, quando eu era corretor imobiliário. Tinha um amigo que era corretor de commodities. Eu e ele havíamos frequentado a mesma escola.

Foi esse amigo que despertou seu interesse pelos mercados?
Não precisou muito para despertar meu interesse, porque o hobby do meu pai era jogar. Ele era muito bom em porcentagens e eu costumava assisti-lo na mesa de dados. De certa forma, acho que ser um trader está nos meus genes. Além disso, o trading me fascinava, por causa do meu histórico de matemática e ciência no ensino médio, e porque eu tinha um amigo corretor de commodities que se interessava por estratégias informatizadas.

Você se lembra de seu primeiro trade?
Lembro-me com precisão. Abri uma carteira de commodities com 8,4 mil dólares e fiquei comprado em milho, com base em uma recomendação feita pelo analista de grãos da corretora. Três dias depois, saí com 7,8 mil dólares.

Seu amigo corretor o aconselhou a seguir a recomendação do analista?
Sim, e ele também seguiu. O que eu não sabia era que o mercado já vinha subindo havia algum tempo e estava sobrecomprado quando fiquei comprado. Não foi nem uma reação negativa. Eu simplesmente peguei o movimento tarde demais. Não tinha margem suficiente para sustentar a posição. Além disso, não tive coragem e não queria colocar mais dinheiro.

Minha impressão é que seu amigo deixou você colocar uma posição que não estava em linha com qualquer princípio de gestão financeira.
Era um daqueles esquemas para enriquecer rápido.

Você conhecia alguma coisa sobre os mercados na época?
Absolutamente nada. Se folheasse um relatório de gráficos, ia achar igual àquelas imagens de teste de televisão.

Você tinha alguma ideia do risco envolvido?
Tinha consciência de que as chances de triunfar eram muito pequenas, porque não sabia o que estava fazendo.

Não lhe ocorreu que deveria aprender alguma coisa antes de começar?
Não, porque estava desesperado por mudança, não gostava de ser corretor imobiliário.

O dinheiro que você investiu representava uma parte substancial de suas economias?
Era todo o dinheiro que eu tinha.

Quando você conseguiu dinheiro suficiente para voltar ao mercado?
Levei seis ou sete meses. Trabalhei sete dias por semana e aluguei o máximo de apartamentos que consegui ter na minha carteira. Também vendi alguns *co-ops* [tipo de apartamento, comum em Nova York, em que a propriedade é compartilhada pelos condôminos]. Àquela altura, havia economizado 24 mil dólares. Tirei 4 mil para viver e usei os 20 mil restantes para abrir uma conta.

Você se esforçou para aprender alguma coisa sobre os mercados nesse meio--tempo?
Sim. Estudei o mercado de ouro, aprendi a ler os gráficos e me familiarizei com o conceito de mercados sobrecomprados e sobrevendidos. Concluí que, se eu comprasse um mercado fortemente sobrevendido e guardasse dinheiro bastante para duas chamadas de margem, não sairia perdendo, a não ser que algo radical acontecesse com a economia. Esse era o meu método.

Mas, se usar esse método em um mercado de tendência, vai ser estraçalhado.
Operei nesse mercado. Acho que era feliz na ignorância.

Nessa segunda vez, quais foram seus resultados no trading?
Fui bem durante vários anos e consegui acumular uma pequena fortuna. Mas muito disso se deveu à sorte.

Não pode ter sido só sorte. O que você fazia de mais acertado quando ganhava dinheiro?
Sabendo o que sei hoje, fazia muito pouca coisa certa. Acho que tive apenas mercados favoráveis. Naquela época as commodities pareciam seguir padrões de gráficos muito melhor que hoje. Pouquíssima gente entendia de análise técnica, então os mercados eram muito mais organizados. Consegui uma vantagem aprendendo o máximo que pude sobre análise técnica em um período em que ela funcionava muito bem.

Você tinha algum método de controle de riscos?
Não, e até hoje não tenho. Dependia do meu sistema nervoso e da minha reação visceral. Cobria posições quando não me sentia bem com elas. Às vezes podia ser depois de dois dias; às vezes, depois de duas horas.

Você passava o dia inteiro operando?
O dia inteiro e a noite inteira. Comecei a perder amigos. Ficava sentado no meu estúdio, com gráficos grudados em todas as paredes. Parecia um maníaco para os amigos que restaram.

Era mesmo um empreendimento em tempo integral.
Não apenas um empreendimento, era uma obsessão. Dormia com aquilo, sonhava com aquilo. Às vezes ficava a noite inteira acordado pensando no que eu faria no dia seguinte. Se não precisasse dormir, faria aquilo 24 horas por dia. Em determinado momento, não era o dinheiro que me motivava. Estava viciado no jogo, no desafio de tentar entender o mercado.

Você acordava às vezes com a sensação de saber que o mercado de ouro iria subir ou coisas assim?
Não, não tinha nada a ver com a direção do mercado. Era só uma extensão

do que fazia durante o dia. À noite acabava explorando inconscientemente aquilo que durante o dia fazia conscientemente.

Qual era a meta estabelecida quando você começou no trading?
O grande sonho americano é ganhar 1 milhão de dólares, e naquela época isso era particularmente real. Nunca tive um sonho materialista de verdade até o dia em que comecei a tirar férias e viajar pela Europa.

E quando foi isso? Quantos anos depois de começar a operar?
Foi em meados dos anos 1970. Fazia três ou quatro anos que eu operava.

Você havia ultrapassado a marca do milhão de dólares àquela altura?
Sim, e havia ganhado dinheiro suficiente para poder relaxar, tirar férias, pensar em coisas que queria comprar. Àquela altura estava me sentindo confiante o bastante para saber que poderia trocar o dinheiro que gastasse pelos meus lucros no trading. Concluí que o passo seguinte era valorizar o dinheiro que estava ganhando. Vi um castelo no sul da França que eu queria. O que me impressiona, em especial, era que o castelo tinha um fosso em volta, e a ideia de morar ali me atraía. Estava à venda por apenas 350 mil dólares e calculei que custaria 50 mil dólares por ano para manter.

Não parece tanto dinheiro assim por um castelo.
Hoje deve valer 5 milhões de dólares. Quando voltei para os Estados Unidos, quis ganhar quase na mesma hora o dinheiro para comprar o castelo. Foi um erro tremendo.

Você já tinha o dinheiro para comprar o castelo, não precisava ganhá-lo.
Embora já tivesse o dinheiro, ainda considerava a quantia que iria custar. Conheço gente que tem 17 milhões de dólares na carteira de trading e não compra um carro novo.

Então você não pegou esse dinheiro de sua conta para comprar o castelo.
Não, voltei e resolvi que minha meta seria ganhar o dinheiro.

Em outras palavras, os próximos 350 mil dólares de lucro iriam para o castelo.
Exatamente.

E o que aconteceu depois?
No meu trade seguinte, coloquei uma posição comprada enorme em soja. O mercado fechou em alta no primeiro dia, lucrei 25% sobre o que investi. Meu plano era sair da posição no fim da semana. O maior erro que cometi foi ter uma meta específica daquilo que queria obter com o trade.

A meta era determinada não pela análise de mercado, e sim pelos 350 mil dólares que queria ganhar no trade. Você operou de maneira diferente por tentar ganhar dinheiro para um fim específico?
Sim, não levei em conta o risco e assumi uma posição grande demais. Não estava utilizando qualquer tipo de juízo racional. Estava sendo guiado por meus desejos materiais. O mercado subiu de novo no dia seguinte, mas desabou de repente no fim do pregão, travando em *limit-down*.

Você ficou preso com sua posição em *limit-down*?
Sim, não conseguia sair. No dia seguinte apareci no escritório da corretora e o mercado abriu novamente em *limit-down*. Esperei o dia inteiro para ver se iria sair da interrupção do *limit-down*, mas não saiu.

Suponho que você teria liquidado sua posição, se pudesse.
Se o mercado tivesse operado, teria vendido tudo a qualquer cotação.

Você se lembra do que sentiu naquela época?
Fiquei em estado de choque, sem qualquer capacidade de tomada de decisões. Não conseguia dormir e me peguei quase rezando para que o mercado operasse no dia seguinte. No terceiro dia liguei para o escritório meia hora antes da abertura e me disseram que não parecia haver qualquer esperança. Nem me importei de ir, porque não conseguiria encarar o pessoal do escritório. Tinha certeza de que eles estavam se divertindo muito com a minha situação.

Por qual razão?
Havia alguns traders profissionais lá que nunca tinham sido capazes de ganhar o tipo de dinheiro que eu estava ganhando. Quando essa situação aconteceu, eles sentiram quase um alívio. Parecia justificar todos os anos em que não assumiram posições como eu. Eles pareciam impiedosos mesmo. A única

pessoa que ficou chateada foi meu corretor, e aparentemente era porque ele estava com medo de perder a carteira.

Os outros traders riram de você?
Eles me consolaram com exagero e depois riram de mim pelas costas. O que queriam era me ver desmoronar. Foi por isso que parei de ir ao escritório.

Você acha que eles saborearam seu sofrimento porque isso os fazia parecer menos incompetentes como traders?
Era até mais que isso. Muita gente neste negócio tem prazer em ver os outros perderem dinheiro.

Já que você parou de ir ao escritório, o que fazia durante o dia?
Ligava para outras corretoras tentando obter cotações.

Por que não ligava para o seu corretor?
Estava com vergonha demais e não queria ser alvo de zombaria.

Até o seu corretor caçoava de você?
Não sei o que pensar dele. Eu estava começando a ficar paranoico e desagradável, porque não conseguia fazer nada. Fui a uma corretora rival e conversei com o analista de grãos. Estava em busca de alguém que pegasse na minha mão. Ele disse que eu iria me recuperar, porque os fundamentos ainda estavam fortes e haveria uma tremenda demanda por soja se o mercado caísse mais uma vez. No quarto dia o mercado travou de novo em *limit-down*.

Quanto você estava perdendo por dia?
Aproximadamente 125 mil dólares por dia. Era a época em que o salário médio anual era de 15 mil dólares. Não nasci rico, e não conseguia parar de pensar no meu prejuízo.

Você poderia contextualizar esse prejuízo em relação ao tamanho de sua carteira?
Antes desse trade, eu tinha quase 1,5 milhão de dólares na minha carteira de trading. Então eu estava perdendo quase 10% por dia em relação ao nível do meu patrimônio anterior ao trade.

Fiquei arrasado. Eu me sentia como se tivesse sido ferido em combate e estivesse me vendo sangrar até a morte. O mercado ficou em *limit-down* por cinco dias seguidos e perdi mais de 600 mil dólares. No quinto dia, lembro que estava sentado em um parque, de mãos dadas com uma garota com quem estava saindo, e chorei no colo dela. Eu estava praticamente em estado psicótico. Cogitei abandonar de vez o ramo. Comecei a achar que era verdade o que todos me diziam – que talvez eu só tivesse ganhado dinheiro durante todos aqueles anos por sorte. Temi, caso continuasse operando, acabar perdendo tudo e sendo forçado a voltar a algum emprego de que não gostava.

O que o deixou mais arrasado, o enorme prejuízo monetário ou seu sentimento em relação a passar do sucesso ao fracasso?
Foi o dinheiro e a questão do limite, e o fato de que não podia agir. Pensei: cá estou eu, um cara que achava antiamericano ficar vendido, descobrindo que o que é antiamericano é não ser capaz de sair de uma posição.

Então você se sentiu enganado por não poder sair?
Me senti enganado. Até hoje acredito que há algo errado com os limites à oscilação da cotação.

Você quer dizer que os limites de cotação, que supostamente foram criados para proteger o público, agem contra ele, ao impedir que saiam de posições perdedoras?
Sim, acho que o mercado deveria ser livre de restrições.

Fala-se em colocar limites na Bolsa, como forma de reduzir a volatilidade. Isso seria pular da frigideira para o fogo?
Totalmente. Hoje em dia o investidor médio sabe que, caso queira sair, pelo menos pode sair a alguma cotação. Imagine se o sujeito ligar para seu corretor e descobrir que não tem como sair do mercado.

Em outras palavras, você está dizendo que aqueles que propõem a ideia dos limites vão piorar as coisas para o pequeno investidor.
É um disparate. É uma proposta de lei para beneficiar os investidores institucionais sofisticados.

Seu comentário anterior dá a entender que, antes do trade de soja, você sempre operava do lado comprado do mercado. É isso mesmo?
É. Nunca ficava vendido. Achava antiamericano. Depois do trade de soja, me dei conta de que o ramo em que estava era o ápice do capitalismo e que não faz diferença alguma de que lado do mercado você está. Quem estava vendido ganhou dinheiro e eu perdi.

Quanto tempo durou o impacto emocional dessa experiência?
Meses. Não queria mais negociar commodities. Arranquei todos os gráficos da parede. Em casa, rasguei tudo que tinha relação com commodities.

Quando você recomeçou a operar?
Depois de alguns meses, operei ações da Amex, mas constatei que eram incrivelmente lentas. Senti falta da alavancagem dos mercados de commodities. Achava que não daria para me sustentar bem negociando ações.

Nessa fase, cruzei com um amigo que é um ótimo trader de opções. Contei minhas experiências e ele propôs sociedade. Na minha primeira semana na empresa, ele me falou para comprar *calls* da Teledyne logo antes do vencimento, porque tinha certeza de que iriam subir. Segui o conselho dele e as opções *call* despencaram de imediato.

Quanto você perdeu?
Por volta de 40 mil dólares. Fiquei muito irritado, mas não quis demonstrar, porque ele nunca me prometeu nenhum resultado. Fiquei tão chateado que saí do escritório e não voltei por dois dias. Ele tentou entrar em contato durante esse período, mas eu não retornava as ligações. Até que ele conseguiu me mandar um recado por meio de um amigo em comum.

Você estava chateado por ele ter dado um mau conselho?
Quando voltei ao escritório, ele me disse que havia feito um trade oposto em outra carteira e que aquele trade era meu. Então não perdi nada.

Parece um tipo bizarro de trote.
Não era trote. Ele estava tentando me ensinar a não depositar cegamente minha confiança em ninguém – nem mesmo nele. Era o jeito de me ensinar a importância de confiar em si mesmo para ser um bom trader.

Como você se saiu depois disso?
Bastante bem. Meu amigo era um trader de opções fenomenal. Sabia tudo do mercado e aprendi bastante com ele.

Você negociava opções com base nas metodologias que ele lhe ensinou?
Sim, combinado à minha análise técnica.

Seu amigo não usava análise técnica?
Não, ele não acreditava nisso. Analisava as fitas.

O fato de você ter sido bem-sucedido como trader 100% técnico mudou o conceito dele sobre a análise técnica?
De modo algum. Ele achava que a análise técnica era só uma muleta para mim e que o motivo de eu ganhar dinheiro era a experiência. Houve um momento em que nos distanciamos, e isso durou alguns anos. Um dia ele chegou ao meu escritório e ficou me observando operar. Abraçou-me como um pai faz com o filho e disse: "Você chegou lá enfim." Contei-lhe que havia adquirido muita experiência e também aprendido praticamente tudo sobre análise técnica, incluindo certas coisas que havia criado. Ele respondeu: "Você nunca desiste, não é? Não tem nada a ver com análise técnica. Você opera assim por causa da experiência."

Por que você e seu amigo trader de opções acabaram se separando?
Tínhamos um conflito de estilos. Ele era um excelente trader, disposto a suportar um grande prejuízo ocasional, porque sabia que iria compensar com grandes lucros e no longo prazo sairia ganhando. Eu, no entanto, ficava incomodado operando dessa forma. Prefiro operar para ter pequenos lucros e tentar eliminar trades perdedores. Não estava disposto a correr o mesmo tipo de risco. Além disso, meu método era puramente técnico, enquanto ele era basicamente um leitor de fitas. De qualquer modo, em 1980 resolvi sair por conta própria. Nós só nos encontramos anos depois.

Sei que certa vez você se inscreveu em um concurso de trading de opções. Pode me contar a respeito?
Originalmente, foi organizado por dois traders do pregão da Bolsa de Chicago. Eles juntaram 47 traders e cada um colocou 5 mil dólares em um concurso

no qual o vencedor levava tudo. Cada trader abriu uma carteira de 100 mil dólares na mesma corretora.

Quanto tempo durou o concurso?
Três meses.

Qual foi o seu resultado?
Transformei os 100 mil dólares em mais de 900 mil sem qualquer *piramidagem* [usar os lucros para aumentar a alavancagem].

É uma performance um tanto fenomenal.
É, mas os mercados estavam muito bons na época.

O que você passou a negociar após sair por conta própria em 1980?
Negociava tudo. Continuei a operar opções de ações. Quando teve início o trading de futuros de índices da Bolsa, no começo dos anos 1980, esse mercado se transformou em um dos principais para mim. Ao longo dos dois últimos anos, meu trading passou a ser quase 90% de commodities.

Você se lembra de seu primeiro trade com soja, depois da derrocada dos anos 1970?
Durante muito tempo evitei a soja. Porém, como descobri que operava sem muito esforço os mercados de commodities, sabia que iria acabar recuperando o dinheiro que perdi com a soja. Nunca me esqueci daquilo.

Parece que você estava em busca de vingança.
Isso mesmo. Sempre que olhava um relatório de gráficos de commodities, meus olhos evitavam o gráfico de soja e então eu virava a página rapidamente. Observei o mercado de forma periférica durante anos antes de tomar alguma atitude. Quando a soja caiu a 4,75 dólares, eu sabia que estava perto de um piso, mas não queria comprar enquanto não tivesse certeza de que não perderia no trade. Eu era como aquele mafioso cuja esposa foi assassinada dez anos atrás, esperando o momento certo para a vingança. Quando minha análise técnica me convenceu de que o mercado havia chegado de verdade no fundo, pulei no lado comprado.

Por quanto você comprou os grãos?
Em torno de 6,18 dólares. [Pouco antes da seca de 1988, que fez os preços dispararem.]

E por quanto você saiu?
Saí em parte a 7,25 dólares e o restante a 9,92 dólares. [O pico da alta foi de 10,46 dólares.]

Quanto você ganhou nesse trade?
Digamos apenas que recuperei com sobra meu dinheiro.

Do modo como fala, fica parecendo que esse trade foi um grande alívio para você.
Sim, foi uma catarse total. Eu me dei conta de que houve um motivo original para eu perder o dinheiro.

Qual foi a razão?
Eu era inexperiente. Não acredito que ninguém jamais perca tudo no mercado por causa de falta de sorte, sempre há alguma outra razão. Ou você estava desatento quando fez o trade, ou não tinha experiência. Sempre tem algum erro no meio.

Você comentou que um dos motivos de se separar de seu sócio foi que seu estilo de trading era voltado para um risco baixo. Desde 1980, qual foi a pior queda percentual que você sofreu?
Perco tão raramente que não chego a registrar esse tipo de número.

Vou reformular a pergunta: qual foi seu pior mês de trading?
Não tive nenhum mês no vermelho.

Ganhou dinheiro em todos os meses desde 1980?
Sim. Poderia ter ganhado muito mais dinheiro se não fosse tão cauteloso, mas é meu jeito de operar.

Você se lembra de sua pior semana?
Não tive nenhuma semana no vermelho durante esse período, mas tive alguns dias no vermelho.

Essa é uma declaração incrível. Como você pode ter certeza de que não está esquecendo uma ou outra semana em que perdeu dinheiro operando?
O motivo da minha certeza é que me lembro de todos os meus prejuízos. Tive três dias de prejuízo nos últimos dois anos. Dos milhares de trades que fiz naquele período, tive 17 perdedores, mas nove deles porque minha máquina de cotações estava quebrada, e quando isso acontece eu saio da minha posição.

A maioria dos traders ficaria feliz lucrando em 50% dos trades, e uma proporção vencedora de 75% seria espetacular. Porém, você está dando a entender que sua proporção de lucro está próxima a 99%. É difícil mesmo de acreditar.
Você pode checar com o Leigh. Falei a ele sobre centenas dos meus trades durante os últimos quatro anos. [Leigh Stevens é o amigo em comum que me apresentou a Weinstein.]

Neste momento você deve se lembrar da declaração de Weinstein: "Nenhuma semana no vermelho, mas alguns dias no vermelho." E deve dizer a si mesmo em alto e bom som: "Me poupe." Reconheço que as declarações dele soam exageradas. Não pude conferi-las examinando os extratos de sua carteira porque seus sócios mantêm a confidencialidade do trading, já que formam uma firma de trading privada, fechada ao público. Alguns de seus sócios se opuseram a esta entrevista e quase conseguiram demover Weinstein de participar. O único extrato de conta que Weinstein se dispôs a mostrar, ou pôde mostrar, foi sua inscrição independente no concurso de trading de opções, que de fato confirmou que ele multiplicou por nove um saldo de 100 mil dólares em três meses, com trades 100% vencedores.

Ainda insatisfeito, conversei com Leigh, que conhece Weinstein há anos e passou vários dias observando-o operar. Conheço Leigh há três anos e posso afirmar, com confiança, que ele é um homem honesto, discreto e sensato. Leigh confirmou que, considerando todos os trades de Weinstein que ele testemunhou, além de várias centenas de outros que Weinstein lhe descreveu por telefone (logo depois de fazê-los), só conseguia lembrar de um que deu prejuízo. Ainda que, por conta de sua memória falha (digo isso em sentido literal, e não como um eufemismo para desonestidade), a taxa de sucesso real de Weinstein fosse um pouco menor do que ele afirma, acredito que sua proporção lucro/prejuízo é bastante elevada.

Como ele consegue esse feito? A resposta do próprio Weinstein a essa pergunta está adiante, mas, para contextualizar, achei útil fazer alguns comentários a respeito. Weinstein utiliza, para monitorar indicadores técnicos, seus próprios sistemas informatizados de ponta, elaborados para medir alterações na movimentação do mercado. Em vez de usar os indicadores padrão, Weinstein adota seus próprios valores, que adapta de acordo com as mudanças das condições do mercado. Ele combina essa análise intensiva em tempo real com uma abrangente análise de gráficos, que incorpora uma série de metodologias, entre elas os ciclos, as retrações de Fibonacci e a análise das Ondas de Elliott. A isso ele acrescenta um último ingrediente essencial: um instinto sobrenatural para o timing do mercado. Somente quando quase tudo se alinha do jeito certo e ele sente que o timing está praticamente perfeito, ele coloca um trade. Costuma deixar passar vários trades que têm alta probabilidade de dar certo, mas em relação aos quais não sente o mesmo grau de confiança quase absoluta. Em consequência de uma vida inteira dedicada ao estudo dos mercados, à análise intensiva em tempo real, ao senso inato do mercado e a uma seleção de trades rigorosa, quase todos os trades de Weinstein são, no mínimo, lucrativos em algum momento dos vinte primeiros minutos após a entrada. É tudo de que ele precisa para garantir um empate ou um resultado vencedor.

Isso ajuda a entender por que Weinstein muitas vezes busca lucros rápidos e fecha seus trades no espaço de horas, ou até minutos. Mesmo em trades posicionais, Weinstein realiza parte dos lucros rapidamente, para garantir um resultado final líquido lucrativo. Ele também opera os mercados em rodízio, transferindo de maneira rápida seus lucros de um mercado para outro, sempre em busca do potencial de lucro com a menor percepção de risco. Por fim, Weinstein conta com o suporte de uma rede no pregão que o coloca do lado certo do *spread* entre o *bid* [melhor oferta de compra em aberto no pregão] e o *ask* [melhor oferta de venda em aberto no pregão].

As respostas de Weinstein podem soar pretensiosas no papel, mas "ingênuas" dariam o verdadeiro tom. Quando ele fala sobre os trades, seus comentários são salpicados de frases como "É óbvio que o mercado vai cair ainda mais" ou "Esse mercado é tão fácil". Fica evidente que ele não consegue conceber por que o trading é difícil para todos nós.

Como você explica sua capacidade de lucrar em uma porcentagem tão alta na maioria das vezes?
Porque tenho um receio real do mercado. Concluí que os maiores traders são aqueles que têm mais medo dos mercados. Esse temor me forçou a aperfeiçoar meu timing, para ter a máxima precisão. Quando opero de maneira correta, sou como um jogador de sinuca encaçapando as bolas em sequência. Quando meu instinto para as condições do mercado não está bom, não opero. Meu timing é uma combinação de experiência com sistema nervoso. Quando meu sistema nervoso me manda sair da posição, é porque a atividade do mercado desperta em mim algo que já vi antes.

Não perco muito nos trades porque espero o momento exato. A maioria das pessoas não aguarda o contexto dar sinais de desestabilização. Sai para passear na floresta na escuridão da madrugada, enquanto eu espero o amanhecer. Embora o guepardo seja o animal mais rápido da Terra e consiga caçar qualquer espécie na savana, ele espera até ter certeza absoluta de que vai apanhar sua presa. Pode ficar uma semana escondido num arbusto, só à espera do momento certo. Aguarda um bebê antílope, e não qualquer bebê antílope, de preferência aquele que estiver doente ou mancando. Só então, quando não há risco de perder a presa, ele ataca. Para mim, esse é o trading profissional por excelência.

Quando opero em casa, costumo observar os pardais no jardim. Quando lhes dou pão, eles pegam só um pedacinho de cada vez e saem voando. Voam para lá e para cá, pegando migalhinhas. Podem precisar de cem bicadas no pedaço de pão para pegar o que o pombo pega de uma vez só, mas é por isso que o pombo é o pombo. Você nunca vai conseguir acertar um tiro em um pardal, porque ele é rápido demais. É assim que faço *day trade*. Há momentos do dia em que tenho certeza de que o S&P vai subir, mas não tento achar o piso e saio antes do pico. Fico na faixa do meio, onde há mais movimentação. Para mim, isso é operar como o pardal se alimenta.

O guepardo é sua analogia para o trading posicional e o pardal, para o *day trading*. O denominador comum é que os dois animais ficam à espera de circunstâncias imbatíveis.
Exatamente.

Como você seleciona os trades?
Uso tipos diferentes de insumo técnico: gráficos, Ondas de Elliott, análise de Gann, números de Fibonacci, ciclos, sentimento, médias móveis e vários osciladores. As pessoas acham que a análise técnica é pouco confiável porque escolhem aquilo com que se sentem mais à vontade. O problema é que nenhum método técnico individual funciona o tempo todo. Você tem que saber quando usar cada um deles.

E de que maneira você faz isso?
Com experiência e instinto. Utilizo todos os tipos de análise técnica, mas interpreto cada um com o instinto. Não acredito em sistemas matemáticos que encaram o mercado sempre da mesma forma. Usando a mim mesmo como "sistema", mudo sempre o insumo para atingir o mesmo produto final – o lucro.

Há algo que você possa isolar como fator mais importante na decisão de colocar um trade?
Estou sempre em busca de um mercado que esteja perdendo impulso e vou na contramão.

Por ter operado tanto na Bolsa quanto no mercado de commodities, você diria que eles se comportam de maneiras diferentes?
Sim. Ao contrário do mercado de commodities, a Bolsa raramente lhe dá a oportunidade de aproveitar uma tendência significativa.

Por que isso acontece?
Quando as instituições e os especialistas vendem, não vendem em um nível de cotação; vão reduzindo a escala à medida que o mercado sobe. Da mesma forma, quando compram, vão aumentando a escala conforme o mercado cai. Isso leva a um movimento picado da cotação e é o motivo pelo qual muitos bons traders de commodities que conheço têm prejuízo sempre que entram na Bolsa.

Mas você também consegue lucrar com constância na Bolsa. O que faz de diferente?
Não tento descobrir para onde o mercado vai antes do movimento, deixo o mercado me falar para onde está indo. Além disso, há tanta variedade de

insumos técnicos na Bolsa (divergência, avanço/declínio, proporções *put/ call*, etc.) que você quase sempre consegue um sinal antes que algo esteja para acontecer no mercado.

Então seu método de análise técnica na Bolsa é diferente do método no mercado de commodities?
Olho as ações individualmente, cada uma tem personalidade própria. A IBM e a General Motors, por exemplo, costumam reagir antes de um fundo importante e não reagem antes de um topo importante. Outro exemplo: nunca vi uma reação boa de verdade sem que as *utilities* comandem o mercado. Elas sobem quando se espera uma queda da taxa de juros e, quando a taxa cai, os gestores de portfólio pulam nessas ações. Eu me saí bastante bem negociando os índices porque antes mesmo de começar a negociar futuros dos índices já tinha me tornado um trader de ações e opções muito experiente.

Qual a ideia mais errada que o público tem sobre os mercados?
Que quem opera no mercado faz jogatina. Conheço traders do pregão que lucraram vinte anos seguidos. Não dá para chamar isso de jogatina.

Outra ideia errada é achar que o mercado tem que reagir ao noticiário. Quando John F. Kennedy foi assassinado, o mercado sofreu uma queda muito acentuada, mas logo depois reagiu e atingiu novos recordes. Esse movimento dos preços deixou muita gente perplexa. Os investidores que ficaram vendidos na notícia e então viram a reversão do mercado culparam as instituições financeiras por levarem o mercado à alta. Não perceberam que um mercado prestes a subir, tanto do ponto de vista técnico quanto de fundamentos, não vai inverter a direção por causa de uma notícia, por mais dramática que seja.

Outro item que colocaria na categoria de falso conceito é a forma como a mídia interpreta as razões que levaram o mercado a cair. Sempre dizem que o mercado caiu devido à obtenção de lucros. Acho que seria uma maravilha se todo mundo tivesse sempre lucro. Porém a maioria das pessoas perde dinheiro, e o motivo pelo qual o mercado cai é porque elas têm prejuízo. Conheço gente instruída que assiste ao noticiário e não sabe por que diabos perdeu dinheiro, quando todo mundo está lucrando. A mídia deve ao público a explicação de que o mercado cai não apenas em razão da obtenção de lucros, mas muito por causa dos prejuízos.

Quais são as regras de ouro do trading?

1. Faça seu dever de casa.
2. Não seja arrogante. Quando você é arrogante, negligencia o controle de riscos. Os melhores traders são os mais humildes.
3. Esteja ciente de suas limitações. Todo mundo tem, até mesmo os mais bem-sucedidos traders.
4. Seja você mesmo. Pense contra a manada, porque a longo prazo ela sai perdendo.
5. Não opere enquanto uma oportunidade não se apresentar. Saber quando ficar de fora do mercado é tão importante quanto identificar o momento certo de ficar dentro dele.
6. Tenha uma estratégia flexível o bastante para mudar quando o ambiente muda. Um erro que a maioria das pessoas comete é manter o tempo todo a mesma estratégia. Dizem: "Caramba, o mercado não se comportou do jeito que eu achava que se comportaria." E por que deveria? A vida e os mercados não funcionam desse modo.
7. Não fique complacente demais depois de lucrar. A coisa mais difícil do mundo é reter o lucro. Depois que você atinge uma meta, costuma definir uma segunda meta igual à primeira: a de ganhar mais dinheiro. Em consequência, atingir essa segunda meta não é tão gratificante para muitos. Começa-se a questionar o que se quer de fato do trading, o que desencadeia um processo de autodestruição que acaba levando ao prejuízo.

Algum conselho final para o trader iniciante?

Você precisa aprender a perder. É mais importante que aprender a ganhar. Caso ache que sempre será um vencedor, você sentirá raiva no dia em que perder e acabará colocando a culpa no mercado em vez de tentar descobrir por que teve prejuízo.

Limite o prejuízo rapidamente. Parafraseando *Reminiscências de um operador da Bolsa*, a maioria dos traders segura os prejuízos tempo demais, na esperança de que não continuem aumentando. E realizam o lucro cedo demais, por medo de que o lucro diminua. Em vez disso, o trader precisa ter receio de um prejuízo maior e expectativa de um lucro maior.

———

A experiência mais traumatizante de Weinstein no trading ocorreu quando ele permitiu que um objetivo material interferisse em sua forma de operar. Esse é um tema constante, levantado em outras entrevistas. Aparentemente, é sempre um erro traduzir o lucro ou o prejuízo em potencial de um trade em termos materiais.

A pedra fundamental do método de trading de Weinstein é esperar por aqueles trades em que tudo parece estar alinhado com exatidão e a probabilidade de sucesso parece esmagadora. Embora a maioria de nós não tenha nem de longe como esperar o nível de confiança de Weinstein nos trades escolhidos por ele, a ideia de agarrar apenas aqueles trades com os quais nos sentimos mais confiantes é um conselho sensato, repetido por vários profissionais neste livro.

Embora eu veja os mercados como não aleatórios a longo prazo, sempre acreditei que as flutuações de curtíssimo prazo (por exemplo, os movimentos de preço intradiários) são em grande parte aleatórias. Weinstein abalou essa crença.

PARTE 4

A VISÃO DO PREGÃO

BRIAN GELBER

O corretor que se tornou trader

Brian Gelber começou a carreira como corretor, gerindo a operação de futuros financeiros de uma grande corretora no pregão da Bolsa de Chicago. Depois do êxito como conselheiro de clientes corporativos, ele começou a operar a própria carteira. Nos primeiros tempos do trading de futuros de *T-bonds*, Gelber teve a dupla honra de ser um dos maiores (se não o maior) corretor do pregão e um dos maiores traders locais.

Em janeiro de 1986 Gelber expandiu o próprio trading, incluindo a gestão direta de carteiras de clientes. Além de operar por conta própria, supervisiona um grupo de traders, tanto à vista quanto em futuros, em títulos do governo e outros mercados. Ele preside um grupo de empresas: Gelber Group, Gelber Management e Gelber Securities. Elas fazem compensação, corretagem e gestão financeira.

O jeito tranquilo de Gelber parece quase incongruente com sua profissão. Ao contrário do alto nível de intensidade que se espera de alguém que opera e supervisiona diariamente o trading de posições multimilionárias em títulos, deparei com um homem que fala de seu trabalho como quem descreve uma temporada de férias.

Embora nosso encontro tenha ocorrido no horário do pregão, Gelber não parecia preocupado com o mercado de títulos. Parecia, sim, bastante relaxado, apesar de ter trocado a mesa de trading por sua sala particular para a realização da entrevista. "É melhor ficar por aqui", comentou, referindo-se a um mercado que ele considerava desanimado naquele momento.

Em resposta a uma indagação sobre outros traders que eu havia entrevistado, comentei que um deles, Tony Saliba, figurava na capa da edição da revista *Success* que estava nas bancas. Gelber perguntou se eu tinha um exemplar. Tirei a revista da minha pasta e lhe entreguei. Ele sorriu ao ler a enorme manchete que tratava da experiência de Saliba durante a semana da quebra da Bolsa de 19 de outubro de 1987: "Vitória! Ele ganhou 4 milhões de dólares em 72 horas". Brincando, Gelber perguntou: "Eu ganhei 4 milhões em vinte minutos naquele dia; como não virei capa de revista?" Ele não disse isso em tom pretensioso. Sua fala resumia, porém, uma verdade básica sobre os grandes traders: muitos, se não quase todos, mantêm uma relativa discrição, sendo, por isso, praticamente desconhecidos do público.

Como você começou nesse ramo?
Depois de me formar em 1976, fiz um mochilão pelo país. Em Salt Lake City respondi a um anúncio de jornal com uma vaga de corretor de commodities. Não fazia ideia do que era, mas imaginei que fosse parecido com um operador da Bolsa. Obtive minha licença trabalhando para um sujeito que, basicamente, era dono de uma "sala das caldeiras".

Então você começou pelo lado errado do setor.
Quando entrei, tinha um sujeito sentado nos fundos de um escritório de quinta categoria. Ele passava o dia ao telefone tentando convencer as pessoas a lhe dar 5 mil ou 10 mil dólares para especular com seu sistema de gráficos. Era de fato uma operação em voo cego.

Cuidei dos gráficos para ele enquanto obtinha meu registro. Dizia o tempo todo a mim mesmo: "Esse cara está mais para picareta." Tirei minha licença e pedi demissão. Rodei ainda por alguns meses só em empregos temporários para pagar o aluguel.

Que tipo de emprego?
Descarregando vagões. Um dia entrei em um escritório da Thomson McKinnon e disse: "Oi, tenho uma licença de corretor." O sujeito me disse que pagaria 800 dólares por mês. Na época era muito dinheiro para mim. Tudo que tinha que fazer era entrar e sair ligando para as pessoas; qualquer carteira que eu abrisse seria minha.

Mas você não sabia praticamente nada sobre o mercado naquela época.
Havia lido dois ou três livros e sabia um pouco de gráficos por ter cuidado deles para o meu primeiro patrão.

Quais livros você leu? Na época não existiam muitos.
O livro que mais me ensinou foi *Technical Analysis of Stock Trends* [Análise técnica de tendências em ações], de Robert D. Edwards e John Magee.

Quais outros livros você recomendaria às pessoas?
O primeiro livro que faço nossos traders lerem é o relato que Edwin Lefèvre fez sobre a carreira de Jesse Livermore, *Reminiscências de um operador da Bolsa*. Já li pelo menos dez vezes.

Mais ou menos na época em que comecei na Thomson McKinnon, o mercado Ginnie Mae [de hipotecas imobiliárias] estava começando a ganhar importância. A Thomson McKinnon havia acabado de contratar um grupo de trading para cuidar de uma mesa de Ginnie Mae. Disse a eles que estava interessado em aprender mais sobre esse mercado.

Por que o Ginnie Mae o atraiu?
Era um mercado novo e parecia mais administrável que as commodities convencionais. Concluí que meu negócio prosperaria de forma mais constante se eu focasse naquele mercado. Além disso, já havia feito alguns trades com Ginnie Mae. O primeiro deu lucro, mas todos os outros deram prejuízo. Era atraente; senti que podia ganhar dinheiro naquilo, mas sempre perdia, e isso me dava mais vontade de aprender.

Aparentemente, certa compulsão o levou a prosseguir.
Sim, porque eu havia fracassado. Seja como for, os traders na mesa de Ginnie Mae me ensinaram algumas coisas e então abri quase todas as contas de hipotecas que existiam em Salt Lake City.

Você entendia do mercado Ginnie Mae na época?
Quando comecei a abrir as carteiras, não sabia nada a respeito.

Como, então, conseguiu convencer clientes?
No início eu enrolava, mas prestava atenção e aprendia com as perguntas que

eles faziam. E o que eles faziam me deixava confuso, assim como eles não entendiam muito bem o que eu tentava vender.

Pelo menos você via os futuros como um instrumento.
Exato. E, com meu conhecimento limitado, sobrevivi às primeiras reuniões. Depois me tornei bom de verdade naquilo.

Essas carteiras eram de hedge?
Sim, todas carteiras de puro hedge. Em maio de 1977 ganhava 2 mil dólares por mês em comissões. Era uma tremenda quantia para mim.

Tudo isso no mercado de Ginnie Mae?
Àquela altura, sim. Anteriormente eu havia feito um pouco de corretagem em outros mercados de commodities, como trigo, suínos e barriga de porco.

Para quem você operava?
Eram só carteiras que havia aberto por telefone – de pessoas que não sabiam direito que podiam ter prejuízo e quando perdiam ficavam irritadas.

Você dava a elas sugestões de trade?
Bastante.

Usando análise de gráficos?
Acredite se quiser, mais a partir da pesquisa dos analistas da Thomson McKinnon e em menor medida a partir dos meus gráficos. Os corretores mais novos tendem a recorrer à pesquisa da própria corretora.

Seus clientes tiveram prejuízo porque essa pesquisa estava equivocada?
Não. Tiveram prejuízo porque o horizonte temporal deles era quase dia a dia, enquanto a pesquisa era de mais longo prazo.

Então havia um descompasso?
Exatamente. Acho que esse é um problema básico entre a maioria dos corretores e seus clientes. É quase impossível obter informação de mercado para o cliente com a velocidade necessária para ele agir.

Ainda que um corretor tenha de fato como bater o mercado operando no curto prazo, não é possível traduzir isso para o cliente.
É um problema insuperável, porque você precisa de duas pessoas para puxar o gatilho e a informação muda depressa demais.

Então um dos conselhos que você daria aos especuladores é operar com uma perspectiva de mais longo prazo?
Isso. É necessário.

Sei que houve um momento em que você era operador do pregão e trader no mercado de futuros de *T-bonds*. Se você receber uma ordem de venda de um grande cliente ao mesmo tempo que está pensando em fechar sua própria posição comprada, como lida com isso?
Nunca fiz *scalping* [entrar e sair rapidamente de uma posição para obter pequenos lucros], então a ideia de estar comprado e ter uma ordem de um grande cliente movimentando o mercado contra mim dois ou três *ticks* nunca fez diferença alguma. Aliás, eu tinha tantos clientes que era comum que fossem em direções opostas.

E se surgisse uma notícia importante e todas as ordens de seus clientes fossem no mesmo sentido, na contramão de sua própria posição? Você nunca se viu preso em uma posição porque tinha que executar primeiro todas as ordens dos clientes?
Sim, isso aconteceu comigo meia dúzia de vezes e custou-me um total de meio milhão de dólares ao longo dos anos. Porém, se comparado à quantidade de dinheiro que eu ganhava, não acabou comigo.

Esse era o preço de fazer negócios?
Exato.

Saber que você quer sair, mas ser incapaz de agir por causa de um conflito com as ordens dos clientes, deve ser uma situação muito incômoda.
Você está ocupado demais atuando como corretor e pensando: "Ok, tenho que vender mil lotes. Qual o melhor jeito de fazer isso?" E, quando você termina a ordem, pode dizer a si mesmo: "Caramba, ainda estou comprado; preciso pular fora desse negócio."

Existe alguma desvantagem embutida para um operador do pregão que também trata de ordens dos clientes?

Claro que sim. Como digo aos profissionais que contrato: "Se você for corretor, não é trader; se for trader, não é corretor."

Mas você era.

Foi um período alucinante. Era o maior trader e o maior corretor no mesmo mercado. Dava expedientes longuíssimos e chegava em casa exausto. Mas me levantava no dia seguinte e fazia tudo de novo. Essa situação durou três anos e, embora tenha sido uma grande experiência, eu não deveria ter passado por isso. Não dá para ser um ótimo corretor e ainda um ótimo trader. Eu fazia um bom trabalho, mas perdi alguns anos de vida.

A maioria dos traders de maior tamanho do pregão é apenas trader ou também cuida de clientes?

Hoje em dia, ou eles são corretores, ou são traders. É a única maneira de seguir em frente. Não há dúvida sobre isso.

Isso vale para a maioria dos pregões ou só para o de *T-bonds*?

Principalmente para o pregão de *T-bonds*. No S&P e nos mercados de Nova York, alguns dos grandes corretores também são grandes traders.

Considerando que hoje há mais fiscalização, quem quebra a confiança do *dual trading* [cuidar de pedidos de clientes e operar a própria carteira] corre mais risco de ser pego?

Ainda é muito difícil criar um rastro auditável irrepreensível em um mercado de pregão aberto.

Digamos que os títulos estejam operando a 95,00 e o mercado seja atingido por uma notícia negativa. O corretor executa uma grande quantidade de ordens de clientes e de sua própria carteira, e o mercado passa direto de 95,00 para 94,00. Ele preenche 94,31, 94,30, 94,29 e todos os seus clientes preenchem ordens de 94,27 ou menos. [A cotação dos títulos é negociada por 32 avos.] Com que desculpa ele vai se sair?

Ele pode passar a ordem dele, ou as dos clientes, para outro corretor. Ou pode preencher todas as ordens e colocar o número de outro corretor na ordem dele mesmo. Sempre há um modo de driblar uma fiscalização extra. Sempre vai ser difícil pegar os malandros.

A tentação do *dual trading* é grande demais?
Não. Depois de ter passado por isso, diria que o *dual trading* é bom para a eficiência do mercado, mas individualmente é um fardo pesado demais.

As regras deveriam ser alteradas para proibir o *dual trading*?
Essa é uma pergunta complicada. O que é mais importante: a eficiência do mercado ou a integridade da pessoa? Em minha mente, não há dúvida de que o *dual trading* adiciona tremenda liquidez ao sistema, algo mais relevante que a possibilidade de uma pequena porcentagem de *dual traders* vir a trapacear. E, mesmo que proíbam o *dual trading*, os trapaceiros ainda achariam um jeito de ludibriar. É assim que encaram a maneira de ganhar dinheiro.

Como começou seu envolvimento com o mercado de *T-bonds*?
Em setembro de 1977 me mudei para Chicago e me tornei corretor no pregão de *T-bonds*. Tinha só 25 anos e dei sorte. Fui para Nova York em novembro do mesmo ano e me reuni com oito grandes empresas, sete das quais abriram carteiras. Eu estava no lugar certo na hora certa.

Quando você começou a operar para sua própria carteira no pregão?
Em 1979.

Você ficou tentado a abandonar a corretagem do pregão para poder se concentrar no trading?
Aconteceu exatamente o contrário. Eu tinha começado atendendo clientes, e de 1979 até 1981, montei uma base de clientes enorme. Na época éramos uma força poderosa no mercado. Talvez a coisa mais triste que eu já tenha feito foi me tornar trader. Eu era um ótimo corretor com 20 e poucos anos e, se tivesse continuado por dez anos, teria acabado onde estou hoje sem ter que passar por todo o sofrimento do trading. Considero o trading um jogo sem glamour e pouco gratificante.

É estranho você dizer isso, pois foi muito mais bem-sucedido que a maioria dos traders.

Como corretor, eu estava em um patamar ainda mais alto. Eu era bom mesmo e combinava com minha personalidade.

Então por que você entrou no trading?
Porque alguns dos clientes diziam: "Você conhece tão bem o mercado, por que não vira trader simplesmente?" No início resisti, mas depois de seis meses comecei no trading. E a partir daí só foi evoluindo.

Você se lembra dos primeiros trades?
Meu primeiro trade foi uma posição comprada e ganhei algum dinheiro. Coloquei um *spread* comprado em títulos e vendido em Ginnie Mae, que era quase o mesmo que ficar comprado. O mercado caiu e eu perdi todo o dinheiro que havia ganhado, mais 50 mil dólares. Como eu ganhava 50 mil dólares por mês como corretor, encarei como se tivesse terminado o mês no *breakeven*. Mas era uma sensação que não me agradava nem um pouco. Por isso reduzi o tamanho da minha posição e comecei a fazer trading de forma um pouco mais ativa. Isso ocorreu durante a baixa do mercado de 1979. O problema é que fiquei altista ao longo de toda a queda.

Por que você ficou altista?
Meus clientes não paravam de dizer que os juros não podiam subir muito além.* Eu estava lidando com as ordens do CitiBank e do Citicorp e eles continuaram comprando por toda a baixa. Era gente de prestígio, dizendo que tinha uma opinião e respaldando essa opinião com seus atos.

O que você faria hoje se estivesse na mesma situação?
Hoje conheço as características das diversas instituições financeiras. Vamos pegar o CitiBank. Naquela ocasião eu estava comprando porque eles estavam comprando. Hoje, se o CitiBank estivesse comprando, eu chegaria à conclusão de que eles estavam realocando ativos ou alterando a duração do portfólio.

---

* O preço dos títulos cai quando a taxa de juros sobe. Esse é um conceito básico que às vezes confunde os principiantes. A razão da queda dos títulos quando os juros sobem pode ser explicada assim: se os juros sobem, significa que todas as aplicações de menor rendimento se tornam menos atraentes para o investidor. Para induzi-lo a comprar esses títulos de cupom menor, o preço precisa cair o suficiente para o que o retorno seja equivalente ao retorno do título de cupom mais alto comprado pelo valor nominal. (*N. do E.*)

Hoje pouco me importam os pontos de vista dos gestores de portfólios, porque a perspectiva deles tende a cobrir um prazo muito mais longo que a minha. Na época eu não compreendia isso.

Então você não presta mais muita atenção nesse tipo de opinião?
Dou ouvidos *en passant*. Não leio mais as entrevistas dos gestores de portfólio na revista *Barron's*. Nunca me adiantou grande coisa e tampouco acho que adiante para algum trader.

Em outras palavras, o problema não era o fato de você dar ouvidos a outras pessoas, e sim dar ouvidos às pessoas erradas.
Não sabia distinguir quem eram as pessoas certas das erradas. Era um menino ingênuo dizendo: "Eis aqui um cara importante comprando muito desse negócio; deve ser porque o mercado vai subir."

Você não tinha estratégia, nem plano, nem sistema. Estava agindo por reflexo.
Exato. Com o passar do tempo, comecei a pegar o jeito de como ganhar dinheiro. Em vez de dizer "Tenho uma opinião e quero expressá-la no mercado", comecei a perguntar "Como eu ganho dinheiro com tudo isto?".

O que você havia aprendido àquela altura?
Que opiniões não valem tanto. Mais importante é escutar o mercado. Tornei-me um trader reativo em vez de um trader opinativo.
   Em 1980 um dos meus clientes era o Solomon Brothers. Na época estavam baixistas nos títulos entre 65 e 80. Se eu tivesse dado ouvidos a meus clientes, como dei em 1979, teria jogado fora de novo todo o meu dinheiro.

O que lhe indicou que não deveria dar ouvidos a seus clientes naquela ocasião?
A experiência de 1979, de ter perdido dinheiro com base na opinião dos outros – uma opinião sensata, de gente inteligente, que estava absolutamente errada.

De onde vinham seus êxitos?
Aprendi a ler a fita e adquiri uma boa intuição. Na época éramos players tão importantes nos títulos – "éramos" quer dizer eu mesmo e meus clientes – que os pontos que selecionávamos para operar podiam quase paralisar o mercado. Na prática, criávamos parte dos pontos de suporte e resistência.

Não era preciso muito, na época, para fazer isso. Acho que houve uma série de meses em que mal tivemos um dia no vermelho.

Daria para ter feito isso sem as carteiras comerciais?
Minha esperança era poder fazer isso sem elas; que não fosse uma profecia autorrealizável. Mas, se fosse, tudo bem.

Quando acabou essa fase?
Do ponto de vista do trading, não tive nenhum ano de prejuízo até 1986, embora tenha sofrido em 1985 durante o estágio intermediário do mercado altista de títulos.

Seu êxito no trading foi em consequência de ser capaz de ler a fita?
Foi. Eu era atento e tinha boa intuição.

É como se você estivesse dizendo que ou se nasce bom trader, ou não.
Até certo ponto, pode ser isso mesmo. Minha impressão é de que não é preciso, mas ajuda.

É uma questão de ter sexto sentido em relação ao mercado?
Sim. Muitas vezes é a intuição que diz o que fazer.

Quem não tem o instinto natural para o trading está perdendo tempo? Ou qualquer pessoa pode ter sucesso se puder se dedicar bastante?
Não tem nada a ver com dedicação. Duas semanas atrás um sujeito muito brilhante que trabalha para mim disse: "Este ramo é muito frustrante. Não importa quanto me dedique, não tem a menor influência em ganhar dinheiro ou não." Você precisa conhecer a si mesmo e colocar esse conhecimento em prática no mercado.

Soa como um clichê. O que você quer dizer com "conhecer a si mesmo"?
Vou lhe dar um exemplo. Acho que sou um bom trader, mas tem um sujeito que trabalha para mim que é melhor. Eu poderia me matar de trabalhar para tentar suplantá-lo. Ou posso ser apenas eu mesmo. Deixe-o fazer tudo que puder e eu farei tudo que eu puder.

Encaro assim um ano na vida de um trader: dos doze meses do ano, você tem quatro ótimos. Fica tão empolgado que mal dorme à noite. Mal pode esperar para chegar ao trabalho no dia seguinte; tudo dá certo. Em dois meses do ano, você fica péssimo. Dá tudo tão errado que você se deprime. Não consegue dormir à noite. Não faz ideia de onde virá o próximo trade. Nos outros seis meses do ano, você ganha e perde, ganha e perde. Mal dorme à noite, porque está tentando descobrir como vai ganhar dinheiro.

O resultado é que você nunca dorme, porque pensa demais, o tempo todo, em trading. É uma coisa que o consome por inteiro. É por isso que você precisa conhecer a si mesmo – moderar suas emoções. Se não o fizer, depois de um grande êxito você voará tão alto quanto uma pipa. Não estará preparado para a hora em que o mercado, logo ali na próxima esquina, o trouxer de volta ao chão. Ou, na situação oposta, quando você está tendo prejuízo o tempo todo, pode acabar pulando da janela. Por que saí do pregão? Uma vez mais, porque me conheço. Preciso interagir com gente, e não é o que acontece por lá.

Estar no pregão parece ser algo muito intenso todos os dias. Fisicamente isso o desgastou?
Totalmente. Quando você tem 20 ou 30 anos, pode se recuperar muito bem do estresse físico e mental. À medida que envelhece, não reage tão bem e precisa se esforçar mais para manter a performance.

De cada cem pessoas que vão para o pregão e se tornam traders, quantas vão ganhar pelo menos 1 milhão de dólares em cinco anos?
Cinco, talvez menos.

Quantas vão acabar perdendo tudo que tinham no início?
Pelo menos metade delas.

Você foi mais bem-sucedido que a maioria dos traders. A que atribui seu êxito?
O motivo da minha consistência é que sou um ótimo ouvinte. Converso com uns 25 traders todos os dias. A maioria não ouve sua opinião, só quer contar a dele. Eu sou diferente, porque ouço de forma sincera e genuína o que eles dizem e como dizem. Se um dos grandes traders locais me liga três dias seguidos, em meio a uma reação do mercado, e me pergunta o que eu acho, já sei que ele está vendido e inseguro quanto à posição.

O que isso indica a você?
Se estiver alinhado com aquilo que estão fazendo os outros traders com quem converso, indica que o mercado vai ter uma alta.

Então, se você conversa com 25 pessoas e 20 estão nervosas em relação à alta do mercado porque estão implicitamente vendidas, isso lhe mostra que deveria operar do lado comprado?
Mostra. Conheço muita gente no setor e isso é um enorme bônus. Dou ouvidos a essa gente. Acompanho os que estão em boa fase. Sou capaz de formar minha opinião, mas não é ela que determina o que faço no mercado. Às vezes sei que minha opinião está certa e sigo minha intuição. Às vezes sei que outra pessoa está em boa fase e sigo a opinião dela. Não sou caprichoso em relação ao modo de ganhar dinheiro. Pouco importa se minha opinião está certa ou errada. O que importa é se estou ganhando dinheiro.

Não é um tanto confuso você conversar com 25 pessoas e 15 se mostrarem otimistas e 10 pessimistas?
Às vezes, mas faço isso desde 1976. Sempre soube ler muito bem as pessoas, embora todas achem que não presto atenção nelas. Tenho um trader que está com o pé mais frio que gelo atualmente. Basta eu escutá-lo. Ontem à noite ele me disse que queria ficar vendido. Na hora resolvi ficar comprado.

Enquanto ele estiver com o pé frio?
Exato, e na hora que ele ficar com o pé quente, ótimo. Quando o sujeito está frio, está frio. Não dá para dizer a um trader: "Você está com o pé frio, é melhor não operar." É preciso deixar passar.

Ler outros traders é um elemento crucial para seu trading pessoal atualmente?
Sim, sou flexível. Conheço essas pessoas, então sei como lê-las. Não quero ouvir o que Jack Schwager diz, porque não o conheço. Quero falar só com gente que conheço muito bem.

O que mais é importante para o seu sucesso?
A constatação de que, quando você relaxa, se sai bem; quando você se esforça demais, não se sai bem.

"Esforçar-se demais" quer dizer forçar a barra quando não existe trade?
Forçar a barra é um dos motivos de eu estar aqui sentado com você, durante tanto tempo, no horário do pregão. Faz semanas que o mercado não opera direito, e para nós é motivo de orgulho não ter jogado fora bastante dinheiro.

Quando não há oportunidades, você se mantém discreto?
Não me entenda mal. Não sou tão bom assim, mas fui melhorando à medida que envelheci. Aprendi essa lição nos últimos anos. Depois que Richard Dennis saiu do pregão, ele disse: "O primeiro ano fora do pregão foi a experiência mais dolorosa que já tive e foi como pagar a melhor faculdade." Aconteceu a mesma coisa comigo.

Qual foi a motivação para sair do pregão, tendo feito tanto sucesso nele?
Senti que o setor havia chegado a um ponto em que meu talento de corretor já não era mais exigido. Tudo que queriam saber era: "Onde vai ser o próximo *tick*?", "Como posso movimentar em escala?" O preço do meu talento ficou baixo demais.

Você está falando em termos de carteiras de clientes?
Carteiras de clientes e trading. O mercado cresceu tanto em volume que o meu estilo de *swing trading* [operações rápidas, mas que duram mais de um dia] deixou de ter valor. Eu ficava só tentando adivinhar o *tick* seguinte em vez dos próximos oito *ticks*.

Por que você não conseguia jogar esse jogo?
O volume era grande demais, a capitalização era grande demais. A partir do pregão, não conseguia ler o mercado.

Porque havia players demais?
Isso mesmo. No começo do trading de futuros de *T-bonds*, havia pouca profundidade e era possível identificar quando o pessoal ficava comprado ou vendido em demasia. Depois já não dava mais para fazer isso.

Sua performance começou a cair; você sentiu que era um aviso?
Em 1985, pela primeira vez ganhei menos de 1 milhão de dólares no trading. Sabia que havia algo errado. Sempre tinha sido um trader muito constante,

ganhando mais a cada ano. Olhei meus resultados e constatei que meu lucro havia diminuído, ou seja, três ou quatro *ticks*, e meus prejuízos estavam aumentando. Minha primeira reação foi ser um operador muito mais atuante no pregão. Descobri que estava assumindo posições enormes e que a relação risco/retorno era insana. Foi então que me convenci de que precisava mudar.

Você considera que teve sorte por não ter sido fortemente atingido, naquele período, em nenhum trade específico?
Fui bastante atingido algumas vezes, mas tive alguns belos vencedores. A questão é que quanto mais eu trabalhava, mais constatava que estava andando em círculos. Não me agrada trabalhar muito no trading, e lá estava eu me exaurindo física e mentalmente.

Se você continuasse indo tão bem quanto nos anos anteriores, teria continuado no pregão?
Teria. O pregão é um ambiente muito estimulante. Fora dele, você precisa fazer força para se motivar a cada dia. Foi uma transição muito difícil.

É mais árduo operar fora do pregão?
A longo prazo, não. Minha lucratividade em 1987 e 1988 foi bastante boa.

Você comentou que seu primeiro ano fora do pregão foi complicado. O maior problema era continuar a operar no mercado como fazia antes?
Sim, essa foi a razão número um. A segunda foi que a transição ocorreu durante o mercado em disparada de 1986. Eu acabaria tendo prejuízo, porque meu estilo não era baseado em seguir tendências.

E ainda é assim?
Não, mudou. Eu me aprimorei. Ainda opero contra a tendência muito bem mesmo, mas descobri que é possível ganhar muito dinheiro seguindo tendências.

Você usa sistemas de trading?
Não, nós somos traders discricionários. Só usamos indicadores e sistemas técnicos como ferramentas. Um sistema interessante que elaboramos tem por base características relacionadas à volatilidade. Nossa teoria é que a volatilidade dá pistas para a direção da tendência. Embora ao fazer testes

retroativos tenhamos constatado que esse sistema fornece boas indicações, não o seguimos cegamente.

O que você consideraria como um bom resultado, em termos de retorno médio anual, para um sistema automatizado, informatizado?
Por volta de 40% a 50%, com baixa máxima do patrimônio inferior a 10%.

Mas os sistemas sempre terão baixas máximas acima disso.
É por isso que não operamos diretamente com eles.

Você acha que existe algum sistema capaz de concorrer com um bom trader?
Ainda não vi nenhum, mas pode ser que haja um em algum lugar.

Existem traders que têm talento, mas não dão certo. O que os impede de fazer sucesso?
A maioria dos traders fracassados tem um ego enorme e não é capaz de admitir que errou. Até mesmo aqueles que confessam isso no começo da carreira são incapazes de reconhecer mais tarde. E alguns traders fracassam porque têm medo demais de perder.

Em outras palavras, o trading bem-sucedido é uma questão de tentar evitar prejuízos, e não de ter medo deles.
Essa é uma boa colocação. Não tenho medo de perder. Se você tem receio de perder, está arruinado.

A capacidade de aceitar perdas é uma característica de um trader vencedor?
Sim. Tom Baldwin é um bom exemplo. Ele só opera com base no mercado, não opera com base em tamanho ou patrimônio. O que quero dizer é que ele não diz a si mesmo: "Estou comprado em 2 mil contratos. Ai, meu Deus, é coisa demais, preciso vender um pouco." Ele nunca encara dessa forma. Ou ele vende quando acha que o mercado subiu demais, ou vende quando acha que a posição dele está errada.

Em sua experiência, há algum trade em especial que se destaca como o mais dramático?
Em 1986, quando o Japão estava cercando os títulos de longo prazo, houve

uma forte reação emocional em uma manhã de segunda. Achei que o mercado estava alto demais em 90 dólares, e naquele dia estava operando acima de 91 dólares. Então, vendi 1,1 mil contratos, com ganho de escala, acima desse patamar. O mercado recuou e foram ofertados mil lotes por 91. Bem na hora em que achei que o trade tinha sido na mosca, em menos de cinco minutos houve uma reversão e o mercado disparou para 92.

Eu estava perdendo 1 milhão de dólares e o mercado estava a poucos *ticks* do limite de baixa. Eu nunca havia perdido tanto dinheiro em tão pouco tempo, e foi porque fiz coisas diferentes do que normalmente faço.

O que você fez exatamente?
Em geral não faço um trade tão grande no começo do ano. Gosto de ir ganhando dinheiro pouco a pouco e depois ir jogando com o dinheiro que ganhei.

Parece que uma parte de sua filosofia de gestão financeira se baseia em encarar cada ano de um modo diferente.
Exato. Mas voltando ao que estava dizendo, fiquei um pouco mais vendido nesse pico e a partir de então só me preocupei em cobrir. Esperei com paciência e o mercado começou a recuar. Acabei perdendo só 400 mil dólares naquele dia, e não foi tão ruim assim considerando onde cheguei a estar. Mas aquele trade me causou um enorme impacto emocional. Fui massacrado pela movimentação do mercado. Havia esquecido que ele podia disparar daquela maneira. Mal podia acreditar em como estava enganado.

O que você quis dizer quando comentou que o Japão "cercou" o mercado?
O negócio dos japoneses é a participação no mercado quando eles pensam em comprar algo. Foi a primeira vez que os Estados Unidos tiveram um gostinho de como os japoneses compram ativos financeiros – eles compram tudo.

Foi esse lance que nos levou aos recordes no mercado de títulos?
Exato.

Ao que tudo indica, os japoneses não se incomodaram tanto com um rendimento tão baixo em relação ao risco de uma posição em títulos de longo prazo.
Não acho que encarem em termos de rendimento. Eles enxergam se o preço

vai subir e, se for, eles compram. Toda vez que compravam, os preços subiam, e a partir disso eles compravam mais ainda.

O mercado de títulos desabou de novo desde então; eles saíram a tempo da posição deles?
É claro. Sabe quem comprou mais na alta? Os negociantes americanos, que precisavam desesperadamente cobrir, porque tinham vendido durante a subida.

Então os japoneses são traders espertos?
Não, eles só têm o estilo deles. Operam com bala de canhão. Vão em um só sentido, e vão todos juntos. Um amigo meu, de uma corretora japonesa, me contou o caso de um trader japonês que comprou quase todos os títulos de longo prazo na tela. Quinze minutos depois, ele ligou de volta e perguntou: "Por que a *base* [o *spread* entre os mercados à vista de *T-bonds* e de futuros de *T-bonds*] está sumindo?" Ingenuamente, esse trader japonês havia percebido que a cotação à vista tinha disparado, enquanto os futuros não subiram muito. Meu amigo disse a ele: "Você comprou todos os títulos disponíveis. É claro que a base vai sumir." Eles não tinham entendido bem o impacto do próprio trading.

Os japoneses fizeram algo semelhante ao que haviam feito em 1986 com os títulos em 1987 no mercado americano de ações. Praticamente assumiram o controle dele, comprando porque as cotações não paravam de subir.

Nunca vou me perdoar por não ter comprado ações e vendido títulos em 1987. Teria sido meu trade número um em 1987.

Seu raciocínio foi que o mercado de títulos já havia subido demais e o de ações, não? Você achou que os dois mercados estavam em descompasso em termos de valorização?
Isso mesmo. Sabia que os japoneses estavam comprando ações americanas altamente capitalizadas. Já conhecendo o estilo de compra deles no mercado de títulos, era um trade ainda mais óbvio.

Então por que você não foi em frente?
O *spread* entre o S&P e o contrato de *T-bonds* estava sendo negociado entre 19 mil e 25 mil dólares numa base de contrato de valor individual. Tirei quatro dias de férias e, só nesse período, as aquisições dos japoneses na Bolsa levaram esse *spread* a 30 mil dólares.

Por que você não comprou o *spread* antes das férias, já que tinha pensado nisso?
Estava esperando que o *spread* tivesse um *breakout* acima do intervalo de preços atual. Queria comprá-lo acima de 26 mil dólares. Como chegou a 30 mil, não tinha como puxar o gatilho.

Qual é sua regra de ouro no trading?
Nunca aumentar um trade perdedor.

O que o trader comum faz de errado?
Opera demais e implora por dicas.

Como você lida com uma fase ruim?
Instintivamente opero menos e às vezes dou um tempo. É um hábito bom zerar tudo e recomeçar limpo.

Quando você está indo mal mas ainda tem algumas posições boas, liquida as boas também?
Claro que sim. Elas tendem a se virar contra você.

Considerei os temas do *dual trading* e do impacto japonês no mercado americano de *T-bonds* alguns dos trechos mais interessantes de minha conversa com Brian Gelber. Esses assuntos, porém, não trouxeram nenhuma ideia nova sobre a arte do trading. Em termos mais práticos, uma das principais advertências feitas por Gelber refere-se ao mau uso dos relatórios de pesquisa das corretoras. Ele observou uma tendência, entre corretor e cliente, a usar pesquisa de longo prazo para trading de curto prazo. Essa aplicação equivocada das informações muitas vezes leva a prejuízos no trading, mesmo quando a pesquisa é boa.

A flexibilidade e a supressão do ego são elementos cruciais para o êxito de Gelber. Ao falar dos traders em boa fase, ele observou: "Sigo a opinião deles (...). Pouco importa se minha opinião está certa ou errada. O que importa é se estou ganhando dinheiro."

Por fim, a reação de Gelber às más fases é a mesma citada por vários traders. Ele aconselha zerar tudo e começar de novo. Sair totalmente permite que o trader obtenha maior clareza de raciocínio. Sempre é possível reentrar em posições liquidadas, caso ainda pareçam interessantes, desde que o trader tenha recuperado a confiança.

TOM BALDWIN

O destemido trader do pregão

O pregão agitado de um mercado de futuros é um lugar imponente. Dezenas de traders se acotovelam enquanto gritam ordens de compra e venda a plenos pulmões. Para o não iniciado, parece um milagre que esse caos institucionalizado funcione de forma eficiente como processo de execução de ordens. No mundo frenético dos pregões de futuros, o ringue dos *T-bonds*, com mais de quinhentos traders, se destaca como gigante imbatível. É um pregão tão grande que um lado do ringue não sabe o que está acontecendo no outro.

Segundo a maioria dos relatos, Tom Baldwin é o maior trader individual do pregão dos *T-bonds*. A dimensão de seu trading o coloca na mesma prateleira das grandes instituições financeiras. Não são raros, para ele, trades isolados que chegam a 2 mil contratos (200 milhões de dólares de valor de face em *T-bonds*). Em um dia normal, ele chega a negociar mais de 20 mil contratos (o equivalente a 2 bilhões de dólares de valor de face em *T-bonds*). Baldwin tem pouco mais de 30 anos e faz meros seis anos que ele começou a negociar *T-bonds*.

A entrada de Baldwin no mundo do trading de pregão parece mais uma receita de fracasso que de sucesso. Em 1982, sem qualquer experiência anterior no trading, ele se demitiu do emprego de gerente de produto de um frigorífico para alugar um posto na Bolsa de Mercadorias de Chicago. A carteira dele tinha apenas 25 mil dólares. Com essa escassa base de capital, ele precisava pagar mais de 2 mil por mês só para manter o posto e pelo menos outros mil dólares mensais para as despesas do dia a dia. Como se não bastasse, a esposa estava grávida.

Baldwin não é do tipo que joga na defensiva. Sua agressiva postura de tomada de riscos é um dos elementos-chave de seu êxito. Ele lucrou desde o começo. Ficou milionário antes de completar um ano no setor e nunca mais olhou para trás. Embora se negue a comentar a dimensão de seus ganhos, uma estimativa conservadora seria de 30 milhões de dólares. O verdadeiro número pode ser bem maior.

Eu julgava essencial uma entrevista com Baldwin para este projeto por conta de sua proeminência como trader de pregão mais bem-sucedido no maior mercado de futuros do planeta. Ele, porém, não estava com pressa de ser entrevistado. Embora tenha dado algumas entrevistas no passado, tornou-se cada vez mais relutante em conceder outras. Sem a generosa intervenção de Brian Gelber – os dois são amigos e admiram mutuamente suas competências como traders –, esta entrevista nunca teria acontecido.

Gelber me advertiu de que Baldwin poderia ser tanto mal-educado quanto gentil, mas que eu deveria me preparar para a primeira situação. Como exemplo, Gelber comentou que, à pergunta sobre como se envolveu com o trading, Baldwin poderia responder: "Desci até o pregão e comecei a operar." O espírito da resposta dele não ficou muito longe disso.

Cheguei ao escritório de Baldwin vários minutos antes do fim do pregão do dia. Baldwin chegou alguns minutos depois. Como ele havia acabado de se mudar para as novas instalações e a mobília ainda não tinha sido entregue, fizemos a entrevista sentados no parapeito de uma janela.

A atitude de Baldwin não foi nem mal-educada nem gentil; "alheia" seria a melhor forma de defini-la. Tive a clara impressão de que, se eu hesitasse por um instante ao fazer a pergunta seguinte, ele iria embora. Era o Dia de São Patrício, e essa impressão só aumentava cada vez que alguém saía do escritório e dizia a Baldwin que o aguardava no bar da região. Dava para sentir que Tom estava ansioso para encontrá-los. Resolvi fazer a entrevista à queima-roupa, disparando a pergunta seguinte no instante em que ele terminava a resposta anterior. Eu me senti como um fotógrafo à espreita de um pássaro raro; um passo em falso e a ave bate as asas.

Sabia que, em algum momento, não conseguiria pensar em uma pergunta de *follow-up* imediata. Isso aconteceu cerca de quarenta minutos depois do início. Olhei de relance minhas fichas em busca de uma ideia. Infelizmente, meus olhos pousaram sobre uma pergunta que já havia sido feita e, mesmo tentando formulá-la sob uma perspectiva diferente, era tarde demais. *Game over*. Baldwin disse que precisava ir e pediu desculpas.

Como começou seu interesse pelo trading?
Tive algumas aulas sobre commodities na faculdade. Queria operar, mas não tinha dinheiro para comprar um posto. Em 1982 descobri que poderia alugar, e foi assim que comecei.

Você sempre quis ser operador no pregão em vez de qualquer outro tipo de trading?
Sempre.

Como aprendeu a operar?
Um lote por vez. Ficava lá o dia inteiro e formava uma opinião. Como constatava que minhas opiniões estavam certas, ganhava confiança, mesmo que não tivesse feito o trade. Quando operava, sabia que, ficando ali em pé seis horas por dia, todos os dias, tinha razão na maior parte do tempo. Percebia os mesmos cenários ocorrendo várias vezes.

Você se refere a padrões de mercado ou a traders fazendo certas coisas?
Ambos. Os padrões de mercado se repetiam e os players do mercado faziam a mesma coisa o tempo todo, e a gente só operava.

Como foram seus primeiros meses? Você lucrou desde o começo?
Acho que o maior prejuízo que tive foram 19 *ticks*, então já comecei com certa lucratividade.

Tendo chegado ao pregão sem experiência, o que foi que lhe conferiu vantagem suficiente para acertar no mercado?
Eu me dediquei. Ficava lá seis horas por dia, o dia inteiro, todos os dias.

Mas você não tinha uma experiência que servisse de apoio.
Você não precisa de qualquer formação para fazer isso. Quanto mais inteligente for, mais burro é. Quanto mais souber, pior é para você.

Em seu tipo de trading – ou seja, o *scalping* –, o que você busca quando coloca um trade?
Obter o máximo que puder. De um trade, já obtive pontos inteiros ou só um

tick. Nunca dá para saber. É preciso observar o mercado, pegar o jeito dele e, estando bem posicionado, segui-lo.

Na média, o resultado líquido de seus trades são alguns *ticks*?
Sim, quatro *ticks* de lucro na média das maiores posições.

Concluo que seu tempo de retenção seja curtíssimo.
Tento manter curto.

Estamos falando de minutos?
Sim, ou segundos. Só porque há menos risco. O objetivo é sempre minimizar o risco.

Seu estilo de trading sempre foi o *scalping*?
Evoluí de puro *scalper* para uma combinação de *scalper* e especulador.

Atualmente qual a porcentagem de seus trades posicionais em relação aos *scalps*?
Pequena, bem abaixo de 10%.

Então você ainda usa o mesmo estilo básico de trading com o qual começou.
Isso mesmo.

Você usa insumos técnicos?
Sim, uso gráficos.

Você usa gráficos *intraday*, já que opera no curto prazo?
Não, gráficos de barras cobrindo os últimos seis meses.

Se olha para os gráficos e diz "Basicamente, estou altista", você realiza mais *scalping* do lado comprado?
Não necessariamente. Começo com uma opinião, mas, se vir algo que me faz mudar de ideia, ajusto.

O fato de ter começado com um viés de trading influenciado por gráficos foi um fator crucial para o seu sucesso?
Foi.

Houve períodos em que foi malsucedido ou você se manteve constante?
Constante.

Você não teve nenhum mês no vermelho?
Tive, um ou dois.

Mas não dois consecutivos?
Não, nunca.

Qual a porcentagem dos que operam no pregão que continuam depois de cinco anos em relação aos que perdem o que têm e abandonam?
Menos de 20%. Essa é, de fato, a regra geral, e até menos que isso.

Qual a porcentagem bem-sucedida a ponto de ganhar e manter pelo menos 2 milhões de dólares?
Um por cento.

Em outras palavras, uma pequeníssima fração dos traders.
Exato. É como em qualquer outro setor. Quantas pessoas se tornam presidente da General Motors?

Você tem alguma opinião sobre aquilo que diferencia o 1% dos demais 99%?
Tenho. É muita dedicação, em primeiro lugar. É perseverança. Para fazer isso, tem que amar. E no nosso ramo é preciso ser indiferente ao dinheiro. Não se pode operar pelo dinheiro.

Você quer dizer que, enquanto achar a posição boa, precisa mantê-la? Que não dá para pensar: "Estou perdendo 1 milhão de dólares neste trade e com 1 milhão de dólares eu poderia ter comprado uma mansão." Não se pode traduzir em termos concretos.
Exatamente. A maioria faz isso.

Suponho que outro jeito de dizer isso seja: é preciso não ter medo algum.
Exato.

Essa é uma característica dos traders vencedores: têm menos medo que os perdedores?
Isso mesmo.

Dá para avaliar um trader novo no pregão e dizer se ele vai dar certo ou não?
Dá.

Que tipo de atitude é um indicativo de que ele é um perdedor?
Os perdedores não se dedicam o suficiente. A maioria das pessoas acredita que há 50/50 de chance em qualquer trade. Acham que não há nada além disso. Não se concentram. Não observam os fatores que afetam o mercado. Dá para ver no olhar delas: é quase como se houvesse um muro na frente de seus rostos que as impede de enxergar além.

O que você chama de fatores são os fundamentos?
Não. Prestar atenção no que os outros mercados, como o Dow Jones e o ouro, estão fazendo. Observar os traders no pregão.

Padrões?
Isso mesmo.

Em outras palavras, tentam selecionar um trade aqui, outro ali, mas não observam tudo que está acontecendo.
Exato. E as despesas costumam ser altas demais. É como em qualquer emprego: se você aguentar tempo bastante, vai acabar aprendendo. É só uma questão de quanto tempo você aguenta ficar ali até saber fazer.

Acredita mesmo nisso?
O sujeito comum pode não ser um trader milionário, mas, se ficar cinco anos ali, vai aprender. É igualzinho a qualquer trabalho. Você não começa a trabalhar e já se sente à vontade nos primeiros seis meses.

Você se sentiu.
Senti, mas comecei como trader de um lote só. E não estava tão à vontade, porque *precisava* ganhar dinheiro. Eu tinha só 25 mil dólares.

Em que momento você sentiu confiança em que iria dar certo?
Essa é uma pergunta interessante. Neste ramo você nunca se sente confiante, porque sempre pode perder tudo bem rápido. Meu jeito de operar é: quem se serve da espada morrerá pela espada. Sempre existe a possibilidade de eu ser pego em uma posição grande e o mercado ir ao limite contra mim em um lance casual. Por outro lado, não existe dúvida na minha cabeça de que posso chegar em qualquer mercado e ganhar dinheiro.

Qual é a sua porcentagem de dias no vermelho?
Um em cada dez.

Essa porcentagem mudou com o tempo?
É essa por um longo período.

Do seu ponto de vista, o que o trader médio – ou seja, o trader público – faz de errado?
Opera demais. Não é seletivo o bastante na escolha dos momentos. Quando vê o mercado andar, quer participar da atividade. Então acaba forçando o trade em vez de esperar pacientemente. A paciência é uma característica importante, que muitos não têm.

Esperar o momento certo?
Exato. Aposto que a maioria das pessoas, depois dos primeiros cinco trades, está no azul. E pensam: "Que maravilha, é como dinheiro de graça." Então esquecem que o motivo de ter ganhado dinheiro nos primeiros trades foi porque esperaram bastante. Porque disseram: "Aposto que este é um momento bom para comprar, porque vi o mercado agir assim várias vezes." E ganharam dinheiro. Porém, de repente, passam a fazer trades todos os dias.

O que acontece depois é que perdem em alguns trades e, invariavelmente, não sabem sofrer um prejuízo. Começam ganhando dinheiro e, num piscar de olhos, estão só empatando. Então vacilam: "Onde pulo fora?" Enquanto vacilam, o mercado segue em frente. Agora estão tendo prejuízo e dizem: "Se eu vender aqui, vou perder mil dólares." Não gostam de perder mil, quando recebem 500 dólares por semana. De uma hora para outra, passam a pensar no dinheiro.

Quando você pensa em dinheiro, está morto?
Isso mesmo. É o que costuma acontecer com o público em geral.

E qual é a sua maneira pessoal de lidar com prejuízos?
Pulo fora.

Depressa?
Se eu puder. O que quero dizer é que tenho muita paciência e espero. Se souber que é um trade perdedor, espero até o momento que considero ideal para me retirar. E tento reverter.

Quando você se dá conta de que não está mais gostando do trade, pula fora, mas escolhe o momento?
Isso.

Digamos que você faça isso em um dia de mercado de mão única. Em que momento conclui que não resta saída?
Depende de até que ponto andou contra você. Se for muito contra, em algum momento você joga a toalha. Hoje em dia talvez aconteça três ou quatro vezes por ano. Você simplesmente começa a se retirar.

Mas você costuma ter um feeling quando chega a hora?
Sim, por já ter acontecido antes.

Se você está perdendo só um pouquinho em um trade, prefere deixar o mercado andar em sua direção e tentar vender mais forte ou comprar na baixa em vez de se livrar de tudo apressadamente.
Exato.

Esse é um elemento crucial do seu estilo?
É. Nunca desista de um trade. Muitos traders que estão em uma transação perdedora pulam fora porque aprenderam que é preciso ter disciplina. Esse é um ótimo ensinamento. No entanto, eles deveriam ter um pouco de paciência e dizer: "Esse trade vai dar prejuízo, mas em vez de eu sair a 7, se aguentar mais um minutinho, talvez consiga vender a 10."

É uma questão de querer pular fora só para parar de sofrer? Mas, se estivessem dispostos a suportar um pouco mais, ficariam em melhor situação. É correto definir assim?
É. Eles desistem rápido demais. Na maioria dos casos, se você não desistir, é possível transformar um prejuízo de cinco em um prejuízo de dois.

É evidente que o tamanho de seu trading aumentou desde que você entrou no negócio. Isso torna mais difícil operar?
Torna, você tem que se adaptar. Precisa mudar seu método de compra e venda, porque o mercado está em transformação permanente, de forma sutil.

Quais transformações você constatou no mercado de títulos desde que entrou?
Dá para operar tamanhos maiores. Agora você pode negociar duzentos [lotes] em cada *tick*. Já não mexe tanto com o mercado.

E quanto a mil lotes?
Depende da liquidez do momento. Várias vezes dá para pular fora. É impressionante como há liquidez quando você quer pular fora.

Na média, se você tivesse que se desfazer de mil lotes, quanto isso mexeria com o mercado?
Dependendo do momento do dia e da liquidez, talvez um ou dois *ticks*.

Tão pouco assim?
É, pouco assim.

O tamanho já representou um empecilho com uma liquidez tão boa?
Já. Fica mais difícil. Quando você entra em uma posição grande, o restante do pregão fica sabendo, porque estava ali e viu você. Pelo menos acha que sabe. Todo mundo abaixa a mão e espera quando imagina que você está errado. O ceticismo é natural nos traders.

Diante de seu histórico de sucesso a longo prazo, o mais comum seria seguirem você.
Muitas vezes isso é verdade, mas também dificulta entrar e sair. Quando você resolve fazer uma oferta, todo mundo também faz.

Como você lida com essas situações?
É preciso escolher seu momento. Esperar até vir um grande pedido de papéis e ir com tudo.

É uma espécie de jogo de xadrez: às vezes você quer fazer o pregão achar que está vendendo quando está comprando?
Sim, às vezes. Mas não dá para operar muito grande quando se faz isso.

Quando está comprado e querendo liquidar, você espera que o lance apareça?
Exato.

Que tipo de coisa você procura em um gráfico?
Pontos-chave, como o pico e o piso da semana, o meio do caminho de volta, áreas de consolidação.

Você usa os gráficos para uma perspectiva de curto ou de longo prazo?
Curto prazo.

E curto prazo, no seu caso, significa...
O mais curto possível. Você entra no trade, ganha dinheiro o mais rápido possível e minimiza o risco.

Muitas vezes os títulos saem de picos ou pisos de uma ou duas semanas só por alguns *ticks* e depois voltam. O movimento da cotação parece quase uma armadilha para quem joga com os *breakouts*. Isso é um padrão no mercado de títulos?
É. Sempre foi.

Você usa fundamentos?
Quando surge qualquer número importante de fundamentos, eu uso.

Usa os fundamentos indiretamente? Isto é, vendo como o mercado reage à nova informação?
Sim, mas também sendo o primeiro a negociar com base na nova informação de fundamentos. Já sei o que vou fazer se um número sair de um jeito ou de outro e tenho a oportunidade de ser o primeiro.

Tenta chegar lá antes da multidão. Nesse tipo de trade, você costuma ter razão?
Sim.

Você fez dezenas de milhares de trades. Houve algum que se destacou como particularmente emocional?
O primeiro de 100 lotes que fiz. Foi um marco.

Representou um salto de quanto?
Você tende a ir de 1 para 50 lotes, então para 10, 20, 50 lotes.

Então você passou de 50 para 100. Você se lembra desse trade?
Sim, foi um risco muito maior. O mercado estava operando a 64,25 e um corretor fez um lance de 25 por 100 lotes. Mas não definiu o tamanho, só fez o lance de 25. Eu disse: "Vendo." Ele achou que eu estava brincando e disse "Compro os 100", ciente de que eu nunca havia operado nesse tamanho antes. Eu disse: "Ok, vendo os 100." O mercado foi a 24 de oferta na mesma hora.

Parece que você fez seu primeiro lote de 100 como uma bravata.
Foi quase isso. Mas na época eu não era um trader muito bom. Imediatamente comprei 10, depois mais 10. Estava tentando um lance de 23 e o mercado chegou a 22 de oferta. Quando saí, havia dez pessoas diferentes no trade, porque eu não sabia como cobrir 100 lotes.

Mas o trade deu certo para você?
Ah, deu. Espalhou-se a notícia do pequeno trader que havia feito um lote de 100. Então tive que subir à sala da câmara de compensação depois do fechamento para me explicar.

Há quanto tempo você operava?
Seis meses.

Imagino que sua capitalização fosse inadequada para lidar com 100 lotes.
Exato. Eu havia ganhado 100 mil dólares até então. Talvez nem isso.

Cem mil dólares não lhe davam muita cobertura para tal lance.
Sim, só um ponto. [Em títulos, um ponto equivale a 32 *ticks*, o menor movimento

de preço.] Eu disse a eles: "Vejam, achei que era um ótimo trade naquela hora e provavelmente nunca mais farei outro."

Quanto tempo levou para você voltar a negociar 100 lotes?
Dois dias.

Em momento algum chegou a pensar na questão do risco?
Não. Se alguém faz um lance de 25 por 100 e eu acho o trade ótimo, digo apenas "Vendo".

Seu espírito de trader diz: preciso ter cautela para sempre estar no jogo?
Esse traço da personalidade amadureceu com o tempo.

Você está sempre no controle ou houve um momento em que o perdeu?
Houve dias em que perdi o controle.

Algum que se destaque?
Alguns. Principalmente naquele dia em que você perde alguns milhões de dólares.

Esses dias foram de mercado de mão única?
Isso, de mão única. Como só opero mercados, pego a contramão da tendência. Então, se um mercado anda 50 *ticks* em uma direção, pode ter certeza de que estou na direção errada e, em algum momento, vai ser um prejuízo.

Qual era seu posicionamento em títulos no crash de outubro de 1987?
Estava comprado.

E quando você começou a ficar comprado?
Cinco pontos acima.

Cinco pontos! Você quer dizer 81?
Isso. No dia em que baixou para 77 eu estava comprado em milhares de contratos. Outros traders também estavam fortemente comprados.

Foi o dia da baixa mais acentuada. Quem estava vendendo?
Os *commercials* só ficaram vendendo.

Você hesitou?
Sim.

Chegou a pensar que, se o mercado caísse para 76, poderia cair até 70?
Não. Àquela altura dava para dizer que estava acabado.

Por quê?
A partir de análise técnica e experiência.

Esse é um exemplo de sua paciência na escolha do momento certo para pular fora, mesmo quando o trade inicial estava errado?
Exatamente.

Você usa sistemas de trading?
Não. Eles só existem porque estão errados.

Você acha que os sistemas de trading levam ao prejuízo?
Claro. Por que eles existem?

Responda-me você.
Porque as pessoas não confiam na própria habilidade. Quando você tem um sistema de trading bom de verdade, pode ganhar milhões. Por que você o venderia por 29,95 dólares?

O trading tem algo a ver com sorte?
O trading é como qualquer outro trabalho. Você trabalha arduamente, dedica tempo e esforço e cria sua sorte. Eu tive sorte que o primeiro lote de 100 que vendi deu lucro. Mas por que tive sorte? Porque passei o dia inteiro lá durante mais de seis meses adquirindo e refinando meu feeling do mercado. Quando veio a oportunidade, não vacilei.

Para ter sorte, você precisa merecer.
Exato.

No pregão existem aqueles que não são bons traders, mas tomam a dianteira porque fizeram alguns grandes trades do lado certo do mercado? É possível alguém se dar bem só por sorte?
Não, não por muito tempo. A regra de ouro é que, se você durar um ano, vai chegar lá, mas é difícil.

Você é influenciado por alguns traders porque respeita o trabalho deles?
Ah, sim. Eles servem de indicadores.

Se o trader X for bom e estiver em boa fase, e você estiver pensando em vender...
E ele vender, você sabe que está com a razão.

Mas e se ele comprar?
Então você fica em dúvida. Talvez não entre no trade.

Há traders condenados ao fracasso porque o ego é grande demais para se deixarem influenciar?
Sim.

A disposição de nem sempre fazer as coisas do próprio jeito é parte do sucesso?
Exatamente. Você precisa se adaptar ao sucesso. Quando ganha muito dinheiro, de repente começa a achar que é infalível. Esquece que estava certo por conta de todos aqueles pequeninos fatores que obedeceu. Na hora em que pensa "Sou o cara que vai liderar o caminho", toma uma invertida.

Então não faz tanta diferença assim se a ideia é sua ou de outro. O que conta é ganhar ou perder. De onde veio a ideia não importa tanto.
Isso mesmo.

É preciso ser um pouco ególatra para ser um bom trader?
Os melhores traders não têm ego. Para ser um ótimo trader, seu ego só pode ser grande no sentido de ter confiança em si mesmo. Você não pode deixar o ego se imiscuir em um trade que está dando prejuízo, tem que engolir o orgulho e pular fora.

Quando você está lucrando bastante, vem a tentação de dizer: esse dinheiro a mais já não representa nada, talvez seja hora de resgatar minhas fichas?
Nunca raciocinei dessa forma. Quando estava no início e precisava ganhar dinheiro para sustentar minha família, nunca estabeleci a meta de ganhar 1 milhão de dólares. Eu dizia: "Puxa, que incrível, talvez eu consiga ganhar 100 mil."

Você já passou disso muito tempo atrás. Tem alguma outra meta?
Não.

Você faz o que faz porque gosta?
Isso. E espero que dure.

Os incríveis feitos de Baldwin no trading fizeram dele um candidato ideal a uma entrevista neste livro. No entanto, eu não esperava de fato que suas observações fossem pertinentes para mim ou para outros traders de fora do pregão. Afinal, o que um trader de pregão, cujo horizonte temporal é medido em minutos ou segundos, poderia dizer de relevante a traders que retêm posições durante semanas ou meses?

Para minha surpresa, a entrevista rendeu algumas ideias interessantes. Talvez o argumento mais importante exposto por Baldwin seja sua ênfase em não encarar o trading em termos de dinheiro. Para ele, o dinheiro não passa de uma forma de medição. A maioria dos traders, ao contrário, tende a pensar em perdas e ganhos em termos de consequências financeiras – enquadramento que só atrapalha a tomada de decisões de trading.

Vamos supor que você comece arriscando 5 mil dólares em um trade e em pouco tempo se veja perdendo 2 mil dólares. Se a essa altura você começar a pensar no trade em termos de dinheiro ("Esses 3 mil dólares a mais poderiam bancar minhas férias"), pode ser levado a liquidar a posição, mesmo que ainda acredite no trade. Uma coisa é pular fora porque deixou de gostar da posição; outra, bem diferente, é liquidar por impulso, porque você traduziu o risco em termos tangíveis.

Outro argumento interessante levantado por Baldwin é pouco convencional: não pule fora de um trade perdedor depressa demais; em vez disso, espere e escolha o seu momento. Esse conselho parece ir contra a maioria dos conselhos de trading. Afinal, um dos fundamentos básicos do sucesso no trading não é cortar rapidamente os prejuízos? Acredito, porém, que a afirmação de Baldwin não contradiz a regra. Creio que ele quis dizer que muitas vezes o pior momento para renunciar a uma posição é durante uma oscilação violenta do preço em seu desfavor. O argumento de Baldwin é que, aguentando só um pouco mais, você consegue uma circunstância mais favorável para liquidar. Essa filosofia, é claro, só deve ser aplicada por traders disciplinados: aqueles capazes de manter uma estratégia de controle de riscos.

TONY SALIBA

*Os triunfos de "um lote só"**

Tony Saliba chegou ao pregão da Bolsa de Opções de Chicago em 1978. Depois de seis meses como escriturário, Saliba estava pronto para tentar a sorte por conta própria. Encontrou outro trader que o apoiou com 50 mil dólares e, depois de um início favorável, quase se autodestruiu. Salvou-se da beira do abismo alterando suas técnicas de trading e desde então foi bem-sucedido.

O estilo de trading de Saliba pode ser descrito como tentar fazer um pouco melhor que marcar passo diariamente, posicionando-se para tirar proveito de raras oportunidades espetaculares de trading. Sua fortuna foi, em grande parte, construída explorando um mero punhado de eventos assim. Duas dessas situações – a explosão da cotação da Teledyne e o colapso da Bolsa em outubro de 1987 – são discutidas nesta entrevista.

O que impressiona nos feitos de Saliba no trading não são os poucos lucros espetaculares que registrou na carreira, e sim o fato de esses lucros terem sido obtidos usando um método caracterizado por um incrível controle de riscos. Em certo momento, Saliba conseguiu uma sequência de setenta meses consecutivos de lucro superior a 100 mil dólares. Certo número de traders tornou-se multimilionário marcando vários golaços. Um número bem menor conseguiu reter esses lucros. Mas são raros os traders que podem se gabar tanto de ganhos altíssimos ocasionais quanto de lucros consistentes no trading.

Embora o trading bem-sucedido de Saliba exija fazer um extenso dever de casa, ele conseguiu diversificar em um amplo leque de iniciativas, entre elas

---

* O leitor pouco familiarizado com o mercado de opções pode ler antes o Apêndice 2 para entender as referências relacionadas ao trading deste capítulo. (*N. do. E.*)

investimento em imóveis, uma empresa de software e uma rede de restaurantes. Seus empreendimentos "extracurriculares" acabaram dando um lucro apenas modesto, mas satisfizeram seu apetite por diversificação.

Na época em que estas entrevistas foram realizadas, Saliba estava ocupado com o empreendimento mais importante de sua vida: negociar com um banco francês um financiamento de centenas de milhões de dólares para criar uma grande empresa de trading. Sua meta é descobrir e treinar uma geração de traders de sucesso.

Saliba é uma pessoa simpática que dá a impressão de ser um amigo íntimo depois de cinco minutos de conversa. E gosta genuinamente das pessoas – é possível notar logo.

Na noite que antecedeu nosso encontro, Saliba sofreu um pequeno acidente: escorregou no piso de mármore da academia de ginástica do prédio da Bolsa de Chicago. Quando cheguei, na hora marcada, o assistente disse que Tony não poderia me receber naquela manhã por causa do acidente. Deixei um recado. Saliba ligou de volta e, para poupar-me o incômodo de perder o voo daquela noite ou ter que voltar a Chicago em outra data, deu um jeito de me encontrar horas depois.

Conversamos no bar do LaSalle Club, que estava vazio o bastante para não nos distrair. No início eu estava preocupado demais em direcionar a entrevista para me deixar levar pelo enorme telão na entrada do bar. Com o passar do tempo, fui relaxando e olhei para a tela enquanto Saliba respondia a uma de minhas perguntas. Na mesma hora reconheci a cena do trem do filme *Negócio arriscado*, em que a sensual Rebecca De Mornay seduz Tom Cruise.

Tenho o vício de marcar compromissos demais na agenda e, como Saliba era minha terceira entrevista no dia, eu estava começando a sentir cansaço. A primeira coisa que pensei foi: "Tire os olhos da tela, já está difícil manter a mente concentrada." A segunda coisa foi: "Seria uma tremenda indelicadeza não prestar atenção total em Tony, sobretudo depois que ele se sacrificou com a intenção de me poupar o inconveniente de ter que remarcar a entrevista." A terceira foi: "Graças a Deus sou eu que estou virado para a tela."

O que o levou a tornar-se trader?
No ensino médio eu carregava tacos de golfe para operadores de grãos. Na faculdade, um amigo me perguntou se eu queria ser corretor. Achei que ele se referia à mesma coisa que faziam os caras para quem eu havia sido *caddie*. Então eu disse: "Quero. Legal! Onde?" "Indianápolis", ele respondeu. Eu disse: "Que Bolsa tem em Indianápolis?" "Nenhuma", ele disse, "você faz por telefone." Achei que fosse: "Alô, Nova York, compre; Chicago, venda." Quando cheguei lá, descobri que iria ser vendedor.

Depois de alguns meses, perguntei ao pessoal do escritório: "Quem leva todo o dinheiro nesse negócio?" Disseram que era preciso estar no pregão. Ali mesmo decidi ir para a Bolsa de Chicago. No pregão encontrei um dos traders para quem eu havia carregado tacos anos antes e ele me bancou com 50 mil dólares.

Não é incomum dar 50 mil dólares para um menino que carregava tacos?
É, só que ele era riquíssimo e precisava sair do pregão por causa da hipertensão. Ele era dono de um assento, que havia comprado por apenas 10 mil dólares, e precisava de alguém que pudesse operar uma carteira de cliente. Eu iria ajudá-lo nisso.

O que fez com que ele imaginasse que você podia chegar lá como trader?
Ele tinha ouvido rumores, pregão afora, de que eu era um escriturário promissor e fez uma aposta em mim.

E o que aconteceu?
Passei de 50 mil para 75 mil dólares nas duas primeiras semanas. Investi em todos os *spreads de volatilidade* [posição de opções que lucra se o mercado se tornar mais volátil] que estavam bombando.

Você pensou "Como isso é fácil"?
Pensei: "É isso." Quer dizer, eu era um gênio. Mas o que eu estava fazendo era assumir o lado oposto de posições que os outros corretores estavam liquidando, tirando-os do mercado com seus lucros, enquanto eu ficava com a bolsa na mão. Era a primavera de 1979 e a volatilidade implícita estava muito alta, porque 1978 havia sido um ano muito instável. Mas o mercado não foi a parte alguma e a volatilidade e os prêmios sobre as opções desabaram. Em

seis semanas eu havia perdido praticamente tudo. Os 50 mil dólares originais emagreceram para 15 mil dólares. Tive pensamentos suicidas. Lembra daquele grande acidente com um DC-10 no aeroporto O'Hare, em maio de 1979, que matou todo mundo? Foi na mesma época que eu cheguei ao fundo do poço.

Era uma metáfora do seu estado de espírito?
Eu teria trocado de lugar com os passageiros do avião naquele dia. Era assim que eu estava me sentindo. Pensava: "É, estraguei minha vida."

Você se sentiu culpado por ter perdido dinheiro de outros?
Sim, e me sentia uma fraude.

No início você estava confiante?
No início eu estava muito confiante, porque, antes de começar a operar por conta própria, tinha sido anotador de um corretor durante quatro anos e extraí tudo do cérebro dele.

E naquele momento você achou que estava tudo acabado?
Sim. Em junho de 1979 resolvi que era melhor encontrar outro emprego. Fui até os irmãos Levy, donos de uma rede de restaurantes criada pelo meu pai para eles. Eles disseram: "Na hora que quiser um emprego, você pode tocar um de nossos restaurantes." Então respondi: "Segurem um pouco. Vou tentar só mais um mês."

Você se sentiu melhor porque tinha um colchão de segurança?
Sim. Eu dizia: "Isto é incrível, ainda tenho 15 mil dólares na minha carteira."

Você tinha um *stop* para a vida, por assim dizer?
Exatamente. Tinha um *stop* na minha carreira. Por isso resolvi voltar e dar mais uma chance.

O sujeito que bancou você soube quanto você havia perdido? Ele disse alguma coisa?
Ah, boa pergunta, Jack. Ele me ligava todas as noites. Desde então financiei muita gente, e três ou quatro entre essas pessoas perderam mais de 50 mil

dólares cada uma. O homem era multimilionário e reagiu como se fosse o fim do mundo.

Algum dia ele lhe pediu o restante do dinheiro de volta?
Não, só ficou resmungando e se lamentando. Ele havia enriquecido por herança e pelo dinheiro ganho em outro negócio. Não entendia muito de trading de opções. Tinha comprado o assento para ter o que fazer na vida. Ele me disse: "Se você perder 5 mil dólares ou mais, vamos tirar da tomada." Por isso passei os meses seguintes reduzindo minhas posições.

Nessa época fui buscar conselho com os corretores mais experientes do pregão. Eles disseram: "Você precisa ser disciplinado e tem que fazer seu dever de casa. Se fizer as duas coisas, ganha dinheiro aqui. Pode não ficar rico, mas pode ganhar 300 dólares por dia e no fim do ano terá 75 mil. É preciso olhar desse modo." Foi como uma luzinha se acendendo na minha cabeça. Percebi que esse método de "tirar lascas" era o que eu deveria fazer em vez de me colocar em grande risco tentando recolher uma tonelada de massa.

Na época eu estava nas opções da Teledyne em um mercado muito volátil. Por isso troquei por Boeing, um tipo de mercado de *range* muito restrito. Tornei-me *scalper* de *spreads*, tentando ganhar um quarto ou um oitavo de ponto em um trade.

Obedeci estritamente à minha meta de buscar uma média de 300 dólares por dia e estava dando certo. Esse período me ensinou a ser controlado e disciplinado. Até hoje meu lema é trabalho duro, dever de casa e disciplina. Ensino isso ao meu pessoal.

Ao mesmo tempo, ainda tinha um restinho de uma grande posição de *spread* na Teledyne e estava em processo de liquidá-la. Era uma posição que daria prejuízo se o mercado subisse. Um dia, depois de cinco semanas negociando Boeing, a Teledyne começou a subir acentuadamente. Eu não ia deixar me pegarem de novo. Corri para a mesa da Teledyne para sair da posição. Ouvi corretores do pregão chegando com ordens e subitamente me vi respondendo a eles. Eu estava adaptando à Teledyne a mesma técnica que havia aprendido com a Boeing, mas, em vez de fazer *scalping* por um oitavo ou um quarto, estava fazendo por meio dólar e dólar.

Qual era o tamanho de seu trading na época?

Fazia um lote por vez. O pessoal não gostava de mim porque eu atrapalhava o caminho deles. Queriam fazer ordens de 10 ou 20 lotes.

Em outras palavras, você era apenas um estorvo.
Exatamente.

Como você convencia alguém a aceitar um lote?
No pregão de opções, é por ordem de chegada. Se você tiver 100 para vender e o lance for de apenas 1, você tem que fazer esse antes de fazer 99 com o segundo da fila. O corretor pode ignorar você se quiser, mas estará violando as regras.

Ignoravam você?
Os corretores nunca, mas os *market makers* no pregão sim.

O que você chama de "corretores" são os *fillers*?
Na maioria, sim.

Você era alvo de muita gozação?
Ô se era! Fiquei um tempão com o apelido de "um lote só". O sujeito que mais pegava no meu pé era o melhor trader de todos. Havia ganhado milhões e era, na época, uma lenda. Desde o começo grudou em mim e não parava de me gozar. Ele me infernizava.

Seu ego ficou abalado com esses traders bem-sucedidos que zombavam de você?
Ah, sim. E essa gozação continuou durante quase um ano, dia sim, outro também.

Você teve vontade de aumentar um pouquinho o trading?
Tive, mas não por esse motivo. Meu patrocinador, que havia me criticado tanto quando eu estava no vermelho, foi quem me incentivou. Embora ele não entendesse tanto de trading, me deu um conselho bem útil. Quando comecei a dar a virada, ele me falou para aumentar meu tamanho. Disse: "Tony, todo banqueiro toma muito cuidado quando faz o primeiro empréstimo, mas à medida que vai ficando à vontade os empréstimos vão aumentando. Você precisa aumentar de tamanho."

Como teve fim o assédio que você sofria no pregão?
Quando lançaram as *puts*, em junho de 1980, o trader principal, aquele que mais pegava no meu pé, não gostou. Disse que eram ruins para o negócio e não queria negociá-las. Aproveitei essa oportunidade para estudar a fundo o que as *puts* representavam para nós e fui um dos primeiros *market makers* a operar com *puts*.

Efetivamente, abre uma gama de estratégias novas.
Ah, é inacreditável. O restante do pessoal estava preso ao modo antigo, mesmo estando lá fazia poucos anos. Não tardou para esse trader número um ficar meu amigo e propor trabalharmos juntos. Começamos a elaborar estratégias avançadas, que eram criativas e abstratas.

Vocês elaboravam as ideias no computador?
Não, fizemos tudo à mão. Colocamos no papel todos esses "e se".

Mas não era necessário um palpite acertado em relação ao preço e à direção da volatilidade?
Era preciso estar certo na volatilidade. No entanto, não precisávamos acertar a direção do mercado, porque definíamos *spreads* com uma diferença grande. Uma opção podia estar altamente sobrevalorizada só porque era popular entre as grandes corretoras, por exemplo.

No fim das contas, fiquei com a impressão de que estava fazendo o grosso do trabalho, enquanto esse trader do pregão contava mais com a habilidade dele de forçar o mercado. Ele se desviava das estratégias que elaboramos e começou até a fazer coisas que me prejudicavam. Eu falava: "O que você está fazendo?" E ele só respondia: "Mudei de ideia."

Por fim, eu disse: "Esquece, vou trabalhar por conta própria." Comecei a assumir tamanhos maiores. Quando a taxa de juros disparou, em 1981 e no começo de 1982, minhas estratégias deram muito certo e comecei a ganhar muito dinheiro. Então, no mercado altista de 1982, cheguei a ganhar 200 mil dólares por dia. O pessoal da câmara de compensação não acreditava nas planilhas; eram toneladas e toneladas de papel.

Que tipo de trade você estava fazendo?
Estava fazendo de tudo. Eu me considero um trader de matriz. Negocio tudo na tela, já que tudo está interrelacionado com tudo. Minha estratégia básica,

porém, era comprar "borboletas" [posição comprada ou vendida com um preço *strike*, contrabalançada por uma posição oposta em opções com *strike* maior e menor – por exemplo, comprado em uma opção *call* de IBM a 135, vendido em duas *calls* de IBM a 140, e comprado em uma *call* de IBM a 145], compensando isso com uma posição de explosão.

Quando você diz "comprar borboletas", quer dizer que ficava comprado no meio ou nas asas [isto é, as opções com preço *strike* mais altas e mais baixas]?
Comprado nas asas. O risco é limitado e, a menos que o mercado faça um movimento amplo, a depreciação com o tempo atua a seu favor. [Salvo um movimento favorável da cotação ou um aumento da volatilidade, o valor de uma opção vai caindo de forma constante com o tempo. Em um mercado relativamente parado, essa erosão do prêmio nas opções com preço *strike* mais próximas da cotação do mercado – o "meio" do *spread*-borboleta – será maior que a das opções mais afastadas da cotação do mercado – as "asas" do *spread*.] Tentei comprar as borboletas o mais barato que pude. Se eu encadeasse uma quantidade suficiente, minha zona de lucro seria bastante ampla. Então eu poderia fazer uma posição de explosão em um mês mais distante.

O que você quer dizer com o termo "posição de explosão"?
Fui eu que inventei esse termo. Uma posição de explosão é uma posição em opções que tem risco limitado e potencial ilimitado, que tira proveito de um grande movimento da cotação ou de um aumento da volatilidade. Uma posição que consista em *calls* compradas "fora do dinheiro" e *puts* compradas "fora do dinheiro" seria uma posição de explosão.

A característica básica que define as "posições de explosão" é que, à medida que o mercado se movimenta, um aumento do delta [a variação esperada do preço da posição de opções em relação à mudança de uma unidade na cotação do respectivo mercado] favorece você. Então no fundo é uma aposta na volatilidade.
Exatamente.

Na prática, é o contrário do que você faz com a borboleta.
Isso mesmo. Coloco a borboleta no início do mês, quando o tempo joga a meu favor, e a posição de explosão no meio ou no fim do mês. A partir daí

complemento com o *scalping* para ajudar a pagar pela depreciação do tempo na posição de explosão.

A posição de explosão é sua aposta financeira, no caso de uma grande variação, enquanto o *scalping* é para "pagar as contas", isto é, o custo da depreciação temporal da posição de explosão.
Exatamente.

Você sempre compensava uma posição com outra? Era sempre *delta neutro* [uma posição de opções em que o ativo total fica inalterado quando a cotação varia pouco em qualquer sentido]?
Em geral sim, mas de vez em quando eu assumia uma posição líquida importante.

Qual foi seu primeiro grande trade para valer?
A Teledyne, em 1984. A ação havia caído abruptamente e eu estava montando uma posição em *calls* de outubro "fora do dinheiro". A ação subiu aos poucos, mas o pessoal da Bolsa da Costa do Pacífico, que também lista a Teledyne, passou a se escorar nos meus *longs*. Não paravam de atacá-los todas as noites no fechamento. Em vez de me intimidar, eu ia além e comprava. "Querem vender a 1,25? Faço um lance de 1,25 por 50." Foi assim por dez pregões seguidos.

Por que os traders da Costa do Pacífico estavam se escorando nas *calls*?
A ação havia caído de 160 para 138 e depois foi subindo gradualmente até 150. Meu palpite é que eles achavam que não iria subir mais. Em 9 de maio, às 9h20, eles pararam de negociar Teledyne porque estava chegando uma informação. A notícia veio pela fita: "Teledyne anuncia programa de recompra de ações a 200 por ação."

Recomprando as próprias ações?
Isso. A ação estava em 155 e eu detinha as *calls* de 180. Ganhei milhões. A ação acabou subindo até 300 dólares. Os quatro ou cinco meses seguintes foram ótimos.

Depois disso o que aconteceu?
Um dos meus objetivos de vida era me tornar um milionário antes dos 30 e me aposentar. Pois bem, eu era um milionário antes dos 25. Tinha resolvido

me aposentar aos 30. Em 5 de maio de 1985, dia do meu trigésimo aniversário, saí do pregão dizendo tchau para todo mundo e pronto. Nunca mais voltei.

Quanto você já havia lucrado?
Entre 8 e 9 milhões de dólares.

Você sabia o que iria fazer a seguir?
Não sabia de fato. Achava que permaneceria no negócio, mas trabalhando fora do pregão.

Quanto tempo durou sua aposentadoria?
Por volta de quatro meses.

Você ficou entediado?
Sim. Senti falta dos mercados, senti falta da adrenalina.

Então no início o dinheiro era o objetivo primordial, mas depois que você chegou lá passou a ser...
Passou a ser secundário. Talvez se eu tivesse mulher e filhos, ou alguém especial na vida, não teria voltado. Mas o trading era a minha vida. Ele fazia com que eu me sentisse alguém, me dava uma razão para viver.

Soube que um de seus melhores períodos de trading foi a semana da quebra da Bolsa de 1987. Conte-me a respeito.
Estava na expectativa de um grande movimento, mas não sabia se iria ser para cima ou para baixo. Por isso comecei a montar o mesmo tipo de posição que eu tinha na Teledyne.

O *spread*-borboleta combinado com a posição de explosão.
Isso mesmo.

Nesse caso, qual era a posição de explosão?
Era formada pela compra de *puts* "fora do dinheiro" e *calls* "fora do dinheiro" no fim dos meses. Para contrabalançar essa posição, eu tinha *spreads*-borboleta no início do mês, que se beneficiariam da depreciação temporal.

O que fez você achar que o mercado teria uma grande movimentação?
Dava para sentir pelas oscilações desvairadas que estavam ocorrendo no fim de setembro.

Você esperava, até ali, que o movimento fosse para baixo?
Estava achando que seria para cima. No início acreditei que iríamos atingir os antigos recordes de novo.

Quando você mudou de ideia?
Na quarta-feira da semana anterior ao crash o mercado desmoronou. Na quinta-feira não reagiu, mas se mostrou um tanto agitado. E, se ele tivesse reagido na sexta, eu teria ficado confuso. Em vez disso, o mercado rachou na sexta-feira. Àquela altura, tive certeza de que iria cair.

Por ser o fim da semana?
Sim. Há uma forte correlação entre a atividade da sexta-feira e os desdobramentos na segunda-feira seguinte – pelo menos na abertura.

Tinha alguma ideia do tamanho do movimento iminente na segunda-feira seguinte?
Sabe o que achei que iria acontecer na segunda-feira? Que o mercado abriria em baixa, cairia fortemente e depois reagiria e ficaria quase na mesma. Comprei *calls* "fora do dinheiro" por precaução naquela sexta.

Mas você disse que achava que o mercado iria cair.
Sim, mas eu só queria ter uma espécie de seguro. Uma vez um trader me disse: "Saliba, quando roubar a segunda base, não tire a mão da primeira enquanto a outra mão não estiver na segunda."* É assim que eu sou: sempre faço o meu seguro.

Você deve ter ficado bem confiante em uma queda acentuada na manhã de segunda. De acordo com a reportagem de capa da revista *Success* de abril

---

* Analogia com o beisebol que descreve uma situação fisicamente impossível – um jogador tocar duas bases ao mesmo tempo para não correr risco algum de eliminação –, pois a distância entre duas bases é de 27 metros. *(N. do T.)*

de 1988, parece que você sabia que o mercado iria desabar. O texto diz que você até decidiu ir ao escritório, e não ao pregão, para não se deixar influenciar e pular fora da posição por conta do caos. Não é incomum você ir ao escritório, e não ao pregão, em dia de trading?

Quando estou operando, sim, fico no pregão. Mas essa reportagem é enganosa. Escreveram desse modo para vender revista. Fica parecendo que planejei evitar o pregão naquele dia. Não foi o caso. Estava preocupado com as posições detidas pela minha corretora. Havia um sujeito, em especial, com uma posição enorme, que não fechava, e tive que passar um bom tempo com ele ao telefone. Dito isso, não foi tão dramático como a revista publicou, mas foi mesmo o que aconteceu.

É verdade que você vendeu seu assento no pregão naquele dia?

Vendi o assento antes que o mercado abrisse. Meu raciocínio foi que, se não vendesse pelo lance, outra pessoa venderia. De qualquer forma, eu tinha sete assentos; só vendi um.

Foi a primeira vez que você negociou um assento? Eles não são propriamente um mercado líquido.

Foi, foi a primeira vez que fiz assim: vendi e comprei o assento no mesmo dia. Mas já havia negociado assentos antes. Negocio dependendo do meu estado de espírito em relação ao mercado. No fim das contas, gosto de estar comprado em assentos. Acredito no nosso ramo.

Nesse caso específico, parecia mesmo um bom trade?

Pensei: "Ora essa, estou com muita exposição em assentos – alguns milhões de dólares – e é melhor me proteger um pouco." Vendi aquele assento por 452 mil dólares de manhã e recomprei à tarde por 275 mil.

Quanto você ganhou naquela segunda-feira?

Isso já me deu muita dor de cabeça. Prefiro não dizer.

Obviamente, o montante que você ganhou foi nas opções *put* "fora do dinheiro". Qual a porcentagem dessa posição que você reteve no fechamento daquela segunda-feira?

Por volta de 95%.

Você reteve quase tudo! Mas o lucro era tão grande. Não era uma tentação pegá-lo?
O motivo de não ter coberto foi porque senti que minhas *puts* compradas não haviam subido o bastante. Chegaram todos à paridade. As *puts* que estavam 30 pontos "dentro do dinheiro" estavam sendo negociados a 30 dólares. Em outras palavras, o prêmio das opções consistia quase inteiramente em valor intrínseco; o mercado não estava dando a elas nenhum prêmio temporal. Considerando a enorme volatilidade do mercado, achei que era loucura.

Então você resolveu esperar até o dia seguinte.
Resolvi, e você sabe o hedge que fiz? Comprei mais seguro no fechamento de segunda. Cobri centenas das minhas *calls* vendidas.

Basicamente, você estava comprando mais volatilidade.
Foi a melhor coisa que podia ter feito. No dia seguinte ninguém sabia mais o que queria: metade do mundo queria *puts*, metade queria *calls*.

Mas todos queriam volatilidade.
Foi então que a caixa registradora começou a tilintar de verdade. Foi o dia em que o Sol se aproximou tanto da Terra que todo mundo queria um refresco, e eu era o único que ainda tinha.

Vamos ver por outro lado: o que os traders fizeram de errado para se dar mal em outubro?
Estavam certos de que a segunda-feira seria um dia normal. Começaram comprados, achando que era apenas uma correção do mercado, e que ele voltaria a subir. Compraram na descida, compraram todas as quedas.

Alguns traders ficaram paralisados?
Alguns ficaram. Tenho um amigo que é dos que ganham 1 milhão de dólares por ano. Na manhã da terça-feira cheguei e disse: "Oi, Jack, o que você está achando? Vai acabar com eles hoje?" Mas ele só ficou parado. Não disse uma palavra sequer. Parecia traumatizado. Olhava as planilhas, à procura do que fazer, mas sem saber o quê. Então ele perdeu toda a oportunidade.

Por que seu modo de reagir ao mercado foi tão diferente da maneira de seu amigo?
Ele não tinha certeza do risco da posição dele. Eu sempre defino meu risco e

então não preciso me preocupar. Chego ao pregão zerado e assim posso tirar partido do que está acontecendo.

"Zerado" dá a impressão de que você chega com uma posição neutra todos os dias, mas obviamente você detém posições *overnight*.
Quer dizer que sempre tenho um hedge e estou sempre preparado.

Você tem conhecimento do risco máximo da posição que detém? Sabe qual é o pior cenário?
Sempre. Mas o que poderia acontecer? Ou o mercado ficaria parado, ou explodiria, ou alguma coisa entre um e outro. O que quer que aconteça, sei qual é o pior cenário. Meu prejuízo é sempre limitado.

Por que tantos traders que chegam ao pregão acabam perdendo tudo?
O maior problema com alguns traders que chegam ao pregão é que pensam ser maiores que o mercado. Como não têm medo, perdem de vista a disciplina e a dedicação. São aqueles excluídos do mercado. Mas a maioria do pessoal no pregão trabalha de verdade.

Qual a ideia mais errada que o público tem a respeito do mercado?
A ideia de que, para ganhar dinheiro, a Bolsa precisa estar em alta. Dá para ganhar dinheiro em qualquer tipo de mercado se você empregar as estratégias corretas. Com futuros, opções e mercados subjacentes, existem ferramentas disponíveis para elaborar um plano de jogo útil em qualquer situação.

O público tem um viés excessivamente altista?
Sim, é o jeito americano de ser: a Bolsa tem que subir. O governo nunca falou nada sobre o trading automatizado enquanto durou o mercado altista de três anos. Bastou o mercado começar a cair e de repente o trading automatizado se tornou uma grande preocupação, e então foram criadas não sei quantas comissões.

Para a pessoa comum, como minha mãe, meu pai ou os parentes deles, o conceito mais errado é acharem que, quando a Bolsa sobe, você ganha dinheiro, e quando cai, você perde. É preciso encarar de um ponto de vista mais neutro e dizer: "Vou ficar um pouco mais comprado nesta categoria e vendido nesta, mas limitar meu risco do lado vendido, porque ele é infinito."

Como você lida com um período de prejuízo?
Como se perde dinheiro? Por causa de um dia ruim de trading ou de uma posição perdedora. Se o problema for uma posição ruim, então você tem que sair dela.

É o que você faz?
É. Ou a liquido, ou a neutralizo, porque depois você volta à tona. Quando você está em um barco que começa a vazar, não abre outro furo para deixar a água sair.

E se o prejuízo no trading for em decorrência de decisões erradas? O que você faz?
Tiro um dia de folga. Quando me enrolo, gosto de me espreguiçar ao sol, me bronzear um pouco, tirar da cabeça toda a parte estressante.

Quais são os elementos de um bom trading?
Clareza de raciocínio, capacidade de manter o foco, disciplina extrema. O número um é a disciplina: escolha uma teoria e atenha-se a ela. Mas você também precisa ter a cabeça aberta o bastante para mudar de rumo caso sinta que sua teoria se revelou errada. Você precisa ter a capacidade de dizer: "Meu método funcionou para esse tipo de mercado, mas já não estamos mais nesse tipo de mercado."

Quais são suas regras de ouro do trading?
Aumento e diminuo a escala de minhas posições de modo a espalhar meu risco. Não gosto de realizar ordens grandes de uma vez só, logo de cara.

O que mais?
Sempre respeite o mercado. Nunca considere nada ganho. Faça seu dever de casa. Recapitule o dia. Descubra o que fez de certo e o que fez de errado. Isso é uma parte do dever de casa. A outra parte é a projeção. O que quero que aconteça amanhã? E se acontecer o contrário? E se nada acontecer? Esmiúce todos os "e se". Antecipe e planeje em vez de reagir.

Quando você ganhou seus primeiros milhões, fez um pé-de-meia em algum lugar para limitar o pior cenário possível?

Não. Minhas estratégias de trading foram crescendo e precisei de capital novo. Depois de ganhar um pouco mais, comecei a colocar dinheiro em outros investimentos: imóveis, lojas, assentos na Bolsa e coisas assim. Quando houve o crash da Bolsa – odeio usar esse termo – na segunda, 19 de outubro, me dei conta de que não tinha nenhum grande depósito à vista, então tirei do fluxo alguns milhões e comprei títulos do Tesouro. Semanas depois, usei o dinheiro para comprar um plano de previdência.

Suponho que, como seu estilo de trading é muito focado na limitação dos prejuízos, a primeira vez que você sentiu necessidade de uma rede de segurança foi quando o mercado avisou que uma catástrofe poderia acontecer e que isso não teria nada a ver com você.
Isso mesmo. O que acontece se você tiver 10 milhões de dólares na sua carteira de trading e resolverem acabar com o jogo?

Como você define metas?
Até pouco tempo, definia metas em nível monetário. Primeiro queria ficar milionário antes dos 30. Fiquei antes dos 25. Depois resolvi que queria ganhar "tanto" dinheiro por ano e consegui. Originalmente, todas essas metas eram numéricas, mas agora os números não têm tanta importância. Hoje quero fazer certas coisas que não somente dão lucro, mas também me divertem. Estou tentando montar uma empresa de trading e uma de software. Também quero ter uma vida em família.

Como você mede o sucesso?
Antes media o sucesso como ser o melhor em sua área, como Bruce Springsteen no rock. No meu ramo, isso se mediria em termos de dólares. Agora penso mais em qualidade de vida. Muita gente me acha bem-sucedido, mas não me acho tanto assim. Mesmo. Sinto que ganhei muito dinheiro e tive êxito nessa área. Ajudo os necessitados, mas não me sinto realizado na minha vida pessoal. Como você mede o sucesso? Não sei. Tudo que sei é que a resposta não é "todo o dinheiro do mundo".

Um dia você já pensou dessa maneira.
É, pensei. Para ser franco, o dinheiro é importante, porque é influente. Está vendo aquele sujeito ali, em pé? Nunca o vi antes. Mas digamos que ele viesse

falar com a gente. Se ele me deixasse uma péssima impressão inicial, talvez eu não sentisse muito respeito por ele. Mas se você me dissesse que ele tem 50 milhões de dólares e que ganhou tudo sozinho, isso mudaria completamente minha opinião sobre ele. Pode ser injusto, mas é assim que é.

Como o trading afeta sua vida pessoal?
Consigo lidar bem do ponto de vista profissional, mas do ponto de vista social me atrapalha. Não me deixa dedicar o tempo necessário a uma mulher e a amigos. Às vezes as pessoas querem só se sentar e conversar. A menos que seja sobre negócios, como aqui, estou fora.

Você está sempre assim tão cioso do tempo?
Sim. A maioria das pessoas não. Dizem: "Puxa, você nunca fica sentado em casa vendo TV?"

Você fica?
A TV pode até estar ligada, mas minha cabeça está sempre no trading. Ontem voltei de um encontro à meia-noite. Estava cansado e queria ir para a cama, mas fiquei acordado até duas da manhã estudando trades. É um vício. Já foi muito pior. Minhas ex-namoradas sempre reclamaram muito, porque eu levava trabalho para os encontros. Não faço mais isso, mas continuo a pensar em trading o tempo todo.

O que o torna diferente?
Eu me sinto capaz de fazer qualquer coisa e não tenho medo de trabalhar duro. Neste instante estou trabalhando em um acordo com um banco francês para montar uma empresa de trading. Mal posso esperar para que esse empreendimento comece, para trabalhar com a moçada, treiná-los para ser traders. Não sei direito quanto o banco vai me dar, mas pode ser que sejam milhões. Amo esse tipo de desafio.

É importante perceber que muitos dos traders entrevistados neste livro não fizeram sucesso de cara. A experiência inicial de Saliba foi tão desastrosa que o levou a um estado de espírito quase suicida. No entanto, o que esses traders compartilham é um senso de autoconfiança e persistência. No caso de um fracasso inicial, essas características são suficientes para levar ao êxito mais tarde. Além de lhe permitir dar a volta por cima depois de um início ruim, a persistência de Saliba também influenciou sua carreira de trader. Muitos outros teriam abandonado suas estratégias diante do tipo de ridicularização constante a que Saliba foi submetido no pregão da Teledyne.

Esse mesmo exemplo da Teledyne ilustra outra característica importante do grande trader: a manutenção de um rígido controle de riscos, mesmo em situações difíceis. Deve ter sido uma tentação para Saliba negociar uma posição maior no pregão da Teledyne quando o menosprezaram como "um lote só". Em vez disso, ele manteve a disciplina e continuou operando pequeno, até seu capital ter crescido o suficiente para lhe permitir aumentar o tamanho de suas posições.

Dedicar-se e avaliar muitos cenários distintos, para estar preparado para qualquer situação, é um fator crucial para o sucesso de Saliba. Ao antecipar todos os "e se", ele pôde tirar proveito de situações como a queda da Bolsa de 19 de outubro em vez de ficar imobilizado por tais acontecimentos. Na cabeça de muita gente, o conceito de "grande trader" forma a imagem de alguém com um método à queima-roupa, entrando e saindo dos mercados com grande agilidade e quase um sexto sentido. A realidade é bem menos glamourosa. Na maioria dos casos, os traders excepcionais devem seu êxito ao trabalho pesado e à preparação. De forma semelhante a Tony Saliba, muitos dos traders mais bem-sucedidos fazem seu "dever de casa" todas as noites, sem deixar o lazer ou outros assuntos interferirem no regime diário de análise do mercado. A falta de disciplina pode custar dinheiro. Nas palavras do próprio Saliba, referindo-se a um trade perdido recentemente em consequência da incapacidade de colocar suas ordens em meio a uma viagem de trabalho: "Isso me custou 10 mil dólares, e todos esses pequenos 10 mil dólares podem ir se somando."

PARTE 5

A PSICOLOGIA DO TRADING

DR. VAN K. THARP

A psicologia do trading

P sicólogo e pesquisador, Van K. Tharp fez doutorado no Centro de Ciências da Saúde da Universidade de Oklahoma em 1975. Ele passou a carreira estudando como o estresse afeta o desempenho humano. Seu maior interesse é pela psicologia da vitória – sobretudo quando a vitória se aplica aos mercados. Em 1982 Tharp elaborou o Censo da Psicologia de Investimentos, um teste que mede características ganhadoras e perdedoras. Milhares de investidores e especuladores – inclusive eu – passaram por esse teste, composto por uma avaliação escrita e uma entrevista telefônica de dez minutos. Tharp escreveu cinco livros sobre sucesso nos investimentos, que representam a base de seu curso sobre o tema. Ele é editor contribuinte da revista *Technical Analysis of Stocks and Commodities* e escreveu vários artigos para outras publicações financeiras. Tharp é convidado para falar em programas de rádio e televisão sobre finanças e deu palestras em vários simpósios de investimentos.

Atualmente Tharp se dedica em tempo integral à consultoria para traders, a partir de seu escritório em Glendale, na Califórnia, e à pesquisa sobre o êxito no trading. Um foco recente de sua pesquisa foi entrevistar e estudar grandes traders a fim de determinar um "modelo" para o sucesso. Sua teoria básica é que, ao ensinar as características vencedoras dos maiores traders, e não metodologias de trading específicas, ele pode levar a uma melhoria acentuada da performance dos traders e investidores não tão bem-sucedidos. Em seu novo projeto, está tentando transformar seus clientes mais recentes em "supertraders", estendendo seu programa normal de duas sessões de dois dias para um processo contínuo quase anual.

Depois de entrevistar Tharp, ele perguntou se podia me entrevistar em vídeo, como parte de seu trabalho de pesquisa. Por achar que tal entrevista poderia melhorar minha performance de trading, aceitei alegremente. A entrevista durou mais de quatro horas. Tharp tem um modo de perguntar inquisitivo. Depois de uma resposta inicial a uma pergunta, ele perguntava "O que mais?", repetindo várias vezes esse processo. Quando eu já não conseguia pensar em algo mais a dizer, ele me fazia mudar a direção do meu olhar (explicou depois que o objetivo dessa instrução é facilitar o acesso a diferentes regiões do cérebro) e na mesma hora me ocorria outro aspecto que, por algum motivo, havia ignorado. Minha impressão foi de que a entrevista rendeu algumas ideias novas importantes. (Uma dessas epifanias é descrita de maneira resumida no próximo capítulo.)

Eu gostaria de dar minhas impressões pessoais sobre o curso básico de Tharp, que inclui cinco livros e quatro fitas de vídeo. No entanto, embora tenha passado os olhos nesse material como preparação para este capítulo, o fato de trabalhar simultaneamente neste livro e em um emprego de tempo integral não me permitiu ter disponibilidade (ou energia) suficiente para dar ao curso toda a atenção que exige – um projeto pessoal que pretendo realizar mais para a frente. Posso atestar, porém, o fato de que um dos traders entrevistados para este livro serviu como tema para o projeto de Tharp sobre o modelo do sucesso e ficou bastante impressionado com a inteligência e a criatividade dele em relação ao êxito no trading.

Como você veio a se interessar pela relação entre a psicologia e o trading?
Meu interesse primordial como pesquisador, depois da graduação, era sobre como as drogas afetam o desempenho humano. Depois de completar o doutorado em psicologia, passei oito anos fazendo pesquisa sobre psicologia convencional. Ajudei a padronizar a atual Bateria de Testes de Campo de Sobriedade, que a polícia ainda usa em todo o país. Enquanto fazia isso, aprendi a me dar mal negociando opções. Perdi dinheiro de forma tão rápida e constante que, assim que saí do mercado, fui obrigado a concluir que esse prejuízo tinha algo a ver comigo.

Nesse mesmo período me inscrevi em um curso sobre prosperidade da Ciência Religiosa da minha região. Um dos principais ensinamentos desse curso é que aquilo que acontece com você se reflete em sua mente. Eu havia lido muito sobre a psicologia do trading e, embora considerasse a maioria das informações puro folclore, resolvi testar. Decidi fazer isso elaborando meu Censo da Psicologia de Investimentos, um teste para medir pontos fortes e fracos nos investimentos, como um projeto criativo para o curso. Ninguém na classe quis fazer o teste. Por isso enviei-o a R. E. McMaster, editor de uma newsletter que eu assinava. McMaster fez o teste e depois o propôs aos assinantes. Ao todo, recebi quase mil respostas, e isso despertou meu interesse por essa área como carreira.

Onde você aprendeu a analisar as respostas ao seu teste? Houve alguma grande surpresa?

Coloquei diversas medições de sucesso no teste, para poder ranquear as respostas de acordo com o "grau de sucesso". A literatura sobre investimentos sugeria dez diferentes áreas que podem ser relevantes. Por isso elaborei perguntas para medir cada uma delas. Fiz uma série de análises estatísticas dos dados e descobri uma correlação significativa entre cada área e o sucesso nos investimentos. Descobri que essas dez áreas poderiam ser agrupadas em três grandes nichos, que batizei de "fator psicológico", "fator de gestão e disciplina" e "fator de tomada de decisões". Embora eu tenha refinado o teste desde então, ainda uso os mesmos três grandes nichos. E mantenho as dez áreas originais, às quais acrescentei mais uma – intuição.

Quais são as onze áreas que você mede?

O fator psicológico tem cinco áreas. São elas: uma vida pessoal gratificante; uma atitude positiva; a motivação para ganhar dinheiro; a ausência de conflito; a responsabilidade pelos resultados. A motivação para ganhar dinheiro não tem uma correlação direta com o sucesso, mas eu a mantive no teste porque a falta de motivação, somada a um forte conflito, é significativa.

Existem três fatores na área de tomada de decisões. São eles: um sólido conhecimento dos fatores técnicos do mercado; a aptidão para a tomada de decisões sensatas sem vieses comuns; a capacidade de pensar de forma independente. O conhecimento de fatores técnicos, diga-se, tem pouca relação com o sucesso, de acordo com os resultados do teste.

Há três fatores de gestão e disciplina. É preciso ter controle de riscos e capacidade de ser paciente. Incluo a intuição nessa categoria. Embora não tenha encontrado nenhuma relação entre a intuição e o êxito no trading, mantenho esse fator no teste porque é interessante para mim.

Considerando essas áreas, quais são as características de um trader perdedor?
O retrato falado do trader perdedor seria alguém bem estressado e com pouca defesa contra o estresse, uma atitude negativa em relação à vida e uma expectativa de situações sombrias; muito conflito de personalidade e tendência a culpar os outros quando algo dá errado. Essa pessoa não dispõe de um conjunto de normas que guiem seu comportamento e teria mais probabilidade de ser um seguidor da manada. E os traders perdedores tendem a ser desorganizados e impacientes. Querem ação imediata. Mas é preciso dizer que a maioria dos traders perdedores não é tão ruim quanto esse retrato falado dá a entender. Tem só uma parte do perfil perdedor.

Hoje você é consultor de vários traders. Como começou?
Depois que passei a usar o teste com regularidade, as pessoas me perguntavam o que fazer em relação a seus problemas particulares. Como a psicologia de investimentos é uma área de estudo bastante singular, concluí que não sabia como responder a várias dessas perguntas. Em consequência, resolvi escrever um relatório sobre cada uma das dez áreas – tanto para eu mesmo aprender sobre elas quanto para proporcionar aos investidores uma fonte de auxílio. O primeiro relatório se transformou em livro. A essa altura, decidi cobrir o assunto em cinco manuais, que formariam um curso sobre psicologia de investimentos e trading. Depois que terminei o segundo manual, dei início a um treinamento em programação neurolinguística (PNL). A PNL é uma ciência de como reproduzir o sucesso, e consegui incorporar em meu curso algumas de suas técnicas. A elaboração do curso levou a um serviço de consultoria particular.

Suas ideias e seus conceitos mudaram em relação ao início da pesquisa?
Elaborei o teste para prever quem é capaz de ser vencedor e quem não é. Porém creio que todo mundo pode ser vencedor se estiver comprometido com isso. Primordialmente, é uma questão de aprender como fazer.

Há gente demais tolhida por velhas crenças e mesmo assim continua se agarrando a elas. As minhas crenças, ao contrário, estão o tempo todo mudando, e acho que é porque eu as avalio conforme a utilidade. Assim, me disponho a reconhecer que a maioria das minhas crenças pode estar errada. É possível que exista gente incapaz de alcançar o sucesso no trading mesmo se dedicando a ele. Por ora, para mim é mais útil acreditar que todos são capazes de vencer. Ao manter essa crença, sou muito mais eficiente ajudando as pessoas a se tornarem vencedoras.

Pode dar algum exemplo específico de pessoas bem-sucedidas ou fracassadas depois da consultoria?
Um trader que me procurou passou um ano sem conseguir operar. Ele queria que eu o fizesse voltar a negociar antes de terminar a consultoria. Por isso pedi que ele viesse me ver de manhã por 45 minutos. Recolhi algumas informações e levantei a hipótese de que ele tinha um conflito. Em seguida ele passou por um exercício que levou dez minutos. E precisou de duas semanas para introjetar os resultados desse exercício, mas depois disso voltou a operar. Gastou muito dinheiro e tomou várias atitudes para corrigir o problema, e nenhuma tinha dado certo. Porém bastaram um exercício de dez minutos e duas semanas interiorizando os resultados para resolver aquilo que vinha atrapalhando sua performance.

Tentei isso com outra pessoa que não tinha condições de bancar meus honorários de consultor, para quem um simples exercício desse tipo não bastaria. O problema dele não tinha nada a ver com investimento. Embora estivesse com quase 50 anos, ainda era uma criança incapaz de assumir responsabilidades de adulto. Morava com a mãe e seu estilo de vida favorecia uma atitude infantil. O único motivo de querer ser trader era poder manter aquele estilo de vida. Duvido que eu teria como ajudá-lo sem que ele assumisse um forte compromisso de mudar seu jeito de viver, o que ele não estava disposto a fazer.

Outro cliente efetuou ajustes mínimos depois de dois dias de consultoria. Estava relutante em ter um acompanhamento porque achava que seria supérfluo, mas no fim das contas decidiu que faria. Passei dois dias escutando-o e depois colocamos em prática um exercício simples. Ao fim, ele era uma pessoa bastante mudada (embora tenha precisado de uma semana para introjetar os efeitos desse exercício). Dois meses depois ele me ligou e disse que havia ganhado mais de 650 mil dólares operando no mercado.

No caso de um trader que usa um método não quantificável (por exemplo, "Compro ou vendo sempre que tenho uma intuição sobre a direção iminente do mercado a partir do padrão dos gráficos"), como você faz a distinção entre problemas de trading relacionados à falta de talento ou a barreiras psicológicas para o sucesso?

Antes de assumir alguém como cliente, preciso saber se ele tem algum tipo de metodologia que acredita funcionar. Determino que evidência tem disso. Consegue me convencer? Testou a metodologia? Esse teste consiste em uma avaliação retroativa ou se baseia em sinais efetivos de trading que podem ser acompanhados? Eu também estou convencido de que é difícil ganhar dinheiro no *day trading* ou em um horizonte de curto prazo. Por isso desconfio de qualquer um que me peça para ajudar a ter êxito no *day trading*.

Ao mesmo tempo, acho que a falta de talento é, em si, uma barreira psicológica ao trading. As pessoas não adotam um método sistemático nem testam o próprio método por causa de julgamento errado, falta de objetivos, conflitos internos, etc. Então talvez a área onde necessitem de ajuda seja na superação da resistência interna a elaborar uma abordagem sistemática do mercado. Se alguém aparecesse me dizendo que era esse o problema para o qual precisa de suporte, eu não teria problema algum em aceitá-lo como cliente.

Quais são as barreiras psicológicas primárias que impedem a maioria das pessoas de se tornar traders vencedores? Como conseguem lidar com cada um desses problemas?
O que costuma acontecer é que, ao chegar ao mercado, as pessoas trazem junto seus problemas habituais. O mercado é um lugar natural para expressar esses conflitos, mas não para resolvê-los. A maioria acaba indo embora, mas algumas precisam de um sistema para operar com mais eficiência. Aquelas que adotam uma abordagem sistemática acabam transferindo seus problemas de lidar com o mercado para lidar com seu sistema de trading.

Um das dificuldades básicas que a maioria dos traders enfrenta é trabalhar com o risco. Duas regras básicas do trading especulativo bem-sucedido são: reduza os prejuízos e deixe o lucro correr solto. A maioria não consegue conviver com essas duas regras. Se ganhar dinheiro for importante para você – como é para a maioria das pessoas que joga com investimentos –, então você terá dificuldade de aceitar pequenos prejuízos. Em consequência, esses pequenos prejuízos se transformam em prejuízos moderados, ainda mais duros de suportar. Por fim, os prejuízos moderados se transformam em grandes prejuízos, que você é forçado a assumir – tudo porque foi complicado aguentar um pequeno prejuízo. Da mesma forma, quando as pessoas lucram, querem realizar esse lucro de imediato. Pensam: "É melhor eu ter isso agora, antes que suma." Quanto maior o lucro, mais difícil é resistir à tentação de recebê-lo já. A verdade é que a maioria das pessoas é *avessa ao risco* no terreno do lucro – prefere um ganho menor, garantido, a uma aposta sensata em um ganho maior – e *desejosa do risco* no terreno dos prejuízos – prefere uma aposta insensata a um prejuízo certo. Por causa disso, tende a fazer o contrário daquilo que o sucesso exige. Reduz os lucros e deixa o prejuízo correr solto.

Se você pensar no trading como um jogo e considerar um erro como uma desobediência às regras, torna-se muito mais fácil seguir as normas. Você precisa revisar os regulamentos no início do dia e analisar seu trading à noite. Se obedeceu às regras, ainda que tenha perdido dinheiro, dê um tapinha em suas costas. Se não obedeceu, recapitule mentalmente o que fez e tome decisões mais adequadas no futuro.

O segundo grande problema que a maioria das pessoas tem é lidar com o estresse. O estresse assume, na prática, duas formas: a preocupação e a reação biológica de luta/fuga. O cérebro tem uma capacidade limitada de processamento de informações. Quando a mente está ocupada com preocupações e elas tomam a maior parte do espaço decisório, não resta capacidade mental suficiente para uma performance eficaz.

Um aspecto da reação de luta/fuga é que deixa o foco mais restrito. Reverte a padrões de resposta antigos e bastante ensaiados. Uma decisão comum que as pessoas tomam, sob estresse, é não solucionar o que precisa ser solucionado. Elas fazem o que faziam quando eram iniciantes. Fazem o que o corretor recomenda. Resumindo, fazem tudo simples. Raramente as soluções simples são as corretas. Quando as pessoas estão estressadas, tendem a acompanhar a manada. O comportamento dos outros propicia um modelo fácil de seguir. Quem vai atrás da multidão não precisa tomar decisões, mas esse é um jeito garantido de perder dinheiro no mercado.

Um segundo efeito importante da reação luta/fuga é que faz as pessoas gastarem mais energia. Diante de eventos estressantes, elas dedicam mais esforço às poucas alternativas que chegam a cogitar. Continuam fazendo o que vinham fazendo, embora com mais empenho. Dedicar mais energia às decisões de trading não ajuda a ganhar mais dinheiro. Em vez disso, você tenderá a tomar decisões apressadas e irracionais, que consomem parte desse excesso de energia. É provável que dedique mais energia a uma posição perdedora ao resistir a fechá-la. Disso resulta um prejuízo maior. Resumindo, a reação luta/fuga vai reduzir sua performance ao fazê-lo restringir suas escolhas e concentrar mais energia nas alternativas restantes.

A solução para lidar com o estresse é trabalhar as causas e adquirir proteção contra ele. Recomendo que quem tem esse problema entre em um programa de gestão do estresse. É importante também compreender que muitos acontecimentos angustiantes só o são por causa de sua forma de percebê-los. Mude essas percepções e você mudará o evento propriamente dito. Em geral, os vencedores diferem dos perdedores na atitude em relação à derrota. A derrota enerva a maioria das pessoas, mas os especuladores bem-sucedidos aprendem que um ingrediente essencial das vitórias é aceitar a derrota. Como a maioria das pessoas em nossa cultura só admite a vitória, a maioria dos investidores precisa mudar seu conceito sobre as perdas a fim de alcançar o sucesso.

O terceiro grande problema é lidar com o conflito. As pessoas são compostas de diferentes partes, todas elas com uma intenção positiva. Alguém pode ter uma parte que quer ganhar dinheiro, uma parte que quer se proteger do fracasso, uma parte que quer se sentir bem na própria pele, uma parte que cuida do bem-estar da família. Quando você define essas partes, permite que atuem inconscientemente. O que ocorre é que essas partes estão o tempo todo adotando comportamentos novos para concretizar suas intenções. Às vezes esses novos comportamentos podem gerar grandes conflitos. Esse modelo de conflito é um dos meus conceitos mais úteis. Não estou dizendo que as pessoas são feitas de partes, mas que é muito útil acreditar nisso para ajudar a resolver os problemas de trading. Você só precisa conscientizar os indivíduos de suas partes e a partir daí realizar uma negociação formal entre elas, de modo que cada uma fique satisfeita. E o ideal é integrar essas partes, para que possam unir forças.

Acho que o conceito de pessoas com partes diferentes, conflitantes entre si, é um pouco difícil de definir. Poderia dar um exemplo?
Trabalhei com um operador do pregão cujo pai foi relativamente bem-sucedido. Não era um bom modelo para o filho, no entanto, porque era alcoólatra. Em consequência disso, o operador desenvolveu uma parte para protegê-lo de ser como o pai. Ele podia ganhar 75 mil dólares por ano operando, mas, se começasse a ganhar mais do que isso, essa parte aparecia e o impedia de ter ainda mais sucesso. Ele ganhou 650 mil dólares em dois meses depois que terminamos nossa negociação entre as partes.

Você está insinuando que há quem de fato queira perder em nível subconsciente, porque isso satisfaz alguma outra intenção positiva? Isso é comum?

Metade dos traders com quem trabalho tem problemas desse tipo. Acho que é muito comum.

Até agora você citou atitudes ruins em relação ao risco, estresse e conflitos como barreiras ao sucesso no trading. Há algum outro problema que as pessoas têm com o mercado?
Um quarto problema é que muita gente deixa as emoções controlarem seu trading. A maioria dos conflitos parece envolver, de alguma forma, controle emocional. Conheço pelo menos dez métodos para ajudar as pessoas a controlar seu estado mental. Uma técnica simples é regular a postura corporal, a respiração e o tônus muscular. Quando você altera esses fatores, descobre que mudou o estado emocional.

Por fim, o último grande problema é a tomada de decisões. Embora as dificuldades sejam multifacetadas, a maioria dos traders leva o método normal de tomada de decisões para operar no mercado. Pense, por exemplo, naquilo que você faz para comprar um carro novo. Você precisa pensar no modelo, na marca, na concessionária, na manutenção, no custo, nos acessórios, etc. E talvez precise de uma semana ou mais para avaliar esses fatores e tomar uma decisão. A maioria das pessoas leva para o trading esse método de tomada de decisões, que não funciona. Exige tempo demais. Por isso a solução acaba sendo adotar um sistema de trading que lhes sinaliza quando agir. Mas esses indivíduos que têm um sistema de trading continuam a aplicar o método normal de tomada de decisões diante dos sinais que o sistema envia a eles. E, é claro, não dá certo. O melhor método que encontrei para lidar com problemas de tomada de decisões longa e ineficaz é provocar um curto-circuito nelas por meio de um processo chamado ancoragem. Mas é complexo demais para explicar aqui.

Você acredita que a maioria das pessoas pode se tornar um trader de sucesso se aprender a eliminar as emoções negativas?
Isso pressupõe que as emoções negativas sejam a causa dos problemas de trading. Acredito que sejam somente um sintoma de uma dificuldade básica. Na maioria dos casos, não creio que seja necessário resolver conflitos específicos para produzir o sucesso – você tem que ensinar as pessoas a fazer as coisas de maneira eficaz. O processo de ensino, porém, envolve trabalhar com o modo como as pessoas pensam, e a maioria dos treinadores não dá ênfase a esse detalhe.

Neste momento me considero um expert em modelagem. O que quero dizer é que, se alguém é capaz de fazer algo bem, então sou capaz de descobrir como faz e ensinar essa habilidade a outra pessoa. Estou me concentrando em modelar a excelência no trading e nos investimentos. Portanto, acredito que posso ensinar alguém que esteja decidido a se tornar um trader bem-sucedido a ser um dos mais conceituados do mercado.

Os melhores traders são exemplos por causa de habilidades analíticas mais aguçadas ou porque têm controle emocional?
Mais controle emocional, mas acho que ambos os fatores são superestimados.

O que, então, é necessário para replicar o trading bem-sucedido?
Existem três fatores primários envolvidos na reprodução do sucesso – as crenças, os estados mentais e as estratégias mentais. Se você replicar a forma como os melhores traders usam esses três elementos em todo aspecto do trabalho de trading, é capaz de repetir os resultados. Dou um exemplo de fora do trading: a maioria dos especialistas em artes marciais acredita que são necessários anos de prática para quebrar uma tábua com a mão nua. Observei uma pessoa durante aproximadamente quinze minutos e depois quebrei tábuas de pinho de 1,5 cm com a mão. Mostrei até ao meu filho (que na época tinha 10 anos) como se faz. Esse é o poder da modelagem.

O que acontece com os especialistas é que são inconscientemente competentes. Fazem as coisas de modo correto, o que significa que as realizam automaticamente. A maioria das pessoas é inconscientemente competente para dirigir um carro. Não pensam sequer no assunto quando estão na direção. Quando alguém que é inconscientemente competente tenta explicar a outro o que ele está fazendo, grande parte do que é importante fica de fora. Meu foco, portanto, é descobrir as peças que faltam e ajudar as pessoas a montar essas peças.

Vamos falar do primeiro fator: crenças. Como são importantes para o sucesso no trading?
Vou lhe dar um exemplo de outro projeto de modelagem. O Exército modelou as habilidades de tiro dos dois melhores atiradores dos Estados Unidos. A partir dessa experiência, conseguiram desenvolver um curso de treinamento para recrutas do Exército em que reduziram o tempo de

capacitação de quatro para dois dias, aumentando a taxa de aprovados de 80% para 100%. Usaram o mesmo conhecimento para ajudar os melhores atiradores a aprimorar suas habilidades. As informações que reuniram sobre as crenças relativas ao tiro foram reveladoras.

Esses dois melhores atiradores acreditavam que:

- Atirar bem é importante para a sobrevivência.
- Caçar é divertido.
- Treinar mentalmente é importante para uma performance bem-sucedida.
- Errar um tiro tem a ver com a performance.

Um desses atiradores, quando competia contra o outro, sempre vencia. E era nítida a diferença entre os dois de acordo com suas crenças. O melhor atirador acreditava que era importante ensaiar a sequência de mil tiros na véspera da competição, enquanto o segundo melhor atirador achava apenas que o ensaio mental era importante. O melhor atirador queria atingir o centro do alvo em cada tiro (embora isso não valesse qualquer ponto extra), enquanto o segundo melhor atirador queria apenas atingir o alvo. Dá para entender por que um deles era melhor que o outro apenas com base em suas crenças?

Agora compare as crenças dos melhores atiradores com as dos recrutas recém-chegados ao Exército. Estes poderiam acreditar que:

- Armas são ruins; elas matam gente.
- Atirar com frequência pode provocar surdez.
- Quando se erra o alvo, é porque a arma estava descalibrada.

Somente com base nessas crenças já é possível compreender por que os melhores atiradores foram tão mais bem-sucedidos que os recrutas sem treinamento.

Agora deixe-me explicar uma ou outra conclusão ao trabalhar com os melhores traders. Você pode constatar que algumas dessas crenças são confirmadas em outras entrevistas para o seu livro. Concluí que os melhores traders acreditam que:

- O dinheiro não é importante.
- O prejuízo no mercado é aceitável.

- O trading é um jogo.
- O ensaio mental é importante para o sucesso.
- O jogo está ganho antes mesmo de começar.

Embora haja bem mais elementos que essas cinco crenças fundamentais, creio que elas estão entre as mais importantes. A maioria das pessoas entra no trading para ganhar muito dinheiro, e essa é uma das razões primordiais de perderem. Sendo o dinheiro tão essencial, elas têm dificuldade em aceitar prejuízos e deixar correr os lucros. Em compensação, quando você encara o trading como um jogo e joga segundo certas regras, é muito mais fácil obedecer a essas duas regras de ouro.

Por causa do ensaio mental e do planejamento extenso, os melhores traders já passaram por toda tentativa e erro mentalmente antes de começar. Em consequência, sabem que vão vencer a longo prazo, e isso torna muito mais fácil lidar com os pequenos reveses.

Você comentou que os vencedores sabem que ganharam o jogo antes de começar. Embora eu possa entender com facilidade como tal confiança pode ser benéfica para o trader vencedor já consolidado, o impacto dessa característica não poderia voltar-se contra o trader novato? Na primeira semana esquiando, a confiança em relação à capacidade de descer uma pista avançada pode não ser uma grande qualidade. Como o trader menos especializado faz a distinção entre a confiança justificada e a confiança equivocada?

Os melhores traders com quem trabalhei começaram a carreira estudando exaustivamente o mercado. Elaboraram e aperfeiçoaram modelos de como operar. Ensaiaram bastante mentalmente o que queriam fazer, até adquirirem a crença de que triunfariam. A essa altura, tinham tanto a confiança quanto a dedicação necessárias para produzir o sucesso. Tinham toda a constelação de crenças que acabei de descrever. Acredito que existam três grandes diferenças entre a confiança justificada e a confiança equivocada. Em primeiro lugar, quando um trader tem confiança e nada mais, é provável que se meta em uma enorme confusão. Em segundo lugar, a confiança justificada vem de um teste aprofundado de algum tipo de modelo de trading. Se você não tiver um modelo devidamente testado por você, sua confiança é equivocada. Em terceiro lugar, a confiança justificada vem de um comprometimento profundo com o sucesso no trading. A maioria dos que querem ser traders não é comprometida – só acha que é. O poema de W. N. Murray, membro da expedição escocesa ao Himalaia, diz: "No momento em que você se compromete para valer, a Providência também se mexe."

Se você estiver comprometido de verdade, então não apenas tem certeza de que está fazendo a coisa certa como de alguma maneira os eventos ocorrem só para ajudá-lo. Se estiver comprometido de verdade em ser um trader, então tem, em algum grau, a compreensão daquilo a que me refiro. Você compreende até que esses eventos que o ajudam podem ser grandes perdas. Se não estiver comprometido, você tende a pensar: "Não entendo o que Tharp está dizendo. Sou comprometido, mas é evidente que os eventos não vêm me ajudando."

Anteriormente você mencionou "estados mentais" como o segundo fator crucial na modelagem do sucesso. Você poderia explicar o que quer dizer com isso?
Se você pedir às pessoas que listem seus problemas de trading ou de investimentos, verá que são de dois tipos – de controle e de estado mental. Os problemas de controle consistem em culpar o mercado; culpar os traders do pregão ou locais; culpar o *insider trading*; culpar o corretor; culpar o próprio sistema pelo que está dando errado. Há uma tendência natural de colocar a culpa nos outros e não em nós mesmos pelo que acontece. A sociedade estimula esse tipo de raciocínio. A cobertura de mídia do trading automatizado praticamente dá a entender que os investidores que perderam na Bolsa o fizeram por causa dessa prática, e não por culpa deles próprios. No entanto, quando você coloca a culpa em algo, pode continuar repetindo o erro, porque ele foi resultado de alguma coisa além de seu controle.

A melhor coisa que um investidor pode fazer quando as coisas não vão bem é determinar como ele produziu esses resultados. Não estou dizendo que você deve culpar a si mesmo pelos seus erros. O que quero dizer é que em algum momento, em qualquer situação, você fez escolhas que produziram aqueles resultados. Determine qual foi esse momento e conceda a si mesmo outras alternativas para quando deparar com uma escolha semelhante no futuro. Mude a decisão e você mudará os resultados obtidos. E, ao se imaginar fazendo isso agora, você pode facilitar a escolha entre essas alternativas no futuro.

Quando as pessoas assumem a responsabilidade pelos seus problemas, descobrem que o resultado brota de alguma espécie de estado mental. Exemplos comuns são:

- Fico *impaciente* demais com o mercado.
- Fico *irritado* com o mercado.
- Fico *apavorado* no momento errado.
- Fico *otimista* demais com o que vai acontecer.

Esses são apenas exemplos de problemas de estado mental. Depois que você os identifica, pode tomar uma atitude a respeito, porque estão sob seu controle. Já comentei como é possível usar a postura corporal, a respiração e o controle muscular para manipular o estado mental. Como experimento, vá ao shopping e observe como as pessoas caminham. Imite dez jeitos de andar e verá como seu estado mental se altera a partir de cada um deles.

Não estou afirmando que o controle do estado mental é a solução mágica para o sucesso no trading. É apenas parte da resposta. Porém, quando você admite que a resposta está dentro de si mesmo, já percorreu boa parte do caminho. A constatação de que você é responsável pelos resultados que obtém é a chave para o sucesso nos investimentos. Os vencedores sabem que são responsáveis por seus resultados; os perdedores acham que não são.

Pode dar um exemplo prático de como alguém pode controlar o estado mental?
A manipulação do estado mental é aquilo que a maioria das pessoas chama de disciplina. Ensino-lhes um procedimento muito simples que podem usar de imediato. Vamos supor que você está à sua mesa e se dá conta de que está em um estado mental que gostaria de mudar. Levante-se da cadeira. Afaste-se mais ou menos um metro e veja como estava sentado. Preste atenção em sua postura, sua respiração, suas expressões faciais. Imagine, então, como seria a sua expressão se você estivesse no estado mental que gostaria. Quando conseguir enxergá-lo com clareza, sente-se de novo e adote a posição que acabou de imaginar. Esse exercício funciona em quase toda situação, porque envolve vários princípios importantes – mudar a postura corporal, enxergar-se de um ponto de vista mais objetivo e imaginar que tem mais recursos à disposição.

Fale mais, por favor, sobre estratégias mentais – o terceiro elemento que você citou anteriormente como crucial para replicar o sucesso.
Para compreender estratégias, você precisa entender como as pessoas pensam. Raciocinam em modalidades afins aos cinco sentidos, isto é, em termos

de imagens, sons, sensações e, em alguns casos, gostos e cheiros. Essas cinco modalidades estão para as estratégias mentais como o alfabeto está para um grande romance ou as notas musicais para uma grande sinfonia. A questão não são os elementos, e sim a forma como esses elementos são concatenados. Uma estratégia mental é, a rigor, a sua sequência de pensamento.

Em vez de explicar em detalhes um assunto complexo, permita-me dar dois exemplos. Primeiro imagine que você tem um sistema de trading que lhe envia determinado tipo de sinal. Como a maioria dos sinais é visual, como um padrão de gráfico, pense que seu sistema está emitindo mensagens visuais. Agora experimente a seguinte estratégia:

- Detecte o sinal.
- Reconheça que é familiar.
- Diga a si mesmo o que pode dar errado se você agir com base nele.
- Sinta-se mal em relação a ele.

Você conseguiria operar de maneira eficiente usando essa estratégia? Conseguiria pelo menos captar o sinal? Provavelmente não! E se você usasse a seguinte estratégia:

- Detecte o sinal.
- Reconheça que é familiar.
- Sinta-se bem em relação a ele.

Você conseguiria operar com base nesse sinal? Provavelmente sim. Então, embora as duas estratégias sejam bastante semelhantes, levam a resultados muito diferentes em termos de trading. Se você estiver operando com um sistema, precisa de uma estratégia simples, como esta última, a fim de usá-lo com eficácia.

Dois dos maiores traders que você estudou em sua pesquisa de modelagem do sucesso têm estilos de trading diversos. Um deles é muito mecânico, enquanto o outro usa um método mais intuitivo. Você poderia comparar diferenças e semelhanças?

Quando você encontra inúmeras semelhanças entre dois excelentes traders que parecem tão diferentes, supõe que essas semelhanças são essenciais para o trading bem-sucedido. Ambos os traders desenvolveram modelos do funcionamento do mercado e fizeram uma pesquisa aprofundada para testar esses modelos. Embora suas ideias sejam distintas, creio que o processo de desenvolvimento e testagem de algum tipo de modelo é muito importante. Ambos os traders compartilham as mesmas crenças que mencionei antes como comuns a quem tem êxito. Em terceiro lugar, os dois estão conscientes de seus propósitos na vida e no trading. Acreditam fazer parte de um "quadro mais amplo" e seguem o fluxo.

O trader mecânico é muito lógico. Ele constrói seus modelos visualmente, na imaginação. É muito preciso na linguagem e no raciocínio. Seus modelos tendem a focar em seu conceito de como operar com êxito e de como a economia funciona. Não acredita que seus modelos são adequados enquanto não puderem ser convertidos em algoritmos informatizados que combinem com seus processos mentais. Em razão dessa crença, ele informatizou seus modelos, modificando tanto a imagem que construiu quanto o *output* do computador, até que os dois modelos se encaixassem – nas palavras dele, "até que ambos parecessem certos". É um processo muito lento e laborioso. Acho que tolhe a tomada de decisões no dia a dia, e ele tende a concordar comigo, mas a longo prazo é útil para ele. Quando sua imagem mental e o modelo informatizado se encaixam, ele praticamente se retira do contexto do trading. O computador faz tudo, de modo que, a essa altura, a tomada de decisões se torna fácil para ele.

O trader intuitivo, em compensação, desenvolveu um modelo de como acredita que os mercados operam em vez de um modelo de como operar com sucesso. Ele também acredita que os mercados estão em transformação constante e que é mais importante se manter em dia com essas alterações do mercado do que testar seus modelos elaborando um algoritmo para informatizá-los. Ele opera com base em suas expectativas daquilo que o mercado vai fazer, que são visualizações. Mas creio que tende a converter essas visualizações em intuições. As intuições são um modo de raciocínio, mas difíceis de comunicar aos outros ou de informatizar. Por conta disso, ele acredita que exercícios como informatizar um sistema de trading são perda de tempo. Lembre-se de que sua ênfase maior está em explicar como os mercados funcionam (e não em como operar) e ele acredita que o mercado está em constante transformação. Em consequência, tem dificuldade de explicar a alguém como opera. Diz apenas que é intuitivo. Ao mesmo tempo, toma com facilidade decisões no dia a dia – um contraste nítido em relação ao trader mecânico, que fica incomodado até comprovar seu trabalho informatizando-o.

Quais são os problemas mais difíceis de resolver?
Um é a falta de comprometimento com o trading. As pessoas não vão fazer o que digo a menos que estejam comprometidas em se tornar bons traders. Então não encontro muitos traders não comprometidos. Apenas ocasionalmente, quando faço uma consultoria gratuita ou com honorários reduzidos, é que encontro traders com esse tipo de problema. O homem que quer continuar sendo um garotinho e estava tentando usar o trading como forma de realizar isso é um exemplo clássico. Não quero cometer com muita frequência o equívoco de encontrar traders não comprometidos.

A segunda situação mais difícil é o trader que não assume a responsabilidade por seus problemas. É uma pessoa capaz de continuar repetindo-os porque nunca busca a origem. Quem me procura se dá conta de que produz as próprias dificuldades – embora, em certa medida, todos tenham conflitos cuja responsabilidade não assumem, até mesmo meus clientes.

Entre as pessoas que me procuram, creio que o tipo mais complicado é o apostador compulsivo. Como costuma buscar excitação no mercado, o mais provável é que só me procure quando está bastante endividado. A essa altura, encaminho esse tipo de pessoa aos Apostadores Anônimos ou alguma outra fonte de auxílio local. Tive um trader compulsivo entre os meus clientes que hoje está em meu programa de supertraders. Simplesmente canalizei essa compulsão pelos mercados para o aperfeiçoamento pessoal.

Não tenho certeza, porém, de que corrigir problemas de trading seja sempre a solução. Um método de ensino para uma classe de trading seria ministrar os fundamentos a todos na primeira sessão e ensinar um sistema simples de trading na segunda. As sessões restantes lidariam com os problemas de cada um em operar com esse sistema. Provavelmente seria um curso muito eficaz. Por outro lado, você poderia dar o mesmo curso ensinando os fundamentos. Em seguida, ensinaria as crenças, os estados mentais e as estratégias mentais necessários para operar o sistema. E só então ensinaria o sistema. Eu estaria disposto a apostar que esse segundo método seria ainda mais eficaz que o primeiro. Pelo menos é nesse sentido que estou caminhando.

Fale das origens, ideias e direção de seu programa de supertraders.
Tudo começou em uma véspera de Natal, quando um trader me ligou e disse que havia ganhado 650 mil dólares nos dois meses subsequentes a meu trabalho com ele. Minha impressão foi de que estávamos apenas começando um trabalho juntos. Quanto mais pensava nisso, mais uma pergunta brotava na minha mente: "E se levássemos isso ao limite? O que ele é capaz de realizar?" Desse pensamento nasceu a ideia do programa para supertraders. Liguei para ele e sugeri essa ideia. Ele topou na hora.

Quatro clientes já se formaram nesse programa de supertraders. Isso quer dizer que continuo a trabalhar regularmente com eles (em geral duas vezes por ano). A ideia é esticar até o limite a performance deles. Pouca gente está pronta para isso, mas entre os meus clientes há um número suficiente. Quem sabe, daqui a três ou quatro anos, eu tenha nada menos que cinquenta traders de ponta com quem trabalhe em caráter permanente. Aliás, acredito que meus melhores clientes, hoje, representem excelentes modelos de estudo dos traders de ponta.

Às vezes tenho sonhos com a direção iminente do mercado. Embora sejam bastante raros, eles se mostram acertados em uma porcentagem elevada das vezes. Há algo de anormal nisso?
Imagino que seja bastante comum, porque me contam isso o tempo todo, sobretudo os maiores traders. Tanto o supertrader mecânico quanto o intuitivo que já mencionei disseram que seus sonhos com o mercado são bastante acertados. Mas a maioria dos traders afirma que esses sonhos são muito raros e que por isso não têm como operar regularmente com base neles. Talvez seja um fenômeno que ocorra com frequência maior do que imaginamos – sob uma forma simbólica. Mas a maioria das pessoas não está a fim de interpretar os sonhos, desperdiçando essas previsões figuradas. Admito, porém, que, embora isso desperte meu interesse, não me aprofundei muito na investigação dessa área.

Conheço muita gente com nível intelectual de gênio que afirma que parte de sua criatividade vem dos sonhos. Michael Jackson dizia que não escrevia suas músicas – elas simplesmente lhe vinham à mente. Paul McCartney contou que ouviu "Yesterday" em um sonho. Einstein sonhou com a Teoria da Relatividade. Acho que devem existir muitos exemplos famosos iguais a esses. Tudo se resume àquilo que a intuição é, mas não me peça para explicar. Não sei ainda.

Suponho que o motivo de você não ter voltado a operar é a percepção de que isso poderia interferir com sua objetividade para lidar com os clientes. Porém, considerando tudo que aprendeu sobre o trading de sucesso nos últimos cinco anos, deve existir certa tentação de voltar. Como você lida com esse conflito? Que solução de longo prazo imagina?

Não faço trading por dois motivos. O primeiro é a razão que você citou, da objetividade junto a meus clientes. Se eu estiver ajudando alguém a operar e tiver posições conflitantes, posso perder a objetividade em relação ao que a pessoa está fazendo. Outra razão é meu comprometimento total com o que faço. Amo ajudar outras pessoas, escrever, dar palestras. Sou muito feliz. Atualmente é um trabalho de sessenta horas semanais. Se quisesse voltar a operar, teria que dedicar um volume de horas parecido, pelo menos no início. Por que eu faria isso e abriria mão daquilo que já amo fazer? Treinadores que também jogam, na história da maioria dos esportes, acabam não sendo tão eficientes nem em uma nem em outra função.

Sua pergunta também pressupõe que sou um trader dedicado e em consequência disso surgiria um conflito. Quanto mais ajudo outros a ter sucesso, menos me interesso em operar. Agora estou investindo em mim e no meu negócio. Faço um esforço constante para aprimorar minhas habilidades e meu conhecimento, e vem dando certo. Por que diluiria esse esforço? Talvez em algum momento futuro eu conclua que já fiz tudo que poderia, ou talvez queira mudar o que faço, ou talvez queira apenas dar um tempo. Pode ser que daqui a três ou quatro anos eu esteja trabalhando com cinquenta ou mais traders de primeira linha. Se isso acontecer, talvez eu também opere. Mas, no futuro próximo, isso não me parece muito provável.

O TRADE

Uma experiência pessoal

Durante a realização das entrevistas para este livro, cheguei à conclusão de que uma das minhas motivações para todo o projeto era uma busca pessoal. Embora como trader eu tenha tido lucro líquido no balanço geral (multiplicando substancialmente, em dois períodos diferentes, um patrimônio inicial diminuto), minha sensação concreta era de ter fracassado no trading. Considerando a dimensão do meu conhecimento e da minha experiência em relação ao mercado e ao trading, assim como o fato de ter previsto corretamente, inúmeras vezes, grandes movimentações do mercado, eu sentia que meus lucros eram fichinha perto daquilo que poderia ter ganhado.

Em uma de minhas viagens para este livro, certa noite fui entrevistado sobre meu trading pelo dr. Van Tharp e na noite seguinte tive uma conversa inquisitiva sobre meu trading com o sagaz Ed Seykota. Essas duas experiências consecutivas me levaram a focar nos defeitos que me impediram de realizar aquilo que acreditava ser meu verdadeiro potencial como trader.

Em razão desse autoexame, concluí que um dos meus maiores erros foi não ter tirado proveito de grandes oscilações dos preços que havia antecipado de modo correto. Invariavelmente, minha posição inicial era pequena demais, considerando o potencial que percebi nesses trades. Eu agravava, então, esse erro liquidando a posição de maneira prematura. Realizava lucros na primeira perna da oscilação, planejando reentrar na posição quando ocorresse uma correção. O problema era que essas correções subsequentes ficavam abaixo dos meus pontos de reentrada e, recusando-me a "correr atrás" do mercado, eu acabava assistindo de fora à concretização do restante da movimentação do preço. Jurei a mim mesmo que, da próxima vez que aflorasse uma situação assim, faria um esforço concentrado para me aproximar da realização do verdadeiro potencial do trade.

Não tive que esperar muito tempo. Duas semanas depois, quando estava voando para Chicago para realizar mais algumas entrevistas, pensei na minha análise de gráficos de cotações da noite anterior. Lembro-me de ter terminado com a clara impressão de que a cotação dos metais preciosos estava prestes a subir, mesmo com uma aparente vulnerabilidade dos mercados de divisas estrangeiras a uma queda da cotação. Subitamente o trade que deveria fazer pareceu-me de uma clareza absoluta. Considerando minhas expectativas combinadas, um trade comprado em metais preciosos e vendido em divisas estrangeiras seria atraente (como esses mercados andam na mesma direção, a posição combinada representava um risco menor que uma posição simples comprada em metais preciosos). Guardei na cabeça que precisava gerar gráficos sobre esse trade na primeira oportunidade.

Na manhã seguinte encontrei uma máquina de cotações capaz de gerar gráficos de preços e sentei-me para analisar diversas correlações. Primeiro examinei a inter-relação entre prata, ouro e platina, e concluí que minha preferência de compra, entre os metais, era a prata. Em seguida analisei as inter-relações entre as várias moedas estrangeiras e percebi que o franco suíço parecia a moeda mais frágil. Tendo chegado a essas duas conclusões, analisei gráficos da relação entre a prata e o franco suíço em diferentes períodos, variando entre dez anos e um mês.

Essa análise me levou à percepção de que estávamos às vésperas de uma possível alta, ao longo de vários anos, da prata em relação ao franco suíço. Embora minha intenção inicial não fosse operar, porque minhas viagens me impediam de prestar atenção no mercado, esse trade tinha um potencial tão dinâmico que eu tinha que colocar pelo menos uma posição básica. Para ser feito de modo devido, um trade de correlação exige posições quase idênticas em dólares em ambos os mercados. Calculei que, no nível em que as cotações estavam, seriam necessários três contratos comprados em prata para contrabalançar um contrato vendido em franco suíço.

Examinei um gráfico de curto prazo da relação de preços entre a prata e o franco suíço. Para minha decepção, desde a manhã anterior essa relação já tinha caminhado fortemente no sentido do trade que eu planejava. Ainda na abertura daquela manhã, o trade poderia ter sido implementado com cotações muito mais favoráveis. Enquanto eu tentava decidir o que fazer, a relação prata/franco suíço continuou subindo cada vez mais. Resolvi que tinha que agir para evitar a possibilidade de desperdiçar por completo aquele trade. Coloquei uma ordem estabelecendo uma posição mínima de três contratos comprados em prata e um contrato vendido em franco suíço. Mal havia acabado de colocar a ordem, a relação de preços pareceu chegar ao pico e começar a recuar. Essa relação continuou caindo nos dois dias seguintes. No fim das contas, eu tinha conseguido implementar o trade no pior momento possível desde que tivera a ideia. No entanto, a relação de preço prata/franco suíço reagiu rapidamente e em poucos dias eu já estava no azul.

Àquela altura, pensei na constatação recente de minha constante incapacidade de lucrar com grandes mudanças de preços. Decidi manter a posição e selecionei um ponto de reação em que duplicaria a posição. A correção veio uma semana depois e obedeci ao meu planejamento. Meu timing mostrou-se bom e o trade reagiu a meu favor – dessa vez com o dobro da posição original. Considerando o tamanho da minha carteira (na época, 70 mil dólares), a posição comprada em seis pratas e vendida em dois francos suíços era mais ou menos o dobro daquilo que em geral eu faria. Meu esforço para corrigir meu problema citado acima parecia estar valendo a pena e o trade correu a meu favor durante as duas semanas seguintes. Um mês depois de colocar o trade, minha carteira havia subido mais de 30%.

Agora eu estava diante de um dilema: por um lado, minha constatação recente recomendava que retivesse o trade no longo prazo. Por outro lado, é que, se você tiver a sorte de poder realizar um lucro altíssimo e rápido em um trade, faça isso, porque existe a oportunidade de reentrar no trade em níveis mais favoráveis. A segunda regra me veio à mente quando a relação de preço prata/franco suíço começou a cair.

Uma análise rápida dos gráficos indicava que seria mais prudente realizar pelo menos uma parte dos lucros. O certo seria fazer mais análises, para chegar a uma decisão. No entanto, a combinação de uma nova tarefa recém-assumida com a escrita de um livro me deixou com pouquíssimo tempo e energia para me concentrar em outras áreas – inclusive o trading. Em vez de fazer o trabalho necessário, tomei a decisão imediata de continuar com o trade. Ele continuou caminhando contra mim e em uma semana eu havia perdido uma porção significativa de meus lucros iniciais.

Embora uma semana antes eu tivesse raciocinado que meus lucros substanciais me dariam um colchão de segurança suficiente em caso de reação, no momento que a reação havia ocorrido concluí que tinha avaliado pessimamente minha zona de conforto. De uma hora para outra, passei a recear perder todo o meu lucro e talvez até perder dinheiro com o trade. Não conseguia resolver se encerrava ou se continuava com ele, como planejado no início.

Naquela noite tive um sonho. Estava conversando com um amigo desenvolvedor de software de análise de mercados de futuros e opções, mas que não era trader. No sonho ele havia começado a operar. Estávamos falando de trading e de meu dilema em relação à posição de prata/franco suíço.

Meu amigo comentou a respeito do meu dilema: "Todo mundo consegue no mercado o que procura." Respondi: "Você está falando igualzinho ao Ed Seykota." Isso me pareceu um pouco bizarro, porque, até onde eu sabia, ele nem sequer conhecia Ed Seykota. Para meu espanto, ele respondeu: "Faz um tempinho que venho conversando com Ed Seykota e desde então tenho lucrado no meu trading."

Ele tinha diante de si uma planilha em que uma das colunas indicava seu saldo final, mês a mês. Dei uma olhada e fiquei pasmo ao ver que o último número ultrapassava 18 milhões de dólares. Exclamei: "Bert, você ganhou 18 milhões de dólares no mercado! Espero que esteja planejando guardar alguns milhões por segurança." "Não! Preciso de todo esse dinheiro para o trading", ele respondeu. "Mas isso é loucura", eu disse. "Pegue 3 ou 4 milhões de dólares e assim você vai ter certeza de que, o que quer que aconteça, vai sair no lucro." "Sei o que estou fazendo, e desde que continue fazendo meu dever de casa todos os dias no mercado, não estou preocupado", ele respondeu.

Sua resposta dava a entender, de maneira bastante correta, que eu não estava fazendo o devido dever de casa todos os dias no mercado. Seu argumento, ainda que tácito, era bastante claro: se eu fizesse meu dever, não teria dificuldade de entender por que ele não precisava separar alguns milhões de dólares de lucros em sua carteira só para sentir confiança de que não perderia todo o lucro do trading.

"Você diz que não tem tempo a cada dia para fazer seu dever de casa no mercado. Anda ocupado demais com seu emprego novo e escrevendo um livro. Pois bem, deixe-me mostrar uma coisa para você." Ele começou a citar estimativas das vendas do meu livro, dos direitos autorais por exemplar vendido e o total de horas que eu havia passado escrevendo o livro. Em seguida rabiscou diversos cálculos em um bloquinho amarelo. Chegou ao resultado final de 18,50 dólares por hora. "Pronto", disse ele, "é isso que você está ganhando com o livro." Seu tom de voz dava a entender que eu era louco de desperdiçar dezenas de milhares de dólares no trading por uma quantia tão insignificante (a estimativa de 18,50 dólares está muito inflada, mas, lembre-se, era um sonho).

Não foi coincidência que esse sonho tenha ocorrido um dia depois de eu ter editado a parte da entrevista de Marty Schwartz que tratava da dedicação com que ele fazia seu dever de casa diário sobre os mercados. Dei-me conta de que não existem atalhos. Caso você queira ser um bom trader, precisa fazer seu dever de casa todos os dias. Se não houver tempo suficiente, é preciso encontrar tempo. O custo de desviar-se dessa disciplina, em termos tanto de oportunidades de lucro perdidas quanto de prejuízos, pode ser muito elevado. A mensagem que meu subconsciente parecia estar berrando era: se você quer levar o trading a sério, precisa redefinir suas prioridades de tempo.

PÓS-ESCRITO

Os sonhos e o trading

A relação entre os sonhos e o trading é um assunto fascinante. O leitor pode consultar os comentários de Seykota e Tharp a respeito. Houve outra entrevista em que esse tema foi discutido com destaque. Nesse caso, porém, o trader decidiu revogar a autorização para o uso de nossa conversa no livro. Foi uma decisão que me causou certa perplexidade, já que era um capítulo elogioso. "O que você pode ter achado tão ofensivo a ponto de desistir?", perguntei. "Absolutamente nada", ele respondeu. "Você me fez parecer quase humano." No fim das contas, ele ficou incomodado por ter sido incluído em outro livro, publicado pouco tempo antes, e passou a se negar a aparecer em qualquer edição. Mesmo a oferta de anonimato foi incapaz de demovê-lo de sua decisão. Consegui, pelo menos, permissão para usar a parte da entrevista relacionada aos sonhos (os nomes mencionados na conversa foram alterados).

Em 1980, o ano em que a cotação do milho bateu recordes, eu estava comprado na posição-limite. Certa noite tive um sonho: estava conversando comigo mesmo e disse "Ei, Jerry, até onde o milho vai chegar?" "A 4,15 dólares." "Em quanto está o milho agora?" "Em 4,07 dólares." "Quer dizer que você está assumindo todo esse risco por oito centavos a mais? Ficou doido?" Acordei em um instante. Sabia que precisava pular fora da minha posição em milho assim que o mercado abrisse no dia seguinte.

Naquela manhã o mercado abriu em ligeira alta e comecei a vender. O mercado subiu um pouco mais e vendi mais ainda. O mercado continuou subindo. Por um instante, cheguei a achar que o corretor do pregão havia executado minha ordem ao contrário. Não tinha.

Seja como for, alguns minutos depois eu estava completamente fora da minha posição. Toca o telefone. Era meu amigo Carl, outro bom trader, que também estava comprado em milho. Ele disse: "Jerry, é você que está fazendo essa venda toda?" Respondi a ele: "Sou eu, acabei de sair da posição inteira." "O que você está fazendo?", ele gritou. Eu disse: "Carl, para quanto está indo o milho?" "Para 4,15 a 4,20 dólares", respondeu ele. "E agora, quanto está?", perguntei. Na mesma hora ouvi um clique no telefone. Ele não perdeu tempo nem para dizer tchau.

E esse foi o topo do mercado do milho?
Pode ser que ainda tenha subido por um dia, mas foi mais ou menos o topo. Na hora em que começou a cair, eu jamais teria conseguido me desfazer de uma posição do tamanho da minha.

Achei o relato do sonho desse trader fascinante por ter tido experiências parecidas ocasionais. Constatei que, assim que você sente firmeza suficiente em relação a um trade (seja para entrar ou para sair) a ponto de sonhar com ele, é preciso levar em conta o recado. Como em tudo, nem sempre isso funciona, mas acredito que aumenta a probabilidade a seu favor.

Na minha interpretação, o sonho é a forma como o inconsciente ultrapassa as barreiras que às vezes erguemos contra a aceitação da análise realista do mercado. Quando estou altista e fora do mercado, posso racionalizar que o mais prudente é esperar uma reação antes de entrar no trade – mesmo que uma avaliação realista sugira que tal desdobramento é improvável. Isso ocorre porque entrar no mercado a uma cotação mais alta é uma confirmação de que, até certo ponto, já perdi (ou seja, ao não ter comprado antes) – uma constatação desagradável. Nesse caso, sonhar que o mercado iria disparar pode ser o jeito inconsciente de romper impedimentos mentais.

PALAVRA FINAL

Não existe santo graal do sucesso no trading. As metodologias utilizadas pelos magos do mercado abrangem todo o espectro que vai do puramente técnico ao puramente fundamentalista – com tudo que existe no meio. O período típico de retenção de um trade vai de minutos a anos. Embora os estilos dos traders sejam muito diferentes, diversos denominadores comuns ficaram evidentes:

1. Todos os entrevistados tinham um desejo que os impulsionava ao sucesso como trader – em muitos casos, superando obstáculos importantes para atingir essa meta.
2. Todos transmitiam confiança de que eram capazes de continuar lucrando a longo prazo. De forma quase invariável, consideravam o próprio trading como o melhor e mais seguro investimento para o próprio dinheiro.
3. Cada trader havia encontrado uma metodologia que dava certo para si e foi fiel a esse método. É significativo que disciplina tenha sido a palavra mencionada com maior frequência.
4. Os maiores traders levam muito a sério seu trading: dedicam uma quantidade substancial de suas horas de vigília à análise do mercado e à estratégia.
5. Um rígido controle de riscos é um dos elementos cruciais da estratégia de trading de praticamente todos os entrevistados.
6. De maneiras variadas, muitos dos traders enfatizaram a importância de ter paciência para aguardar a oportunidade ideal de trading se apresentar.

7. A importância de atuar de forma independente da multidão foi um ponto ressaltado com frequência.
8. Todos os grandes traders compreendem que perder faz parte do jogo.
9. Todos amam o que fazem.

AQUILO EM QUE ACREDITO, 22 ANOS DEPOIS

Vinte e dois anos se passaram desde a publicação original de *Os grandes magos do mercado financeiro*. Como mudaram, nesse meio-tempo, meus pontos de vista sobre o mercado e o trading, se é que mudaram? Por acaso, o lançamento desta edição coincide com meu projeto de um novo livro de entrevistas com um novo grupo de magos do mercado financeiro. Evito de propósito referir-me a eles como "nova geração", porque, embora alguns estivessem no ensino fundamental na época em que realizei as entrevistas destes capítulos, outros são até mais velhos que todos os entrevistados deste livro.

Neste novo capítulo, exponho minhas ideias sobre o trading, extraídas dos esboços dos capítulos do livro que estou preparando. São pensamentos que refletem meus pontos de vista atuais sobre as verdades do mercado e o sucesso no trading. Uma experiência interessante que sugiro ao leitor é comparar as lições citadas neste capítulo com as apresentadas no restante do livro – conclusões separadas praticamente por uma geração, intervalo que testemunhou imensas transformações tecnológicas, econômicas e políticas no mundo inteiro (para evitar um viés que contaminasse minhas ideias atuais, optei de propósito por escrever este capítulo extra sem reler o livro original). Tenho a forte suspeita de que, quando houver superposição dos assuntos nessas opiniões separadas pelo tempo, tenderão a ser harmônicas. Não que eu seja excessivamente engessado – embora talvez seja (estou até ouvindo minha esposa dizer: "Como assim, *talvez?*") –, e sim porque as verdades do mercado têm certa atemporalidade. Os mercados são reflexo da natureza humana, e creio que é a constância das emoções humanas que explica por que as mesmas regras válidas quando *Os grandes magos do mercado financeiro* foi publicado ainda se aplicam hoje, como se aplicavam um século atrás e continuarão se aplicando daqui a um século.

TRADES BONS E TRADES RUINS

Um erro comum que os traders cometem é julgar se uma decisão de trading estava certa ou errada com base no desfecho. Vamos supor que eu lhe ofereça uma chance de dois para um em um cara ou coroa honesto; se você apostar e perder, mesmo tendo sido uma aposta perdedora, não deixou de ser uma aposta correta, porque no balanço final tomar a mesma decisão repetidamente vai gerar bastante lucro. Da mesma forma, um trade perdedor pode, apesar disso, ser reflexo de uma decisão de trading correta. Um trade perdedor que obedece a uma estratégia lucrativa continua sendo um bom trade, porque, se repetido várias vezes, dará lucro no balanço final. O trader não tem como saber a priori qual trade específico será vencedor. Os traders precisam aceitar que certo percentual dos bons trades perderá dinheiro. Desde que uma estratégia lucrativa seja implementada de acordo com um plano, um prejuízo não significa necessariamente um erro de trading.

Por outro lado, um trade vencedor pode ser uma decisão errada de trading. Quem ficou comprado em ações de internet no começo de janeiro de 2000 e liquidou no fim de fevereiro de 2000, realizou, em termos de desfecho, um trade brilhante. Porém, teria sido um trade terrível se a mesma decisão de trading fosse tomada repetidas vezes em circunstâncias semelhantes. Ocorre que o mercado atingiu o topo no começo de março, mas esse topo poderia ter ocorrido no início de janeiro. Ainda que esse trade específico tivesse sido lucrativo, caso a mesma decisão de trading fosse tomada várias vezes em circunstâncias semelhantes, é provável que o resultado líquido fosse muito ruim.

O trading é uma questão de probabilidades. Toda estratégia de trading, por mais eficiente que seja, estará errada numa porcentagem qualquer das vezes. Os traders costumam confundir os conceitos de trades vencedores e perdedores com os conceitos de trades bons e ruins. Um bom trade pode perder dinheiro e um trade ruim pode ganhar. O bom trade segue um processo que trará lucro (com um risco aceitável) caso seja repetido várias vezes, mas trades específicos podem perder dinheiro. O trade ruim segue um processo que dará prejuízo caso seja repetido várias vezes, mas trades específicos podem ganhar dinheiro. Uma jogada de caça-níqueis é uma aposta (isto é, um trade) ruim mesmo quando é ganhadora, porque, se repetida várias vezes, tem alta probabilidade de dar prejuízo.

A IMPLEMENTAÇÃO É TÃO IMPORTANTE QUANTO A DIREÇÃO

Acertar a direção do trade é apenas parte de um trade bem-sucedido; colocar o trade do jeito certo é crucial. Um mago do mercado recém-entrevistado acredita que a maneira de implementar o trade é até mais importante que a ideia do trade em si. Ele busca implementar seus trades de modo a propiciar a melhor relação retorno-risco e limitar o prejuízo, caso o trade esteja errado. Depois do crash do índice Nasdaq, em relação ao pico de março de 2000, ele teve convicção de que a bolha havia estourado. Porém não cogitou implementar posições vendidas na Nasdaq, mesmo acreditando que o mercado tinha formado uma bolha recorde, porque reconheceu – corretamente, como os fatos mostraram – que operar no lado vendido era arriscado. Embora o mercado, no fim das contas, tenha sofrido uma queda acentuada, no verão de 2000 o índice viveu uma reação de aproximadamente 40%. Uma oscilação dessa magnitude teria resultado no acionamento do *stop* em uma posição vendida. Ele raciocinou que um pico da Nasdaq significava que a maioria dos ativos recuaria de níveis que estavam inflados, o que levaria a uma desaceleração da economia e uma queda das taxas de juros. Uma posição comprada em títulos representava um jeito muito mais fácil e confortável de operar com a mesma ideia. Os títulos depois passaram por uma tendência de alta bastante suave, contrastando com a tendência de queda fortemente instável da Nasdaq.

VOCÊ NÃO É PAGO PARA TER RAZÃO

Um dos traders que entrevistei fez um comentário interessante: muitos fracassam menos pelos trades que fazem quando estão sem razão e mais pelos que deixam de fazer quanto têm razão. É muito comum que os traders tomem a decisão de mercado correta, mas não implementem a posição nem lucrem com a avaliação que fizeram. Não basta ter razão, é preciso *ganhar dinheiro* quando se tem razão. Muitas vezes isso exige fazer um trade que parece incômodo. Sempre parece mais cômodo comprar quando o mercado está em retração, mas alguns dos melhores mercados jamais oferecem essa oportunidade. Para dar um exemplo específico, os traders que ficaram esperando uma baixa forte para comprar ações depois do piso de 2009 podem ter perdido o mercado altista dos dois anos seguintes.

Como um trader pode garantir que vai ganhar dinheiro quando tem razão? A resposta depende das circunstâncias, e mesmo assim não há certeza de uma resposta correta. Suponha uma situação em que você está altista em um mercado, mas incomodado de comprar sem uma retração. Em vez de esperar para fazer uma ordem de compra bem abaixo do mercado, sob risco de perder a alta, uma alternativa é colocar uma posição parcial, com vistas a aumentar a escala até uma posição total. Se o mercado continuar subindo, pelo menos você terá lucrado com a posição parcial. Outra alternativa seria ficar comprado durante uma consolidação e colocar um *stop* de proteção em um ponto inferior a essa consolidação. Não há uma resposta única e correta. O argumento, porém, é que o trader precisa definir sua estratégia de entrada e saída do trade para minimizar o risco de deixar de lucrar quando tem razão sobre o mercado.

ÀS VEZES O IMPORTANTE É O QUE SE DEIXA DE FAZER

O compositor francês Claude Debussy (1862-1918) afirmou: "Música é o espaço entre as notas." De maneira análoga, o espaço entre investimentos – o momento em que se está fora do mercado – pode ser crucial para um investimento bem-sucedido. Um gestor que entrevistei, primordialmente um investidor comprado líquido, alcançou um retorno bruto acumulado de mais de 800% ao longo de um período de 12 anos em que os índices da Bolsa ficaram estáveis. Como ele conseguiu esse feito? É claro que uma excelente escolha de ações foi um fator importante, mas não é a resposta completa. Não ter investido (isto é, conservar sobretudo os depósitos à vista) durante contextos desfavoráveis é a outra parte da explicação. Ao não participar do mercado nos momentos inadequados, ele escapou da maioria das grandes baixas das ações por dois grandes mercados baixistas – fator crucial que viabilizou o forte crescimento de seu patrimônio. Às vezes, ficar de fora do mercado pode ter quase tanta importância para o sucesso quanto os investimentos feitos. A lição é que é importante não se envolver no mercado quando as oportunidades não se apresentam.

O corolário da capacidade de ficar fora do mercado é que a paciência é essencial para o investimento bem-sucedido. É preciso ser paciente para ficar distante quando o cenário é adverso ao seu método ou quando as oportunidades são escassas ou desfavoráveis.

CONTROLE DE RISCOS, É CLARO

Muitos magos do mercado consideram o controle de riscos até mais importante que a ideologia. Um gestor entrevistado chega a limitar o risco a mero 0,1% em cada trade em relação ao ponto de entrada. Quando um trade está no azul, ele aumenta a latitude desse risco. É uma abordagem que praticamente assegura que um eventual prejuízo em novos trades seja bastante modesto. A única situação em que ele fica vulnerável a um prejuízo mensal importante é quando há grandes lucros em aberto provenientes de trades vencedores. Embora a adoção de um *stop* de 0,1% em relação ao ponto de entrada seja radical demais (e talvez até desaconselhável) para a maioria dos traders, a ideia básica de colocar um *stop* bastante estrito, liberando um *stop* mais amplo depois que surge certa margem de lucro, é uma abordagem eficaz de gestão de riscos, que pode dar certo para muitos traders.

Se você deseja controlar seus riscos, haverá momentos em que pulará fora logo antes da virada do mercado a seu favor. Acostume-se com isso. Essa experiência frustrante é uma consequência inevitável de uma gestão de riscos eficaz. Manter baixas as perdas exige aceitar o fato de que algumas vezes você acabará liquidando posições perdedoras pouco antes de uma reversão acentuada.

O TAMANHO DO TRADE PODE SER MAIS IMPORTANTE QUE O PONTO DE ENTRADA

Os traders focam quase que integralmente no ponto de entrada no trade. No entanto, o tamanho da entrada é, muitas vezes, mais importante que a cotação de entrada, porque, se o tamanho for grande demais, aumenta a probabilidade de o trader sair de um bom trade por conta de um movimento adverso sem importância. Um erro que muitos cometem é deixar a ganância influenciar o tamanho da posição além da zona de conforto. Por que colocar uma posição de 5% quando é possível colocar uma de 10% e duplicar o lucro? O problema é que quanto maior a posição, maior o risco de que as decisões sejam guiadas pelo medo, e não pelo bom senso e pela experiência. É preciso manter o tamanho do trade pequeno o bastante para que o medo não se torne o instinto dominante que orienta o julgamento.

Outro aspecto a levar em conta é que bons trades podem dar errado por falta de sorte. Às vezes acontecimentos imprevisíveis podem sabotar um bom trade. Por definição, prejuízos provocados por eventos que não podem ser antecipados são inevitáveis. Mas o que o trader pode fazer é controlar a dimensão de surpresas desagradáveis administrando o tamanho da posição.

As observações anteriores focaram nos riscos de operar muito grande, mas pode haver trades muito pequenos. Nem todo trade nasce igual. Uma característica dos magos do mercado é que, quando se dão conta de que há oportunidades de trade excepcionais (trades de alta probabilidade e com alto potencial de retorno em relação ao risco), eles assumem uma posição maior que o normal.

NÃO TENTE ESTAR 100% CERTO

Esse é um dilema que muitos traders vivem. O mercado anda contra a sua posição. Você tem plena consciência dos riscos de um prejuízo ilimitado. Mas também tem fé em sua posição e receia jogar a toalha bem na hora que o mercado vai virar. A indecisão o deixa paralisado. Conscientize-se de que não é preciso tomar uma decisão "tudo ou nada". Em vez disso, você pode liquidar parte da posição. Assumir um prejuízo parcial é muito mais fácil do que liquidar a posição inteira. Permite ao trader agir em vez de procrastinar. É um processo que pode ser repetido caso o mercado continue a caminhar no sentido oposto à sua posição.

Por que a maioria dos traders resiste à ideia da liquidação parcial? Quando você faz isso, confirma que tomou uma decisão errada – seja em relação à porção liquidada, caso ocorra uma reversão do mercado, seja em relação à porção retida, caso o movimento do mercado prossiga. A necessidade de ter razão impede muitos traders de cogitar a liquidação parcial. Da próxima vez que estiver indeciso entre liquidar uma posição perdedora ou cerrar os dentes e aguentar firme, lembre-se de que existe uma terceira alternativa: a liquidação parcial.

OPERAR AO REDOR DA POSIÇÃO

Muitos magos do mercado adotam uma abordagem dinâmica, e não estática, em trades específicos. Em vez de fazer uma transação com uma entrada e uma saída, eles vão ajustando o tamanho da posição nos trades, reagindo aos movimentos do mercado (realizando lucros parciais em movimentos favoráveis dos preços e substituindo a porção liquidada das posições nas retrações). Operar desse modo, ao redor da posição, pode melhorar a performance e tornar mais fácil segurar trades lucrativos. Vamos supor que você esteja comprado em uma ação a 50, tenha um objetivo de longo prazo de 76 e a expectativa de uma resistência de curto prazo em torno de 62. Considerando esses pressupostos, você pode optar por reduzir a exposição comprada durante um avanço na zona de 61 a 63, na expectativa de restabelecer a posição integral em uma retração. A desvantagem potencial é que uma retração até o nível de reentrada pode não acontecer, e nesse caso o lucro será realizado em uma posição inferior. O lado bom é que, se a reentrada da porção liquidada ocorrer a uma cotação mais alta, o lucro total será reforçado e, talvez melhor ainda, a capacidade de reter a posição aumentará. Se o trading ao redor da posição será liquidamente vantajoso ou desvantajoso dependerá de cada trader individualmente. Não será uma boa opção para todos, mas alguns hão de considerar útil essa abordagem.

A FLEXIBILIDADE É UMA CARACTERÍSTICA CRUCIAL

A flexibilidade é uma qualidade essencial para o trading bem-sucedido. É importante não se apegar a uma só ideia e sempre estar preparado para pular fora de um trade quando o movimento da cotação for inconsistente com a hipótese inicial. Nas palavras de um gestor que entrevistei, "os traders de fato bons são capazes de mudar de ideia rapidamente. Podem ser dogmáticos em suas opiniões, mas mudá-las de imediato. *Este mercado vai subir. É claro que vai. Não, com certeza vai cair.* Se você não for capaz de fazer isso, vai ser apanhado em uma posição e perder tudo".

Os grandes traders têm flexibilidade para mudar de opinião quando os fatos o exigem. Não alimentam a esperança de ter razão, reavaliam por que podem ter se equivocado. A importância de ter flexibilidade para mudar aplica-se não apenas ao nível de trades individuais, mas a toda metodologia de trading.

O MELHOR REMÉDIO PARA AS MÁS FASES

Praticamente todo trader vivencia períodos em que está fora de sintonia com o mercado. Quando você está em uma má fase, não consegue virar o jogo sendo ainda mais rigoroso. Quando o trading anda muito mal, a melhor solução é liquidar todas as posições (ou protegê-las com *stops*, para não ter que tomar decisões) e parar de operar. Dê um tempo de alguns dias, ou até mais. Liquidar as posições permitirá recuperar a objetividade. Não dá para ser objetivo dentro do mercado. Tirar uma folga física interrompe a espiral negativa que pode surgir à medida que cada novo prejuízo reduz ainda mais a confiança. Quando você retornar ao trading, opere menor até se sentir mais confortável.

VOLATILIDADE E RISCO NÃO SIGNIFICAM A MESMA COISA

Uma das ideias mais falsas do público investidor é equiparar o risco à volatilidade, um equívoco sob vários aspectos. Em primeiro lugar, os riscos mais importantes não aparecem no histórico e, portanto, não se refletem na volatilidade. Um portfólio com posições de baixa liquidez, detido durante um período de alto risco, pode ter baixa volatilidade, mas risco elevado caso o sentimento do mercado passe para baixo risco. O outro lado da moeda é que às vezes pode ocorrer alta volatilidade em razão de lucros grandes e abruptos, mesmo com um investimento de risco teórico limitado. Alguns magos do mercado buscam estratégias assimétricas, em que o risco máximo dos trades é bem definido e contido, enquanto o potencial positivo pode ser imenso (por exemplo, estratégias compradas em opções). Quanto mais bem-sucedida é uma abordagem assimétrica positiva, maior a volatilidade, por conta dos ganhos elevados – uma característica que a maioria dos investidores associaria ao risco ou consideraria indesejável.

A INTUIÇÃO NÃO TEM NADA DE MÍSTICO

A intuição é o Rodney Dangerfield* dos talentos de trading – ninguém respeita. Com frequência confunde-se intuição com palpite feliz. A verdade, porém, é que a intuição se baseia na experiência, e, no caso de muitos traders, é o cerne do sucesso. Não há nada de mágico na intuição; ela não passa de uma experiência inconsciente. O trader que tem um forte senso altista ou baixista sem saber exatamente o porquê pode reagir à constatação inconsciente de uma similaridade entre a situação atual e mercados do passado. Se você perceber que sua intuição acerta mais do que erra, confie nela.

QUANDO TUDO VAI BEM DEMAIS, CUIDADO!

Os maiores prejuízos costumam vir bem nos calcanhares de períodos em que tudo parecia estar dando certo como se tivesse sido roteirizado. Por que existe essa tendência de as maiores perdas ocorrerem logo depois das melhores performances? Uma explicação possível é que, quando tudo parece estar andando às mil maravilhas, o trader fica mais suscetível a se deixar levar pela complacência. É nessas horas que aumenta o seu risco de não considerar o que pode dar errado e sobretudo os piores cenários possíveis. Outro fator relevante é que os períodos de performance excepcional têm alta probabilidade de ser momentos de elevada exposição. Moral da história: sempre que seu portfólio estiver em voo de cruzeiro e praticamente todos os seus trades estiverem funcionando conforme planejado, atente para o contentamento e adote cautela extra.

COROLÁRIO: QUANDO ESTIVER DO LADO CERTO DO PÂNICO DO MERCADO, COGITE SAIR

Se você estiver do lado certo de um mercado que acelera em um movimento de parábola, pode fazer sentido realizar parcial ou totalmente os lucros

---

* Humorista norte-americano (1921-2004) conhecido pelo bordão "Ninguém me respeita!". *(N. do T.)*

enquanto o mercado estiver em estado de pânico – pode ser extremo e abrupto quando ocorre. Resumindo, se estiver comprado em um mercado que deixaria você aterrorizado para vender, talvez não seja má ideia reduzir ou pular fora.

O MERCADO NÃO SE IMPORTA COM O SEU PONTO DE ENTRADA

Não tome decisões de trading com base no ponto em que você comprou (ou vendeu) uma ação ou um contrato futuro. O mercado não se importa com seu ponto de entrada na posição. A questão relevante é: o que você faria se estivesse fora do mercado? Um equívoco que muitos traders cometem, quando se dão conta de que fizeram um trade ruim, é decidir sair apenas quando o mercado retornar ao ponto de entrada – o famoso "Quando empatar eu saio". Condicionar a liquidação ao ponto de entrada é uma das maiores causas da transformação de pequenos prejuízos em grandes. Mas será mesmo que é tão importante sair? É uma questão de ego. Quando você sai empatado, pode dizer: "Eu não estava errado. Não cometi um erro." E, ironicamente, essa necessidade de "não estar errado" é o motivo de tanta gente perder dinheiro no mercado.

POR QUE METAS ANUAIS PODEM SER CONTRAPRODUCENTES

Evite metas anuais de retorno. Os trades têm que ser determinados por oportunidades, e não por uma meta artificial definida. Uma expectativa de retorno anual levará o trader a operar muito pequeno quando as oportunidades forem bastante favoráveis e muito grande quando essas oportunidades inexistirem. Cuidado para não operar movido pelo desejo de ganhar dinheiro. Forçar a barra para atingir uma meta mínima anual incentiva a realização de trades marginais, que do contrário não teriam sido feitos e podem resultar num distanciamento ainda maior da meta.

A TRILHA DO SUCESSO NO TRADING

Não existe uma rota simples para um trading bem-sucedido. Ao contrário, as metodologias de trading empregadas pelos magos do mercado são variadas. As abordagens são diferentes e, como no caso de um trader que entrevistei para um livro, podem servir mais de espelho contrário do que de semelhanças ao que outros traders fazem. O trader aspirante precisa compreender que não se deve buscar um método que revele os segredos do sucesso no mercado, e sim encontrar uma abordagem que se encaixe em sua personalidade. Todos os magos do mercado descobriram métodos que deram certo para eles graças a esse encaixe. O método de um trader pode ser desastroso para outro com um nível de conforto bem diferente no estilo de trading.

Ao longo dos anos recebi muitas consultas formuladas como a que vem a seguir:

Caro sr. Schwager,
Gostaria de saber se o sr. conhece algum trader que esteja procurando estagiários. Estou disposto a trabalhar várias horas por dia, sem remuneração, para conseguir aprender com um mago do mercado.

Esse tipo de consulta é reflexo de uma busca equivocada. Não se consegue sucesso no mercado copiando a abordagem alheia, porque é diminuta a probabilidade de que o método vá se encaixar na sua personalidade. A solução não é copiar o método dos outros, e sim encontrar o seu.

APÊNDICE 1

Trading automatizado e seguro de portfólio

Um assunto que vem recebendo ampla divulgação nos últimos anos é o *trading automatizado*. Talvez nunca tenha havido, na história do mercado financeiro, um método de trading tão criticado e tão mal compreendido. Arriscaria o palpite de que menos de uma pessoa em cada dez que se opõem ao trading automatizado sequer sabe a definição do termo. Uma fonte de confusão é que o termo "trading automatizado" é usado sem diferenciação para descrever a atividade em si, embora seja um termo mais genérico que abarca várias estratégias informatizadas de trading (por exemplo, o seguro de portfólio).

O trading automatizado representa uma atividade clássica de arbitragem em que um mercado é comprado contra um *short* equivalente em um mercado intimamente relacionado, a fim de realizar lucros pequenos e quase *risco zero*, advindo de distorções efêmeras na relação de preços entre esses mercados. Os traders automatizados compram ou vendem uma cesta concreta de ações contra uma posição de mesmo valor em dólares em futuros de índices da Bolsa quando percebem que as ações propriamente ditas estão sobre ou subvalorizadas em relação aos futuros. Na prática, o trading automatizado tende a manter alinhados a cotação da ação e os futuros dos índices futuros. Considerando que toda venda de ações programada é compensada por uma aquisição em outro momento e que a maioria dos trades automatizados começa por uma posição comprada em ações ou vendida em futuros (por conta do *uptick* obrigatório no *shorting* da ação propriamente dita), o argumento de que o trading automatizado seria responsável pelas quedas da Bolsa é bem tênue. Além disso, como a maior parte das evidências econômicas indica que a arbitragem entre mercados interrelacionados tende a reduzir a volatilidade, a relação entre o aumento da volatilidade e o trading automatizado é, no mínimo, questionável.

O *seguro de portfólio* se refere à venda sistemática de futuros do índice da Bolsa à medida que o valor de uma carteira de ações declina, de modo a reduzir a exposição ao risco. Uma vez reduzida, a exposição líquida comprada vai aumentando rumo a uma posição integral conforme o índice relevante da Bolsa aumenta. A teoria por trás do seguro de portfólio pressupõe que as cotações do mercado caminham de forma suave. Quando ocorre um movimento grande e abrupto nas cotações, os resultados dessa estratégia podem ser bem diferentes da teoria. Isso ocorreu em 19 de outubro de 1987, quando surgiu um *gap* entre as cotações e os níveis máximos de venda dos seguros de portfólio, provocando uma avalanche de ordens de venda executadas bem abaixo dos níveis teóricos. Embora o seguro de portfólio possa ter acelerado a queda de 19 de outubro, é razoável argumentar que as forças subjacentes teriam levado a uma queda parecida, mas em um intervalo maior, na ausência do seguro. Essa é uma dúvida que jamais será esclarecida (é improvável que o trading automatizado, tal como definido aqui, tenha tido papel relevante no crash da semana de 19 de outubro, já que ele foi tolhido pela abertura tardia de algumas ações; pela total confusão em relação às cotações vigentes; e pelas restrições à negociação usando sistemas automatizados de preenchimento de ordens).

APÊNDICE 2

Opções – Um guia básico*

Existem dois tipos básicos de opções: *calls* (de compra) e *puts* (de venda). A compra de uma opção *call* confere ao titular o direito – mas não a obrigação – de adquirir o respectivo ativo a um preço predeterminado, chamado *strike* ou preço de exercício, a qualquer momento até a data de vencimento. Uma opção *put* confere ao titular o direito – mas não a obrigação – de venda do respectivo ativo pelo preço *strike* em qualquer momento anterior ao vencimento (observe, portanto, que a compra *call* é um trade pessimista, enquanto a venda *put* é um trade otimista). Ao preço de uma opção se dá o nome de *prêmio*. Um exemplo de opção: uma *call* IBM Abril 130 dá ao titular o direito de comprar cem ações da IBM a 130 dólares por ação a qualquer momento do tempo de vida da opção.

Quem compra uma *call* está tentando lucrar com a previsão de alta da cotação ao garantir um valor de compra determinado. O máximo prejuízo possível para o comprador da *call* será equivalente ao valor, em dinheiro, do prêmio pago pela opção. Esse prejuízo máximo ocorrerá se a opção for detida até o vencimento, caso o preço *strike* fique acima da cotação final do mercado. Se a IBM estiver sendo negociada a 125 dólares quando vencer a opção de 130, essa opção expira sem valor. Caso, no vencimento, a cotação do respectivo mercado esteja acima do preço *strike*, a opção terá certo valor e portanto será exercida. Porém, se a diferença entre a cotação do mercado e o preço *strike* for inferior ao preço pago pela opção, o resultado líquido do trade continuará dando prejuízo. Para que o comprador da *call* realize um

---

* Adaptado de SCHWAGER, Jack D. *A Complete Guide to the Futures Market*. Nova York: John Wiley & Sons, 1984. *(N. do E.)*

lucro líquido, a diferença entre a cotação do mercado e o preço *strike* precisa exceder o prêmio pago na aquisição da *call* (descontados os custos de comissão). Quanto mais alta a cotação de mercado, maior o lucro resultante.

Quem compra uma *put* está tentando lucrar com a previsão de baixa da cotação ao garantir um valor de venda determinado. Assim como ocorre com o comprador da *call*, o prejuízo máximo possível para o comprador da *put* fica limitado ao valor, em dinheiro, do prêmio pago pela opção. Caso uma *put* seja detida até vencer, o trade terá lucro líquido se o *strike* ficar acima do preço de mercado por uma soma superior ao prêmio da opção *put* no momento da compra (descontados os custos de comissão).

Enquanto o comprador, *call* ou *put*, limita seu risco e tem um potencial de ganho ilimitado, o contrário vale para o vendedor. O vendedor da opção (muitas vezes chamado de *lançador*) recebe o valor em dinheiro do prêmio em troca da obrigação de assumir a posição oposta ao preço *strike* caso a opção seja exercida. Ao exercer uma opção, o vendedor precisa assumir uma posição vendida no respectivo mercado, ao preço *strike* (já que, ao exercer a *call*, o comprador assume uma posição comprada àquele preço).

O vendedor da *call* está tentando lucrar com a previsão de um mercado estável ou em ligeira queda. Nesse tipo de situação, o prêmio recebido pela venda da *call* representa a oportunidade de trading mais atraente. No entanto, para um trader que esteja esperando uma queda mais forte dos preços, mais vale ficar vendido naquele mercado ou comprar uma *put* – trades com potencial de lucro aberto. Da mesma forma, o vendedor de uma *put* está tentando lucrar com a previsão de um mercado estável ou em ligeira alta.

Alguns novatos têm dificuldade de entender por que os traders não iriam preferir sempre o lado do comprador de opções (*call* ou *put*, conforme a avaliação sobre o mercado), já que é um trade com potencial ilimitado e risco limitado. Essa confusão é fruto da incapacidade de levar em conta as probabilidades. Embora o risco teórico do vendedor da opção seja ilimitado, os níveis de preços com maior probabilidade de ocorrência (isto é, os preços nas adjacências do preço de mercado no momento da negociação da opção) resultariam em um ganho líquido para o vendedor. O comprador da opção aceita uma probabilidade grande de um pequeno prejuízo em troca de uma pequena probabilidade de um grande lucro, enquanto o vendedor da opção aceita uma pequena probabilidade de um grande prejuízo em troca de uma grande probabilidade de um pequeno ganho. Em um mercado eficiente, a longo prazo nenhum dos dois tem uma vantagem significativa: nem aquele que sempre compra opções nem aquele que sempre as vende.

O prêmio da opção é formado por dois componentes: o valor intrínseco mais o valor temporal. O valor intrínseco de uma opção *call* é a quantia pela qual o preço corrente de mercado excede o preço *strike* (o valor intrínseco de uma opção *put* é a quantia pela qual o atual preço de mercado fica abaixo do preço *strike*). Na prática, o valor intrínseco é aquela parte do prêmio que seria realizada caso a opção fosse exercida pelo preço corrente de mercado. O valor intrínseco serve como um "piso" para o preço da opção. Por quê? Porque, se o prêmio fosse inferior ao valor intrínseco, o trader poderia comprar e exercer a opção, compensando de imediato a posição de mercado resultante e dessa forma realizando um ganho líquido (supondo que o trade cubra pelo menos os custos de transação).

As opções que têm valor intrínseco (*calls* cujo preço *strike* está abaixo do preço de mercado e *puts* cujo preço *strike* está acima do preço de mercado) são chamadas *dentro do dinheiro*. Opções que não têm valor intrínseco são chamadas *fora do dinheiro*. As opções cujo preço *strike* está bem próximo do preço de mercado são chamadas de opções *no dinheiro*.

Uma opção *fora do dinheiro*, que por definição tem um valor intrínseco igual a zero, ainda assim tem algum valor, em decorrência da possibilidade de que o preço de mercado suba além do preço *strike* anterior à data de vencimento. Uma opção *dentro do dinheiro* terá um valor maior que o intrínseco porque, caso seja precificada por esse valor intrínseco, uma posição nessa opção será preferível sempre a uma posição no mercado propriamente dito. Por quê? Porque tanto a opção quanto a posição de mercado teriam o mesmo ganho em caso de uma variação de preços favorável, mas o prejuízo máximo da opção seria limitado. A parte do prêmio que excede o valor intrínseco é chamada *valor temporal* (ou valor extrínseco).

Os três fatores mais importantes que influenciam o valor temporal de uma opção são:

1. *A relação entre o preço* strike *e o preço de mercado*. Opções fortemente *fora do dinheiro* terão pouco valor temporal, já que é improvável que o preço de mercado atinja – ou supere – o preço *strike* antes do vencimento. Opções fortemente *dentro do dinheiro* têm pouco valor temporal, já que oferecem posições muito semelhantes ao mercado propriamente

dito – ambas ganharão e perderão quantias equivalentes, a não ser em caso de uma variação de preço adversa. No caso de uma opção fortemente *dentro do dinheiro*, o fato de o risco ser limitado não é de grande valor, porque o preço *strike* está longe do preço de mercado vigente.
2. *O tempo que falta para o vencimento*. Quanto mais tempo restar até o vencimento, maior o valor da opção. Isso acontece porque um tempo de vida mais longo aumenta a probabilidade de um aumento do valor intrínseco, por uma quantia qualquer, antes do vencimento.
3. *A volatilidade*. A variação do valor temporal dependerá da volatilidade estimada (uma medida do grau de variabilidade do preço) do mercado propriamente dito durante o restante do tempo de vida da opção. Essa relação ocorre porque uma volatilidade maior eleva a probabilidade de aumento do valor intrínseco, por uma quantia qualquer, antes do vencimento. Quanto maior a volatilidade, maior a faixa de preço provável do mercado.

Embora a volatilidade seja um conceito importante para determinar o valor do prêmio das opções, deve-se ressaltar que não há como saber a volatilidade futura de um mercado a não ser a posteriori (o tempo que falta para o vencimento e a relação entre o preço corrente do mercado e o preço *strike* podem ser determinados com precisão a qualquer momento). Assim, é preciso sempre estimar a volatilidade em função dos dados de *volatilidade histórica*. A estimativa da volatilidade futura, sugerida pelas cotações de mercado (ou seja, o prêmio das opções), e que pode ser maior ou menor que a volatilidade histórica, é chamada *volatilidade implícita*.

GLOSSÁRIO

Alavancagem. Capacidade de deter o controle de uma quantia, em moeda corrente, de uma commodity ou de um instrumento financeiro maior que a quantia de capital empregada. Quanto maior a alavancagem da posição, maior o lucro ou prejuízo potencial.

Altista (bullish). Aquele que acredita que os preços vão subir.

Análise de fundamentos (ou fundamentalista). Uso de dados econômicos (ou de balanços corporativos, no caso de ações) para prever preços. A análise de fundamentos de uma divisa pode focar em fatores como índices de inflação relativos, taxas de juros relativas, taxas de crescimento econômico relativas e fatores políticos.

Análise de Gann. Análise de mercado com base em uma série de conceitos técnicos, criada por William Gann, famoso operador de ações e commodities da primeira metade do século XX.

Análise de gráficos. O estudo dos gráficos de cotações é uma tentativa de encontrar padrões que, no passado, antecederam altas ou baixas da cotação. A ideia básica é que o surgimento de padrões similares em um mercado atual pode sinalizar um provável movimento do preço na mesma direção. Os praticantes da análise de gráficos são muitas vezes chamados de *técnicos* ou *grafistas*.

Análise de Ondas de Elliott. Método de análise do mercado com base nas teorias de Ralph Nelson Elliott. Apesar de relativamente complexa, a teoria se baseia na ideia de que os mercados se movem em ondas, formando um padrão de cinco ondas (ou "pernas" do mercado) na direção da tendência principal, seguidas por três ondas corretivas na direção oposta. Um aspecto da teoria é que cada uma dessas ondas pode ser subdividida em cinco ou três ondas menores e é, em si, um segmento de uma onda ainda maior.

Análise técnica. Método de previsão das cotações baseado no estudo do preço propriamente dito (e, às vezes, do volume negociado e do interesse aberto) em oposição aos fatores de mercado fundamentalistas (isto é, econômicos ou corporativos) subjacentes. Costuma-se opor a análise técnica à análise de fundamentos.

Arbitragem. Implementação de aquisições em um mercado contra vendas equivalentes em um mercado intimamente relacionado quando se considera que há um descompasso entre as cotações de ambos.

Arbitradores. Traders especializados em arbitragem. Os arbitradores buscam pequenos lucros a partir de distorções temporárias da relação entre cotações de mercados interrelacionados em vez de tentar lucrar com projeções corretas da direção do mercado.

Assento. Vaga de membro de uma Bolsa.

Baixista (bearish). Aquele que acredita que os preços vão cair.

Breakout. Uma movimentação do preço além de um pico (ou piso) anterior ou fora das fronteiras de uma consolidação anterior.

Call (opção de compra). Contrato que confere ao comprador o direito – porém não a obrigação – de adquirir determinado instrumento financeiro ou commodity por um valor fixo durante certo período.

Cobrir. Liquidar uma posição atual (isto é, vender se estiver comprado; comprar se estiver vendido).

Comprado (long). Posição implementada com uma ordem de compra que dará lucro em um mercado em alta. O termo também é usado em referência à pessoa física ou jurídica que detém tal posição.

Congestão. Padrão de preços caracterizado por um prolongado movimento lateral.

Consolidação. O mesmo que *congestão*.

Contrato. Nos mercados futuros, um instrumento padronizado de trade que especifica a quantidade e a qualidade de uma commodity (ou ativo financeiro) para entrega (ou acerto à vista) em uma data futura específica. Para uma explicação mais detalhada, veja o capítulo "Os futuros sem mistério" (pág. 27).

Contratos em aberto. Nos mercados futuros, o número total de posições em aberto compradas e vendidas é sempre idêntico. Esse total (*long* ou *short*) é chamado interesse aberto. Por definição, quando começa um mês de contrato, o interesse aberto é zero. Ele vai aumentando até chegar a um pico e vai caindo à medida que as posições vão sendo liquidadas e a data de vencimento se aproxima.

Controle de riscos. Uso das regras de trading para limitar os prejuízos.

Day trade. Trade que é liquidado no mesmo dia em que foi iniciado.

Divergência. Incapacidade do mercado ou do índice de acompanhar quando um mercado ou índice correlato atinge um novo pico ou piso. Alguns analistas buscam divergências como sinais de picos ou pisos iminentes do mercado.

Diversificação. Operar em vários mercados diferentes na tentativa de reduzir os riscos.

Do contra. Aquele que opera na contramão das opiniões.

Drawdown. Redução do patrimônio de uma carteira. O *drawdown máximo* é a maior diferença entre um pico relativo do patrimônio e qualquer piso subsequente. Um *drawdown* baixo é uma performance desejável para um trader ou um sistema de trading.

Especulador. Pessoa que aceita um risco ao comprar e vender instrumentos financeiros ou commodities na esperança de lucrar com movimentos previstos dos preços.

Fade (apostar contra). Operar na direção oposta a uma sinalização (ou a um analista) do mercado. Diz-se que um trader fez um *fade* do *breakout* da cotação quando ele fica vendido depois que as cotações penetram acima de uma consolidação prévia – desdobramento que a maioria dos traders de orientação técnica interpretaria como sinal para comprar ou continuar comprado.

Falso breakout. Movimento de preço de curta duração que penetra um pico ou piso antes de ceder diante de um movimento acentuado da cotação na direção oposta. Se o preço de uma ação que foi negociada durante seis meses entre 18 e 20 dólares sobre para 21 dólares e depois cai rapidamente abaixo de 18 dólares, o movimento até os 21 dólares pode ser classificado como *falso breakout*.

Federal Reserve Board (Fed). O braço dirigente do Sistema do Federal Reserve, que busca regular a economia mediante a implementação de políticas monetárias. (Equivalente ao COPOM no Brasil.)

Força relativa. Na Bolsa, medida da força da cotação de determinada ação em relação a um índice de ações mais amplo. O termo também pode ser usado, de forma mais genérica, em referência a um indicador do tipo sobrecompra/sobrevenda.

Front running. Prática antiética – e em alguns casos ilegal – em que o trader coloca sua própria ordem antes de uma ordem de um cliente que, na previsão do trader, vai influenciar o mercado.

Futuros. Veja o capítulo "Os futuros sem mistério" (pág. 27).

Gap (hiato). Zona de cotações em que não ocorreu um trade. Se um mercado que vinha operando em um pico de 20 dólares abre a 22 dólares na manhã seguinte e continua subindo, dá-se à zona entre 20 e 22 dólares o nome de *gap*.

Gestão financeira. Uso de diferentes métodos de controle de riscos no trading.

Gráfico. Linha que descreve o movimento do preço de determinado mercado. O tipo mais comum de gráfico é o *gráfico de barras diário*, que apresenta a abertura, o pico, o piso e o fechamento de determinado mercado em uma única barra.

Hedge. Posição (ou implementação de posição) usada para contrabalançar um risco de carteira ou risco relacionado a uma previsão de compra ou venda futura. Um exemplo de trade hedge é o do produtor de milho que, durante o cultivo, vende futuros de milho com data de entrega posterior à previsão da colheita. A venda dos futuros na prática "trava" um preço aproximado de venda futura, limitando a exposição ao risco de flutuações posteriores do preço.

Hedger. Participante do mercado que implementa uma posição para reduzir o risco relacionado ao preço. A posição de risco do hedger é o contrário da posição do especulador, que aceita o risco na implementação das posições para lucrar com os movimentos previstos dos preços.

Índice preço/lucro – ou P/L (price/earnings ratio, ou P/E). Preço de uma ação dividido pelo lucro por ação anual da empresa.

Intervalo de preços (trading range). Faixa horizontal da cotação que abrange toda a atividade dos preços durante determinado período. A faixa de trading indica um mercado sem direção definida.

Limite de movimento de preço. Em muitos contratos de futuros, as Bolsas determinam o valor máximo de oscilação da cotação em um único dia. O mercado em que a cotação aumenta até esse valor máximo é considerado *limit-up*, enquanto o mercado em que a cotação cai até esse máximo é considerado *limit-down*. Nos casos em que as forças livres do mercado busquem um preço de equilíbrio fora das fronteiras criadas por esse limite, o mercado vai até o limite e praticamente para de operar. Se o mercado está em alta, dá-se a essa situação o nome de *locked* (travado) *limit-up*, ou *limit-bid*, enquanto em um mercado em queda, os termos análogos são *locked limit-down* ou *limit-offered*.

Linha de avanço/declínio. Total acumulado da diferença diária entre o número de ações na Bolsa de Nova York que tiveram alta e as que tiveram baixa. As divergências entre a linha de avanço/declínio e as médias do mercado, como o DJIA (Dow Jones Industrial Average), são às vezes interpretadas como uma sinalização do mercado. Se depois de uma queda o DJIA se recuperar e atingir um novo pico, mas a linha de avanço/declínio não acompanhar, esse movimento de preço pode ser reflexo de uma fragilidade do mercado interno.

Liquidez. Nível até o qual determinado mercado é líquido.

Lote. Nos mercados futuros, outro nome para contrato.

Lucro por ação (Earnings per share, ou EPS). Lucro total da empresa após impostos dividido pelo número de ações em circulação.

Marcação a mercado. Precificação de posições em aberto ao valor vigente em caso de resgate. Se uma posição está marcada a mercado, não há distinção entre perdas (ou ganhos) realizadas ou não realizadas.

Média dos perdedores (averaging down). Aumentar uma posição perdedora depois de um movimento adverso do preço; "fazer preço médio".

Média móvel. Método de suavizar as cotações para identificar com mais facilidade as tendências do mercado. A *média móvel simples* é a cotação média durante determinado número de dias mais recentes. Cruzamentos (quando uma série que estava mais baixa que outra fica mais alta e vice-versa) entre a cotação e a média móvel – ou entre duas médias móveis distintas – são usados como sinalizações de compra e venda em alguns sistemas de seguimento de tendências simplificados.

Mercado altista (bull market). Mercado caracterizado por cotações em alta.

Mercado baixista (bear market). Mercado caracterizado por cotações em queda.

Mercado interbancário. Veja o capítulo "A definição do mercado interbancário de divisas" (pág. 31).

Mercado líquido. Mercado em que há um número bastante grande de trades diários para que toda ordem de compra ou venda de dimensão razoável possa ser executada sem provocar uma oscilação significativa da cotação. Em outras palavras, mercado líquido é aquele em que o trader tem relativa facilidade para entrar e sair.

Opção seca (ou opção a seco). Posição vendida em opções de um trader que não detém a respectiva commodity ou instrumento financeiro.

Opções. Veja o Apêndice 2.

Operador do pregão. Membro da Bolsa que opera no pregão visando lucro pessoal.

Opinião do contra. Teoria segundo a qual é possível lucrar fazendo o oposto da maioria dos traders. O conceito básico é que, quando a esmagadora maioria dos traders está altista, a maioria dos participantes do mercado que acredita na alta dos preços já está comprada e portanto o caminho de menor resistência é para baixo. Uma linha de raciocínio análoga aplica-se quando a maioria dos traders está baixista. Estatísticas de opiniões do contra são fornecidas por diversos serviços que estudam traders, newsletters de mercado ou consultores de trading.

Outright. Posição comprada ou vendida líquida (ao contrário dos trades de *spreads* e arbitragem, em que as posições são contrabalançadas por posições contrárias em instrumentos correlatos).

Patrimônio líquido. O valor total de uma carteira em moeda corrente.

Piramidagem. Uso de lucros não realizados de uma posição existente como margem de aumento do tamanho de uma posição. Ao aumentar a alavancagem do trade, a piramidagem aumenta o potencial de lucro, assim como o risco.

Posição-limite. Em muitos contratos de futuros, uma regulamentação do governo determina um tamanho máximo de posição (isto é, número de contratos) que um especulador pode deter.

Pregão (pit). Área em que um contrato de futuros é negociado na sede da Bolsa. Às vezes é chamado de *ringue*.

Proporção put/call. Volume de opções de venda dividido pelo volume de opções de compra. A proporção *put/call* é um exemplo de opinião do contra, ou de medição de sobrecompra ou sobrevenda. A premissa básica é que uma proporção alta, que reflete aquisição de *puts* maior que de *calls*, dá a entender que há traders baixistas demais, sendo, portanto, considerada altista. De forma análoga, uma proporção *put/call* baixa seria considerada baixista.

Put (opção de venda). Contrato que confere ao comprador o direito – porém não a obrigação – de vender determinado instrumento financeiro ou commodity por um valor especificado durante um período fixo.

Reação. Movimento da cotação na direção oposta à tendência predominante.

Reconhecimento de padrões. Método de previsão de cotações que usa padrões gráficos do passado para extrair analogias com situações do presente.

Relação risco/retorno. Relação entre o prejuízo potencial estimado e o ganho potencial estimado de um trade. Embora, em tese, a probabilidade de um ganho ou perda deva ser incorporada a qualquer cálculo, essa relação se baseia, muitas vezes de forma ingênua, apenas na magnitude do ganho ou da perda estimados.

Resistência. Em análise técnica, região dos preços em que se espera que um mercado em alta encontre cada vez mais pressão vendedora, suficiente para frear ou reverter a alta.

Retração. Movimento da cotação na contramão de uma tendência prévia. Em um mercado em alta, uma retração de 60% indicaria um declínio da cotação igual a 60% da alta anterior.

Retrações de Fibonacci. Conceito segundo o qual retraçar tendências passadas gerará números próximos de 38,2% e 61,8%, derivados das sequências de Fibonacci (ver o item a respeito).

Reversão. Dia em que o mercado atinge um novo pico (ou piso) e logo depois reverte a direção, fechando abaixo (ou acima) de um ou mais fechamentos diários imediatamente anteriores. Os dias de reversão são considerados mais significativos ("chaves") quando acompanhados de elevado volume e variação ampla da cotação.

Ringue. Sinônimo de pregão.

Sala das caldeiras (boiler room operation). Operação de venda por telefone, ilegal ou semi-ilegal, em que se usam táticas de alta pressão para vender instrumentos financeiros ou commodities a preços extorsivos ou com comissões inflacionadas para investidores ingênuos. Contratos de metais preciosos (ou opções de metais preciosos) podem ser vendidos a preços muito acima dos níveis vigentes nas Bolsas oficiais. Em alguns casos, esse tipo de operação é pura e simples fraude, já que os contratos vendidos são fictícios.

Scalper. Operador do pregão que opera a própria carteira e tem como objetivo lucrar com pequeníssimas flutuações dos preços. Em geral, o *scalper* tenta se aproveitar da diferença que ocorre entre a venda pelo valor do lance e a compra pelo valor da oferta – método de trading que também aumenta a liquidez do mercado.

Seguro de portfólio. Veja o Apêndice 1.

Sentimento (indicador). Medida do equilíbrio entre opiniões altistas e baixistas. Os indicadores de sentimento são usados para o trading de opiniões do contra. A proporção *put/call* é um exemplo de indicador de sentimento.

Sequência de Fibonacci. Sequência de números que começa com 1, 1 e progride até o infinito, sendo cada número da sequência igual à soma dos dois números anteriores. Portanto, os números iniciais da sequência seriam 1, 1, 2, 3, 5, 8, 13, 21, 34, 55, 89, etc. A relação entre dois números consecutivos da sequência converge para 0,618 à medida que os números aumentam. A relação entre números alternados na sequência (por exemplo, 21 e 55) converge para 0,382 à medida que os números aumentam. Essas duas relações – 0,618 e 0,382 – costumam ser usadas para projetar retraçamentos de oscilações passadas das cotações.

Sistema. Conjunto de regras específicas que geram sinalizações de compra e venda em um mercado específico ou conjunto de mercados.

Sistema de seguimento de tendências. Sistema que gera sinalizações de compra e venda na direção de uma tendência definida com base no pressuposto de que, uma vez consolidada, uma tendência tende a continuar.

Sistema mecânico. Sistema de trading (em geral informatizado) que gera sinalizações de compra e venda. Um trader de sistema mecânico segue as sinalizações desse sistema sem levar em conta avaliações pessoais do mercado.

Skid. Diferença entre um preço de execução teórico em um trade (por exemplo, o ponto médio da faixa de abertura) e o preço efetivo de cumprimento da ordem.

Sobrecomprado/sobrevendido (indicador). Indicador técnico que tenta determinar quando a cotação subiu (ou caiu) demais e depressa demais, estando, portanto, vulnerável a uma reação na direção contrária. O conceito de sobrecomprado/sobrevendido é muito usado em associação à opinião contrária para descrever quando a grande maioria dos traders está altista ou baixista.

Spike. Pico (ou vale) da cotação acentuadamente acima (ou abaixo) do pico (ou vale) dos dias anteriores ou seguintes. Os *spikes* representam, no mínimo, um ápice temporário de pressão para compra (ou venda) e às vezes podem se revelar um importante teto ou piso.

Spread. Combinação da compra de um contrato (ou opção) de futuros com a venda de outro contrato (ou opção) no mesmo mercado, ou em um mercado intimamente relacionado. Alguns exemplos de *spread*: comprado em *T-bonds* de junho/vendido em *T-bonds* de setembro; comprado em euro/vendido em franco suíço; comprado em *call* IBM 130/vendido em *call* IBM 140.

Stop. Ordem de compra colocada em valor acima do mercado (ou ordem de venda colocada em valor abaixo do mercado) que só se torna ordem de mercado quando o valor especificado é atingido. Embora as ordens *stop* às vezes sejam usadas para implementar novas posições, são mais usadas para limitar prejuízos. Neste caso, costumam ser chamadas de *stop loss*.

Suporte. Em análise técnica, região dos preços em que se espera que um mercado em queda encontre cada vez mais pressão por compra, suficiente para frear ou reverter a baixa.

Tape reader (leitor de fitas). Trader que tenta prever as direções iminentes do mercado monitorando de perto um fluxo de cotações e acompanhando os dados de volume negociado.

Tendência. Propensão da cotação a mover-se em determinada direção genérica (para cima ou para baixo).

Tendência de alta. Tendência de alta das cotações em um mercado.

Tendência de baixa. Tendência de declínio das cotações em um mercado.

Tick. Menor movimento possível da cotação, para cima ou para baixo, em um mercado.

Trader arbitrário [ou discricionário]. Em sentido genérico, trader que tem plenos poderes para executar trades em carteiras de clientes sem necessidade de autorização específica. No entanto, o termo é muitas vezes usado em sentido mais específico para se referir ao trader que toma decisões com base em sua interpretação pessoal do mercado, e não como reação a sinalizações geradas por um sistema informatizado.

Trader de sistemas. Trader que utiliza sistemas para determinar o momento das aquisições e vendas em vez de recorrer à avaliação pessoal das condições do mercado.

Trading automatizado. Veja o Apêndice 1.

Uptick. Regra da Bolsa segundo a qual vendas *short* só podem ser implementadas a um preço superior ao da transação anterior.

Vendido (short). Posição implementada com uma venda que dará lucro em um mercado em baixa. O termo também é usado em referência à pessoa física ou jurídica que detém tal posição.

Violinada (whipsaw). Padrão de preços caracterizado por reversões abruptas e seguidas da tendência. O termo costuma ser usado para descrever prejuízos resultantes da aplicação de um sistema de seguimento de tendências em um mercado instável ou desprovido de tendências. Em mercados assim, os sistemas de seguimento de tendências tendem a gerar sinalizações de compra logo antes de reversões dos preços para baixo e sinalizações de venda logo antes de reversões dos preços para cima.

Volatilidade. Medida da variabilidade das cotações em um mercado. Um mercado volátil é aquele sujeito a amplas flutuações dos preços.

Volatilidade implícita. Expectativa do mercado em relação à volatilidade futura do preço, indicada pelo preço vigente das opções.

Volume. Número total de ações ou contratos negociados em determinado período.

AGRADECIMENTOS

Antes de tudo, gostaria de agradecer a Stephen Chronowitz, que esquadrinhou cada capítulo deste livro, trazendo uma infinidade de sugestões úteis e mudanças editoriais. Tenho uma dívida para com Steve tanto pela quantidade (de horas dedicadas) quanto pela qualidade de seu aporte. Acredito piamente que, caso este livro tenha algum mérito, em grande parte se deve a suas contribuições.

Sou grato à minha esposa, Jo Ann, por ter suportado nove meses como "viúva literária" e por ter sido uma valiosa caixa de ressonância – papel que ela desempenhou com brutal franqueza. Um exemplo: "Essa é a pior coisa que você já escreveu!" (Nem é preciso dizer que esse trecho foi cortado do livro.) Não falta bom senso a Jo Ann, por isso segui seus conselhos sem pestanejar.

Gostaria de expressar meu agradecimento a todos os traders que concordaram em ser entrevistados, sem os quais não existiria livro. Em grande medida, esses traders dispensam publicidade, já que operam apenas suas carteiras pessoais ou já administram todo o dinheiro que desejam. Em muitos casos, participaram puramente motivados pelo altruísmo. Nas palavras de um trader: "Quando eu estava começando, achei as biografias e entrevistas de traders bem-sucedidos especialmente úteis e gostaria de desempenhar um papel semelhante auxiliando novos traders."

Quero expressar meu sincero apreço a Elaine Crocker por seu amistoso poder de convencimento, que tornou possíveis alguns dos capítulos deste livro. Pelos conselhos, dicas e favores variados, gostaria de agradecer a Courtney Smith, Norm Zadeh, Susan Abbott, Bruce Babcock, Martin Presler, Chuck Carlson, Leigh Stevens, Brian Gelber, Michael Marcus e William Rafter.

Por fim, minha gratidão a três traders que generosamente me concederam extensas entrevistas que não foram incluídas neste livro: Irv Kessler, Doug Redmond e Martin Presler (os dois primeiros porque, em uma reavaliação, considerei minha linha de entrevista excessivamente técnica e esotérica; o último porque os prazos de publicação não me concederam o tempo necessário para perguntas de *follow-up* e edição).

CONHEÇA OUTROS LIVROS DO AUTOR

O pequeno livro dos magos do mercado financeiro

Qual a diferença entre os profissionais mais bem-sucedidos do mercado financeiro e os traders comuns? Como é possível alcançar retornos altos e constantes num universo sedutor porém arriscado?

Há três décadas, o escritor e trader Jack Schwager entrevista os maiores nomes do mercado em busca de suas estratégias e seus segredos. Dessas conversas resultou a série Os Magos do Mercado Financeiro.

Este livro condensa as lições mais importantes que o autor colheu ao longo dos anos. Cada capítulo aborda um tema específico essencial para o sucesso no mercado.

Para estreantes, ele serve como bússola. Para os mais experientes, permite mergulhar na mentalidade, nos processos e no comportamento de investidores que deixaram sua marca na história do trading – e ganharam muito dinheiro.

Jack Schwager conta histórias que dão vida aos aprendizados e enfatiza a importância de que o investidor entenda a si mesmo para alcançar seus objetivos.

Os magos desconhecidos do mercado financeiro

Neste livro, o investidor Jack Schwager nos apresenta 11 traders que gerenciam a própria carteira – com resultados impressionantes e consistentes.

Eles não são celebridades, nem sequer nomes conhecidos no mercado. No entanto, seu desempenho se equipara ao dos melhores gestores profissionais, chegando a superá-los em várias situações.

Você vai conhecer:

- Um trader que começou negociando uma carteira de 2.500 dólares e obteve lucros de 50 milhões de dólares
- Um tenista que trocou as raquetes pelo trading e conseguiu um retorno médio anual de cerca de 300% ao longo de quase uma década
- Um investidor que criou sua própria categoria de análise do mercado e usa até o TikTok para decidir o que comprar
- Um office boy da República Tcheca cujo desempenho excedeu o de 99% dos hedge funds – fazendo day trading

O autor extrai de seus entrevistados detalhes fascinantes de sua forma de negociar: suas estratégias, as melhores e piores negociações que fizeram, os momentos de estresse e euforia.

Esta edição atualizada conta como esses magos se saíram durante os difíceis anos da pandemia de covid-19.

CONHEÇA ALGUNS DESTAQUES DE NOSSO CATÁLOGO

- Augusto Cury: Você é insubstituível (2,8 milhões de livros vendidos), Nunca desista de seus sonhos (2,7 milhões de livros vendidos) e O médico da emoção
- Dale Carnegie: Como fazer amigos e influenciar pessoas (16 milhões de livros vendidos) e Como evitar preocupações e começar a viver
- Brené Brown: A coragem de ser imperfeito – Como aceitar a própria vulnerabilidade e vencer a vergonha (600 mil livros vendidos)
- T. Harv Eker: Os segredos da mente milionária (2 milhões de livros vendidos)
- Gustavo Cerbasi: Casais inteligentes enriquecem juntos (1,2 milhão de livros vendidos) e Como organizar sua vida financeira
- Greg McKeown: Essencialismo – A disciplinada busca por menos (400 mil livros vendidos) e Sem esforço – Torne mais fácil o que é mais importante
- Haemin Sunim: As coisas que você só vê quando desacelera (450 mil livros vendidos) e Amor pelas coisas imperfeitas
- Ana Claudia Quintana Arantes: A morte é um dia que vale a pena viver (400 mil livros vendidos) e Pra vida toda valer a pena viver
- Ichiro Kishimi e Fumitake Koga: A coragem de não agradar – Como se libertar da opinião dos outros (200 mil livros vendidos)
- Simon Sinek: Comece pelo porquê (200 mil livros vendidos) e O jogo infinito
- Robert B. Cialdini: As armas da persuasão (350 mil livros vendidos)
- Eckhart Tolle: O poder do agora (1,2 milhão de livros vendidos)
- Edith Eva Eger: A bailarina de Auschwitz (600 mil livros vendidos)
- Cristina Núñez Pereira e Rafael R. Valcárcel: Emocionário – Um guia lúdico para lidar com as emoções (800 mil livros vendidos)
- Nizan Guanaes e Arthur Guerra: Você aguenta ser feliz? – Como cuidar da saúde mental e física para ter qualidade de vida
- Suhas Kshirsagar: Mude seus horários, mude sua vida – Como usar o relógio biológico para perder peso, reduzir o estresse e ter mais saúde e energia

CONHEÇA OS LIVROS DE JACK D. SCHWAGER

Os magos desconhecidos do mercado financeiro

O pequeno livro dos magos do mercado financeiro

Os grandes magos do mercado financeiro

Para saber mais sobre os títulos e autores da Editora Sextante,
visite o nosso site e siga as nossas redes sociais.
Além de informações sobre os próximos lançamentos,
você terá acesso a conteúdos exclusivos
e poderá participar de promoções e sorteios.

sextante.com.br